Prüfe dein Wissen
Rechtsfälle in Frage und Antwort

Dr. Dr. Martin Will
Europarecht

# Europarecht

von

## Dr. Dr. Martin Will, M. A., LL. M. (Cambr.)
Professor an der EBS Universität für Wirtschaft und Recht, Wiesbaden

Verlag C. H. Beck München 2013

**www.beck.de**

ISBN 978 3 406 65792 4

© 2013 Verlag C. H. Beck oHG
Wilhelmstraße 9, 80801 München
Druck und Bindung: Nomos Verlagsgesellschaft mbH & Co. KG
In den Lissen 12, D-76547 Sinzheim

Satz: Druckerei C. H. Beck Nördlingen

Gedruckt auf säurefreiem, alterungsbeständigem Papier
(hergestellt aus chlorfrei gebleichtem Zellstoff)

# Vorwort

Die Schwierigkeit juristischer Prüfungen liegt nicht nur im Stoffumfang, sondern auch in der Notwendigkeit, das vorhandene Wissen in unterschiedlichsten Fallkonstellationen flexibel anwenden zu können. Hier setzt der vorliegende PdW-Band an: Er soll vor allem denjenigen, die bereits über ein Grundwissen im Europarecht verfügen, die Möglichkeit bieten, das erworbene Wissen fallförmig zu vertiefen. Dadurch wird nicht nur die Falllösungstechnik trainiert, sondern zugleich das vorhandene Wissen gefestigt und erweitert. Die Lehrerfahrung in zahlreichen Veranstaltungen für Fortgeschrittene hat allerdings auch gezeigt, dass angesichts des immensen Stoffumfangs juristischer Prüfungen oft gerade Lücken in grundlegenden Fächern wie dem Europarecht bestehen. Daher führt dieses Buch zugleich systematisch in die behandelten Teilgebiete ein. All denjenigen, die sich das prüfungsrelevante Wissen lieber fallorientiert aneignen, wird so die Möglichkeit geboten, sich noch nicht beherrschte Wissensbausteine induktiv, „am Fall", zu erschließen.

Die ersten Hauptabschnitte des Bandes behandeln die Grundlagen des Europarechts und der Europäischen Union, bevor dann u. a. die Organe der EU, die Rechtsquellen des EU-Rechts, Rechtsschutzformen vor dem Gerichtshof der EU, die Grundrechte und die Grundfreiheiten, als besonders prüfungsrelevante Gebiete, folgen. Nutzer des Buches seien allerdings ermutigt, diesem Aufbau nicht sklavisch zu folgen. Eine Lernstrategie könnte hier etwa darin bestehen, zunächst Gebiete zu behandeln, die schon zufriedenstellend beherrscht oder als interessanter empfunden werden, und sich dann nach und nach auch die übrigen Gebiete anzueignen. Zahlreiche Querverweise im Buch erleichtern es, Grundlagenfragen bei Bedarf gezielt nachzuarbeiten.

Meiner Office Managerin Frau Roswitha Jung danke ich für sorgfältiges Korrekturlesen sowie für die umsichtige Organisation der Verarbeitung des Manuskripts, meiner wissenschaftlichen Mitarbeiterin Dr. iur. Franziska Schneider, LL. M. (GWU) und meinen studentischen Hilfskräften Theresa Kaufmann, Philipp Kratzer, Benedikt Quarch, Fabio Quitadamo, Mallika Pohl und Benjamin Ehlert für das sorgfältige Korrekturlesen verschiedener Abschnitte des Buches.

Hinweise auf Fehler, Kommentare und Verbesserungsvorschläge aus dem Leserkreis sind mir sehr willkommen. Sie erreichen mich am schnellsten unter Martin. Will@ebs.edu.

Wiesbaden, im Juli 2013                                              *Martin Will*

# Inhaltsverzeichnis

# Abkürzungsverzeichnis

| | |
|---|---|
| a. A. | anderer Ansicht |
| a. a. O. | am angegebenen Ort |
| ABl.EG | Amtsblatt der Europäischen Gemeinschaften |
| ABl.EU | Amtsblatt der Europäischen Union |
| Abs. | Absatz |
| a. E. | am Ende |
| ÄndB | Änderungsbeschluss |
| AEUV | Vertrag über die Arbeitsweise der Europäischen Union |
| a. F. | alte(r) Fassung |
| AG | Aktiengesellschaft/Amtsgericht |
| AGB | Allgemeine Geschäftsbedingungen |
| Alt. | Alternative |
| Anh. | Anhang |
| AO | Abgabenordnung |
| AöR | Archiv des öffentlichen Rechts (Zeitschrift) |
| arg. e. | Argument aus |
| Art. | Artikel |
| AStV | Ausschuss der Ständigen Vertreter |
| AufenthG | Aufenthaltsgesetz |
| Aufl. | Auflage |
| Az. | Aktenzeichen |
| | |
| BAG | Bundesarbeitsgericht |
| BauGB | Baugesetzbuch |
| BauO | Bauordnung |
| BaWü | Baden-Württemberg |
| Bay. | Bayern, bayerisch |
| BayVBl. | Bayerische Verwaltungsblätter (Zeitschrift) |
| Bbg. | Brandenburg, brandenburgisch |
| Bd. | Band |
| BeckRS | Beck-Rechtsprechung (über beck-online abrufbar) |
| Begr. | Begründer |
| ber. | berichtigt |
| Beschl. | Beschluss |
| BFH | Bundesfinanzhof |
| BGB | Bürgerliches Gesetzbuch |
| BGBl. I | Bundesgesetzblatt Teil I |
| BGBl. II | Bundesgesetzblatt Teil II |
| BGH | Bundesgerichtshof |
| BGHZ | Entscheidungen des Bundesgerichtshofs in Zivilsachen |
| BImSchG | Bundes-Immissionsschutzgesetz |
| Bln. | Berlin |
| BMG | Branntweinmonopolgesetz |
| BNotO | Bundesnotarordnung |

| | |
|---|---|
| BR-Drs. | Bundesratsdrucksachen |
| BSE | Bovine Spongiforme Enzephalopathie |
| BSG | Bundessozialgericht |
| bspw. | beispielsweise |
| BT-Drs. | Drucksachen des Deutschen Bundestages (Wahlperiode u. Nummer) |
| BVerfG | Bundesverfassungsgericht |
| BVerfGE | Entscheidungen des Bundesverfassungsgerichts |
| BVerfGG | Bundesverfassungsgerichtsgesetz |
| BVerfGK | Kammerentscheidungen des Bundesverfassungsgerichts |
| BVerwG | Bundesverwaltungsgericht |
| BVerwGE | Entscheidungen des Bundesverwaltungsgerichts |
| | |
| CDE | Cahiers de Droit Européen (Zeitschrift) |
| CMLR | Common Market Law Review (Zeitschrift) |
| COREPER | Comité des Représentants Permanents des États Membres (=AStV) |
| | |
| DDR | Deutsche Demokratische Republik |
| ders. | derselbe |
| dies. | dieselbe, dieselben |
| DÖV | Die öffentliche Verwaltung (Zeitschrift) |
| Dok. | Dokument |
| DV | Die Verwaltung (Zeitschrift) |
| DVBl. | Deutsches Verwaltungsblatt (Zeitschrift) |
| | |
| EA | Europa-Archiv (Zeitschrift) |
| EAD | Europäischer Auswärtiger Dienst |
| EAG | Europäische Atomgemeinschaft |
| EAGV | Vertrag zur Gründung der Europäischen Atomgemeinschaft |
| ebda. | ebenda |
| EEA | Einheitliche Europäische Akte |
| EFSF | Europäische Finanzstabilisierungsfazilität |
| EFSM | Europäischer Finanzstabilisierungsmechanismus |
| EFTA | European Free Trade Association |
| EG | Europäische Gemeinschaft(en) |
| EGKS | Europäische Gemeinschaft für Kohle und Stahl |
| EGMR | Europäischer Gerichtshof für Menschenrechte |
| EGV | Vertrag zur Gründung der Europäischen Gemeinschaft |
| EIB | Europäische Investitionsbank |
| EJIL | European Journal of International Law (Zeitschrift) |
| EKMR | Europäische Kommission für Menschenrechte |
| ELJ | European Law Journal (Zeitschrift) |
| ELRev. | European Law Review (Zeitschrift) |
| EMRK | Europäische Menschenrechtskonvention |
| endg. | endgültig |
| EP | Europäisches Parlament |

| | |
|---|---|
| EPG | Europäische Politische Gemeinschaft |
| EPZ | Europäische Politische Zusammenarbeit |
| Erl. | Erläuterung |
| ESM | Europäischer Stabilitätsmechanismus |
| ESZB | Europäisches System der Zentralbanken |
| etc. | et cetera |
| EU | Europäische Union |
| EuG | Gericht (Europäisches Gericht erster Instanz/mittlere Ebene des Gerichtshofs der Europäischen Union) |
| EuGH | Gerichtshof (oberste Ebene des Gerichtshofs der Europäischen Union) |
| EuGöD | Europäisches Gericht für den öffentlichen Dienst |
| EuGRZ | Europäische Grundrechte-Zeitschrift |
| EUR | Euro |
| EuR | Europarecht (Zeitschrift) |
| Euratom | Europäische Atomgemeinschaft |
| Eurojust | Europäische Stelle für justizielle Zusammenarbeit |
| Europol | Europäisches Polizeiamt |
| EUV | Vertrag über die Europäische Union |
| EuWG | Europawahlgesetz |
| EUZBLG | Gesetz über die Zusammenarbeit von Bund und Ländern in Angelegenheiten der Europäischen Union |
| EuZW | Europäische Zeitschrift für Wirtschaftsrecht |
| EVG | Europäische Verteidigungsgemeinschaft |
| EWG | Europäische Wirtschaftsgemeinschaft |
| EWGV | Vertrag zur Gründung der Europäischen Wirtschaftsgemeinschaft |
| EWiR | Entscheidungen zum Wirtschaftsrecht |
| EWR | Europäischer Wirtschaftsraum |
| EWS | Europäisches Währungssystem |
| EZB | Europäische Zentralbank |
| f.; ff. | folgende |
| FBA | Folgenbeseitigungsanspruch |
| Fn. | Fußnote |
| FS | Festschrift |
| G | Gesetz |
| GA | Generalanwalt/Generalanwältin |
| GASP | Gemeinsame Außen- und Sicherheitspolitik |
| Gbl. | Gesetzblatt |
| gem. | gemäß |
| GO | Geschäftsordnung |
| GOEP | Geschäftsordnung des Europäischen Parlaments |
| GewArch. | Gewerbearchiv (Zeitschrift) |
| GewO | Gewerbeordnung |
| GewO-Ö | Österreichische Gewerbeordnung |
| GG | Grundgesetz |

| | |
|---|---|
| ggf. | gegebenenfalls |
| GmbH | Gesellschaft mit beschränkter Haftung |
| GRCh | EU-Grundrechtecharta |
| GSVP | Gemeinsame Sicherheits- und Verteidigungspolitik |
| GVBl. | Gesetz- und Verordnungsblatt |
| GVG | Gerichtsverfassungsgesetz |
| GWB | Gesetz gegen Wettbewerbsbeschränkungen |
| Hess. | Hessen, hessisch |
| h. L. | herrschende Lehre |
| h. M. | herrschende Meinung |
| Hrsg. | Herausgeber |
| HS | Halbsatz |
| HwO | Handwerksordnung (Bundesgesetz) |
| ICJ | International Court of Justice |
| i. d. F. | in der Fassung |
| i. E. | im Ergebnis |
| i. e. S. | im engeren Sinn |
| IGH | Internationaler Gerichtshof |
| insbes. | insbesondere |
| i. S. d. | im Sinne der/des |
| i. S. v. | im Sinne von |
| i. V. m. | in Verbindung mit |
| JA | Juristische Arbeitsblätter (Zeitschrift) |
| JEI | Jahrbuch der Europäischen Integration |
| JöR | Jahrbuch für öffentliches Recht |
| Jura | Juristische Ausbildung (Zeitschrift) |
| JuS | Juristische Schulung (Zeitschrift) |
| JuSchG | Jugendschutzgesetz |
| JZ | Juristenzeitung (Zeitschrift) |
| Kap. | Kapitel |
| KOM | Dokumente der Kommission der EG/EU |
| krit. | kritisch |
| KrW-/AbfG | Kreislaufwirtschafts- und Abfallgesetz |
| LAG | Lastenausgleichsgesetz |
| LBVO | Landes-Beihilfenverordnung |
| LdR | Ergänzbares Lexikon des Rechts, 8 Bände, Loseblatt, Einzelbeiträge untergliedert nach Gruppen und Kennziffern, zitiert: Autor, Gruppe, Kennziffer, Erscheinungsjahr des Einzelbeitrags |
| lit. | littera |
| Lit. | Literatur |
| MDR | Monatsschrift für Deutsches Recht (Zeitschrift) |
| m. E. | meines Erachtens |
| MeVo | Mecklenburg-Vorpommern |

| | |
|---|---|
| Mio. | Million(en) |
| Mrd. | Milliarde(n) |
| m. w. Nw. | mit weiteren Nachweisen |
| NATO | North Atlantic Treaty Organization |
| Nds. | Niedersachsen, niedersächsisch |
| NdsVBl. | Niedersächsische Verwaltungsblätter |
| n. F. | neue(r) Fassung |
| NJW | Neue Juristische Wochenschrift (Zeitschrift) |
| No. | Number, Numéro |
| Nr. | Nummer |
| NRW | Nordrhein-Westfalen, nordrhein-westfälisch |
| NUR | Natur und Recht (Zeitschrift) |
| NVwZ | Neue Zeitschrift für Verwaltungsrecht |
| NVwZ-RR | NVwZ-Rechtsprechungs-Report Verwaltungsrecht |
| NW | Nordrhein-Westfalen, nordrhein-westfälisch |
| NWVBl. | Nordrhein-Westfälische Verwaltungsblätter |
| NZBau | Neue Zeitschrift für Baurecht und Vergaberecht |
| NZS | Neue Zeitschrift für Sozialrecht |
| NZV | Neue Zeitschrift für Verkehrsrecht |
| OECD | Organization for Economic Cooperation and Development |
| OEEC | Organization for European Economic Cooperation |
| OLAF | Office Européen de Lutte Antifraude |
| OLG | Oberlandesgericht |
| OVG | Oberverwaltungsgericht |
| PJZS | Polizeiliche und Justizielle Zusammenarbeit in Strafsachen |
| RBerG | Rechtsberatungsgesetz |
| Rh.-Pf. | Rheinland-Pfalz, rheinland-pfälzisch |
| RIW/AWD | Recht der internationalen Wirtschaft/Außenwirtschaftsdienst des Betriebsberaters (Zeitschrift) |
| RL | Richtlinie |
| Rn. | Randnummer |
| Rs. | Rechtssache |
| Rspr. | Rechtsprechung |
| s. | siehe |
| S. | Seite, Satz |
| Saarl. | Saarland, saarländisch |
| Sächs. | sächsisch |
| SächsVBl. | Sächsische Verwaltungsblätter (Zeitschrift) |
| SGB | Sozialgesetzbuch |
| SGG | Sozialgerichtsgesetz |
| SKSV | Vertrag über Stabilität, Koordinierung und Steuerung in der Wirtschafts- und Währungsunion (Fiskalpakt) |
| Slg. | Sammlung |
| sog. | sogenannt(e/r/s) |

| | |
|---|---|
| Sp. | Spalte |
| StAG | Staatsangehörigkeitsgesetz |
| StGB | Strafgesetzbuch |
| StPO | Strafprozessordnung |
| st. Rspr. | ständige Rechtsprechung |
| str. | streitig |
| sub. | unter |
| | |
| TA | Technische Anleitung |
| TEHG | Gesetz über den Handel mit Berechtigungen zur Emission von Treibhausgasen |
| Thür. | Thüringen |
| ThürVBl. | Thüringer Verwaltungsblätter (Zeitschrift) |
| TKG | Telekommunikationsgesetz |
| TRIPs | Trade-Related Aspects of Intellectual Property Rights |
| TÜV | Technischer Überwachungsverein |
| | |
| u. a. | unter anderem/und andere |
| UA | Unterabsatz |
| UIG | Umweltinformationsgesetz |
| umstr. | umstritten |
| UN | United Nations |
| Unteralt. | Unteralternative |
| UPR | Umwelt- und Planungsrecht (Zeitschrift) |
| Urt. | Urteil |
| UVP | Umweltverträglichkeitsprüfung |
| UWG | Gesetz gegen den unlauteren Wettbewerb |
| | |
| v. | vom/von |
| VA | Verwaltungsakt |
| Var. | Variante |
| VBlBW | Verwaltungsblätter für Baden-Württemberg (Zeitschrift) |
| verb. Rs. | verbundene Rechtssachen |
| Verf. | Verfasser, Verfassung |
| VerfGH | Verfassungsgerichtshof |
| VerfO | Verfahrensordnung |
| VergabeR | Vergaberecht (Zeitschrift) |
| VerpackV | Verordnung über die Vermeidung und Verwertung von Verpackungsabfällen |
| VersG | Versammlungsgesetz |
| VerwArch. | Verwaltungsarchiv (Zeitschrift) |
| VG | Verwaltungsgericht |
| VGH | Verwaltungsgerichtshof |
| VgV | Vergabeverordnung |
| VO | Verordnung |
| Vorb. | Vorbemerkung |
| VR | Verwaltungsrundschau (Zeitschrift) |
| VV | Verwaltungsvorschrift(en) |

| | |
|---|---|
| VVDStRL | Veröffentlichungen der Vereinigung der Deutschen Staatsrechtslehrer |
| VwGO | Verwaltungsgerichtsordnung |
| VwVfG | Verwaltungsverfahrensgesetz |
| VwVG | Verwaltungs-Vollstreckungsgesetz |
| VwZG | Verwaltungszustellungsgesetz |
| WEU | Westeuropäische Union |
| WHG | Wasserhaushaltsgesetz |
| WiVerw. | Wirtschaft und Verwaltung (Zeitschrift) |
| WRV | Weimarer Reichsverfassung |
| WTO | World Trade Organization |
| WWU | Wirtschafts- und Währungsunion |
| www | world wide web |
| ZaöRV | Zeitschrift für ausländisches öffentliches Recht und Völkerrecht |
| z. B. | zum Beispiel |
| ZBJI | Zusammenarbeit in den Bereichen Justiz und Inneres |
| ZEuP | Zeitschrift für Europäisches Privatrecht |
| ZEUS | Zeitschrift für Europarechtliche Studien |
| Ziff. | Ziffer |
| ZPO | Zivilprozessordnung |
| z. T. | zum Teil |
| ZUR | Zeitschrift für Umweltrecht |
| zust. | zustimmend |
| zzgl. | zuzüglich |

# Literaturverzeichnis

Dieses Verzeichnis konzentriert sich auf die in diesem Buch abgekürzt zitierte Literatur. Umfangreiche Literaturverzeichnisse finden sich z. B. in den einschlägigen Lehrbüchern

Basistexte Öffentliches Recht, 16. Aufl. 2013

*Bieber, Roland/Epiney, Astrid/Haag, Marcel,* Die Europäische Union – Europarecht und Politik, 10. Aufl. 2013

*Calliess, Christian/Ruffert, Matthias* (Hrsg.), EUV/AEUV Kommentar, 4. Aufl. 2011

*Craig, Paul/de Búrca, Gráinne,* EU Law, 5th edition, 2011

*Ehlers, Dirk* (Hrsg.), Europäische Grundrechte und Grundfreiheiten, 3. Aufl. 2009

*Frenz, Walter,* Europarecht, 2011

*Friauf, Karl Heinrich/Höfling, Wolfram,* Berliner Kommentar zum Grundgesetz (Loseblatt)

*Frowein, Jochen Abr./Peukert, Wolfgang,* Europäische MenschenRechtsKonvention EMRK-Kommentar, 3. Aufl. 2009

*Geiger, Rudolf/Khan, Daniel Erasmus/Kotzur, Markus,* EUV/AEUV Kommentar, 5. Aufl. 2010

*Grabenwarter, Christoph/Pabel, Katharina,* Europäische Menschenrechtskonvention, 5. Aufl. 2012

*Grabitz, Eberhard/Hilf, Meinhard/Nettesheim, Martin* (Begr./Hrsg.), Das Recht der Europäischen Union (Loseblatt)

*Haratsch, Andreas/Koenig, Christian/Pechstein, Matthias,* Europarecht, 8. Aufl. 2012

*Herdegen, Matthias,* Europarecht, 15. Aufl. 2013

*Hobe, Stephan,* Europarecht, 6. Aufl. 2012

*Jarass, Hans D.,* Charta der Grundrechte der Europäischen Union Kommentar, 2. Aufl. 2013

*Lenz, Carl Otto/Borchardt, Klaus-Dieter* (Hrsg.), EU-Verträge Kommentar, 6. Aufl. 2013

*v. Mangoldt, Hermann/Klein, Friedrich/Starck, Christian* (Hrsg.), Kommentar zum Grundgesetz, Bd. 1–3, 6. Aufl. 2010

*v. Münch, Ingo/Kunig, Philip* (Hrsg.), Grundgesetz Kommentar, Bd. 1 und 2, 6. Aufl. 2012

*Oppermann, Thomas/Classen, Claus Dieter/Nettesheim, Martin,* Europarecht, 5. Aufl. 2011

*Pechstein, Matthias,* Entscheidungen des EuGH, 7. Aufl. 2012

*Pechstein, Matthias,* EU-Prozessrecht, 4. Aufl. 2011

*Peters, Anne/Altwicker, Tilmann,* Europäische Menschenrechtskonvention, 2. Aufl. 2012

*Sachs, Michael* (Hrsg.), Grundgesetz, 6. Aufl. 2011

*Schmidt-Bleibtreu, Bruno/Hofmann, Hans/Hopfauf, Axel* (Begr./Hrsg.), GG – Kommentar zum Grundgesetz, 12. Aufl. 2011

*Schroeder, Werner,* Grundkurs Europarecht, 2. Aufl. 2011

*Schwarze, Jürgen* (Hrsg.), EU-Kommentar, 3. Aufl. 2012

*Streinz, Rudolf,* Europarecht, 9. Aufl. 2012

*Streinz, Rudolf* (Hrsg.), EUV/AEUV, 2. Aufl. 2012

*Vedder, Christoph/Heintschel von Heinegg, Wolff* (Hrsg.), Europäisches Unionsrecht
Handkommentar, 2012

## I. Grundlagen des Europarechts

### 1. Der Begriff des Europarechts

**1.**

Begrifflich wird das Europarecht im engeren Sinn vom Europarecht im weiteren Sinn unterschieden. Was ist jeweils darunter zu verstehen?

Europarecht im engeren Sinn ist das Recht der Europäischen Union (EU) sowie der Europäischen Atomgemeinschaft (EAG). Europarecht im weiteren Sinn ist das Recht aller internationalen europäischen Organisationen. Es umfasst also z. B. auch das Recht der EFTA und des Europarates. Wenn von Europarecht gesprochen wird, wird wegen der überragenden Bedeutung der EU meist das Europarecht im engeren Sinn gemeint. So geht es auch im vorliegenden Buch ganz überwiegend um das Recht der EU. In den folgenden Abschnitten wird allerdings auch auf wichtige Grundfragen zum einen der EFTA einschließlich des Europäischen Wirtschaftsraums (EWR) und zum anderen des Europarates eingegangen.

### 2. EFTA und Europäischer Wirtschaftsraum (EWR)

**2.**

Was ist die EFTA?

Die Europäische Freihandelsassoziation (European Free Trade Association) EFTA ist eine weitere europäische Freihandelszone neben der EU. EFTA ist zugleich auch die Abkürzung des zugrundeliegenden völkerrechtlichen Vertrags, des Europäischen Freihandelsübereinkommens (European Free Trade Agreement).

**3.**

Seit wann gibt es die EFTA, welche Staaten gehören ihr an?

Gegründet wurde die EFTA im Jahr 1960 durch sieben Staaten (Dänemark, Norwegen, Österreich, Portugal, Schweden, die Schweiz und das Vereinigte Königreich). Später traten der EFTA noch Finnland, Island und Liechtenstein bei. Nachdem die meisten EFTA-Mitgliedstaaten in die EU übergewechselt sind, gehören der EFTA heute nur noch vier Staaten an: Island, Liechtenstein, Norwegen und die Schweiz.

**4.**

Bestehen Verbindungen zwischen der EFTA und der EU?

Die wichtigste Verbindung zwischen der EU und drei der vier Mitgliedstaaten der EFTA (Island, Liechtenstein und Norwegen) ist der seit 1.1.1994 existierende

Europäische Wirtschaftsraum (EWR). Dabei handelt es sich um eine Freihandelszone, die das Gebiet der EU und der genannten drei EFTA-Mitgliedstaaten umfasst.

### 5.

**Eigentlich sollte der EWR alle Mitgliedstaaten der EU und der EFTA umfassen. Wieso ist die Schweiz dem EWR ferngeblieben?**

In der Schweiz wurde der Beitritt zum EWR am 6.12.1992 einem (fakultativen) Referendum unterworfen, in dem sich eine knappe Mehrheit der Bevölkerung gegen den Beitritt aussprach. Allerdings hat die Schweiz daraufhin viele der geplanten Freihandelsregelungen mittels bilateraler Abkommen mit der EU in Kraft gesetzt.

### 6.

**Welche Hauptaufgabe hat der EFTA-Gerichtshof?**

Der EFTA-Gerichtshof, dem jeweils ein Richter aus jedem EFTA-Staat angehört, der zugleich Mitglied des EWR ist, wurde erst mit Abschluss des EWR-Abkommens eingesetzt. Seine zentrale Aufgabe ist nicht etwa, EFTA-Recht anzuwenden, sondern über die Einhaltung des EWR-Abkommens durch die EFTA-Staaten, die dem EWR angehören, zu entscheiden (vgl. Art. 108 Abs. 2 EWR-Abkommen).

### 3. Der Europarat

### 7.

**Was ist der Europarat?**

Der Europarat (engl.: Council of Europe) ist eine eigenständige internationale europäische Organisation mit Sitz in Straßburg (Art. 11 Satzung des Europarates, abgedruckt in: Sartorius II Nr. 110). Er darf nicht mit dem Europäischen Rat (European Council) und dem Rat/Rat der EU (Council) verwechselt werden, die beide Organe der EU sind (vgl. Art. 13 EUV sowie unten Nr. 192 ff.).

### 8.

**Wann wurde der Europarat gegründet?**

Der Europarat wurde durch den Londoner Zehnmächtepakt vom 5.5.1949 gegründet. Da es sich um die erste internationale europäische Organisation handelt, die nach dem Zweiten Weltkrieg geschaffen wurde, wird die Gründung des Europarates auch als Initialzündung für den europäischen Einigungsprozess angesehen. Dies hat auch darin seinen Niederschlag gefunden, dass am 5. Mai alljährlich der Europatag begangen wird.

**9.**

**Gehört die Bundesrepublik Deutschland zu den Gründerstaaten des Europarates?**

Nein, das war schon aus dem Grund nicht möglich, dass sich die Bundesrepublik Deutschland erst mit Inkrafttreten des Grundgesetzes am 23.5.1949 konstituierte. Die Bundesrepublik Deutschland ist dem Europarat am 13.7.1950 zunächst als sog. assoziiertes Mitglied beigetreten, da ihr noch die außenpolitische Souveränität fehlte. Nach einer Änderung des Besatzungsstatuts am 6.3.1951 erlangte die Bundesrepublik dann am 2.5.1951 die Vollmitgliedschaft im Europarat. Österreich ist seit 1956, die Schweiz seit 1963 Mitglied des Europarates.

**10.**

**Wie viele Mitgliedstaaten hat der Europarat heute?**

Zur Zeit gehören dem Europarat 47 Mitgliedstaaten an. Dies umfasst alle wesentlichen europäischen Staaten außer Weißrussland (vgl. *Peters/Altwicker*, § 1 Rn. 1).

**11.**

**Worin bestehen die Aufgaben des Europarates?**

Nach Art. 1 lit. a seiner Satzung hat der Europarat die Aufgabe, „eine engere Verbindung zwischen seinen Mitgliedern zum Schutze und zur Förderung der Ideale und Grundsätze, die ihr gemeinsames Erbe bilden, herzustellen und ihren wirtschaftlichen und sozialen Fortschritt zu fördern." Dazu wurden gem. Art. 1 lit. b der Satzung des Europarates im Rahmen desselben insbes. eine Reihe internationaler Abkommen ausgearbeitet. Das wichtigste ist die Europäische Menschenrechtskonvention (EMRK), auf die im folgenden Abschnitt näher eingegangen wird.

**12.**

**Über welche Organe verfügt der Europarat?**

Art. 10 der Satzung des Europarates nennt als Organe des Europarates das Ministerkomitee und die Beratende Versammlung (seit 1994 aufgrund eines Beschlusses des Ministerkomitees: „Parlamentarische Versammlung"). Dem Ministerkomitee gehören die Außenminister der Mitgliedstaaten bzw. deren Ständige Vertreter im Range eines Botschafters an. In die Parlamentarische Versammlung, der zur Zeit 318 Mitglieder angehören, entsendet jeder Mitgliedstaat eine bestimmte Anzahl von Mitgliedern seines nationalen Parlaments. So entsenden die Bundesrepublik Deutschland gem. Art. 26 der Satzung des Europarates 18 Mitglieder,

Österreich und die Schweiz jeweils 6 Mitglieder. Neben diesen beiden Organen gibt es noch einen Kongress der Gemeinden und Regionen des Europarates als beratendes Organ, das in eine Kammer der Gemeinden und eine Kammer der Regionen unterteilt ist.

## 4. Die Europäische Menschenrechtskonvention

### 13.

**Was ist die Europäische Menschenrechtskonvention (EMRK)?**

Die Konvention zum Schutz der Menschenrechte und Grundfreiheiten (Europäische Menschenrechtskonvention/EMRK; abgedruckt z. B. in Basistexte Öffentliches Recht, Nr. 19) ist ein völkerrechtlicher Vertrag, der im Rahmen des Europarates ausgearbeitet und am 4.11.1950 in Rom unterzeichnet wurde (*Grabenwarter/Pabel,* § 1 Rn. 3). Die EMRK trat nach ihrer Ratifizierung durch zehn Mitgliedstaaten am 3.9.1953 in Kraft. Ihr Ziel ist die Gewährleistung elementarer Menschenrechte und Grundfreiheiten durch die Vertragsstaaten.

### 14.

**Wie viele Vertragsstaaten hat die EMRK heute?**

Alle Mitgliedstaaten des Europarates haben die EMRK gem. Art. 59 I EMRK ratifiziert. Sie hat also 47 Vertragsstaaten.

### 15.

**Können lediglich Staaten der EMRK beitreten?**

Früher konnten der EMRK lediglich die Mitgliedstaaten des Europarates beitreten. Mit Inkrafttreten des 14. Zusatzprotokolls zur EMRK am 1.6.2010 wurde allerdings in Art. 59 II EMRK auch der EU die Möglichkeit eingeräumt, der EMRK beizutreten.

### 16.

**Besitzt die EU die Kompetenz, der EMRK beizutreten?**

Ja, diese Kompetenz wurde der EU mit Inkrafttreten des Vertrags von Lissabon am 1.12.2009 im neuen Art. 6 II EUV eingeräumt. Danach tritt die Union der EMRK bei.

**17.**

Die Grundrechte, wie sie in der EMRK gewährleistet sind, sind gem. Art. 6 III EUV bereits als allgemeine (Rechts-)Grundsätze Teil des Unionsrechts (dazu unten Nr. 785 ff.). Worin liegt dann der besondere Mehrwert eines Beitritts der EU zur EMRK?

Vor allem darin, dass nach einem Beitritt der EU zur EMRK gegen Akte der EU, die Grundrechte der EMRK verletzen, der Europäische Gerichtshof für Menschenrechte in Straßburg (EGMR) angerufen werden kann. Dies betrifft insbes. auch Entscheidungen des Gerichtshofs der EU, so dass nach dem Beitritt die Möglichkeit einer grundrechtsbezogenen Klage gegen letztinstanzliche Urteile des Gerichtshofs der EU bestehen wird.

**18.**

Beschränkt sich der Grundrechtsschutz der EMRK inhaltlich auf die in Abschnitt I (Art. 2–18) der EMRK genannten Grundrechte?

Nein, seit 1952 wurden verschiedene Protokolle zur EMRK mit zusätzlichen Grundrechtsgewährleistungen verabschiedet, die von den Mitgliedstaaten einzeln ratifiziert werden können. So finden sich bspw. in Protokoll Nr. 1 von 1952 der Schutz des Eigentums (Art. 1), das Recht auf Bildung (Art. 2) und das Recht auf freie Wahlen (Art. 3). Protokoll Nr. 4 von 1963 enthält bspw. das Recht der Freizügigkeit (Art. 2). Protokoll Nr. 6 von 1983 ist der Abschaffung der Todesstrafe gewidmet, was durch Protokoll Nr. 13 von 2002 erweitert wird. Protokoll Nr. 7 von 1984 enthält u. a. verfahrensrechtliche Schutzvorschriften in Bezug auf die Ausweisung ausländischer Personen (Art. 1).

**19.**

Welche Besonderheit hebt die EMRK gegenüber allen anderen regionalen Menschenrechtsschutzsystemen der Welt hervor und trägt maßgeblich zu ihrer hohen Effektivität bei?

Die Existenz eines justizförmigen Rechtsschutzsystems, in dessen Rahmen Verletzungen der durch die EMRK gewährleisteten Grundrechte vor dem EGMR in Straßburg geltend gemacht werden können.

**20.**

Wie setzt sich der Europäische Gerichtshof für Menschenrechte zusammen?

Gem. Art. 20, 23 EMRK stellt jeder Vertragsstaat einen Richter. Dabei werden die Richterinnen und Richter gem. Art. 22 EMRK von der Parlamentarischen Versammlung des Europarates aus einer Liste von drei Kandidaten gewählt, die von der jeweiligen Vertragspartei vorgeschlagen werden (*Grabenwarter/Pabel*, § 7 Rn. 2).

## 21.

**Wer kann eine sog. Individualbeschwerde vor dem EGMR erheben?**

Gem. Art. 34 S. 1 EMRK kann der EGMR von jeder natürlichen Person, nicht-staatlichen Organisation oder Personengruppe, die behauptet, durch eine der Vertragsparteien in einem der in der EMRK oder den Protokollen dazu anerkannten Rechte verletzt zu sein, mit einer (Individual-)Beschwerde befasst werden.

## 22.

**Demonstrant D fühlt sich durch die Auflösung einer Demonstration in Frankfurt a. M. in seinem Recht der Versammlungsfreiheit aus Art. 11 I EMRK verletzt. Kann D unmittelbar den EGMR anrufen?**

Ähnlich wie bei einer Verfassungsbeschwerde vor dem BVerfG müssen verschiedene Zulässigkeitsvoraussetzungen erfüllt sein, damit sich der EGMR in der Sache mit einer Beschwerde befasst (*Grabenwarter/Pabel*, § 13 Rn. 5 ff.). Dazu gehört gem. Art. 35 I EMRK die Erschöpfung aller innerstaatlichen Rechtsbehelfe. D muss also zunächst den innerstaatlichen Rechtsweg erschöpfen, bevor er mit Aussicht auf Erfolg Individualbeschwerde beim EGMR einlegen kann.

## 23.

**Kann die EMRK auch schon im Rahmen einer Fortsetzungsfeststellungsklage des D vor einem deutschen Verwaltungsgericht eine Rolle spielen?**

Ja, grds. sind alle deutschen Behörden und Gerichte an die EMRK gebunden. Die deutschen Gerichte müssen daher bei ihren Entscheidungen auch die Grundrechte der EMRK beachten.

## 24.

**Woraus ergibt sich die Bindung aller deutschen Hoheitsträger an die EMRK?**

Da die EMRK ein völkerrechtlicher Vertrag ist, folgt die Bindung der deutschen Hoheitsträger aus Art. 59 II 1 2. Alt. GG i. V. m. dem deutschen Ratifizierungsgesetz zur EMRK.

## 25.

**Welchen Rang besitzt die EMRK danach in der bundesdeutschen Normen-hierarchie?**

Aufgrund ihrer Umsetzung in innerstaatliches Recht durch das Ratifizierungsgesetz, als formelles Bundesgesetz, i. V. m. Art. 59 II 1 GG besitzt sie den Rang eines einfachen formellen Bundesgesetzes (BVerfGE 111, 307/315 ff.). Sie steht also im Rang unter dem Grundgesetz (GG), aber über den nur materiellen Bundesgesetzen (Bundesverordnungen und Bundessatzungen).

## 26.

**Der Bundesgesetzgeber erlässt ein formelles Bundesgesetz zur Videoüber-wachung am Arbeitsplatz, das möglicherweise gegen Art. 8 EMRK verstößt. Kann das Gesetz im Lichte der EMRK überprüft werden?**

Hier besteht das dogmatische Problem, ob ein nach Erlass des Ratifizierungsgesetzes zur EMRK erlassenes Bundesgesetz an der EMRK gemessen werden kann. Nach dem soeben Gesagten besitzen beide den Rang eines formellen Bundesgesetzes. Es greifen daher die allgemeinen Kollisionsgrundsätze für gleichrangige Rechtsquellen ein, nach denen das spätere das frühere Gesetz verdrängt *(lex posterior derogat legi priori)* und das speziellere das allgemeinere *(lex specialis derogat legi generali)*. Danach verdrängt ein heute erlassenes Gesetz eigentlich die EMRK in ihrer innerstaatlichen Bindungswirkung, so dass ein Verstoß des Gesetzes gegen die EMRK ausschiede.

## 27.

**Aber verstieße die Bundesrepublik damit nicht gegen ihre völkerrechtlichen Verpflichtungen, die sie durch Ratifizierung der EMRK eingegangen ist?**

In der Tat könnte die Bundesrepublik damit im Ergebnis gegen ihre Verpflichtungen aus der EMRK verstoßen, die sie gem. Art. 52 EMRK auch verpflichtet, die „wirk-same Anwendung aller Bestimmungen" der EMRK im innerstaatlichen Recht zu gewährleisten (vgl. BVerfGE 111, 307/323). Genau in dem damit angesprochenen Spannungsverhältnis zwischen der völkerrechtlichen Verpflichtungswirkung der EMRK einerseits und dem lediglich einfachgesetzlichen Rang der EMRK im inner-staatlichen Recht – mit den genannten Folgewirkungen – andererseits liegt das entscheidende dogmatische Problem.

## 28.

**Könnte die EMRK nicht aufgrund einer Übertragung von Hoheitsrechten gem. Art. 23 I GG einen höheren Rang einnehmen?**

Art. 23 I 1, 2 GG ermächtigt die Bundesrepublik zur Übertragung von Hoheitsrechten zur Entwicklung der Europäischen Union. Die EMRK ist aber – wie ausgeführt – ein völkerrechtlicher Vertrag, der im Rahmen des Europarates, einer eigenständigen, von der EU getrennten internationalen Organisation, ausgearbeitet wurde. Schon aus diesem Grund scheidet eine Anwendung von Art. 23 I GG aus.

---

**29.**

**Käme eine Ableitung eines höheren Rangs der EMRK aus einer Übertragung von Hoheitsrechten gem. Art. 24 I GG in Betracht?**

---

Jedenfalls seit Inkrafttreten des 11. Zusatzprotokolls im Jahr 1998, welches die unmittelbare Anrufung des EGMR mittels der Individualbeschwerde ermöglicht und in dem sich die Vertragsstaaten gem. Art. 46 EMRK verpflichten, die Urteile des EGMR zu befolgen, erscheint eine Übertragung von Hoheitsgewalt an die Organe der EMRK, speziell den EGMR, nicht auf den ersten Blick ausgeschlossen. Z. T. wird daher etwa argumentiert, die nunmehr bestehende „Befolgungswirkung" für die Mitgliedstaaten gehe „schon in Richtung einer supranational angeordneten Durchgriffswirkung" (*Hobe,* in: Friauf/Höfling, GG, Art. 24 Rn. 27). Dagegen, dass tatsächlich eine Übertragung von Hoheitsgewalt gem. Art. 24 I GG stattgefunden hat, spricht jedoch zum einen, dass dem EGMR allein rechtsprechende und keine rechtsetzenden Funktionen übertragen worden sind (*Herdegen,* § 3 Rn. 57). Zum anderen besitzt der EGMR auch nach Inkrafttreten des 11. Zusatzprotokolls nicht die Kompetenz, nationale Hoheitsakte, die nach seiner Auffassung gegen die EMRK verstoßen, mit unmittelbarer Wirkung aufzuheben (*Hillgruber,* in: Schmidt-Bleibtreu/Hofmann/Hopfauf, GG, 12. Aufl., 2011, Art. 24 Rn. 24). Eine Übertragung von Hoheitsgewalt gem. Art. 24 I GG ist daher im Ergebnis abzulehnen (vgl. auch *Grabenwarter/Pabel,* § 3 Rn. 6).

---

**30.**

**Wie löst die Praxis das dogmatische Dilemma der völkerrechtlichen Bindung einerseits und des lediglich einfachgesetzlichen Rangs der EMRK in der bundesdeutschen Normenhierarchie andererseits?**

---

In Anknüpfung an verschiedene Entscheidungen des BVerfG, welche die völkerrechtsfreundliche Haltung des GG hervorheben (z. B. BVerfGE 18, 112/121; 31, 58/75 f.; 63, 343/370), lässt sich ein Prinzip der völkerrechtsfreundlichen Auslegung des deutschen Rechts begründen (z. B. BVerfGE 111, 307/318 ff.). Danach ist eine Rechtsnorm (auch eines formellen Bundesgesetzes sowie des GG), die mehrere Deutungen erlaubt, grds. in der Weise auszulegen, welche auch mit den Vorgaben des Völkerrechts in Einklang steht (vgl. *Rojahn,* in: v. Münch/Kunig, GG, Bd. 1, Art. 24 Rn. 3 ff.). Konkret bedeutet dies insbes., dass deutsche Gerichte bei der Auslegung und Anwendung innerstaatlichen Rechts eine gefestigte, verallgemeinerungsfähige Rechtsprechung des EGMR zur Auslegung der EMRK vorrangig zu berücksichtigen haben (BVerfGE 111, 307/323 ff., 329).

**31.**

Angenommen, D hat in dem oben skizzierten Fall Nr. 22 nach Erschöpfung des innerstaatlichen Rechtswegs Individualbeschwerde vor dem EGMR gegen die Auflösung der Demonstration erhoben. Wie ist der Verfahrensgang vor dem EGMR, welche Spruchkörper des EGMR befassen sich mit dem Fall?

Individualbeschwerden gem. Art. 34 EMRK werden zunächst von einem aus drei Richtern (Art. 26 I 1 EMRK) bestehenden Ausschuss auf ihre Zulässigkeit überprüft, Art. 28 I EMRK. Dabei ist nur eine einstimmige Verwerfung der Beschwerde als unzulässig endgültig, Art. 28 II i. V. m. I EMRK. Wird die Individualbeschwerde nicht als unzulässig verworfen, entscheidet gem. Art. 29 I EMRK eine aus sieben Richtern gebildete Kammer (Art. 26 I 1 EMRK) über die Zulässigkeit und Begründetheit. Diese kann die Rechtssache an die aus 17 Richtern bestehende Große Kammer (Art. 26 I 1 EMRK) abgeben, wenn sie eine schwerwiegende Auslegungsfrage der EMRK einschließlich der Protokolle aufwirft oder die Entscheidung zu einer Abweichung von einem früheren Urteil des EGMR führen kann und keine Partei widerspricht, Art. 30 EMRK.

**32.**

Angenommen, Ds Individualbeschwerde hat Erfolg. Welche Wirkung hat das stattgebende Urteil des EGMR?

In der Regel handelt es sich um ein bloßes Feststellungsurteil, das die Verletzung der EMRK durch den Vertragsstaat feststellt. Aus Art. 46 I EMRK folgt die Pflicht der Vertragsstaaten, das endgültige Urteil des EGMR zu befolgen, also umzusetzen. Seit der grundlegenden Entscheidung im Fall *Asanide/Georgien*, EuGRZ 2004, 268 nimmt der EGMR allerdings auch für sich in Anspruch, den Vertragsstaat zu einer bestimmten Maßnahme zu verpflichten, wenn der Vertragsstaat nur noch durch eine solche Maßnahme den Verpflichtungen aus dem Urteil nachkommen kann, sein Ermessen bei der Umsetzung des Urteils also insoweit auf Null reduziert ist. Im *Asanide*-Fall war dies die Freilassung des Beschwerdeführers nach dessen willkürlicher Verhaftung.

**33.**

Ist auch eine Verurteilung eines Staates zu einer Entschädigungszahlung möglich?

Ja, gem. Art. 41 EMRK kann der EGMR der verletzten Partei eine gerechte Entschädigung zusprechen, wenn das innerstaatliche Recht des Vertragsstaates nur eine unvollkommene Wiedergutmachung für die Folgen der Verletzung der EMRK gestattet und dies notwendig ist (zu den Voraussetzungen: *Frowein/Peukert*, Art. 41 Rn. 4 ff.).

**34.**

**Gibt es neben der Individualbeschwerde eine weitere Beschwerdeform vor dem EGMR?**

Ja, die Staatenbeschwerde gem. Art. 33 EMRK, bei der jeder Vertragsstaat den EGMR wegen jeder behaupteten Verletzung der EMRK und ihrer Protokolle durch einen anderen Vertragsstaat anrufen kann. Bei Staatenbeschwerden, die in der Praxis selten vorkommen, entfällt die Zulässigkeitsprüfung durch den Ausschuss gem. Art. 28 EMRK. Die Entscheidung über die Zulässigkeit und Begründetheit erfolgt daher gem. Art. 29 II EMRK stets durch die Kammer, welche die Rechtssache unter den Voraussetzungen des Art. 30 EMRK an die Große Kammer abgeben kann.

## 5. Verfassungsgeschichte der EU

### a) Die Gründung der drei Gemeinschaften

**35.**

**Die EU ist eine supranationale internationale Organisation, die sich seit den 50er-Jahren des 20. Jh. evolutiv entwickelt hat. Grundlegende Kenntnisse vom verfassungsgeschichtlichen Entstehungsprozess sind daher für ein Verständnis des heutigen Europarechts von großem Nutzen. Mit der Gründung welcher Gemeinschaft begann der Entstehungsprozess der heutigen EU?**

Mit der Gründung der Europäischen Gemeinschaft für Kohle und Stahl (EGKS) durch den Vertrag von Paris vom 18. April 1951 (Vertrag über die Gründung der Europäischen Gemeinschaft für Kohle und Stahl, BGBl. 1952 II S. 447). Der EGKS-Vertrag trat am 23. Juli 1952 in Kraft.

**36.**

**Welche Staaten haben die auch Montanunion genannte EGKS gegründet?**

Wie später z. B. auch die Europäische Wirtschaftsgemeinschaft wurde die EGKS von sechs Staaten, nämlich den Benelux-Staaten (Belgien, den Niederlanden und Luxemburg), der Bundesrepublik Deutschland, Frankreich und Italien gegründet.

**37.**

**Auf welchem berühmten „Plan" basierte die Gründung der EGKS?**

Auf dem sog. Schuman-Plan, den der französische Außenminister *Robert Schuman* am 9.5.1950 im Namen der französischen Regierung vorstellte. Da der Schuman-Plan von *Jean Monnet,* dem mit der Modernisierung der französischen Wirtschaft befassten Leiter des französischen Commissariat général du Plan, entwickelt worden war, wird er mitunter auch als Schuman-Monnet-Plan bezeichnet.

Kern des konzisen Vorschlags war es, *„die Gesamtheit der französisch-deutschen Kohle- und Stahlproduktion einer gemeinsamen Hohen Behörde zu unterstellen, in einer Organisation, die den anderen europäischen Ländern zum Beitritt offensteht. Die Zusammenlegung der Kohle- und Stahlproduktion wird sofort die Schaffung gemeinsamer Grundlagen für die wirtschaftliche Entwicklung sichern – die erste Etappe der europäischen Föderation – und die Bestimmung jener Gebiete ändern, die lange Zeit der Herstellung von Waffen gewidmet waren, deren sicherste Opfer sie gewesen sind".* Konkret sollte die *„Ein- und Ausfuhr von Kohle und Stahl zwischen den Teilnehmerländern [...] sofort von aller Zollpflicht befreit"* werden. Obwohl es also unmittelbar um einen Freihandel für Kohle und Stahl sowie die Unterstellung der französischen, deutschen und ggf. weiterer europäischer Stahlindustrien unter eine supranationale Kontrolle ging, schien im Schuman-Plan doch bereits das Fernziel einer europäischen Föderation auf (*Hobe*, § 2 Rn. 15).

## 38.

**Welche primären Motivationen standen hinter der Idee, die Kohle- und Stahlproduktion Deutschlands, Frankreichs und ggf. weiterer europäischer Staaten dem Freihandel und einer internationalen Kontrolle zu unterwerfen?**

Dem Schuman-Plan lagen primär ökonomische und sicherheitspolitische Motivationen zugrunde. Die ökonomische Motivation bestand darin, durch einen Freihandel für Kohle- und Stahlprodukte unter Abschaffung von Zöllen diese damals sehr wichtigen Wirtschaftszweige zu fördern und damit insgesamt den Wiederaufbau der Wirtschaft nach dem Zweiten Weltkrieg voranzubringen. Frankreich erhoffte sich konkret auch Zugang zu den Ressourcen des Ruhrgebiets. In sicherheitspolitischer Hinsicht ging es wenige Jahre nach Ende des Zweiten Weltkriegs, der in Europa am 8. Mai 1945 zu Ende gegangen war, um eine internationale Kontrolle der kriegswichtigen Industrien Kohle und Stahl.

## 39.

**Kurz nach Beginn der Verhandlungen zur Gründung der EGKS wurde die Initiative zur Gründung einer weiteren Europäischen Gemeinschaft ergriffen, die später jedoch scheitern sollte. Um welche Gemeinschaft handelt es sich?**

Noch im Jahr 1950 wurde die Idee ins Spiel gebracht, unter den designierten Vertragsparteien der EGKS auch eine Europäische Verteidigungsgemeinschaft (EVG) zu gründen.

**40.**

**Welches weltgeschichtliche Ereignis kann als Auslöser der Bemühungen zur Gründung der EVG angesehen werden?**

Der Ausbruch des Korea-Krieges am 25. Juni 1950. Dieser führte zu einer Interessenverlagerung der USA weg von Europa. Um eine kommunistische Eroberung ganz Koreas zu verhindern, mussten US-Truppen und Ressourcen aus Europa abgezogen werden, was aber vor dem Hintergrund des nach dem Zweiten Weltkrieg entstandenen Kalten Krieges die Bedrohung Westeuropas durch die Sowjetunion zu erhöhen schien. Um die durch den Abzug von US-Truppen entstehende Verteidigungslücke auszugleichen, brachte die US-Regierung daher zunächst auf diplomatischer Ebene nachdrücklich die Aufstellung deutscher Streitkräfte ins Spiel. Den Vorschlag des damaligen britischen Oppositionsführers *Winston Churchill* vom 9.8.1950, eine europäische Armee mit deutschen Kontingenten zu bilden, griff dann primär die französische Regierung auf, die eine deutsche Wiederbewaffnung, auf welche die USA drängten, wenige Jahre nach dem Zweiten Weltkrieg – wenn überhaupt – nur im Rahmen einer supranationalen europäischen Armee dulden konnte.

**41.**

**Worauf zielte der sog. Pleven-Plan ab?**

Der Pleven-Plan, den der französische Ministerpräsident *René Pleven* am 24.10.1950 in einer Regierungserklärung der französischen Nationalversammlung vorstellte, zielte auf die Gründung einer europäischen Armee im Rahmen einer Europäischen Verteidigungsgemeinschaft (EVG) ab. Der Pleven-Plan orientierte sich dabei institutionell an dem parallel verhandelten Schuman-Plan zur Gründung der EGKS. Während die deutschen Truppenkontingente vollständig in die europäische Armee eingebracht werden sollten, hätten die anderen Mitgliedstaaten nur einen Teil ihrer Truppen der europäischen Armee unterstellen müssen.

**42.**

**Wie reagierten die deutsche Regierung und die deutsche Öffentlichkeit auf den Pleven-Plan?**

Die deutsche Regierung, vor allem aber die deutsche Öffentlichkeit, stand einer deutschen Wiederbewaffnung, um die es ja letztlich ging, fünf Jahre nach Ende des Zweiten Weltkriegs überwiegend ablehnend gegenüber. Die Regierung von Bundeskanzler *Konrad Adenauer* erkannte aber die Chancen, welche die Verhandlungen zur Gründung einer EVG im Hinblick auf eine Wiedergewinnung der deutschen Außensouveränität boten. Quasi im Gegenzug für die Durchsetzung der in der Bundesrepublik Deutschland kaum populären Wiederbewaffnung gelang es Adenauers Regierung in den Folgejahren, die bundesdeutsche Außenhoheit weitgehend wiederzuerlangen.

## 43.

### Ist es jemals zum Abschluss des EVG-Vertrags gekommen?

Ja, der Vertrag über die Gründung der Europäischen Verteidigungsgemeinschaft wurde am 26. und 27. Mai 1952 von den Benelux-Staaten, der Bundesrepublik Deutschland, Frankreich und Italien unterzeichnet.

## 44.

### Hat die Bundesrepublik Deutschland den EVG-Vertrag ratifiziert?

Ja, die Bundesrepublik Deutschland hat den EVG-Vertrag durch Gesetz vom 28. Mai 1954 ratifiziert (BGBl. II S. 342).

## 45.

### Woran ist die Gründung der EVG letztlich gescheitert?

Die EVG scheiterte in der französischen Nationalversammlung, die am 30.8.1954 die Entscheidung über die Ratifizierung des EVG-Vertrags mittels eines Geschäftsordnungsantrags vertagte, damit aber letztlich verwarf. Auslöser war ein Machtwechsel in Frankreich, durch den vor dem Hintergrund des verlorenen französischen Indochina-(Vietnam-)kriegs im Juni 1954 eine EVG-kritische gaullistische Regierung unter Ministerpräsident *Pierre Mendès-France* an die Regierung gelangt war. Nach dem Scheitern der EVG kam es zu einer bundesdeutschen Wiederbewaffnung im Rahmen der Westeuropäischen Union (WEU) und damit letztlich der NATO.

## 46.

### Mit dem Scheitern der EVG war auch gleichzeitig verfolgten Plänen zur Gründung einer Europäischen Politischen Gemeinschaft (EPG) der Boden entzogen. Stattdessen schien nach dem Vorbild der erfolgreichen EGKS die Vergemeinschaftung weiterer Wirtschaftsbereiche vorzugswürdig. Welche beiden Gemeinschaften wurden daher als nächste gegründet?

Zum 1. Januar 1958 wurden die Europäische Wirtschaftsgemeinschaft (EWG), die später in Europäische Gemeinschaft (EG) umbenannt wurde, und die Europäische Atomgemeinschaft (EAG) gegründet.

### 47.

### Welche Verträge lagen dem zugrunde?

Die **Römischen Verträge vom 25. März 1957.** Dazu zählten insbes. der Vertrag zur Gründung der Europäischen Wirtschaftsgemeinschaft (BGBl. 1957 II S. 753) und der Vertrag zur Gründung der Europäischen Atomgemeinschaft.

### 48.

### Worum ging es primär bei der Gründung der EWG?

Im Mittelpunkt stand die Schaffung eines gemeinsamen Marktes mittels der Marktfreiheiten für Waren, Personen, Dienstleistungen und Kapital. Dies war verbunden mit einer Zollunion, in deren Rahmen die Zölle zwischen den sechs Mitgliedstaaten nach und nach abgebaut und ein gemeinsamer Außenzoll gegenüber Drittstaaten etabliert wurde.

### 49.

### Worum ging es bei der auch Euratom genannten EAG?

Die friedliche Nutzung der Kernenergie erschien in den 50er-Jahren des 20. Jh. als Hoffnungsträger für eine nahezu unbegrenzte Versorgung mit günstiger Energie. Aufgabe der EAG ist daher gem. Art. 1 II EAG-Vertrag (EAGV): „durch die Schaffung der für die schnelle Bildung und Entwicklung von Kernindustrien erforderlichen Voraussetzungen zur Hebung der Lebenshaltung in den Mitgliedstaaten und zur Entwicklung der Beziehungen mit den anderen Ländern beizutragen". Zur Erfüllung dieser Aufgabe hat die EAG gem. Art. 2 EAGV u. a. die Forschung zu entwickeln und die Verbreitung der technischen Kenntnisse sicherzustellen, einheitliche Sicherheitsnormen für den Gesundheitsschutz der Bevölkerung und der Arbeitskräfte aufzustellen, für regelmäßige und gerechte Versorgung aller Benutzer der Gemeinschaft mit Erzen und Kernbrennstoffen Sorge zu tragen und durch geeignete Überwachung zu gewährleisten, dass die Kernstoffe nicht anderen als den vorgesehenen Zwecken zugeführt werden.

## b) Vertiefung und Erweiterung der Integration seit den 1960er-Jahren

### 50.

### Verfügten die seit 1. Januar 1958 bestehenden drei Gemeinschaften von Anfang an über gemeinsame Organe?

Dies war nur teilweise der Fall: Durch das ebenfalls zu den Römischen Verträgen zählende, aus nur acht Artikeln bestehende **Abkommen über gemeinsame Organe**

**für die europäischen Gemeinschaften** vom 25.3.1957 (BGBl. II S. 1156) wurden zum 1. Januar 1958 eine gemeinsame (parlamentarische) Versammlung und ein gemeinsamer Gerichtshof für alle drei Gemeinschaften eingerichtet. Erst durch den sog. **Fusionsvertrag** (Vertrag zur Einsetzung eines gemeinsamen Rates und einer gemeinsamen Kommission der Europäischen Gemeinschaften vom 8.4.1965, BGBl. II S. 1454), der am 1. Juli 1967 in Kraft trat, wurden dann auch die zuvor getrennten Kommissionen (EGKS: Hohe Behörde) und Ministerräte der drei Gemeinschaften zu einer gemeinsamen Kommission und einem gemeinsamen Ministerrat vereinigt. Das Abkommen über gemeinsame Organe und der Fusionsvertrag wurden später durch Art. 9 I des Amsterdamer Vertrags von 1997 (unten Nr. 71) aufgehoben und ihre wesentlichen Regelungen zunächst in den Amsterdamer Vertrag und schließlich in den EUV, den AEUV und den EAGV übernommen.

## 51.

### Worum ging es bei den sog. Fouchet-Plänen?

Der auf Initiative einer Gipfelkonferenz der Europäischen Gemeinschaften unter Leitung des französischen Diplomaten *Christian Fouchet* ausgearbeitete Fouchet-Plan-I, der im Oktober/November 1961 vorgelegt wurde, zielte auf die Gründung einer **europäischen politischen Union** ab, die als Union der Völker Europas oder kurz als Union bezeichnet wurde. Der aus nur 18 Artikeln bestehende Vertragsentwurf sah einen Rat, ein Europäisches Parlament und eine Europäische Politische Kommission als Organe vor (Art. 4 ff.). Als Ziele der Union nannte Art. 2 eine gemeinsame Außenpolitik, eine gemeinsame Verteidigungspolitik, einen Beitrag zur Verteidigung von Menschenrechten und Demokratie in den Mitgliedstaaten sowie eine enge Zusammenarbeit in den Bereichen Wissenschaft und Kultur, ohne jedoch ins Detail zu gehen.

Die Union sollte allerdings primär intergouvernemental, also durch Zusammenarbeit souveräner Staaten, und nicht supranational, durch Übertragung von Hoheitsrechten an die Union, verwirklicht werden. Das Verhältnis zu den drei Gemeinschaften und der dort bereits erreichten supranationalen Integration blieb weitgehend offen. Ein am 18.1.1962 von *Charles de Gaulle* vorgelegter überarbeiteter Entwurf (Fouchet-Plan-II) betonte noch stärker den intergouvernementalen Charakter der Union. Darin manifestierte sich de Gaulles zunehmende Kritik an den supranationalen Elementen der europäischen Einigung. Nach dem zügigen Scheitern der Verhandlungen über die Fouchet-Pläne führten Vorstöße zur engeren deutsch-französischen Kooperation zum deutsch-französischen Kooperationsvertrag vom 22.1.1963, dem sog. **Elysée-Vertrag** (BGBl. II S. 705). Dieser bis heute gültige Vertrag, der als ein Grundpfeiler der deutsch-französischen Aussöhnung nach dem Zweiten Weltkrieg angesehen wird, umfasst mit den auswärtigen Angelegenheiten, der Verteidigung sowie Erziehungs- und Jugendfragen ähnliche Kooperationsfelder wie die zuvor vorgeschlagene Union.

**52.**

**Worum ging es bei der sog. Politik des leeren Stuhles, welche die französische Regierung seit Mitte 1965 verfolgte, und wodurch wurde diese Politik beendet?**

Bei dieser ersten existenzbedrohenden Krise der Europäischen Gemeinschaften boykottierte Frankreich von Mitte 1965 bis Anfang 1966 die Sitzungen des Ministerrates. Hintergrund war die Befürchtung Frankreichs, bei qualifizierten Mehrheitsentscheidungen im Rat überstimmt zu werden, in Verbindung mit der weiter vorherrschenden Ablehnung supranationaler Strukturen durch die gaullistische französische Regierung. Zu einer Rückkehr in den Rat wurde Frankreich durch den **Luxemburger Kompromiss/die Luxemburger Vereinbarung** vom 29. Januar 1966 bewegt, der/die als sog. Gentlemen's Agreement jedem Mitgliedstaat die Möglichkeit einräumt, unter Berufung auf die Betroffenheit eigener vitaler Interessen ein Überstimmtwerden bei qualifizierten Mehrheitsentscheidungen im Rat zu verhindern (näher dazu: unten Nr. 243 ff.).

**53.**

**Am 1. Januar 1973 kam es zur ersten Erweiterung der Gemeinschaften. Welche Staaten traten diesen bei?**

Das Vereinigte Königreich, Irland und Dänemark.

**54.**

**Auch mit Norwegen waren seit 1970 Beitrittsverhandlungen geführt worden. Woran scheiterte der norwegische Beitritt?**

Bei einer Volksabstimmung sprach sich die Mehrheit des norwegischen Volkes gegen den Beitritt zu den Europäischen Gemeinschaften aus.

**55.**

**Im März 1979 wurde das Europäische Währungssystem (EWS) eingeführt. Worum ging es dabei?**

Durch die Einführung fester, jedoch anpassungsfähiger Wechselkurse der Währungen der EG-Mitgliedstaaten sollte Währungsstabilität zwischen den EG-Mitgliedstaaten herbeigeführt werden. Dies sollte zum einen die Funktionsweise des EG-Binnenmarktes verbessern, der durch stark schwankende Wechselkurse bedroht wurde, und zum anderen die Stellung der EG-Staaten im internationalen Währungssystem stärken. Fernziel war die Errichtung einer Europäischen Währungsunion.

**56.**

**Wie wurde die angestrebte Wechselkursstabilität im EWS konkret verwirklicht?**

Das EWS hatte drei wesentliche Elemente:

1. Einführung des ECU (European Currency Unit) als rechnerische Währungseinheit, gebildet aus einem „Korb" der Währungen der beteiligten Staaten;

2. ein Wechselkurssystem mit einem maximalen Schwankungsrahmen von +/- 2,5 % (Italien: 6 %) um die Leitkurse der teilnehmenden Währungen. Bei einem wesentlichen Überschreiten der Schwankungsbreiten waren die Mitgliedstaaten zur Intervention verpflichtet;

3. ein System von Kreditmechanismen, um die Stabilisierung der Währungen zu ermöglichen.

**57.**

**Im Juni 1979 fand zum ersten Mal die Direktwahl des Europäischen Parlaments durch die Bürgerinnen und Bürger der Mitgliedstaaten statt. Wie waren die Mitglieder des Parlaments zuvor bestimmt worden?**

Die zuvor lediglich 198 Abgeordneten waren von den Parlamenten der Mitgliedstaaten entsandt worden. Mit der Einführung der Direktwahl stieg die Zahl der Mitglieder des Europäischen Parlaments auf 410, von denen 81 in der Bundesrepublik Deutschland gewählt wurden.

**58.**

**1981 wurden die Gemeinschaften zum zweiten Mal und 1986 zum dritten Mal erweitert. Welche Staaten traten jeweils bei?**

1981 trat Griechenland den Europäischen Gemeinschaften bei. 1986 folgten Spanien und Portugal, womit die Mitgliederzahl auf zwölf anstieg.

**59.**

**Repräsentierten die zwölf Sterne auf der Europafahne diese zwölf Mitgliedstaaten?**

Tatsächlich könnte man in Analogie zur Fahne der Vereinigten Staaten von Amerika auf die Idee kommen, dass die Sterne für die Mitgliedstaaten stehen, zumal dies von 1986 bis 1993 rechnerisch zutraf. Tatsächlich ist die Zahl der Sterne auf der Europafahne, welche die EG vom Europarat übernommen haben, aber unveränderlich, beträgt also bis heute – trotz Beitritts weiterer Mitgliedstaaten – zwölf. Sie steht daher nicht für die Mitgliedstaaten, sondern ist eher ein Symbol der Vollkommenheit. Diese hervorgehobene Bedeutung der Zahl zwölf manifestiert sich an anderer Stelle etwa in den zwölf Monaten des Jahreskreises oder auch den zwölf Aposteln.

### c) Die Gründung der Europäischen Union

**60.**

Ein wesentlicher vorbereitender Schritt hin zur Gründung der Europäischen Union (EU) im Jahr 1993 war die Verabschiedung der Einheitlichen Europäischen Akte im Jahr 1986. Worum handelt es sich dabei, was waren die wesentlichen Inhalte?

Die **Einheitliche Europäische Akte (EEA)** war der erste der großen EG-Reformverträge. Sie wurde im Februar 1986 von den damals zwölf Mitgliedstaaten unterzeichnet und trat nach Ratifizierung am 1.7.1987 in Kraft. Der Begriff Einheitliche Europäische Akte ist v. a. darauf zurückzuführen, dass die EEA als völkerrechtlicher Vertrag sowohl Regelungen enthielt, durch welche die bestehenden Verträge (EG-Vertrag etc.) z. B. in institutioneller Hinsicht verändert wurden, als auch Regelungen, die jenseits der existierenden Strukturen weitergehende völkerrechtliche Vereinbarungen enthielten.

Letzteres betraf v. a. die seit den 70er-Jahren des 20. Jh. in lockerer Form gepflegte **Europäische Politische Zusammenarbeit (EPZ),** die durch Titel III der EEA gebündelt und in erweiterter Form auf eine vertragliche Grundlage neben den EG-Verträgen gestellt wurde. In Titel II der EEA geregelte institutionelle Reformen der Europäischen Gemeinschaften beinhalteten u. a. die Errichtung des **Gerichts erster Instanz** (heute: Gericht) neben dem Gerichtshof und eine Reform der Rechtsetzungsverfahren, welche den Einfluss des Parlaments stärkte. Schließlich wurden der EG auch wichtige neue Kompetenzen, z. B. in den Bereichen Umweltschutz sowie Forschung und Technologie, übertragen. Die EEA bekräftige zugleich den Willen zur Gründung einer Europäischen Union und setzte als Termin für die Vollendung des Binnenmarktes durch die vier Marktfreiheiten den 31.12.1992 fest.

**61.**

Der Zusammenbruch des früheren Ostblocks infolge der Maueröffnung am 9. November 1989 trug maßgeblich zu einer Beschleunigung der EG-Reformen bei. Diese sollten abgeschlossen werden, bevor es zu einer Aufnahme weiterer Staaten, auch aus Mittel- und Osteuropa, kommen sollte. Noch vor Abschluss des Maastricht-Vertrags im Jahr 1992 kam es jedoch im Jahr 1990 bereits zu einer weiteren wesentlichen Vergrößerung der Gemeinschaften. Worin bestand diese?

Mit der deutschen Wiedervereinigung am 3. Oktober 1990 wurden die Gemeinschaften um ca. 18 Mio. Menschen und ca. 110.000 km² der früheren DDR erweitert. Diese Erweiterung erfolgte ohne Reformvertrag im Wesentlichen auf der Grundlage von Ausnahmevorschriften im EG-Recht.

---

**62.**

Durch den **Vertrag von Maastricht** als nächsten großen Reformvertrag, der am 7.2.1992 unterzeichnet wurde und nach seiner Ratifizierung durch alle Mitgliedstaaten am 1.11.1993 in Kraft trat, wurde die Europäische Union (EU) gegründet. Was war die so gegründete EU?

---

Die EU nach dem Vertrag von Maastricht, die auf dem neu eingeführten EU-Vertrag (EUV) basierte, war keine rechtsfähige internationale Organisation, sondern letztlich eine Art Sammelbegriff oder Hülle für die folgenden Elemente: Die drei bereits bestehenden Gemeinschaften (EG, EGKS, EAG) und die zwei neuen Formen der Zusammenarbeit, nämlich die Gemeinsame Außen- und Sicherheitspolitik (GASP) sowie die Zusammenarbeit in den Bereichen Justiz und Inneres (ZBJI). In diesen Formen der Zusammenarbeit sollte der durch die EEA beschleunigte Prozess einer Zusammenarbeit der Mitgliedstaaten in wichtigen Politikfeldern außerhalb der Strukturen der Gemeinschaften erweitert und weiter institutionalisiert werden. Um die eigentümliche, nicht leicht verständliche Struktur der EU, die gerade nicht Rechtsnachfolgerin der EG war, zu verdeutlichen, wurde meist das Bild eines griechischen Tempels verwendet, wobei die drei Gemeinschaften und die beiden Formen intergouvernementaler Zusammenarbeit die Säulen des Tempels EU bildeten.

---

**63.**

Was war der wesentliche Unterschied zwischen den drei Gemeinschaften und den beiden Formen der intergouvernementalen Zusammenarbeit als Elementen der EU?

---

Während es sich bei den drei Gemeinschaften um supranationale Gemeinschaften handelte, die über Hoheitsrechte verfügten, die ihnen von den Mitgliedstaaten übertragen worden waren, besaßen die beiden Bereiche intergouvernementaler Zusammenarbeit keinen supranationalen Charakter. Hier ging es um eine institutionalisierte Koordinierung der Politiken der Mitgliedstaaten, welche in den einschlägigen Bereichen weiterhin voll souverän blieben. Entsprechend hatte auch der Europäische Gerichtshof keine Jurisdiktionsbefugnisse im Bereich der beiden Formen der Zusammenarbeit.

---

**64.**

Besaß die EU ein eigenes Organ?

---

Mangels Rechtsfähigkeit konnte die EU rechtstechnisch keine Organe haben. Allerdings war der **Europäische Rat,** der als informeller Gipfel der Staats- und

Regierungschefs seit den 70er-Jjahren des 20. Jh. unter dieser Bezeichnung getagt hatte, nunmehr im neuen EU-Vertrag geregelt. Als Leitgremium der EU, das v. a. über deren weitere Entwicklung entscheiden sollte, war der Europäische Rat daher eine Art Quasi-Organ der EU. Erst mit Inkrafttreten des Vertrags von Lissabon am 1.12.2009 hat die EU Rechtsfähigkeit erlangt und ist der Europäische Rat daher zu einem echten Organ der EU geworden.

## 65.

**Der Vertrag von Maastricht enthielt auch zahlreiche substantielle Änderungen des Rechts der bestehenden Gemeinschaften, insbes. der nun offiziell in Europäische Gemeinschaft (EG) umbenannten früheren EWG. Nennen Sie wichtige Beispiele!**

Neben der Einführung der **Unionsbürgerschaft** in Art. 17 ff. EGV a. F. und damit verbunden des europäischen Petitionsrechts sowie der Etablierung grundlegender Prinzipien wie des Subsidiaritätsgrundsatzes in Art. 5 II EGV a. F. ist hier v. a. die Überführung des Rechts der Wirtschafts- und Währungsunion in das Primärrecht der Union in Art. 98 ff. EGV a. F. zu nennen.

## 66.

**Worum ging es in dem zusammen mit dem Vertrag von Maastricht abge-schlossenen Abkommen über die Sozialpolitik, das einen wesentlichen Schritt zur Etablierung einer EU-Sozialpolitik bildete?**

Eigentlich sollten der EG/EU durch den Vertrag von Maastricht auch sozialpolitische Kompetenzen übertragen werden. Da sich das Vereinigte Königreich dem allerdings verschloss und ein Reformvertrag die Unterzeichnung und Ratifizierung durch alle Mitgliedstaaten voraussetzt, schlossen die anderen elf Mitgliedstaaten neben dem Vertrag von Maastricht das Abkommen über die Sozialpolitik ab (Abkommen zwischen den Mitgliedstaaten der Europäischen Gemeinschaft mit Ausnahme des Vereinigten Königreichs Großbritannien und Nordirland über die Sozialpolitik, BGBl. 1992 II S. 1314). Mittels eines von allen zwölf Mitgliedstaaten unterzeichne-ten Protokolls über die Sozialpolitik, das einen Bestandteil des Unionsvertrags bildete (BGBl. 1992 II S. 1313), wurde zugleich die Nutzung der institutionellen Struktur der EG (Organe, Verfahren und Mechanismen) bei der Harmonisierung dieser Bereiche ermöglicht. In den Feldern Gesundheit am Arbeitsplatz, Arbeitsbedingun-gen, Unterrichtung und Anhörung von Arbeitnehmern, Chancengleichheit für Frau-en und Männer auf dem Arbeitsmarkt und berufliche Wiedereingliederung von Arbeitsuchenden genügte nach Art. 2 des Abkommens ein qualifizierter Mehrheits-beschluss im Rat, während in anderen betroffenen Bereichen wie der sozialen Sicherheit und des sozialen Schutzes der Arbeitnehmer, dem Schutz der Arbeitneh-mer bei Beendigung des Arbeitsvertrags und der Mitbestimmung Einstimmigkeit im Rat erforderlich war. Die Spannungen im System der EG/EU, welche durch das, mittels des Abkommens i. V. m. dem Protokoll geschaffene, partikulare Unionsrecht von nur elf Mitgliedstaaten („Europa der zwei Geschwindigkeiten") unter Nutzung von EG-Strukturen entstanden, konnten erst mit der Vergemeinschaftung der Sozialpolitik durch den Vertrag von Amsterdam (unten Nr. 71) gelöst werden.

## 67.

### Zum 1.1.1995 traten der EU drei weitere Staaten bei. Welche waren dies?

Finnland, Österreich und Schweden. Der geplante Beitritt Norwegens war hingegen 1994 wiederum knapp an einem Referendum gescheitert.

## 68.

### Für die Bürgerinnen und Bürger schlug sich die europäische Einigung ab 1995 spürbar in einem zunehmenden Abbau der Personenkontrollen an vielen Grenzen nieder. Worauf war dieser Prozess zurückzuführen?

Auf das **Schengener Übereinkommen** von 1985 (Schengen I), das 1990 durch ein Durchführungsabkommen ergänzt wurde (Schengen II), welches mit seiner Umsetzung ab 1995 einen zunehmenden Abbau der Grenzkontrollen in den beteiligten Staaten herbeiführte. Es handelte sich um völkerrechtliche Verträge, die nur von einem Teil der EG-Mitgliedstaaten unterzeichnet wurden (Schengen I zunächst lediglich von fünf Staaten), und damit de facto um „Neben-EG-Recht" bzw. einen Anwendungsfall des „Europas der unterschiedlichen Geschwindigkeiten". Mit einem Protokoll zum Vertrag von Amsterdam wurde der sog. Schengen-Besitzstand allerdings zum 1.5.1999 in das EU-Recht überführt und damit für alle weiteren Beitrittsstaaten verbindlich. Für das Vereinigte Königreich und Irland gelten dabei weiterhin Sonderregelungen. Andererseits sind dem Schengener Übereinkommen später auch die Nicht-EU-Staaten Schweiz (2004) und Liechtenstein (2011) beigetreten.

## 69.

### Zum 1. Januar 1999 traten die elf Staaten, welche die sog. Maastricht- oder Konvergenzkriterien des Art. 121 I EGV a. F. erfüllten, in die dritte Stufe der durch den Vertrag von Maastricht in den EG-Vertrag eingeführten Wirtschafts- und Währungsunion ein. Was bedeutete dies?

Mit dem Eintritt in die dritte Stufe der Wirtschafts- und Währungsunion (WWU) wurde das zuvor bestehende Europäische Währungssystem (EWS) für die beteiligten Staaten (Belgien, Deutschland, Finnland, Frankreich, Irland, Italien, Luxemburg, Niederlande, Österreich, Portugal und Spanien) zum 1.1.1999 durch den **Euro** abgelöst. D. h. die Umrechnungskurse der beteiligten Währungen wurden unwiderruflich festgelegt. Der Euro galt zunächst nur als Buchwährung im bargeldlosen Zahlungsverkehr, das Eurobargeld (Scheine und Münzen) folgte erst am 1.1.2002. Mit der dritten Stufe der WWU wurde in institutioneller Hinsicht das mit Eintritt in die zweite Stufe, am 1.1.1994, gegründete Europäische Währungsinstitut (EWI) aufgelöst und durch das unabhängige Europäische System der Zentralbanken (ESZB) aus der Europäischen Zentralbank (EZB) und den nationalen Zentralbanken abgelöst. Die teilnehmenden Mitgliedstaaten verloren ihre Zuständigkeit für die Währungspolitik (vgl. heute Art. 3 I lit. c AEUV) und übertrugen die entsprechenden Kompetenzen auf das ESZB.

**70.**

**Welche Staaten traten später in die dritte Stufe der Wirtschafts- und Währungsunion ein und übernahmen damit den Euro?**

Nachträglich traten sechs weitere Staaten in die dritte Stufe ein: Griechenland (2001), Slowenien (2007), Malta und Zypern (2008), Slowakei (2009), Estland (2011). Seit 2011 gibt/gab es daher 17 Eurostaaten. Zum 1.1.2014 wird Lettland als 18. Staat dem Euro beitreten.

### d) Die Verträge von Amsterdam und Nizza

**71.**

**Als nächster Reformvertrag trat der am 2.10.1997 unterzeichnete Vertrag von Amsterdam am 1.5.1999 in Kraft. Benennen Sie wesentliche Änderungen aufgrund des Vertrags von Amsterdam!**

Äußerlich führte der Vertrag von Amsterdam eine Neunummerierung des EU-Vertrags und des EG-Vertrags herbei. Insbes. wurde die etwas sperrig wirkende Bezeichnung der Artikel des EUV mit großen Buchstaben durch Ziffern ersetzt (z. B. wurde aus Art. A EUV i. d. F. des Vertrags von Maastricht Art. 1 EUV i. d. F. des Vertrags von Amsterdam). Da auch der EGV neu nummeriert wurde, sind bspw. ältere Entscheidungen des EuGH oft nur mittels der gängigen Konkordanztabellen verständlich (z. B. Basistexte Öffentliches Recht, Nr. 16a und 18a). Inhaltlich brachte der Vertrag von Amsterdam u. a. eine Stärkung des Parlaments durch Ausweitung des Verfahrens der Mitentscheidung (Art. 251 EGV a. F.) auf weitere Sachbereiche, erweiterte Einflussrechte des Parlaments bei der Bildung der Kommission, eine Ausweitung der Kompetenzen der EG insbes. im neuen Titel IV EGV (Visa, Asyl, Einwanderung und andere Politiken betreffend den freien Personenverkehr) und die Möglichkeit einer verstärkten Zusammenarbeit integrationswilligerer Mitgliedstaaten (Europa der unterschiedlichen Geschwindigkeiten) im EU-Vertrag.

Im Bereich der Gemeinsamen Außen- und Sicherheitspolitik (GASP) wurde das Amt des Hohen Vertreters für die Gemeinsame Außen- und Sicherheitspolitik eingeführt, das in den Folgejahren durch den Spanier *Javier Solana* wahrgenommen wurde. Indem im Bereich der ZBJI die justizielle Zusammenarbeit in Zivilsachen und die Regelungen über die flankierenden Maßnahmen zum freien Personenverkehr (Migrations-, Asyl-, Zuwanderungspolitik in dem schon angesprochenen Titel IV) von der intergouvernementalen dritten Säule der EU in die EG überführt wurden, wandelte sich die ZBJI zur PJZS (Polizeiliche und Justizielle Zusammenarbeit in Strafsachen). Zudem wurde neben dem Abkommen über die Sozialpolitik auch der sog. Schengen-Besitzstand aus dem (nur) völkerrechtlich bindenden „Neben-EG-Recht" in das supranationale Gemeinschaftsrecht überführt.

## 72.

**Worauf zielte der im Dezember 2000 auf dem EU-Gipfel in Nizza beschlossene, am 1. Februar 2003 in Kraft getretene Vertrag von Nizza ab?**

Vor dem Hintergrund des bevorstehenden Beitritts zahlreicher weiterer Staaten, vor allem des früheren Ostblocks, sollten institutionelle Reformen die Arbeitsfähigkeit auch einer deutlich größeren EU sichern. Mangels Konsenses zwischen den bisherigen Mitgliedstaaten blieben die tatsächlichen Reformen allerdings hinter den ursprünglichen Intentionen zurück. So wurde unter Stärkung der Position der bevölkerungsreichen Mitgliedstaaten eine neue Stimmgewichtung bei qualifizierten Mehrheitsentscheidungen des Rates eingeführt (Nizza-Regeln). Der Anwendungsbereich qualifizierter Mehrheitsentscheidungen im Rat wurde ähnlich moderat ausgeweitet wie derjenige des Mitentscheidungsverfahrens bei der Rechtsetzung. Die Zahl der Kommissionsmitglieder wurde ab der anstehenden Erweiterung auf eines pro Mitgliedstaat reduziert, indem die fünf größten Mitgliedstaaten auf den ihnen bis dahin zugestandenen zweiten „Kommissar" verzichteten. Im Rechtsschutzsystem wurde die Möglichkeit von Kammern für bestimmte Klagearten beim Gericht erster Instanz geschaffen, die später, durch den Vertrag von Lissabon, zu sog. Fachgerichten weiterentwickelt werden sollten.

## 73.

**Welche Schwierigkeit trat im Ratifikationsprozess des Vertrags von Nizza auf?**

In der nach irischem Verfassungsrecht zur Ratifizierung von Reformverträgen der EU erforderlichen Volksabstimmung wurde im Juni 2001 die erforderliche Mehrheit verfehlt. In einem zweiten Referendum im Oktober 2002 stimmte die irische Bevölkerung dem Vertrag von Nizza dann aber zu.

## 74.

**Auf dem EU-Gipfel von Nizza wurde am 7. Dezember 2000 auch die EU-Grundrechtecharta feierlich proklamiert. Wer hatte diese ausgearbeitet und von wem wurde sie verkündet?**

Die EU-Grundrechtecharta (Charta der Grundrechte der Europäischen Union) wurde zwischen Dezember 1999 und Oktober 2000 von einem Grundrechtekonvent unter Leitung des früheren deutschen Bundespräsidenten *Roman Herzog* ausgearbeitet. Dem Konvent gehörten insgesamt 15 Beauftragte der Staats- und Regierungschefs der Mitgliedstaaten, ein Vertreter der Europäischen Kommission, 16 Mitglieder des Europäischen Parlaments und 30 nationale Parlamentarier (je zwei pro Mitgliedstaat) an. Nach Annahme des Entwurfs durch den Konvent am 2.10.2000 und zustimmendem Votum des Europäischen Rates sowie des Europäischen Parlaments wurde die EU-Grundrechtecharta am 7.12.2000 in Nizza feierlich von den Präsidenten des Europäischen Rates, des Europäischen Parlaments und der Europäischen Kommission verkündet.

## 75.

### Ist die EU-Grundrechtecharta damit rechtsverbindlich geworden?

Nein, ihr kam zunächst lediglich ein appellativer, nicht rechtlich bindender Charakter zu. Ein erster Versuch, sie rechtsverbindlich werden zu lassen, wurde durch ihre Integration in den EU-Verfassungsentwurf unternommen, der jedoch scheiterte. Erst mit Inkrafttreten des Vertrags von Lissabon am 1. Dezember 2009 erlangte die EU-Grundrechtecharta schließlich gem. Art. 6 I EUV Rechtsverbindlichkeit.

## 76.

### Schien die Verfassungsgeschichte der Europäischen Union bis dahin ein Prozess permanenter Erweiterung und Intensivierung gewesen zu sein, fiel im Juli 2002 erstmals ein bedeutendes Element der Union weg. Worum handelte es sich hierbei?

Am 23. Juli 2002 löste sich die EGKS auf, so dass seitdem mit EG und EAG nur noch zwei supranationale Gemeinschaften existierten.

## 77.

### Worauf war die Auflösung der EGKS zurückzuführen?

Wie im Völkerrecht bei der Gründung einer internationalen Organisation mitunter üblich, war der Vertrag zur Gründung der EGKS im Jahr 1951 auf eine begrenzte Geltungsdauer, nämlich 50 Jahre, abgeschlossen worden. Am 23. Juli 2002 waren diese 50 Jahre abgelaufen.

## 78.

### War der Wegfall der EGKS mit einem wesentlichen Bedeutungsverlust der EU verbunden?

Nein, die zentralen noch relevanten Regelungen des EGKS-Vertrags, insbes. die Schaffung eines Binnenmarktes für Kohle und Stahl, waren ohnehin bereits vom

EG-Vertrag mitumfasst und wurden daher von der EG fortgeführt. Aktiv- und Passivvermögen der EGKS wurden mittels eines Protokolls zum Vertrag von Nizza auf die EG übertragen und finden dort für die Forschung im Bereich der Kohle- und Stahlindustrie Verwendung.

### 79.

**Sind auch der E(W)G- und der EAG-Vertrag mit einer begrenzten Laufzeit abgeschlossen worden?**

Nein, E(W)G- und EAG-Vertrag sind auf unbegrenzte Zeit abgeschlossen worden.

### 80.

**Zum 1. Mai 2004 ist es dann zum Beitritt weiterer zehn Staaten zur EG/EU gekommen. Welche Staaten waren dies?**

Estland, Lettland, Litauen, Malta, Polen, Slowakei, Slowenien, Tschechien, Ungarn und Zypern.

### 81.

**Welche beiden Staaten folgten zum 1. Januar 2007 nach und erhöhten so die Zahl der Mitgliedstaaten der EU auf 27?**

Bulgarien und Rumänien traten zum 1. Januar 2007 bei.

### e) Das Scheitern der Verfassung für Europa

### 82.

**Wer arbeitete den später gescheiterten Vertrag über eine Verfassung von Europa aus?**

Anders als Reformverträge wie der Vertrag von Maastricht und ähnlich wie die EU-Grundrechtecharta wurde der Verfassungsvertrag zwischen Februar 2002 und Juli 2003 von einem durch den Europäischen Rat auf seinem Gipfel in Laeken (15./16.12.2001) eingesetzten Konvent unter Leitung des früheren französischen Staatspräsidenten *Valérie Giscard d'Estaing* ausgearbeitet (http://european-convention.eu.int/DE/enjeux/enjeux390c.html?lang=DE). Dem Konvent gehörten an: 15 Vertreter der Staats- und Regierungschefs der Mitgliedstaaten (einer pro Mitgliedstaat), 13 Vertreter der Staats- und Regierungschefs der damaligen Beitrittskandidaten, also der zwölf Staaten, die 2004 und 2007 beitreten sollten, und der Türkei (einer pro Bewerberland), 30 Vertreter der nationalen Parlamente der Mitgliedstaaten (zwei pro Mitgliedstaat), 26 Vertreter der nationalen Parlamente der beitrittswilligen Länder

(zwei pro Staat), 16 Vertreter aus den Reihen der Mitglieder des Europäischen
Parlaments und zwei Vertreter der Europäischen Kommission. Nach der Erklärung
des Gipfels von Laeken wurden die Beitrittskandidaten in vollem Umfang an den
Beratungen beteiligt, ohne freilich einen Konsens, der sich zwischen den Mitgliedstaaten abzeichnete, verhindern zu können.

### 83.

### Wurde der durch den Konvent im Juli 2003 vorgelegte Verfassungsvertrags-entwurf unmittelbar durch den Europäischen Rat gebilligt?

Nein, auf dem EU-Verfassungsgipfel im Dezember 2003 scheiterte der Entwurf am
Widerstand Spaniens und Polens (*Hobe*, § 2 Rn. 43). Hintergrund war v. a. das
geringere Gewicht, das diesen mittelgroßen Staaten bei qualifizierten Mehrheitsentscheidungen des Rates im Vergleich zu den Regeln des Vertrags von Nizza
zukommen sollte, welcher sie insofern den großen Staaten (Bundesrepublik
Deutschland, Vereinigtes Königreich, Frankreich etc.) nahezu gleichgestellt hatte.
Nach einer Reihe von Regierungskonferenzen konnte erst nach einem Regierungs-
wechsel in Spanien, im Frühjahr 2004, auf dem Gipfel der nunmehr 25 Mitgliedstaaten, am 25./26.6.2004, Einigung über den endgültigen Vertragstext erzielt
werden. Der Verfassungsvertrag wurde am 29.10.2004 auf dem Gipfel von Rom
unterzeichnet und sollte bis zum 1.11.2006 in allen Mitgliedstaaten ratifiziert
werden.

### 84.

### War der EU-Verfassungsvertrag inhaltlich mit einer staatlichen Verfassung, etwa dem Grundgesetz für die Bundesrepublik Deutschland, zu vergleichen?

Nein, schon äußerlich bestanden erhebliche Unterschiede. Während es sich bei den
meisten staatlichen Verfassungen um eher kurze Dokumente handelt, welche lediglich grundlegende Fragen der staatlichen Verfassung wie die Grundrechte, das
Staatsorganisationsrecht und die Finanzverfassung regeln, handelte es sich bei dem
EU-Verfassungsvertrag um ein umfangreiches Dokument, das – jeweils mit unterschiedlich weitreichenden Änderungen – den EU-Vertrag, die EU-Grundrechtecharta, den EG-Vertrag und sogar auch den EAG-Vertrag umfasste. Im Ergebnis wären
alle bisherigen Säulen der EU in der neuen, einheitlichen, nunmehr rechtsfähigen
EU aufgegangen. Allerdings weckten die Bezeichnung Verfassung und andere Ter-
mini wie etwa derjenige eines Außenministers vielfach die Befürchtung, dass mit
Inkrafttreten des Verfassungsvertrags ein europäischer Bundesstaat gebildet würde.

### 85.

### Woran scheiterte der EU-Verfassungsvertrag?

Er wurde im Rahmen des Ratifikationsprozesses in Volksabstimmungen in Frankreich, am 29.5.2005, und in den Niederlanden, am 1.6.2005, abgelehnt. Beide Volksabstimmungen waren fakultativ, hätten also nicht durchgeführt werden müssen.

## 86.

**War das Scheitern des Verfassungsvertrags damit unmittelbar besiegelt? Wie wurde weiter verfahren?**

Nein, einige andere Staaten setzten den bereits eingeleiteten Ratifizierungsprozess fort und ratifizierten den Vertrag, während andere Staaten wie das Vereinigte Königreich und Irland den Prozess unterbrachen. Das negative Votum in Frankreich und den Niederlanden war allerdings besonders schwerwiegend, da es sich um prinzipiell europafreundliche Staaten handelte, die zudem zu den Gründungsstaaten der EG zählten. Die EU rief daher zunächst eine offizielle „Phase des Nachdenkens" aus. Erst nach der Wahl des neuen französischen Präsidenten *Nicolas Sarkozy* am 6.5.2007 kam wieder Bewegung in die Angelegenheit. Der Europäische Rat beschloss daraufhin am 21./22.6.2007, den Verfassungsvertrag aufzugeben und stattdessen einen traditionellen Reformvertrag auszuarbeiten, in den allerdings die wesentlichen Regelungen des gescheiterten Verfassungsvertrags einfließen sollten.

### f) Der Vertrag von Lissabon

## 87.

**Nachdem auf dem Gipfel von Lissabon am 19.10.2007 die nötige politische Einigung über den Reformvertrag herbeigeführt worden war, wurde dieser bereits am 13.12.2007 in Lissabon unterzeichnet. Wie konnte es gelingen, den Lissaboner Vertrag in nur wenigen Monaten auszuarbeiten?**

Im Wesentlichen indem – dem Beschluss des Gipfels aus dem Juni 2007 folgend – fast alle Regelungen des gescheiterten Verfassungsvertrags meist unverändert in den neuen Lissaboner Vertrag übernommen wurden.

## 88.

**Der Ratifikationsprozess des Lissaboner Vertrags drohte wiederum an einem Referendum zu scheitern. Welcher Mitgliedstaat war betroffen, wie wurde das Problem gelöst?**

Wie schon oben erwähnt wurde (Nr. 73), bedürfen EU-Reformverträge wie der Vertrag von Lissabon in Irland aufgrund einer Entscheidung des auch für Verfassungsstreitigkeiten zuständigen irischen Supreme Court aus dem Jahr 1987 stets der Ratifizierung durch einen Volksentscheid. Im Referendum am 12.6.2008 lehnte die irische Bevölkerung den Vertrag von Lissabon mit 53,4 % Nein-Stimmen (bei 53,1 % Abstimmungsbeteiligung) ab. Nachdem den Iren jedoch z. B. durch Verzicht auf die geplante Reduzierung der Zahl der Kommissionsmitglieder verschiedene Konzessionen gemacht worden waren, war ein zweites irisches Referendum am 2.10.2009 erfolgreich. Der recht deutliche Erfolg mit 67,1 % Ja-Stimmen (bei nunmehr 58 % Beteiligung) dürfte außer auf die Zugeständnisse und eine aktivere Pro-Lissabon-Kampagne der irischen Regierung auch auf die unterdessen ausgebrochene Finanzkrise zurückzuführen gewesen sein, die Irland an den Rand der Staatsinsolvenz brachte und der Bevölkerung den Wert der Einbindung in die Strukturen der EU vor Augen führte.

**89.**

**Worin lagen wesentliche Unterschiede des am 1. Dezember 2009 in Kraft getretenen Vertrags von Lissabon zum gescheiterten EU-Verfassungsvertrag?**

Wesentliche Unterschiede bestanden v. a. in Folgendem:

**1. Festhalten an mehreren Verträgen:** Statt nur noch einer EU-Verfassung bestehen weiterhin mehrere Verträge, die aufeinander Bezug nehmen: EU-Vertrag, EU-Grundrechtecharta (nun rechtsverbindlich), AEU-Vertrag (Vertrag über die Arbeitsweise der Europäischen Union = der frühere EGV), EAG-Vertrag.

**2. Verzicht auf Inkorporierung der EU-Grundrechtecharta:** Die EU-Grundrechtecharta wurde nicht in einen der Verträge integriert, da dies – in Parallele zu staatlichen Verfassungen – ein Indiz für eine Staatsbildung hätte sein können. Stattdessen wurde die Grundrechtecharta gem. Art. 6 I EUV für rechtsverbindlich und rechtlich gleichrangig mit dem EUV und dem AEUV erklärt.

**3. Verzicht auf staatstypische Symbole und Bezeichnungen:** Auf im Verfassungsvertrag vorgesehene möglicherweise auf eine Staatsbildung hindeutende Bezeichnungen wie Verfassung, Außenminister und Gesetz (stattdessen weiterhin Verordnung) wurde verzichtet. Auch eine Regelung der Europafahne und der Europahymne im EU-Vertrag entfiel.

**4. Verzicht auf Verkleinerung der Kommission:** Weiterhin soll jedem Mitgliedstaat ein Sitz in der Kommission zustehen. Wie schon angesprochen, wurde dies Irland im Rahmen des Ratifikationsprozesses des Lissabonner Vertrags zugesichert. Der Verzicht ergibt sich also nicht unmittelbar aus dem Lissabonner Vertrag. Für den Verzicht auf die Verkleinerung der Kommission ist vielmehr ein einstimmiger Beschluss des Europäischen Rates gem. Art. 17 V UA 1 EUV erforderlich.

**90.**

**Benennen Sie wesentliche Neuerungen in der Struktur und den Grundlagen der EU, die durch das Inkrafttreten des Vertrags von Lissabon eingetreten sind!**

Wesentliche Neuerungen sind z. B. die Folgenden:

**1. Auflösung der bisherigen Säulenstruktur:** Durch Konstituierung der EU als nunmehr rechtsfähige Rechtsnachfolgerin der EG, welche ebenso wie die beiden Formen der Zusammenarbeit in der EU aufgeht, gibt es fortan nur noch die EU und daneben die EAG. Zugleich wurde die Polizeiliche und Justizielle Zusammenarbeit in Strafsachen (PJZS) in die supranationalen Strukturen der EU integriert, so dass nur noch die Gemeinsame Außen- und Sicherheitspolitik (GASP) intergouvernementalen Charakter besitzt.

**2. Umbenennung des EG-Vertrags in AEUV:** Der EG-Vertrag bleibt zwar in seiner Substanz als separater Vertrag erhalten, heißt nun aber (da die EG entfallen ist) „Vertrag über die Arbeitsweise der Europäischen Union" (AEUV).

**3. Rechtsverbindlichkeit der EU-Grundrechtecharta:** Die EU-Grundrechtecharta ist gem. Art. 6 I EUV rechtsverbindlich geworden und nimmt den gleichen Rang ein wie EUV und AEUV. Zudem tritt die EU gem. Art. 6 II EUV der EMRK bei.

**4. Reform des Vertragsänderungsverfahrens:** An die Stelle des bisherigen Verfahrens zur Änderung der Gründungsverträge (EUV, AEUV etc.), bei dem auf Regierungskonferenzen ein Änderungsvertrag ausgearbeitet und anschließend durch alle Mitgliedstaaten ratifiziert wurde, tritt im Ordentlichen Änderungsverfahren gem. Art. 48 II ff. EUV im Regelfall ein Konventsverfahren. Dabei wird zunächst – ähnlich wie bei dem gescheiterten Verfassungsvertrag – grds. ein Konvent aus Vertretern der nationalen Parlamente, der Staats- und Regierungschefs der Mitgliedstaaten, des Europäischen Parlaments und der Kommission einberufen, der vorgelegte Änderungsentwürfe prüft und im Konsensverfahren eine Empfehlung annimmt. Im Anschluss kommt es dann allerdings nach wie vor zu Regierungskonferenzen und einer Ratifizierung in den Mitgliedstaaten. Im neuen Vereinfachten Änderungsverfahren gem. Art. 48 VI ff. EUV sind Änderungen von Bestimmungen des Dritten Teils des AEUV hingegen durch einstimmigen Beschluss des Europäischen Rates (und ggf. nachfolgende Ratifizierung in den Mitgliedstaaten) möglich.

**5. Regelung des Austritts aus der EU:** Art. 50 EUV regelt zum ersten Mal ausdrücklich die Möglichkeit eines Austritts aus der EU.

**6. Europäische Bürgerinitiative:** Einführung einer Europäischen Bürgerinitiative, die gem. Art. 11 IV EUV i. V. m. Art. 24 AEUV von mindestens 1 Mio. Bürgerinnen und Bürgern unterstützt werden muss und auf eine unverbindliche Aufforderung der Kommission zum (rechtsetzenden) Tätigwerden in der betreffenden Angelegenheit hinausläuft.

---

**91.**

**Benennen Sie wesentliche Neuerungen in der institutionellen Struktur, d. h. insbes. im Bereich der Organe der EU, durch den Vertrag von Lissabon!**

Wesentliche Neuerungen sind insofern z.B:

**1. Europäisches Parlament (EP):** Setzt sich ab der Europawahl 2014 aus maximal 750 Abgeordneten zzgl. des Präsidenten zusammen, Art. 14 II UA 1 EUV. Die Bürgerinnen und Bürger der Mitgliedstaaten sind im EP „degressiv proportional", mindestens jedoch mit sechs, höchstens mit 96 Abgeordneten pro Mitgliedstaat vertreten, Art. 14 II UA 1 S. 3 + 4 EUV. Die Rolle des Parlaments im Rechtsetzungsverfahren ist aufgewertet worden. Es wird gemeinsam mit dem Rat der Europäischen Union als Gesetzgeber tätig, Art. 14 I EUV.

**2. Europäischer Rat:** Ist nun gem. Art. 13 I EUV eines der sieben Organe der EU. Der Vorsitz im Europäischen Rat wechselt nicht mehr halbjährlich. Er wird vielmehr gem. Art. 15 V EUV durch das neu geschaffene Amt des Präsidenten des Europäischen Rates wahrgenommen, der vom Europäischen Rat auf zweieinhalb Jahre gewählt wird.

**3. Rat:** Der Vorsitz im Rat rotiert weiter halbjährlich. Allerdings wird der Vorsitz im neuen Rat „Auswärtige Angelegenheiten" vom Hohen Vertreter der Union für Außen- und Sicherheitspolitik geführt, Art. 18 III EUV. Der Rat beschließt in der Regel mit qualifizierter Mehrheit, Art. 16 III EUV. Ab dem Beginn einer Übergangsphase am 1.11.2014 gilt als qualifizierte Mehrheit eine „doppelte Mehrheit", die einen Kompromiss zwischen der Gleichheit der Bürger und der Gleichheit der Staaten anstrebt, Art. 16 IV UA 1 EUV.

**4. Hoher Vertreter der Union für Außen- und Sicherheitspolitik:** Im weiterentwickelten Amt des Hohen Vertreters der Union für Außen- und Sicherheitspolitik sind die Zuständigkeiten des EU-Außenkommissars und des früheren Hohen Vertreters für die Gemeinsame Außen- und Sicherheitspolitik zusammengeführt worden. Der Hohe Vertreter leitet die GASP der Union, Art. 18 II 1 EUV, und führt wie erwähnt den Vorsitz im Rat „Auswärtige Angelegenheiten". Er ist zugleich einer der Vizepräsidenten der Kommission und innerhalb der Kommission mit deren Zuständigkeiten im Bereich der Außenbeziehungen etc. betraut, Art. 18 IV EUV.

**5. Kommission:** Der Kommissionspräsident wird vom Europäischen Parlament mit der Mehrheit seiner Mitglieder gewählt, Art. 17 VII UA 1 S. 2 EUV. Der Europäische Rat schlägt den Kandidaten unter Berücksichtigung der Wahlen zum EP vor, Art. 17 VII UA 1 S. 1 EUV. Der Kommissionspräsident besitzt „Leitlinienkompetenz", Art. 17 VI lit. a EUV. Er kann einzelne Mitglieder der Kommission zum Rücktritt auffordern (zwingen), Art. 17 VI UA 25.1 EUV.

**6. Gerichtshof der Europäischen Union:** Der Gerichtshof der EU umfasst nun gem. Art. 19 I 1 EUV den Gerichtshof, das Gericht und Fachgerichte (= die früheren Kammern am Gericht erster Instanz). Damit besteht die Möglichkeit eines dreistufigen Rechtszugs am Gerichtshof der EU.

**7. Europäische Zentralbank:** Ist gem. Art. 13 I EUV jetzt eines der Organe der Europäischen Union.

**92.**

**Welche Reformen sind im Lichte der ursprünglichen Reformziele des Verfassungsvertrags, die auch mit dem Lissaboner Vertrag weiterverfolgt wurden, strukturell am bedeutsamsten?**

Im Lichte der zentralen Reformziele, die EU auch nach dem Beitritt zwölf weiterer Staaten in den Jahren 2004 und 2007 handlungsfähig zu halten und zugleich durch Aufwertung des Parlaments das oft kritisierte Demokratiedefizit der EU abzumildern, können als strukturell bedeutsamste Reformen neben der Inkraftsetzung der EU-Grundrechtecharta, mit der die EU zum ersten Mal über eine geschriebene verbindliche Grundrechtsquelle verfügt, die Novellierung der Abstimmungsregeln bei qualifizierten Mehrheitsentscheidungen im Rat unter stärkerer Berücksichtigung der Bevölkerungsstärke eines Mitgliedstaates ab dem 1.11.2014 und die weitere Aufwertung des Europäischen Parlaments im Rechtsetzungsverfahren angesehen werden.

**93.**

**Welcher Staat trat der EU nach Inkrafttreten des Vertrags von Lissabon als 28. Mitgliedstaat bei?**

Die Republik Kroatien trat der EU (und der EAG) gem. Art. 1 I, Art. 3 III des Vertrags über den Beitritt der Republik Kroatien zur EU vom 9.12.2011 zum 1. Juli 2013 als 28. Mitgliedstaat bei.

## II. Grundlagen der Europäischen Union

### 1. Rechtsfähigkeit, Rechtsnatur und Supranationalität der EU

**94.**

**Kann die EU völkerrechtliche Verträge abschließen, also z. B. der EMRK, als völkerrechtlichem Vertrag, beitreten?**

Zentrale Voraussetzung dafür ist, dass die EU Rechtspersönlichkeit besitzt, also selbst Träger (völkerrechtlicher) Rechte und Pflichten sein kann. Mit Inkrafttreten des Vertrags von Lissabon am 1.12.2009 hat die EU, die zuvor keine Rechtspersönlichkeit besaß, diese gem. Art. 47 EUV erworben. Allerdings darf die EU anders als grds. souveräne Staaten nicht beliebige völkerrechtliche Verträge abschließen. Nach dem unten noch näher zu behandelnden Prinzip der begrenzten Einzelermächtigung (Nr. 457 ff.) muss ihr vielmehr von den Mitgliedstaaten die Kompetenz zum Abschluss des jeweiligen völkerrechtlichen Vertrags eingeräumt worden sein. Gem. Art. 216 I AEUV, der das Prinzip der begrenzten Einzelermächtigung für den Abschluss völkerrechtlicher Verträge konkretisiert, kann die EU jedenfalls dann völkerrechtliche Übereinkünfte schließen, wenn dies in den Verträgen (EUV, AEUV etc.) vorgesehen ist. Die in der Frage angesprochene Kompetenz zum Beitritt zur EMRK, der durch völkerrechtlichen Vertrag erfolgt, ist der EU mit Inkrafttreten des Vertrags von Lissabon am 1.12.2009 in Art. 6 II EUV eingeräumt worden.

Besteht keine ausdrückliche Vertragsschlusskompetenz im EUV, AEUV etc., erkennt Art. 216 I AEUV, der z. T. die frühere implied powers-Lehre des EuGH kodifiziert, in drei Fällen eine implizite Vertragsschlusskompetenz der EU an:

1. Wenn der Abschluss eines Völkerrechtsvertrags zur Verwirklichung eines der in den Verträgen festgesetzten Ziele erforderlich ist,

2. wenn der Abschluss eines Völkerrechtsvertrags in einem verbindlichen (Sekundär-) Rechtsakt der Union vorgesehen ist, und

3. wenn der Abschluss eines Völkerrechtsvertrags EU-Sekundärrecht beeinträchtigen würde, indem er statt von der Union von den Mitgliedstaaten abgeschlossen würde.

**95.**

**Wo ist das EU-interne Verfahren zum Abschluss eines völkerrechtlichen Vertrags geregelt? Welche Organe sind beteiligt, wie läuft es in seinen groben Zügen ab?**

Soweit keine Spezialbestimmung eingreift (z. B. Art. 207 III, IV, V AEUV für Abkommen im Bereich Handel und Verkehr), richtet sich das Vertragsschlussverfahren gem. Art. 218 I AEUV nach Art. 218 AEUV: Wie sich implizit aus Art. 218 III 1. HS AEUV ergibt, geht die **Initiative** zum Abschluss eines völkerrechtlichen Vertrags von der **Kommission** – oder im Bereich der GASP vom Hohen Vertreter der Union für Außen- und Sicherheitspolitik – aus, die dem Rat entsprechende

Empfehlungen vorlegen. Der **Rat** erteilt daraufhin die Ermächtigung zur Aufnahme von Verhandlungen, legt Verhandlungsrichtlinien fest, benennt den Verhandlungsführer, genehmigt die Unterzeichnung und schließt nach Abschluss der Verhandlungen den Vertrag, Art. 218 II, III 2. HS AEUV. Der Rat beschließt dabei in der Regel jeweils mit qualifizierter Mehrheit, während in bestimmten Fällen Einstimmigkeit erforderlich ist, Art. 218 VIII AEUV. Vor Abschluss des Vertrags ist allerdings gem. Art. 218 VI UA 2 lit. b AEUV – außerhalb der GASP – zunächst das **Europäische Parlament** anzuhören, das zudem in den in Art. 218 VI UA 2 lit. a AEUV genannten Fällen dem Vertragsschluss zustimmen muss. Dies betrifft bspw. Assoziierungsabkommen und den Beitritt zur EMRK. Im Übrigen ist das Parlament in allen Phasen des Verfahrens unverzüglich und umfassend zu unterrichten, Art. 218 X AEUV.

## 96.

**Die EU möchte in Brüssel ein weiteres Grundstück für die Europäische Kommission erwerben. Besitzt sie die dafür erforderliche Rechts- und Geschäftsfähigkeit im Zivilrechtsverkehr?**

Ja, gem. Art. 335 AEUV besitzt die Union in jedem Mitgliedstaat die weitestgehende Geschäftsfähigkeit, die juristischen Personen nach dessen Rechtsvorschriften zuerkannt ist. Sie kann insbes. bewegliches und unbewegliches Vermögen erwerben und veräußern sowie vor Gericht stehen.

## 97.

**Das Bundesverfassungsgericht hat die EU in seinem Maastricht-Urteil (BVerfGE 89, 155/181) als „Staatenverbund" charakterisiert und dies auch im Lissabon-Urteil bestätigt (BVerfGE 123, 267/348). Was ist der Hintergrund dieser Charakterisierung?**

Hintergrund der Charakterisierung der EU als Staatenverbund ist die schwierige Einordnung der EU in die überkommenen staats- und völkerrechtlichen Kategorien. Die EU selbst beschreibt sich in Art. 1 II EUV als „immer engere Union der Völker Europas". Klar ist, dass die EU auch nach dem Inkrafttreten des Vertrags von Lissabon noch kein Bundesstaat, also ein Zusammenschluss von Staaten in einem neuen einheitlichen Staat, ist. Dazu fehlt es ihr u. a. an der Kompetenz-Kompetenz, also der Kompetenz über die Reichweite der eigenen Kompetenzen zu entscheiden. Die EU leitet, wie bereits in Art. 1 I EUV zum Ausdruck kommt und in Art. 4 I, 5 I, II EUV präzisiert wird, ihre Hoheitsgewalt nach dem Prinzip der begrenzten Einzelermächtigung nach wie vor von den Mitgliedstaaten ab (vgl. bereits BVerfGE 89, 155/192 ff. sowie unten Nr. 457 ff.).

Andererseits ist die EU aufgrund der Übertragung z. T. weitreichender Hoheitsrechte durch die Mitgliedstaaten mehr als ein bloßer Staatenbund, wie etwa der Deutsche Bund nach 1815 oder die Vereinten Nationen. Nicht zuletzt vor dem Hintergrund der Übertragung der Währungskompetenz, als zentraler staatlicher Kompetenz, auf die EU durch den Vertrag von Maastricht im Jahr 1993 sah sich das BVerfG veranlasst, für die EU einen eigenständigen Begriff zu prägen und entschied sich in offensichtlicher Anlehnung an den Begriff des Staatenbundes für den eine engere Integration implizierenden Begriff des Staatenverbundes.

**98.**

**Dass die EU (und die EAG) mehr ist als ein bloßer Staatenbund, ist vor allem auf deren Supranationalität zurückzuführen. Was ist unter diesem Schlüssel-begriff des Europarechts zu verstehen?**

Die Supranationalität der EU (und der EAG) beruht auf der voranstehend angesprochenen Übertragung von Hoheitsgewalt durch die Mitgliedstaaten. Indem die Mitgliedstaaten der EU in den Gründungsverträgen nebst den Reformverträgen bestimmte Teile ihrer Hoheitsgewalt übertragen haben (vgl. Art. 23 I 2 GG), haben sie die EU ermächtigt, in den entsprechenden Gebieten fortan mit unmittelbarer Wirkung für und gegen die Rechtssubjekte der Mitgliedstaaten (Bürger, Unternehmen etc.) Recht zu setzen. Ein Beispiel ist die Zollhoheit als typisches Element staatlicher Hoheitsgewalt. Indem die Mitgliedstaaten der EU die Zollhoheit gem. Art. 3 I lit. a AEUV als ausschließliche Zuständigkeit übertragen haben, wird das Recht der Zölle nicht mehr von den Mitgliedstaaten, sondern mit unmittelbarer Wirkung für und gegen die Bürger, Unternehmen etc. von der EU erlassen. In dieser unmittelbaren Wirkung insbes. von Verordnungen und Beschlüssen der EU für und gegen Privatpersonen, ohne dass es eines weiteren Vollzugsakts des betroffenen Mitgliedstaates bedürfte, liegt der wesentliche Unterschied zur Wirkung von Beschlüssen anderer internationaler Organisationen. Wegen der zentralen Bedeutung der Supranationalität für das Wesen der EU lassen sich EU (und EAG) auch als supranationale internationale Organisationen mit eigener Völkerrechtssubjektivität charakterisieren.

**99.**

**Gilt die Supranationalität in allen Zuständigkeitsbereichen der EU?**

Nein, im Rahmen der Gemeinsamen Außen- und Sicherheitspolitik (GASP) gilt nach wie vor primär das Prinzip der Intergouvernementalität (näher dazu z. B. *Haratsch/Koenig/Pechstein,* Rn. 58 ff.). Dies bedeutet, dass die EU grds. nicht aufgrund übertragener Hoheitsgewalt die Mitgliedstaaten bindende Entscheidungen treffen kann. Vielmehr agiert die EU hier grds. als eine Art Forum für die (völkerrechtliche) Koordinierung der Außen- und Sicherheitspolitik der insoweit nach wie vor weitgehend souveränen Mitgliedstaaten. Rechtsakte, die im Rahmen der GASP getroffen werden, sind zwar gem. Art. 28 II EUV verbindlich, bedürfen aber eines innerstaatlichen Umsetzungsaktes, um in dem jeweiligen Staat Wirkung zu entfalten. Zwar hat die nun rechtsfähige EU durch den Vertrag von Lissabon auch im Bereich der GASP gewisse Kompetenzen erhalten, doch unterliegt deren Ausübung grds. einem Einstimmigkeitserfordernis im Europäischen Rat oder Rat. Die Intergouvernementalität der GASP kommt systematisch auch darin zum Ausdruck, dass die GASP weiterhin im EUV (Art. 23 ff.) und nicht im AEUV geregelt ist.

## 2. Beitritt neuer Mitgliedstaaten zur EU

### 100.

### Steht der Beitritt zur EU weiteren Staaten offen?

Ja, nach Art. 49 I EUV kann jeder europäische Staat, der bestimmte Voraussetzungen erfüllt, beantragen, Mitglied der Union zu werden.

### 101.

### Hätte ein Aufnahmeantrag Algeriens Aussicht auf Erfolg?

Nach herrschender Ansicht sind europäische Staaten i. S. d. Art. 49 I 1 EUV nur solche, die zumindest einen Teil ihres Staatsgebietes in Europa haben. Da Algerien als nordafrikanischer Staat über kein Staatsgebiet in Europa verfügt, hätte ein Aufnahmeantrag gem. Art. 49 I 1 EUV keine Aussicht auf Erfolg. Angemerkt sei, dass Algerien bis zu seiner Sezession im Jahr 1962 als Teil Frankreichs zur EWG gehörte.

### 102.

### Wäre aus demselben Grund ein Aufnahmeantrag der Russischen Föderation oder der Türkei chancenlos?

Nein, beide Staaten verfügen auch über Staatsgebiet, das in Zonen liegt, die geographisch eindeutig als europäisch gelten. Ein Aufnahmeantrag dieser Staaten hätte also nicht aus dem Grund keine Erfolgsaussichten, dass es sich gem. Art. 49 I 1 EUV nicht um europäische Staaten handelte.

### 103.

### Welche weiteren Voraussetzungen muss ein europäischer Staat erfüllen, um in die EU aufgenommen zu werden?

Er muss gem. Art. 49 I 1 EUV die in Art. 2 EUV genannten Werte achten und – seit Inkrafttreten des Vertrags von Lissabon – sich auch für ihre Förderung einsetzen. Art. 2 EUV enthält die Werte, auf die sich die Union gründet. Dies sind die Achtung der Menschenwürde, Freiheit, Demokratie, Gleichheit, Rechtsstaatlichkeit und die Wahrung der Menschenrechte einschließlich der Rechte der Personen, die Minderheiten angehören.

Daneben sind gem. Art. 49 I 4 EUV die „vom Europäischen Rat vereinbarten Kriterien" zu berücksichtigen. Dies meint die sog. Kopenhagener Kriterien, in denen der Europäische Rat auf dem Kopenhagener Gipfel vom 21./22.6.1993 die nach und nach entwickelten Aufnahmekriterien durch Beschluss zusammengefasst hat. Die Kopenhagener Kriterien umfassen politische und ökonomische Kriterien sowie das sog. Acquis-Kriterium: Die politischen Kriterien, zu denen insbes. institutionelle Stabilität, demokratische und rechtsstaatliche Ordnung, Schutz der Grund- und Menschenrechte sowie Schutz von Minderheiten zählen, haben durch Art. 49 I 1 i. V. m. Art. 2 EUV ihre selbstständige Bedeutung weitgehend eingebüßt. Die wirtschaftlichen Kriterien, namentlich eine funktionsfähige Marktwirtschaft und die Fähigkeit, dem Wettbewerbsdruck im EU-Binnenmarkt standzuhalten, sind ebenso weiterhin relevant wie das Acquis-Kriterium, nach dem der Staat in der Lage sein muss, den sog. **acquis communautaire** (gemeinschaftlichen Besitzstand) zu übernehmen und anzuwenden. Der Begriff des acquis communautaire bezeichnet den aktuellen Entwicklungsstand des EU-Rechts und umfasst daher insbes. Inhalt, Prinzipien und Ziele der Unionsverträge einschl. der Protokolle, das Sekundärrecht der Union, die Rechtsprechung des EuGH und die Völkerrechtsverträge der EU.

## 104.

**Hat ein Staat, der alle genannten Voraussetzungen erfüllt, einen Anspruch auf Aufnahme in die EU?**

Nein, nach wie vor liegt die Aufnahme eines beitrittswilligen Staates, der alle Voraussetzungen erfüllt, im Ermessen des Rates und der einzelnen Mitgliedstaaten, die den Beitrittsvertrag ratifizieren müssen.

## 105.

**Ist ein Beitritt allein zur EU oder zur EAG möglich?**

Nein, ein Staat kann nur sowohl der EU als auch der EAG beitreten. Indem Art. 106a I EAGV anordnet, dass die Beitrittsvorschrift des Art. 49 EUV auch für den EAG-Vertrag gilt, wird deutlich, dass der Beitritt stets einheitlich für EU und EAG vollzogen wird.

## 106.

**Wie läuft das Beitrittsverfahren in seinen groben Zügen ab?**

Das Beitrittsverfahren läuft zweistufig ab: In der ersten Stufe richtet der Beitrittskandidat seinen Beitrittsantrag an den Rat, Art. 49 I 3 1. HS EUV. Der Rat leitet den Antrag an die Kommission, das Europäische Parlament und die nationalen Parlamente der Mitgliedstaaten weiter. Schließlich entscheidet der Rat nach Anhörung der Kommission, welche die Erfüllung der Beitrittsvoraussetzungen durch den beitrittswilligen Staat überprüft hat, über die Aufnahme der Beitrittsverhandlungen und damit grds. über das „ob" der Aufnahme, Art. 49 I 3 EUV. Hierfür ist ein **einstimmiger Beschluss des Rates** erforderlich, was bereits in diesem Stadium ein Vetorecht jedes Mitgliedstaates impliziert.

In der zweiten Stufe werden in einem völkerrechtlichen Aufnahmevertrag zwischen den bisherigen Mitgliedstaaten und dem beitrittswilligen Staat die Aufnahmebedingungen und die notwendig werdenden Anpassungen der Verträge (EUV, AEUV etc.) geregelt, Art. 49 II 1 EUV. Das Verhandlungsergebnis wird durch den Europäischen Rat angenommen und bedarf der **Zustimmung des Europäischen Parlaments** (mit der Mehrheit seiner Mitglieder). Zudem muss das Abkommen durch alle Vertragsparteien, also die **Mitgliedstaaten und den beitrittswilligen Staat,** nach deren jeweiligen verfassungsrechtlichen Vorschriften **ratifiziert** werden, um in Kraft treten zu können, Art. 49 II 2 EUV. So sind beide Beitrittsversuche Norwegens – wie oben gesehen (Nr. 54, 67) – an einem negativen Referendum der norwegischen Bevölkerung im Rahmen des Ratifizierungsprozesses gescheitert.

## 107.

**Welche Mehrheiten sind im Deutschen Bundestag und Bundesrat für die Verabschiedung des Ratifizierungsgesetzes zur Aufnahme eines neuen EU-Mitglieds erforderlich?**

Umstritten ist, ob hier stets Art. 23 I 3 GG zur Anwendung kommt, so dass gem. Art. 79 II GG eine Zustimmung von zwei Dritteln der Mitglieder des Bundestages und zwei Dritteln der Stimmen des Bundesrates erforderlich ist. Die Anwendbarkeit des Art. 23 I 3 GG ergibt sich nach zutreffender Auffassung daraus, dass sich durch die Aufnahme eines neuen Mitgliedstaates die Zusammensetzung und damit auch die Abstimmungsmodalitäten der Unionsorgane verändern, was durch die Minderung der deutschen Mitwirkung qualitativ die Ausübung übertragener Hoheitsrechte modifiziert. Dies ist im Ergebnis bereits mit einer Änderung der vertraglichen Grundlagen der EU i. S. v. Art. 23 I 3 GG vergleichbar (*Herdegen,* § 6 Rn. 8).

## 108.

**Welche Wirkung hat der Beitritt für den beitretenden Staat?**

Er wird prinzipiell vollwertiges Mitglied der EU und der EAG, so dass das gesamte primäre und sekundäre Unionsrecht einschließlich der Rechtsprechung des EuGH für ihn Gültigkeit bzw. Wirksamkeit erlangt. Letztlich findet der gesamte „acquis communautaire" (oben Nr. 103) Anwendung. Meist werden allerdings hinsichtlich der Anwendbarkeit bestimmter Regeln Übergangsfristen vereinbart. So wurde die Arbeitnehmerfreizügigkeit für die meisten im Jahr 2004 beigetretenen Staaten, für Rumänien und Bulgarien, die zum 1.1.2007 beigetreten sind, und Kroatien, das zum 1.7.2013 beigetreten ist, mittels komplexer Regelungen erst nach einer maximal sieben Jahre dauernden Übergangsfrist vollumfänglich in Kraft gesetzt (vgl. etwa Art. 18 Beitrittsakte-Kroatien i. V. m. Anhang V zur Beitrittsakte, Nr. 2).

## 3. Austritt eines Mitgliedstaates aus der EU

### 109.

### Ist ein Austritt aus der EU möglich?

Ja, seit Inkrafttreten des Vertrags von Lissabon am 1.12.2009 findet sich in Art. 50 I EUV ausdrücklich die Möglichkeit, aus der EU auszutreten.

### 110.

### Heißt dies, dass vor dem 1.12.2009 kein Austritt aus der EU möglich war?

Nein, nach zutreffender Ansicht wäre auch vor dem 1.12.2009 ein Austritt unter Berufung auf allgemeine Regeln des Völkerrechts, namentlich den Wegfall der Geschäftsgrundlage, möglich gewesen. Dies hat auch das BVerfG in seinem Maastricht-Urteil impliziert (BVerfGE 89, 155/190): *„Deutschland ist einer der ‚Herren der Verträge‘, die ihre Gebundenheit an den ‚auf unbegrenzte Zeit‘ geschlossenen Unions-Vertrag [...] mit dem Willen zur langfristigen Mitgliedschaft begründet haben, diese Zugehörigkeit aber letztlich durch einen gegenläufigen Akt auch wieder aufheben könnten".*

### 111.

### Wie läuft ein Austritt nach Art. 50 EUV ab?

Das Austrittsverfahren läuft in vier wesentlichen Schritten ab: Zunächst teilt der Mitgliedstaat, der austreten will, dem Europäischen Rat seine Absicht mit, ohne dass bestimmte Gründe für den Austritt vorliegen müssten, Art. 50 II 1 EUV.

Sodann handelt die EU nach dem Verfahren des Art. 218 III AEUV auf der Grundlage von Leitlinien des Europäischen Rates mit dem Staat ein Abkommen über die Einzelheiten des Austritts aus und schließt das Abkommen, wobei der Rahmen für die zukünftigen Beziehungen des Staates zur Union berücksichtigt wird, Art. 50 II 2, 3 EUV.

Das Austrittsabkommen wird vom Rat im Namen der Union geschlossen. Dabei beschließt der Rat mit qualifizierter Mehrheit nach Zustimmung des Europäischen Parlaments, Art. 50 II 4 EUV.

Mit Inkrafttreten des Austrittsabkommens oder andernfalls zwei Jahre nach der Absichtsmitteilung finden die Verträge auf den austretenden Staat keine Anwendung mehr, Art. 50 III EUV.

**112.**

**Wäre es nicht juristisch geboten, dass der Austrittsvertrag zwischen dem austretenden Staat und allen anderen Mitgliedstaaten ausgehandelt wird?**

Da der Austritt die Kehrseite zum Beitritt ist, wäre es eigentlich naheliegend, dass der Austrittsvertrag, als wesentliche Modifikation des bestehenden Vertragssystems, auch wieder unter allen Mitgliedstaaten ausgehandelt wird. Allerdings wäre eine solche Vorgehensweise, die dann auch wieder die Ratifikation des Austrittsvertrags in allen Mitgliedstaaten erfordern würde, nicht eben praktikabel, zumal sich ein austrittswilliger Staat wahrscheinlich ohnehin nicht sehr lange im bestehenden Vertragssystem halten ließe. Daher war es eine pragmatische Lösung, dass die Mitgliedstaaten die eigentlich ihnen zustehende Kompetenz zur Aushandlung des Austrittsabkommens in Art. 50 EUV auf die Union übertragen haben.

**113.**

**Verliert ein austretender Staat jede Verbindung zur EU?**

Theoretisch wäre das denkbar. Praktisch ist es allerdings wahrscheinlich, dass ein austretender Staat mittels eines Assoziationsvertrags, der einzelne Bereiche des Unionsrechts in differenzierter Form für anwendbar erklären kann, in einer Nähebeziehung zur EU gehalten wird. Dies wird auch in Art. 50 II 2 EUV impliziert, nach dem beim Abschluss des Austrittsabkommens der Rahmen für die künftigen Beziehungen dieses Staates zur Union berücksichtigt wird.

**114.**

**Ist die vertragliche Austrittsmöglichkeit mit anschließender potenzieller Nähebeziehung aufgrund einer Assoziation politisch ausschließlich positiv zu bewerten?**

Für die Einführung der Austrittsmöglichkeit mit anschließender Nähebeziehung sprach u. a., dass deren vertragliche Regelung angesichts der starken Erweiterung der Union in den Jahren 2004 und 2007 den Mitgliedstaaten mittels einer vertraglich akzeptierten und prozedural ausgestalteten Austrittsmöglichkeit mögliche Befürchtungen hinsichtlich der Mitgliedschaft in der EU nehmen konnte. Andererseits könnte die explizit in Art. 50 EUV vorgesehene Möglichkeit des Austritts es Mitgliedstaaten, die mit einzelnen Regelungsbereichen des EU-Rechts unzufrieden sind, evtl. zu leicht machen, aus der EU auszutreten, sich aber im Rahmen eines Assoziationsabkommens gleichzeitig die angenehmen Aspekte zu sichern (Gefahr des „Rosinenpickens").

**115.**

**Kann ein Mitgliedstaat nach dem EU-Vertrag aus der EU ausgeschlossen werden, z. B. wenn er beharrlich gegen EU-Recht verstößt?**

Nein, der EU-Vertrag sieht nach wie vor keine Ausschlussmöglichkeit vor.

**116.**

**Wäre ein Ausschluss mittels einer Änderung der Verträge gem. Art. 48 EUV möglich?**

Zwar wäre es theoretisch denkbar, die Verträge (EUV, AEUV, EAGV) in der Weise zu ändern, dass der betroffene Staat ausgeschlossen wird. Allerdings setzt eine solche Vertragsänderung auch nach dem neuen Konventsverfahren gem. Art. 48 IV UA 2 EUV die Ratifizierung der Änderungen durch alle Mitgliedstaaten, also auch den auszuschließenden Staat, voraus. Ein einseitiger Ausschluss ohne Mitwirkung des betroffenen Staates scheidet also auch nach Art. 48 EUV aus.

**117.**

**Käme in Extremsituationen dann nicht wenigstens ein Ausschluss nach den Regeln des Völkerrechts in Betracht?**

Obwohl die EU ein supranationaler Staatenverbund ist, ist sie rechtstechnisch doch auch nach wie vor eine Völkerrechtsgemeinschaft, die durch völkerrechtliche Verträge begründet und konstituiert wurde. Daher wäre in Extremfällen als ultima ratio ein Ausschluss eines Mitgliedstaates gem. Art. 60 II der Wiener Vertragsrechtskonvention (WVK, BGBl. 1985 II, S. 927) denkbar (*Haratsch/Koenig/Pechstein*, Rn. 108). Nach Art. 60 II lit. a WVK berechtigt eine erhebliche Verletzung eines mehrseitigen Vertrags durch eine Vertragspartei die anderen Vertragsparteien, einvernehmlich den Vertrag ganz oder teilweise zu suspendieren oder ihn zu beenden, „i) entweder im Verhältnis zwischen ihnen und dem vertragsbrüchigen Staat oder ii) zwischen allen Vertragsparteien". Eine erhebliche Verletzung i. S. d. Art. 60 WVK liegt gem. Art. 60 III WVK u. a. in der Verletzung einer für die Erreichung des Vertragsziels oder des Vertragszwecks wesentlichen Bestimmung.

## 4. Aussetzung von Mitgliedsrechten

**118.**

**Unterhalb der Schwelle des Ausschlusses sieht der EUV in Art. 7 unter bestimmten Voraussetzungen die Möglichkeit der Aussetzung von Rechten aus dem Vertrag gegenüber Mitgliedstaaten vor. Kommt dies bei jedweder Vertragsverletzung durch den betroffenen Staat in Betracht?**

Nein, gem. Art. 7 II EUV kommt das scharfe Schwert der Aussetzung von Mitgliedsrechten nur bei einer Verletzung der in Art. 2 EUV genannten Werte, auf die sich die Union gründet, in Betracht. Art. 2 nennt die Achtung der Menschenwürde, Freiheit, Demokratie, Gleichheit, Rechtsstaatlichkeit und die Wahrung der Menschenrechte einschließlich der Rechte der Personen, die Minderheiten angehören.

**119.**

Der Europäische Gerichtshof für Menschenrechte (EGMR) hat am 17.12.2009 entschieden, dass die Bundesrepublik Deutschland gegen Art. 7 EMRK verstoßen hat, indem ein Sicherungsverwahrter, der unter Geltung des früheren § 67d I StGB a. F. mit maximal zehn Jahren Sicherungsverwahrung rechnen musste, nachträglich aufgrund einer Gesetzesänderung (§ 67d III StGB) weiterer Sicherungsverwahrung unterworfen wurde. Wäre dieser vom EGMR festgestellte Menschenrechtsverstoß eine mögliche Grundlage für eine Suspendierung von Mitgliedsrechten der Bundesrepublik in der EU gem. Art. 7 EUV gewesen?

Zwar hat der EGMR hier in der Tat einen Menschenrechtsverstoß der Bundesrepublik Deutschland festgestellt. Art. 7 II EUV verlangt jedoch eine schwerwiegende und anhaltende Verletzung der in Art. 2 EUV genannten Werte. Eine schwerwiegende Verletzung setzt voraus, dass die Verwirklichung eines der Grundsätze des Art. 2 EUV in seinem Kern- oder Wesensgehalt in Frage gestellt wird (*Haratsch/Koenig/Pechstein,* Rn. 111). Bei dem Verstoß gegen Art. 7 EMRK durch die Bundesrepublik handelte es sich jedoch um eine eher punktuelle Verletzung dieses Grundrechts. Der Grundsatz „Keine Strafe ohne Gesetz", der auch durch Art. 103 II GG geschützt wird, wird in Deutschland nicht in seinem Kern- oder Wesensgehalt in Frage gestellt. Schon mangels schwerwiegender Verletzung dieses Menschenrechts scheidet eine Aussetzung von Mitgliedsrechten der Bundesrepublik Deutschland gem. Art. 7 II EUV daher aus. Zudem muss die Verletzung auch anhaltend sein, was jedenfalls kurzfristige Verletzungen der in Art. 2 EUV genannten Werte von einer Anwendung des Art. 7 EUV ausnimmt.

**120.**

In Mitgliedstaat X kommt es zu einer Verfassungsänderung, welche die Pressefreiheit systematisch aushöhlt. Da auf diplomatischem Weg kein Erfolg erzielt wird, soll Art. 7 EUV genutzt werden, um X zum Einlenken zu bewegen. Läuft dies zwangsläufig auf eine Aussetzung von Mitgliedsrechten hinaus?

Nein, das Verfahren des Art. 7 EUV ist dreistufig, erst in der dritten Stufe geht es um die Aussetzung von Mitgliedsrechten: Die erste Stufe beinhaltet gem. Art. 7 I EUV eine Feststellung der eindeutigen Gefahr einer schwerwiegenden Verletzung der Werte des Art. 2 EUV durch den Rat. Genügt diese Feststellung nicht, kann der Europäische Rat in der zweiten Stufe gem. Art. 7 II EUV feststellen, dass eine schwerwiegende und anhaltende Verletzung der Werte des Art. 2 EUV durch den Mitgliedstaat vorliegt. Wurde diese Feststellung getroffen, kann der Rat dann in einer dritten Stufe gem. Art. 7 III EUV Rechte des Mitgliedstaates aussetzen.

## 121.

**Wie läuft die erste Stufe des Verfahrens gem. Art. 7 I EUV ab?**

In der ersten Stufe kann der Rat mit der Mehrheit von vier Fünfteln seiner Mitglieder feststellen, dass die eindeutige Gefahr einer schwerwiegenden Verletzung der in Art. 2 EUV genannten Werte durch den Mitgliedstaat besteht, Art. 7 I EUV. Dazu ist ein begründeter Vorschlag eines Drittels der Mitgliedstaaten, des Europäischen Parlaments oder der Kommission erforderlich, Art. 7 I 1 1. HS EUV. Bevor er seine Feststellung trifft, hört der Rat den betroffenen Mitgliedstaat an und kann Empfehlungen an ihn richten, die nach demselben Verfahren beschlossen werden. Die Feststellung des Rates, dass die eindeutige Gefahr einer schwerwiegenden Verletzung der Werte des Art. 2 EUV durch den Mitgliedstaat besteht, setzt schließlich eine vorherige Zustimmung des Europäischen Parlaments hierzu voraus, Art. 7 I 1 EUV.

## 122.

**Bleibt die Feststellung nach Art. 7 I EUV, was das Verhalten des betroffenen Staates angeht, erfolglos, kann im Lichte des Verhältnismäßigkeitsgrundsatzes, an den die beteiligten Organe auch hier gebunden sind, die zweite Stufe nach Art. 7 II EUV beschritten werden. Wie läuft diese ab?**

Auf Vorschlag eines Drittels der Mitgliedstaaten oder der Europäischen Kommission und nach Zustimmung des Europäischen Parlaments kann der Europäische Rat einstimmig feststellen, dass eine schwerwiegende und anhaltende Verletzung der in Art. 2 genannten Werte durch den Mitgliedstaat vorliegt, Art. 7 II EUV. Zuvor muss der Europäische Rat den betroffenen Mitgliedstaat zu einer Stellungnahme auffordern.

## 123.

**Wenn gem. Art. 7 II 1 EUV ein einstimmiger Beschluss des Europäischen Rates erforderlich ist, könnte dann nicht der Vertreter von Staat X einen solchen Beschluss verhindern?**

Nein, gem. Art. 7 V EUV i. V. m. Art. 354 I 1 AEUV ist das Mitglied des Europäischen Rates (oder des Rates), das den betroffenen Mitgliedstaat vertritt, für die Zwecke des Art. 7 EUV nicht stimmberechtigt.

**124.**

Einzelne Mitgliedstaaten könnten Bedenken haben, im Rahmen von Art. 7 II EUV gegen einen befreundeten Staat zu stimmen, und sich daher aus diplomatischer Rücksichtnahme bei der Abstimmung gem. Art. 7 II EUV enthalten. Würde eine Enthaltung des Vertreters des Staates Y im Europäischen Rat bei der Abstimmung nach Art. 7 II EUV über Staat X einen entsprechenden Beschluss wegen des Einstimmigkeitserfordernisses verhindern?

Nein, gem. Art. 7 V EUV i. V. m. Art. 354 I 2 AEUV steht die Stimmenthaltung von anwesenden oder vertretenen Mitgliedern dem Erlass von Beschlüssen nach Art. 7 II EUV nicht entgegen.

**125.**

Lenkt der betroffene Mitgliedstaat immer noch nicht ein, kann die dritte Stufe beschritten werden. Wie läuft diese ab?

Gem. Art. 7 III EUV kann der Rat, wenn die Feststellung nach Art. 7 II EUV getroffen worden ist, mit qualifizierter Mehrheit beschließen, bestimmte Rechte auszusetzen, die sich aus der Anwendung der Verträge auf den betroffenen Mitgliedstaat herleiten, einschließlich der Stimmrechte dieses Staates im Rat.

**126.**

Wie bestimmt sich die qualifizierte Mehrheit im Rat bei diesem Beschluss?

In der Übergangsphase bis zum 31.10.2014 nach Art. 3 IV Protokoll über die Übergangsbestimmungen (Basistexte Öffentliches Recht, Nr. 18b/4) i. V. m. Art. 238 III lit. b AEUV. Ab dem 1.11.2014 nach Art. 238 III lit. b AEUV.

**127.**

Könnte Mitgliedstaat X, wenn nach Art. 7 III EUV z. B. seine Stimmrechte im Rat ausgesetzt werden, im Gegenzug die Erfüllung seiner Vertragspflichten aus dem AEUV einstellen?

Nein, gem. Art. 7 III UA 2 EUV sind die sich aus den Verträgen ergebenden Verpflichtungen des betroffenen Mitgliedstaates für diesen auf jeden Fall weiterhin verbindlich.

**128.**

**Wie könnte Staat X gegen die Aussetzung seiner Rechte vorgehen?**

Ein Mitgliedstaat kann gegen Beschlüsse, die im Aussetzungsverfahren nach Art. 7 EUV ergehen, den Gerichtshof (EuGH) anrufen, Art. 269 AEUV.

**129.**

**Könnte X vor dem EuGH z. B. geltend machen, dass die Einschränkungen der Pressefreiheit in X keine schwerwiegende Verletzung der Werte des Art. 2 EUV i. S. d. Art. 7 II EUV ist?**

Nein, gem. Art. 269 I AEUV besteht die Zuständigkeit des EuGH in Fragen des Art. 7 EUV nur im Hinblick auf die Einhaltung der in Art. 7 EUV vorgesehenen Verfahrensbestimmungen. Die materiellrechtliche Frage, ob tatsächlich eine schwerwiegende Verletzung nach Art. 7 II EUV vorliegt, wird vom EuGH nicht überprüft.

**130.**

**Wie bestimmt sich die qualifizierte Mehrheit bei Entscheidungen des Rates, nachdem die Stimmrechte des Mitgliedstaates X gem. Art. 7 III EUV ausgesetzt wurden?**

Gem. Art. 354 III AEUV nach Art. 238 III lit. a oder lit. b AEUV.

## 5. Änderung der Verträge

**131.**

**Welche Rechtsnatur haben EU-Vertrag, AEU-Vertrag und EAG-Vertrag?**

Es handelt sich um multilaterale völkerrechtliche Verträge.

**132.**

**Wie werden völkerrechtliche Verträge geändert?**

Durch einen weiteren völkerrechtlichen Vertrag, in dem die Änderungen des zu ändernden völkerrechtlichen Vertrags vereinbart werden. In diesem Sinne sind EU-Reformverträge wie der Vertrag von Maastricht oder der Vertrag von Lissabon völkerrechtliche Verträge, deren wesentlicher Inhalt in der Änderung der bestehenden Verträge (z. B. EUV) besteht.

**133.**

**Wann tritt ein völkerrechtlicher Änderungsvertrag in Kraft, so dass die Änderungen in den zu ändernden Verträgen effektiv werden?**

Das hängt von den Regelungen des zu ändernden Vertrags und den Regelungen des Änderungsvertrags ab. Findet sich dort keine spezielle Regelung, setzt das Inkrafttreten des Änderungsvertrags jedenfalls die Ratifizierung durch alle Vertragsparteien voraus.

**134.**

**Der britische Premierminister fordert in einer Grundsatzrede eine radikale Reform der EU, die auf eine wesentliche Änderung insbes. des EUV und des AEUV hinausliefe. Kämen, da es sich bei EUV, AEUV und EAGV um völkerrechtliche Verträge handelt, für deren Änderung die allgemeinen völkerrechtlichen Regeln zur Anwendung?**

Nein, wie schon erwähnt, finden sich gem. Art. 48 I EUV in Art. 48 EUV Spezialregelungen für die Änderung der Verträge: das ordentliche Änderungsverfahren (Abs. 2 ff.) und das vereinfachte Änderungsverfahren (Abs. 6 ff.).

**135.**

**Von wem kann im ordentlichen Änderungsverfahren gem. Art. 48 II ff. EUV die Initiative für eine Vertragsänderung ausgehen?**

Die Initiative zur Vertragsänderung entsteht durch Vorlage eines Änderungsentwurfs durch die Regierung eines Mitgliedstaates, das Europäische Parlament oder die Kommission an den Rat, Art. 48 II 1 EUV. Der Rat bringt den Entwurf dem Europäischen Rat und den nationalen Parlamenten zur Kenntnis, Art. 48 II 3 EUV.

**136.**

**Schließt sich im ordentlichen Änderungsverfahren stets die Einberufung eines Konvents an?**

Nein, grds. gibt es drei Möglichkeiten: Entweder es kommt im Europäischen Rat gem. Art. 48 III EUV überhaupt keine Mehrheit für eine Prüfung der Änderungsvorschläge zustande, dann ist das Änderungsverfahren gescheitert. Beschließt der Europäische Rat eine Prüfung der Änderungsvorschläge, kann er entweder – als Regelfall – einen Konvent oder aber, wenn der Umfang der Änderungen dies nicht rechtfertigt, direkt eine Regierungskonferenz einberufen.

Im Einzelnen läuft dieser Prozess wie folgt ab: Beschließt der Europäische Rat nach Anhörung des Europäischen Parlaments und der Kommission – bei institutionellen Änderungen im Währungsbereich auch der EZB – mit einfacher Mehrheit die Prüfung der vorgeschlagenen Änderungen, beruft der Präsident des Europäischen Rates einen Konvent ein, Art. 48 III UA 1 S. 1, 2 EUV. Wenn die Einberufung eines Konvents aufgrund des Umfangs der geplanten Änderungen nicht gerechtfertigt ist, kann der Europäische Rat mit einfacher Mehrheit nach Zustimmung des Europäischen Parlaments alternativ beschließen, keinen Konvent einzuberufen und das Mandat für eine Regierungskonferenz der Mitgliedstaaten festzulegen, Art. 48 III UA 2 EUV. Dieser letztgenannte Weg einer sog. „kleinen Regierungskonferenz" wurde nach Inkrafttreten des Vertrags von Lissabon z. B. genutzt, um Art. 2 des Protokolls über die Übergangsbestimmungen durch Art. 1 des Änderungsprotokolls vom 23.6.2010 (ABl. EU Nr. C 263 S. 1) zu modifizieren.

## 137.

### Wer gehört dem Konvent an und wie verfährt der Konvent mit dem Entwurf?

Gem. Art. 48 III UA 1 S. 1 EUV Vertreter der nationalen Parlamente, der Staats- und Regierungschefs der Mitgliedstaaten, des Europäischen Parlaments und der Kommission. Der Konvent prüft gem. Art. 48 III UA 1 S. 3 EUV die Änderungsentwürfe und nimmt im Konsensverfahren eine Empfehlung an, die sich an eine Regierungskonferenz der Mitgliedstaaten i. S. v. Art. 48 IV EUV richtet. Der Konvent arbeitet also nicht selbst einen fertigen Vertragsentwurf aus, dies übernimmt vielmehr die anschließende Regierungskonferenz.

## 138.

### Bedeutet Konsensverfahren, dass jedes einzelne Mitglied des Konvents der Empfehlung zustimmen müsste?

Nein, dies wäre im Rahmen eines so heterogen zusammengesetzten Konvents nicht praktikabel. Konsensverfahren meint vielmehr das v. a. auf Völkerrechtskonferenzen verbreitete Consensusverfahren, bei dem so lange über eine Formulierung debattiert wird, bis kein Anwesender mehr förmlich Widerspruch dagegen erhebt.

## 139.

### Die eigentlichen Vertragsänderungen werden gem. Art. 48 IV UA 1 EUV von der Regierungskonferenz der Mitgliedstaaten ausgearbeitet. Tritt die Vertragsänderung mit Verabschiedung der Änderungen durch die Regierungskonferenz in Kraft?

Nein, die Änderungen treten gem. Art. 48 IV UA 2 EUV erst in Kraft, nachdem sie von allen Mitgliedstaaten ratifiziert worden sind.

**140.**

**Welche Vertragsbestimmungen können im vereinfachten Änderungsverfahren gem. Art. 48 VI ff. EUV geändert werden?**

Nur die Bestimmungen des Dritten Teils des AEUV über die internen Politikbereiche (Art. 26–197 AEUV). Zudem darf eine Änderung im vereinfachten Änderungsverfahren keine Ausdehnung der Unionskompetenzen herbeiführen, Art. 48 VI UA 3 EUV.

**141.**

**Worin liegt die Vereinfachung im vereinfachten Änderungsverfahren?**

Hier kann der Europäische Rat die Änderungen selbst einstimmig nach Anhörung des Europäischen Parlaments und der Kommission sowie ggf. der EZB beschließen, Art. 48 VI UA 2 EUV.

**142.**

**Treten im vereinfachten Verfahren beschlossene Änderungen mit dem Beschluss des Europäischen Rates in Kraft?**

Nein, sie bedürfen für ihr Inkrafttreten gem. Art. 48 VI UA 2 S. 3 EUV der Zustimmung der Mitgliedstaaten im Einklang mit deren jeweiligen verfassungsrechtlichen Vorschriften. In der Bundesrepublik Deutschland ist daher auch für eine Vertragsänderung im vereinfachten Verfahren ein Gesetz nach Art. 23 I 2 GG erforderlich (BVerfGE 123, 267/387).

**143.**

**Ein Unterfall des vereinfachten Änderungsverfahrens ist auch die sog. Passerelle-Regelung (Brückenregelung) des Art. 48 VII EUV. Was ist eine Passerelle-Regelung?**

Eine Passerelle- oder Brückenregelung ist eine Vorschrift, die den Übergang von einem Regelungszustand in einen anderen ermöglicht.

**144.**

**Welche Regelungen können mittels der Passerelle-Regelung des Art. 48 VII EUV geändert werden?**

Zum einen ist ein Übergang zu Ratsentscheidungen mit qualifizierter Mehrheit in Bereichen möglich, in denen bisher noch Einstimmigkeit im Rat erforderlich ist, Art. 48 VII UA 1 EUV. Zum anderen können Fälle, in denen Gesetzgebungsakte bislang gemäß einem besonderen Gesetzgebungsverfahren erlassen werden, zukünftig dem ordentlichen Gesetzgebungsverfahren unterworfen werden, Art. 48 VII UA 2 EUV.

## 145.

**Was ist erforderlich, um den Übergang durch Nutzung der Passerelle-Regelung zu bewirken?**

Ein einstimmiger Beschluss des Europäischen Rates nach Zustimmung des Europäischen Parlaments mit der Mehrheit der Mitglieder, Art. 48 VII UA 1, 2, 4 EUV. Zuvor muss der Europäische Rat eine entsprechende Initiative gem. Art. 48 VII UA 3 EUV den nationalen Parlamenten übermitteln. Lehnt ein nationales Parlament den Vorschlag innerhalb von sechs Monaten ab, so ist die Initiative zur Nutzung der Passerelle-Regelung gescheitert.

## 146.

**Darf der deutsche Vertreter im Europäischen Rat, wenn er eine Initiative zur Nutzung der Passerelle-Regelung für sinnvoll erachtet, dieser ohne Weiteres zustimmen?**

Nein, nach dem Lissabon-Urteil des BVerfG (BVerfGE 123, 267/390 f.) ist hierfür ein zuvor erlassenes Gesetz gem. Art. 23 I 2 bzw. 3 GG erforderlich. Durch diese Mitwirkung des Gesetzgebers soll eine Kompensation für die bei Nutzung der Passerelle-Klausel nicht erforderliche Ratifizierung in den Mitgliedstaaten herbeigeführt werden.

## 147.

**In einer schweren EU-Krise, die zu einem Zerwürfnis zwischen Mitgliedstaaten und EU-Organen geführt hat, erwägen mehrere Mitgliedstaaten, eine Regierungskonferenz der Mitgliedstaaten einzuberufen und direkt – ohne Nutzung des ordentlichen oder vereinfachten Änderungsverfahrens – einen Änderungsvertrag zum EUV, AEUV und EAGV auszuarbeiten, der u. a. die Kompetenzen der EU-Organe beschneiden soll. Der Vertrag soll anschließend in allen Mitgliedstaaten ratifiziert werden. Wäre dies möglich?**

Zwar würden die Mitgliedstaaten durch eine nichtförmliche Vertragsänderung nach allgemeinem Völkerrecht gegen die Regelungen des Art. 48 EUV verstoßen. Allerdings hindert sie dies nach dem insofern einschlägigen Völkerrecht nicht, den nichtförmlichen Weg einer völkerrechtlichen Vertragsänderung zu beschreiten. Es ist nämlich nicht erkennbar, dass sich die Mitgliedstaaten durch die Einführung des Art. 48 EUV unwiderruflich ihrer allgemeinen Kompetenz zur völkerrechtlichen Änderung der europäischen Verträge (EUV, AEUV etc.), als völkerrechtlichen Verträgen, hätten begeben wollen (vgl. *Haratsch/Koenig/Pechstein,* Rn. 95).

## III. Die Organe der EU

## 1. Allgemeines zur Organstruktur

**148.**

**Welche Organe hat die EU, wo sind die Organe der EU geregelt?**

Gem. Art. 13 I EUV sind Organe der Union das Europäische Parlament, der Europäische Rat, der Rat, die Europäische Kommission (kurz: Kommission), der Gerichtshof der Europäischen Union, die Europäische Zentralbank (EZB) und der Rechnungshof. Grundregeln über die fünf wichtigsten EU-Organe finden sich in den auf Art. 13 folgenden Artikeln des EUV (z. B. Art. 14 zum Europäischen Parlament). Detailregelungen über alle Organe finden sich im Sechsten Teil des AEUV (Art. 223 ff. AEUV).

**149.**

**Verfügt die EAG (Euratom) über eigene Organe?**

Nein, gem. Art. 106a EAGV sind die Organe der Union zugleich Organe der EAG. Ausgenommen ist die EZB, die im Rahmen des EAGV keine Funktion hätte.

**150.**

**Gibt es im institutionellen System der EU neben den Organen weitere wichtige Institutionen?**

Ja, zu nennen sind hier v. a. der Wirtschafts- und Sozialausschuss sowie der Ausschuss der Regionen, die gem. Art. 13 IV EUV Parlament, Rat und Kommission unterstützen und beratende Aufgaben wahrnehmen (dazu unten Nr. 355 ff.).

**151.**

**Worauf zielt das Prinzip der Gewaltenteilung ab, ist es in der Organstruktur der EU verwirklicht?**

Das primär auf *Montesquieus* (1689–1755) Hauptwerk „De l'esprit des lois" (Über den Geist der Gesetze) von 1748 rückführbare Prinzip der Gewaltenteilung will durch die Verteilung der wesentlichen Staatsfunktionen Legislative, Exekutive und Judikative auf unterschiedliche Staatsorgane ein System der Hemmung und gegenseitigen Kontrolle bei der Ausübung von Hoheitsgewalt errichten. In diesem Sinne ist zunächst zu konstatieren, dass z. B. auch im Verfassungssystem des Grundgesetzes keine strikte Gewaltenteilung verwirklicht ist. So wirkt bspw. die Exekutive gem.

Art. 76 I GG über ihr Initiativrecht bei der (formellen) Gesetzgebung mit und darf gem. Art. 80 GG selbst materielle Gesetze (Verordnungen) erlassen.

Die Organstruktur der EU bleibt allerdings insofern hinter dem Gewaltenteilungsstandard, etwa des Grundgesetzes, zurück, als Legislativ- und Exekutivaufgaben jeweils von mehreren Organen wahrgenommen werden. Wichtigstes Beispiel ist der Rat, der als aus Mitgliedern der nationalen Exekutive besetztes Organ zum einen gem. Art. 16 I 1 EUV zusammen mit dem Europäischen Parlament als Gesetzgeber tätig wird, aber zum anderen auch bedeutsame exekutive Befugnisse wahrnimmt (ausführlicher: *Haratsch/Koenig/Pechstein*, Rn. 203 ff.). Andererseits ist ähnlich wie im System des Grundgesetzes zumindest die Judikative klar abgegrenzt einem bestimmten Organ, hier dem Gerichtshof der EU, zugewiesen. Insgesamt lässt sich ähnlich wie in Bezug auf das Grundgesetz von einer Funktionenordnung der Organe sprechen, die auf eine Verwirklichung von „checks and balances" zwischen den Organen abzielt, wenn diese Funktionenordnung in der EU auch deutlich schwächer ausgeprägt ist.

## 152.

### Wo haben die EU-Organe ihren Sitz, wo tagen sie? Wo ist der Sitz geregelt?

Das **Europäische Parlament** hat seinen Sitz in Straßburg, wo auch pro Jahr zwölf jeweils vier Tage dauernde Plenarsitzungen stattfinden. Bis zu sechs weitere zweitägige Plenarsitzungen finden in Brüssel statt, wo auch die Ausschüsse und Fraktionen des Europäischen Parlaments tagen. Das Generalsekretariat des Parlaments schließlich hat als Relikt aus der Gründungszeit der EGKS, deren Organe in Luxemburg angesiedelt sein sollten, seinen Sitz in Luxemburg. Der **Europäische Rat** hat keinen spezifischen Sitz, tagt aber in der Regel in Brüssel und zu besonderen Anlässen an anderen Orten. Der **Rat** hat seinen Sitz in Brüssel. Im April, Juni und Oktober tagt er allerdings in Luxemburg. Die **Kommission** hat ihren Sitz in Brüssel, wobei bestimmte Dienststellen in Luxemburg untergebracht sind. **Gerichtshof** und **Rechnungshof** haben ihren Sitz in Luxemburg. Die **EZB** hat ihren Sitz in Frankfurt am Main.

Geregelt ist der Sitz der Organe gem. Art. 341 AEUV, Art. 189 EAGV im Einvernehmen zwischen den Regierungen der Mitgliedstaaten in Protokoll Nr. 6 zum Vertrag von Lissabon (Protokoll über die Festlegung der Sitze der Organe und bestimmter Einrichtungen, sonstiger Stellen und Dienststellen der Europäischen Union).

## 2. Das Europäische Parlament

### a) Zusammensetzung

## 153.

### Wie viele Mitglieder hat das Europäische Parlament ab der Europawahl 2014?

Gem. Art. 14 II UA 1, S. 2 EUV darf die Zahl der Parlamentsmitglieder 750 zzgl. des Präsidenten nicht überschreiten. Insgesamt wird das Europäische Parlament daher ab der Europawahl 2014 voraussichtlich über 751 Mitglieder verfügen.

**154.**

Die Zahl der Abgeordneten, die in jedem Mitgliedstaat gewählt werden, war bis zum Inkrafttreten des Vertrags von Lissabon in Art. 190 II UA 1 EGV a. F. geregelt. Danach wurden in Deutschland bspw. 99, in Frankreich 74 und in Malta 6 Abgeordnete gewählt. Ist die Verteilung der Sitze auf die verschiedenen Mitgliedstaaten weiterhin in den Verträgen geregelt?

Nein, Art. 14 II UA 1 EUV enthält nur Rahmenvorgaben. Die konkrete **Zusammensetzung des Europäischen Parlaments** wird gem. Art. 14 II UA 2 EUV durch einstimmigen Beschluss des Europäischen Rates auf Initiative des Europäischen Parlaments und mit dessen Zustimmung erlassen. Dieser Beschluss wurde vom Europäischen Rat auf Initiative des Europäischen Parlaments und mit dessen Zustimmung noch vor dem Beitritt Kroatiens zur EU, der am 1.7.2013 erfolgt ist, am 28.6.2013 gefasst (Beschluss 2013/312/EU, ABl. EU Nr. L 181, S. 57). Im Einzelnen wird die Zahl der in jedem Mitgliedstaat zu wählenden Vertreter im Europäischen Parlament für die Wahlperiode 2014–2019 in Art. 3 des am 30.6.2013 in Kraft getretenen Beschlusses 2013/312/EU wie folgt festgesetzt: Belgien 21, Bulgarien 17, Tschechische Republik 21, Dänemark 13, Deutschland 96, Estland 6, Irland 11, Griechenland 21, Spanien 54, Frankreich 74, Kroatien 11, Italien 73, Zypern 6, Lettland 8, Litauen 11, Luxemburg 6, Ungarn 21, Malta 6, Niederlande 26, Österreich 18, Polen 51, Portugal 21, Rumänien 32, Slowenien 8, Slowakei 13, Finnland 13, Schweden 20, Vereinigtes Königreich 73.

**155.**

Gilt bei Europawahlen der Wahlrechtsgrundsatz der gleichen Wahl?

Der Wahlrechtsgrundsatz der gleichen Wahl umfasst die Zählwertgleichheit und die Erfolgswertgleichheit. Die Erfolgswertgleichheit, nach der sich jede Stimme in gleichem Maße in einem Mandat niederschlagen können muss, ist bei Europawahlen nicht gewährleistet. Gem. Art. 14 II UA 1, S. 3 EUV sind die Bürgerinnen und Bürger im Europäischen Parlament nämlich degressiv proportional vertreten. Dies bedeutet, dass Mitgliedstaaten mit größerer Bevölkerung zwar absolut über mehr Sitze im Parlament verfügen als kleinere Mitgliedstaaten. In Relation zur Bevölkerungsgröße verfügen größere Mitgliedstaaten aber über weniger Mandate als kleinere Mitgliedstaaten. Dies wird unmittelbar darin deutlich, dass Malta mit ca. 410.000 Einwohnern aufgrund der Mindestregelung in Art. 14 II UA 1, S. 3 EUV über sechs Abgeordnete verfügt, Deutschland als mit über 80 Mio. Einwohnern bevölkerungsreichster Mitgliedstaat aufgrund der Höchstgrenze in Art. 14 II UA 1 S. 4 EUV aber über höchstens 96. Danach entfällt in Deutschland ein Abgeordneter auf zuletzt ca. 837.000 Einwohner, in Malta hingegen ein Abgeordneter auf nur ca. 68.500 Einwohner. Der Erfolgswert maltesischer Stimmen ist daher wesentlich höher als der Erfolgswert deutscher Stimmen. Entsprechend werden in Art. 14 III EUV nur die Wahlrechtsgrundsätze der allgemeinen, unmittelbaren, freien und geheimen Wahl genannt.

## 156.

### Wie lässt sich dies rechtfertigen?

Trotz einiger Bemühungen zur Aufwertung der Unionsbürgerschaft – so spricht bspw. Art. 14 II UA 1 S. 1 EUV nunmehr davon, dass sich das Europäische Parlament aus Vertretern der Unionsbürgerinnen und Unionsbürger zusammensetzt (bis 1.12.2009: „aus Vertretern der Völker der in der Gemeinschaft zusammengeschlossenen Staaten") – wird die EU nach wie vor entscheidend von den Mitgliedstaaten getragen. Im Völkerrecht als der Rechtsordnung, auf der die EU fußt, gilt aber der Grundsatz der souveränen Gleichheit der Staaten, d. h. jeder Staat ist prinzipiell gleichberechtigt (Art. 2 Nr. 1 Charta der Vereinten Nationen vom 26.6.1945). Insofern ist die ungleiche Sitzzuteilung an die EU-Mitgliedstaaten ein Kompromiss aus der Gleichheit der Staaten einerseits und einer Repräsentation der jeweiligen Bevölkerung andererseits.

Um dies anschaulich zu machen, lässt sich darauf verweisen, dass bei Bestehen der Wahlrechtsgleichheit sehr kleine Staaten wie etwa Malta kaum eine Chance hätten, durch einen eigenen Abgeordneten im Parlament repräsentiert zu sein, würde nicht gleichzeitig dessen Größe deutlich aufgebläht. Im Ergebnis hat auch das BVerfG in seinem Lissabon-Urteil bestätigt, dass das Europäische Parlament als Vertretungsorgan der Völker nicht den Anforderungen entsprechen müsse, die sich innerstaatlich aus dem gleichen politischen Wahlrecht der Bürger ergeben (BVerfGE 123, 267/ 368).

## 157.

### Ist die Nichtverwirklichung der gleichen Wahl daher unproblematisch?

Nein, denn zu den Werten, auf die sich die Union gem. Art. 2 EUV gründet, zählt auch die Demokratie, die aber nach herrschendem Verständnis die gleiche Repräsentation aller Bürgerinnen und Bürger voraussetzt (vgl. näher *Haratsch/Koenig/Pechstein*, Rn. 214). Ganz konkret hat das BVerfG zuletzt im Lissabon-Urteil seine Feststellung eines strukturellen Demokratiedefizits auf der Ebene der EU mit dem Defizit der Wahlrechtsgleichheit bei Wahlen zum Europäischen Parlament begründet (BVerfGE 123, 267/371 ff.). Es wird daher zu den wesentlichen Zukunftsentscheidungen der EU gehören, ob dieses strukturelle Demokratiedefizit ausgeräumt und der Weg zur gleichen Wahl beschritten werden soll.

## 158.

### Für welchen Zeitraum wird das Europäische Parlament gewählt?

Die Mitglieder des Europäischen Parlaments werden gem. Art. 14 III EUV für eine Amtszeit von fünf Jahren gewählt.

**159.**

Wenige Monate vor Inkrafttreten des Vertrags von Lissabon am 1.12.2009 haben zwischen dem 4. und 7. Juni 2009 Wahlen zum Europäischen Parlament nach altem Recht stattgefunden, so dass lediglich 736 Parlamentarier gewählt wurden. Wurden die Mitgliedszahlen im Europäischen Parlament nach Inkrafttreten des Vertrags von Lissabon an das neue Recht angepasst?

Ja, auf der Grundlage von Art. 2 I des Protokolls über die Übergangsbestimmungen (Basistexte Öffentliches Recht, Nr. 18 b/4) wurden dem Parlament 18 Sitze hinzugefügt (Spanien: 4, Frankreich, Österreich, Schweden: 2, Bulgarien, Italien, Lettland, Malta, Niederlande, Polen, Slowenien, Vereinigtes Königreich: je 1). Die Bundesrepublik Deutschland, die nach dem neuen Recht drei Sitze verliert (96 statt 99), durfte diese behalten, so dass das Europäische Parlament seitdem gem. Art. 2 I a. E. des Protokolls vorübergehend 754 Sitze umfasste. Mit dem Beitritt Kroatiens zum 1.7.2013 erhielt dieser Staat gem. Art. 19 I der Beitrittsakte zwölf Sitze im Parlament, so dass dieses bis zum Ende der Wahlperiode 2009–2014 vorübergehend sogar 766 Abgeordnete umfasst(e).

**160.**

Finden die Wahlen zum Europäischen Parlament auf der Grundlage eines ausdifferenzierten europäischen Wahlrechts statt?

Nein, bislang finden die Wahlen zum Europäischen Parlament unmittelbar auf der Grundlage nationalen Wahlrechts statt. In Deutschland liegt den Wahlen das Europawahlgesetz (EuWG) zugrunde, das in weiten Teilen auf das Bundeswahlgesetz (BWahlG) verweist. Gewisse EU-rechtliche Vorgaben für die Wahlen des Europäischen Parlaments enthält allerdings der Beschluss des Rates vom 25.6.2002 und 23.9.2002 zur Änderung des Direktwahlakts (Abl. EG 2002 Nr. L 283, S. 1). Nach Art. 1 I Direktwahlakt/2002 müssen die Mitglieder des Parlaments in den Mitgliedstaaten nach dem Verhältniswahlsystem auf der Grundlage von Listen oder von übertragbaren Einzelstimmen gewählt werden. Gem. Art. 8 I Direktwahlakt/2002 bestimmt sich das Wahlverfahren im Übrigen – vorbehaltlich EU-rechtlicher Vorgaben und der Vorschriften des Direktwahlakts – in jedem Mitgliedstaat nach den innerstaatlichen Vorschriften (vgl. BVerfGE 129, 300/317).

**161.**

Wäre es möglich, ein einheitliches europäisches Wahlrecht zu schaffen?

Ja, der durch den Vertrag von Lissabon eingefügte Art. 223 I AEUV enthält die Möglichkeit zum Erlass der erforderlichen Bestimmungen für die allgemeine unmittelbare Wahl der Mitglieder des Europäischen Parlaments nach einem einheitlichen Verfahren in allen Mitgliedstaaten oder im Einklang mit den allen Mitgliedstaaten gemeinsamen Grundsätzen. Allerdings ist dafür gem. Art. 223 I UA 2 AEUV ein einstimmiger Beschluss des Rates nach Zustimmung des Europäischen Parlaments mit der Mehrheit der Mitglieder und die anschließende Zustimmung aller Mitgliedstaaten im Einklang mit deren jeweiligen verfassungsrechtlichen Vorschriften erforderlich.

---

**162.**

**Gem. § 2 VII EuWG (i. d. F. v. 8.3.1994, BGBl. I, S. 424, ber. S. 555, zuletzt geändert durch Art. 2 Gesetz vom 17.3.2008, BGBl. I, S. 394) wurden in der Bundesrepublik Deutschland noch bei den Wahlen zum Europäischen Parlament im Juni 2009 bei der Verteilung der Sitze nur Wahlvorschläge berücksichtigt, die mindestens 5 % der im Wahlgebiet abgegebenen gültigen Stimmen erhalten hatten. Ließe sich eine solche 5-%-Hürde (Sperrklausel) mit denselben Argumenten rechtfertigen wie die 5-%-Hürde bei Bundestagswahlen gem. § 6 VI 1 BWahlG?**

---

Die Sperrklausel in § 6 VI 1 1. Alt. BWahlG greift auch bei Bundestagswahlen massiv in die gleiche Wahl aus Art. 38 I 1 GG ein: Stimmen, die für Parteien abgegeben werden, welche die 5-%-Hürde im Bundesgebiet nicht erreichen und bei denen auch die Grundmandatsklausel des § 6 VI 1 2. Alt. BWahlG nicht greift, entfalten keinen Erfolgswert. Dies lässt sich indes durch kollidierendes Verfassungsrecht, namentlich die Sicherstellung der Funktionsfähigkeit des Parlaments, rechtfertigen, könnte eine Vielzahl kleiner Parteien die Arbeit des Bundestags doch möglicherweise lähmen (Verhinderung „Weimarer Verhältnisse"). Zu erwägen wäre also, ob sich eine 5-%-Klausel bei Wahlen zum Europäischen Parlament ebenfalls mit der Gewährleistung der Funktionsfähigkeit des Europäischen Parlaments rechtfertigen ließe. Bevor dies zu untersuchen ist, stellt sich allerdings die grundlegende Frage, ob bei Wahlen zum Europäischen Parlament überhaupt ein Eingriff in die gleiche Wahl vorliegt.

---

**163.**

**Könnte nämlich argumentiert werden, dass eine Sperrklausel wie diejenige des § 2 VII EuWG bei Wahlen zum Europäischen Parlament schon aus dem Grund unproblematisch ist, dass bei diesen Wahlen – wie gerade gesehen – der Grundsatz der gleichen Wahl nicht gilt?**

---

Nein, gem. § 1 S. 2 EuWG werden die auf Deutschland entfallenden Abgeordneten des Europäischen Parlaments in allgemeiner, unmittelbarer, freier, gleicher und geheimer Wahl für fünf Jahre gewählt. Für die in Deutschland zu wählenden Abgeordneten gilt also einfachgesetzlich der Wahlrechtsgrundsatz der gleichen Wahl. Zudem ergibt sich ein Gebot der Gleichheit der Wahl bei Wahlen zum Europäischen Parlament in Deutschland verfassungsrechtlich aus Art. 3 I GG (BVerfGE 129, 300/317). Daneben kann auch auf die Chancengleichheit der Parteien gem. Art. 21 I i. V. m. Art. 3 I GG abgestellt werden (BVerfGE 129, 300/319).

**164.**

**Gibt es europarechtliche Vorgaben zur Zulässigkeit einer 5-%-Sperrklausel?**

Art. 3 Direktwahlakt/2002 eröffnet den Mitgliedstaaten die Möglichkeit, eine Mindestschwelle für die Sitzvergabe von bis zu 5 % festzulegen, begründet aber keine entsprechende Verpflichtung (vgl. BVerfGE 129, 300/317).

**165.**

**Entscheidend ist also, ob eine 5-%-Klausel mit den verfassungsrechtlichen Vorgaben des GG zu vereinbaren ist. Ist die Gewährleistung der Funktionsfähigkeit des Europäischen Parlaments ein zwingender Grund, der den Eingriff in die gleiche Wahl (Art. 3 I GG) bzw. die Chancengleichheit der Parteien (Art. 21 I i. V. m. 3 I GG) bei Wahlen zum Europäischen Parlament verfassungsrechtlich zu rechtfertigen vermag?**

Nein, die Situation ist nicht mit derjenigen bei Bundestagswahlen vergleichbar (BVerfGE 129, 300/324 ff.). Dies folgt u. a. daraus, dass die Abgeordneten des Europäischen Parlaments nicht nur in Deutschland gewählt werden und dass das Europäische Parlament nicht nach Mitgliedstaaten, sondern nach Fraktionen mit bestimmter politischer Zielsetzung organisiert ist. Selbst wenn daher in Deutschland eine bestimmte Liste mit sehr wenigen Abgeordneten ins Europäische Parlament gewählt würde, ist es nicht ausgeschlossen, dass die Abgeordneten dort auf so viele gleichgesinnte Abgeordnete aus anderen Mitgliedstaaten träfen, dass die Bildung einer arbeitsfähigen Fraktion und damit die konstruktive Teilnahme an der Parlamentsarbeit möglich wären. BVerfGE 129, 300 (301) hat daher am 9.11.2011 § 2 VII EuWG (i. d. F. d. Bek. v. 8.3.1994, BGBl. I, S. 424, zuletzt geändert durch Art. 2 Gesetz vom 17.3.2008, BGBl. I, S. 394) wegen Verstoßes gegen Art. 3 I und 21 I GG für nichtig erklärt. Der mit der 5-%-Klausel in § 2 VII EuWG verbundene schwerwiegende Eingriff in die Grundsätze der Wahlrechtsgleichheit und der Chancengleichheit der politischen Parteien sei unter den gegebenen rechtlichen und tatsächlichen Verhältnissen nicht zu rechtfertigen (BVerfGE 129, 300/324 ff.).

**166.**

**Hätte dann nicht die Wahl zum Europäischen Parlament, die im Juni 2009 noch auf der Grundlage des inzwischen für nichtig erklärten § 2 VII EuWG durchgeführt worden ist, jedenfalls in Deutschland für ungültig erklärt werden und wiederholt werden müssen?**

Festgestellte Wahlfehler führen im Ergebnis höchst selten zur Ungültigerklärung einer Wahl, da die Folgen des Fehlers mit den Folgen einer Ungültigerklärung der Wahl (Bestandsschutz des gewählten Parlaments) abzuwägen sind. BVerfGE 129, 300 (344 f.) hat zwar festgestellt, dass sich § 2 VII EuWG unmittelbar und auch mittelbar (durch die Herbeiführung strategischen Wahlverhaltens) auf die Sitzverteilung im Europäischen Parlament ausgewirkt habe. Allerdings sei der Wahlfehler nicht „unerträglich". Er betreffe nur einen geringen Anteil der Abgeordneten des deutschen Kontingents und stelle die Legitimation der deutschen Abgeordneten des Europäischen Parlaments in ihrer Gesamtheit nicht in Frage. Zudem habe BVerfGE 51, 222 im Jahr 1979 die 5-%-Klausel im Europawahlrecht noch für verfassungsmäßig erachtet. Daher genieße bei der vorzunehmenden Abwägung des Wahlfehlers mit dem Bestandsschutz der im Vertrauen auf die Verfassungsmäßigkeit des EuWG zusammengesetzten Volksvertretung der Bestandsschutz Vorrang, so dass eine Ungültigerklärung der Wahl mit der Folge einer Neuwahl in Deutschland ausscheide.

### b) Organisation des Europäischen Parlaments

#### 167.

**Wo sind die Organisation und die innere Ordnung des Europäischen Parlaments geregelt?**

In der Geschäftsordnung des Europäischen Parlaments (GOEP), die gem. Art. 232 I AEUV mit den Stimmen der Mehrheit der Mitglieder des Parlaments verabschiedet wird. Derzeit gilt die Fassung vom 1.3.2011 (ABl. EU Nr. L 116, S. 1).

#### 168.

**Wer wählt den Präsidenten und die Vizepräsidenten des Europäischen Parlaments?**

Das Europäische Parlament (also alle Abgeordneten) aus seiner Mitte, Art. 14 IV EUV. Das Präsidium besteht neben dem Präsidenten aus 14 Vizepräsidenten, Art. 22 I GOEP.

#### 169.

**Welche Fraktion des Europäischen Parlaments stellt in der Praxis den Präsidenten?**

Da regelmäßig keine Fraktion über eine absolute Mehrheit verfügt, sind bei der Wahl des Präsidenten etc. Absprachen erforderlich. Zuletzt bestanden diese meist darin, dass jeweils ein Abgeordneter der beiden stärksten Fraktionen für die Hälfte der Legislaturperiode des Parlaments den Präsidenten stellte (jeweils 2,5 Jahre).

#### 170.

**Mindestens 25 Mitglieder des Europäischen Parlaments, die in einem Viertel der Mitgliedstaaten gewählt wurden, können sich gem. Art. 30 I, II GOEP**

nach ihrer politischen Zugehörigkeit zu einer Fraktion zusammenschließen. Nennen Sie wichtige Fraktionen des Europäischen Parlaments!

Zuletzt gliederte sich das Europäische Parlament meist in sieben Fraktionen auf: Nach Größe geordnet waren dies: **Fraktion der Europäischen Volkspartei** (in der z. B. die deutsche CDU vertreten ist), **Fraktion der progressiven Allianz der Sozialisten und Demokraten im Europäischen Parlament** (in der z. B. die deutsche SPD vertreten ist), **Fraktion der Allianz der Liberalen und Demokraten für Europa** (in der z. B. die deutsche FDP vertreten ist), **Fraktion der Grünen/Freie Europäische Allianz** (in der z. B. die deutsche Partei Bündnis 90/Die Grünen vertreten ist), **Fraktion der Europäischen Konservativen und Reformisten** (der z. B. die britische Conservative Party angehört), **Konföderale Fraktion der Vereinigten Europäischen Linken/Nordische Grüne Linke** (der z. B. die deutsche Partei Die Linke angehört), **Fraktion Europa der Freiheit und der Demokratie** (der z. B. die italienische „Lega Nord" angehört).

## 171.

### Gibt es auch fraktionslose Abgeordnete?

Ja, zuletzt belief sich deren Zahl auf ca. 25.

## 172.

### Verfügt das Europäische Parlament über Ausschüsse?

Ja, gem. Art. 183 ff. GOEP i. V. m. Anlage VII zur GOEP setzt das Europäische Parlament Ausschüsse ein. Derzeit gibt es 20 ständige Ausschüsse (http://www.europarl.europa.eu/committees/de/full-list.html).

## 173.

### Kann das Europäische Parlament Untersuchungsausschüsse einsetzen?

Ja, gem. Art. 226 I AEUV i. V. m. Art. 185 GOEP ist dies mit dem Ziel möglich, behauptete Verstöße gegen das Unionsrecht oder Missstände bei der Anwendung desselben zu überprüfen.

## 174.

### Mit welcher Mehrheit fasst das Europäische Parlament seine Beschlüsse?

Soweit die Verträge nicht etwas anderes bestimmen, beschließt das Europäische Parlament mit der Mehrheit der abgegebenen Stimmen, Art. 231 I AEUV.

**175.**

**Sind die Abgeordneten frei darin, wie sie abstimmen?**

Ja, gem. Art. 6 I Direktwahlakt/2002 stimmen die Abgeordneten des Europäischen Parlaments einzeln und persönlich ab, wobei sie weder an Aufträge noch an Weisungen gebunden sind.

**c) Aufgaben des Europäischen Parlaments**

**176.**

**Nennen Sie wichtige Aufgaben des Europäischen Parlaments!**

Zu den wichtigsten Aufgaben des Europäischen Parlaments gehören gem. Art. 14 I EUV die Mitwirkung bei der Gesetzgebung der EU, Haushaltsbefugnisse, Kontroll- und Beratungsfunktionen sowie eine Kreations-(Wahl-)funktion. Nicht in Art. 14 I EUV genannt, aber dennoch wichtig, sind bestimmte Zustimmungs-(und damit Veto-)rechte.

**177.**

**Auf welche Weise ist der Einfluss des Europäischen Parlaments bei der Gesetzgebung in den letzten Jahren wesentlich ausgebaut worden, so dass das Parlament heute in Art. 14 I 1, 16 I 1 EUV als gleichberechtigtes Gesetzgebungsorgan neben dem Rat erscheint?**

Indem das nunmehr ordentliches Gesetzgebungsverfahren genannte frühere Verfahren der Mitentscheidung, in dem das Europäische Parlament gem. Art. 289 I, 294 AEUV eine gleichberechtigte Rolle neben dem Rat einnimmt, zum Regelgesetzgebungsverfahren der EU entwickelt wurde. Das ordentliche Gesetzgebungsverfahren kommt heute in ca. 95 % aller Fälle zur Anwendung.

**178.**

**Besitzt das Europäische Parlament ein Initiativrecht im Gesetzgebungsverfahren?**

Nein, das „Initiativmonopol" in der EU-Gesetzgebung liegt bei der Kommission. Allerdings kann das Europäische Parlament die Kommission gem. Art. 225 S. 1 AEUV mit appellativer Wirkung auffordern, geeignete Vorschläge zu Fragen zu unterbreiten, die nach seiner Auffassung die Ausarbeitung eines Unionsakts zur Durchführung der Verträge erfordern.

**179.**

**Was ist die Konsequenz, wenn die Kommission einer solchen nicht bindenden Aufforderung des Europäischen Parlaments nicht nachkommt?**

Legt die Kommission auf eine entsprechende Aufforderung des Parlaments keinen Gesetzgebungsvorschlag vor, muss sie dem Europäischen Parlament gem. Art. 225 S. 2 AEUV die Gründe dafür mitteilen. Eine Vereinbarung, die das Europäische Parlament und die Kommission im Jahr 2010 getroffen haben (ABl. EU 2010 Nr. C 341 E, S. 1), bestimmt, dass die Kommission auf eine entsprechende Aufforderung des Europäischen Parlaments innerhalb von zwölf Monaten einen Gesetzesvorschlag vorlegen muss, wenn sie nicht binnen drei Monaten begründet, warum sie der Aufforderung nicht nachgekommen ist.

**180.**

**Gibt es besondere Fälle, in denen dem Europäischen Parlament doch ein echtes Initiativrecht zukommt?**

Ja, bei Änderung der Verträge im ordentlichen oder vereinfachten Änderungsverfahren, Art. 48 II 1, VI UA 1 EUV.

**181.**

**Am stärksten ist der Einfluss des Parlaments bei der Rechtsetzung, wenn Rechtsakte von seiner Zustimmung abhängen. Nennen Sie Beispiele!**

Ein Zustimmungserfordernis des Parlaments besteht z.B. beim Beitritt neuer Mitgliedstaaten (Art. 49 I 3 EUV), bei der Feststellung der Verletzung der Grundwerte der EU aus Art. 2 EUV durch einen Mitgliedstaat (Art. 7 I UA 1, II EUV), beim Erlass eines einheitlichen Wahlrechts für das Europäische Parlament (Art. 223 I UA 2 AEUV), beim Abschluss von Assoziierungsabkommen der EU mit dritten Staaten oder internationalen Organisationen (Art. 217 i. V. m. Art. 218 VI UA 2 lit. a Nr. i AEUV) und bestimmten anderen völkerrechtlichen Verträgen wie dem Beitritt der EU zur EMRK (Art. 218 VI UA 2 lit. a Nr. ii AEUV).

**182.**

**In der Wahl des Präsidenten welches anderen Organs hat die Kreationsfunktion des Europäischen Parlaments ihren deutlichsten Niederschlag gefunden?**

In der Wahl des Präsidenten der Europäischen Kommission, Art. 14 I 3 EUV. Dieser wird gem. Art. 17 VII 1, 2 EUV auf Vorschlag des Europäischen Rates mit der Mehrheit der Mitglieder des Parlaments gewählt.

**183.**

Hat das Europäische Parlament in dem sich an die Wahl des Kommissions-präsidenten anschließenden Konstituierungsprozess der Kommission weitere Zustimmungsrechte?

Ja, der Präsident, der Hohe Vertreter der Union für Außen- und Sicherheitspolitik und die übrigen Mitglieder der Kommission müssen sich gem. Art. 17 VII UA 3 EUV als Kollegium abschließend einem Zustimmungsvotum des Europäischen Parlaments stellen, bevor die Kommission als Ganze vom Europäischen Rat mit qualifizierter Mehrheit ernannt werden kann.

**184.**

Bedeutende Kommissionsmitglieder sollen schwere Pflichtverstöße begangen haben. Das Europäische Parlament möchte daher in Ausübung seiner Kontrollfunktion die Kommission zu den Vorgängen befragen. Verfügt es über ein entsprechendes Frage-/Interpellationsrecht gegenüber der Kommission?

Ja, das Fragerecht des Europäischen Parlaments gegenüber der Kommission ergibt sich aus Art. 230 II AEUV.

**185.**

Da die Befragung der Kommission den Verdacht, dass es zu Verstößen gegen EU-Recht gekommen ist, nicht ausräumt, möchte ein Drittel der Mitglieder des Europäischen Parlaments einen Untersuchungsausschuss einsetzen. Ist die dafür erforderliche Mehrheit erreicht?

Ja, gem. Art. 226 I AEUV kann das Europäische Parlament auf Antrag eines Viertels seiner Mitglieder die Einsetzung eines nichtständigen Untersuchungsausschusses beschließen, der behauptete Verstöße gegen das Unionsrecht oder Missstände bei der Anwendung desselben prüft.

**186.**

Der Untersuchungsausschuss kommt zum Ergebnis, dass es tatsächlich zu schweren Pflichtverstößen bedeutender Kommissionsmitglieder gekommen ist, welche auch dem Kommissionspräsidenten bekannt waren, der nicht dagegen vorgegangen ist. Das Europäische Parlament möchte daher in Ausübung seiner Kontrollfunktion die Kommission „abwählen". Kann es dies tun?

Ja, das Europäische Parlament kann mittels eines Misstrauensantrags gegen die Kommission gem. Art. 234 AEUV dieses Ziel erreichen.

**187.**

Welche Mehrheit ist im Europäischen Parlament für ein erfolgreiches Misstrauensvotum erforderlich?

Gem. Art. 234 II 1 AEUV ist hierfür eine Annahme des Misstrauensantrags mit der (doppelt qualifizierten) Mehrheit von zwei Dritteln der abgegebenen Stimmen und der Mehrheit der Mitglieder des Europäischen Parlaments erforderlich.

**188.**

Handelt es sich vergleichbar mit Art. 67 GG in der Weise um ein „konstruktives Misstrauensvotum", dass das Europäische Parlament zugleich zumindest einen neuen Kommissionspräsidenten wählen müsste?

Nein, der Misstrauensantrag gem. Art. 234 AEUV ist auf eine isolierte Abwahl der Kommission ohne notwendige Neuwahl eines neuen Kommissionspräsidenten gerichtet.

**189.**

Was ist die Folge des erfolgreichen Misstrauensvotums?

Die Mitglieder der Kommission müssen gem. Art. 234 UA 2 S. 1 und 2 AEUV geschlossen ihr Amt niederlegen (der Hohe Vertreter der Union für Außen- und Sicherheitspolitik sein im Rahmen der Kommission ausgeübtes Amt). Sie führen aber die laufenden Geschäfte bis zur Ernennung ihrer Nachfolger weiter.

**190.**

Kann das Europäische Parlament die Kommission wegen mutmaßlicher Verstöße gegen EU-Recht vor dem Gerichtshof der EU verklagen?

Ja, das Europäische Parlament hat ein Klagerecht vor dem Gerichtshof gegen rechtlich relevante Maßnahmen der Kommission, des Rates und der EZB, Art. 263 II AEUV (Nichtigkeitsklage), Art. 265 I AEUV (Untätigkeitsklage).

**191.**

Großen Einfluss besitzt das Europäische Parlament bei der Verabschiedung des jährlichen Haushalts der EU, den es gemeinsam mit dem Rat im Rahmen eines besonderen Gesetzgebungsverfahrens aufstellt, Art. 310 I UA 2, Art. 314 AEUV. Besitzt das Parlament auch Kontrollrechte beim Vollzug des so aufgestellten Haushaltsplans?

Ja, das Europäische Parlament hat im Vorfeld der ihm gem. Art. 319 I 1 AEUV obliegenden Entlastung der Kommission zur Ausführung des Haushaltsplans gem. Art. 319 AEUV weitreichende Prüfungsrechte, was den ordnungsgemäßen Vollzug des Haushaltsplans angeht.

### 3. Der Europäische Rat

#### a) Zusammensetzung und Organisation

**192.**

Der Europäische Rat, der seit dem Inkrafttreten des Vertrags von Lissabon am 1.12.2009 gem. Art. 13 I EUV ein Organ der EU ist, darf nicht mit dem Rat (Rat der EU) verwechselt werden. Wie setzt er sich zusammen?

Bestand der Europäische Rat bis zum Inkrafttreten des Lissaboner Vertrags aus den Staats- und Regierungschefs der Mitgliedstaaten und dem Präsidenten der Kommission, ist seit 1.12.2009 gem. Art. 15 II 1 EUV noch der gewählte Präsident des Europäischen Rates hinzugekommen.

**193.**

Während der Vorsitz im Europäischen Rat – analog zum Vorsitz im Rat, wo dies auch heute noch der Fall ist – bis zum Inkrafttreten des Lissaboner Vertrags halbjährlich unter den Staats- und Regierungschefs der Mitgliedstaaten rotierte, gibt es seit 1.12.2009 einen gewählten, ständigen Präsidenten des Europäischen Rates. Wer wählt diesen?

Der Präsident des Europäischen Rates wird gem. Art. 15 V 1 EUV vom Europäischen Rat mit qualifizierter Mehrheit für eine Amtszeit von zweieinhalb Jahren gewählt.

**194.**

Heißt dies, dass auch der Kommissionspräsident und der Präsident des Europäischen Rates an der Wahl des Präsidenten teilnehmen?

Nein, der Kommissionspräsident und der Präsident des Europäischen Rates gehören dem Europäischen Rat zwar gem. Art. 15 II 1 EUV an, nehmen aber gem. Art. 235 I UA 2 S. 2 AEUV nicht an dessen Abstimmungen teil.

**195.**

Der erste gewählte Präsident des Europäischen Rates, der frühere belgische Ministerpräsident *Herman van Rompuy,* wurde am 1.3.2012 von den

27 Staats- und Regierungschefs, die dem Europäischen Rat angehörten, für eine zweite, am 1.5.2012 beginnende Amtszeit, einstimmig wiedergewählt. Wäre eine weitere Wiederwahl *van Rompuys* für eine ab 1.12.2014 beginnende dritte Amtszeit möglich (gewesen)?

Nein, der Präsident des Europäischen Rates kann gem. Art. 15 V S. 1 2. HS EUV nur einmal wiedergewählt werden.

### 196.

**Angenommen, der Präsident des Europäischen Rates begeht schwere Verfehlungen. Kann ihn der Europäische Rat wieder abwählen?**

Ja, im Falle einer Verhinderung oder einer schweren Verfehlung kann ihn der Europäische Rat gem. Art. 15 V 2 EUV mit qualifizierter Mehrheit von seinem Amt entbinden.

### 197.

**Könnte ein Staats- und Regierungschef eines Mitgliedstaates gleichzeitig zum Präsidenten des Europäischen Rates gewählt werden?**

Nein, gem. Art. 15 VI UA 3 EUV darf der Präsident des Europäischen Rates kein einzelstaatliches Amt ausüben. Streng genommen wäre zwar eine Wahl möglich, allerdings müsste der gewählte Staats- und Regierungschef des Mitgliedstaates dann mit Amtsantritt sein innerstaatliches Amt niederlegen.

### 198.

**Welche Aufgaben nimmt der Präsident des Europäischen Rates wahr?**

Zu den Aufgaben des Präsidenten des Europäischen Rates gehört es gem. Art. 15 VI UA 1 EUV, den Vorsitz bei den Arbeiten des Europäischen Rates zu führen (den er gem. Art. 15 III 1 2. HS EUV auch einberuft) und ihnen Impulse zu geben, gemeinsam mit dem Kommissionspräsidenten auf der Grundlage der Arbeiten des Rates „Allgemeine Angelegenheiten" für die Vorbereitung und Kontinuität der Arbeiten des Europäischen Rates zu sorgen, darauf hinzuwirken, dass Zusammenhalt und Konsens im Europäischen Rat gefördert werden, und dem Europäischen Parlament im Anschluss an jede Tagung des Europäischen Rates einen Bericht vorzulegen. Gem. Art. 15 VI UA 2 EUV vertritt der Präsident zudem auf seiner Ebene und in seiner Eigenschaft die Union nach außen in Angelegenheiten der GASP, soweit diese Vertretung nicht dem Hohen Vertreter der Union für Außen- und Sicherheitspolitik obliegt. Aufgrund dessen weitreichender Befugnisse in diesem

Bereich ist die Außenvertretungsaufgabe des Präsidenten tatsächlich eng begrenzt (*Hatje/Kindt*, NJW 2008, 1761/1763).

### 199.

**Wie oft kommt der Europäische Rat zu den sog. EU-Gipfeln zusammen?**

Der Europäische Rat tritt gem. Art. 15 III 1 1. HS EUV (mindestens) zweimal pro Halbjahr zusammen. Daneben kann der Präsident, wenn es die Lage erfordert, gem. Art. 15 III 3 EUV außerordentliche Tagungen, sog. Sondergipfel, einberufen.

### 200.

**Seine Beschlüsse fasst der Europäische Rat gem. Art. 15 IV EUV im Konsens, soweit in den Verträgen nichts anderes festgelegt ist. Wer ist abstimmungsberechtigt, wenn es im Europäischen Rat zu einer Abstimmung kommt?**

Wie oben schon erwähnt wurde, nehmen an Abstimmungen im Europäischen Rat gem. Art. 235 I UA 2 S. 2 AEUV dessen Präsident und der Präsident der Kommission nicht teil. Abstimmungsberechtigt sind also nur die dem Europäischen Rat angehörenden Staats- und Regierungschefs.

### 201.

**Mitunter – wie etwa in dem oben erwähnten Beispiel der Wahl des Präsidenten des Europäischen Rates – entscheidet der Europäische Rat mit qualifizierter Mehrheit. Wo ist geregelt, was unter einer qualifizierten Mehrheit im Europäischen Rat zu verstehen ist?**

Gem. Art. 235 I UA 2 S. 1 AEUV gelten für Beschlüsse des Europäischen Rates mit qualifizierter Mehrheit Art. 16 IV EUV und Art. 238 II AEUV. Im Ergebnis finden also die Regeln, die für Abstimmungen mit qualifizierter Mehrheit im Rat (der EU) gelten (dazu Nr. 228 ff.), auch auf den Europäischen Rat Anwendung.

#### b) Aufgaben des Europäischen Rates

### 202.

**Welche Rolle spielt der Europäische Rat bei der Gesetzgebung der EU?**

Grundsätzlich keine! Der Europäische Rat wird nach der ausdrücklichen Anordnung des Art. 15 I 2 EUV nicht gesetzgeberisch tätig.

**203.**

**Wenn er bei der wichtigen Gesetzgebung keine Rolle spielt – worin liegt dann seine zentrale Aufgabe?**

Darin, der Union die für ihre Entwicklung erforderlichen Impulse zu geben und die allgemeinen politischen Zielvorstellungen und Prioritäten hierfür festzulegen, Art. 15 I 1 EUV. Der Europäische Rat fungiert also als politisches Leitorgan der EU, vor allem im Hinblick auf deren zukünftige Entwicklung.

**204.**

**Zu den konkreten Aufgaben/Kompetenzen des Europäischen Rates gehört, dass er in verschiedener Hinsicht auf die personelle Zusammensetzung anderer Organe der EU Einfluss nimmt. Nennen Sie Beispiele dafür!**

1.) Auf einer grundlegenden Ebene beschließt der Europäische Rat mit Zustimmung des Europäischen Parlaments über die Zusammensetzung des Parlaments, also darüber, wie viele Sitze auf die einzelnen Mitgliedstaaten entfallen (Art. 14 II UA 2 EUV; oben Nr. 154), über die Zusammensetzungen des Rates sowie über den Vorsitz im Rat (Art. 236 AEUV) und mit einstimmigem Beschluss darüber, ob von der in Art. 17 V UA 1 EUV vorgesehenen Reduzierung der Zahl der Kommissionsmitglieder auf 2/3 der Zahl der Mitgliedstaaten abgesehen werden soll (Art. 17 V UA 1 a. E. EUV).

2.) Was die konkrete personelle Zusammensetzung anderer EU-Organe angeht, ernennt der Europäische Rat z. B. mit qualifizierter Mehrheit und mit Zustimmung des Kommissionspräsidenten den Hohen Vertreter der Union für Außen- und Sicherheitspolitik (Art. 18 I 1 EUV), schlägt den Kandidaten für das Amt des Kommissionspräsidenten vor (Art. 17 VII UA 1 S. 1 EUV) und wählt mit qualifizierter Mehrheit den Präsidenten, den Vizepräsidenten und die weiteren Mitglieder des Direktoriums der EZB (Art. 283 II UA 2 EUV).

**205.**

**Welche Rolle spielt der Europäische Rat bei der Änderung der Verträge (EUV, AEUV etc.)?**

Im ordentlichen Änderungsverfahren (oben Nr. 135 ff.) beschließt der Europäische Rat u. a. gem. Art. 48 III UA 1 S. 1 EUV über die Prüfung vorgeschlagener Vertragsänderungen und gem. Art. 48 III UA 2 EUV darüber, ausnahmsweise keinen Konvent einzuberufen.

Im vereinfachten Änderungsverfahren (Nr. 140 ff.) beschließt der Europäische Rat gem. Art. 48 VI UA 2 einstimmig über die Änderung von Bestimmungen des Dritten Teils des AEUV. Auch über die Nutzung der Passerelle-Regelungen (siehe oben Nr. 143 ff.) des Art. 48 VII EUV beschließt der Europäische Rat einstimmig (nach Zustimmung des Parlaments).

**206.**

**Welche Rolle spielt der Europäische Rat, wenn gegen einen Mitgliedstaat vorgegangen werden soll, der im Verdacht steht, die Grundwerte der Union aus Art. 2 EUV zu verletzen?**

Der Europäische Rat kann gem. Art. 7 II EUV im Zusammenwirken mit anderen EU-Organen einstimmig feststellen, dass eine schwerwiegende und anhaltende Verletzung der in Art. 2 EUV genannten Werte durch einen Mitgliedstaat vorliegt (oben Nr. 118 ff.). Dies ist notwendige Voraussetzung dafür, dass der Rat (nicht der Europäische Rat) gem. Art. 7 III UA 1 EUV Rechte des Mitgliedstaates aus den Verträgen aussetzen kann.

**207.**

**Worum geht es bei der Anrufung des Europäischen Rates in den Fällen der Art. 48 II, 82 III und 83 III AEUV?**

Um Fälle, in denen ein Mitgliedstaat der Auffassung ist, dass ein geplanter Gesetzgebungsakt (Richtlinie) in den einschlägigen Gebieten wichtige Aspekte seines entsprechenden nationalen Systems (z. B. der sozialen Sicherheit oder der Strafrechtsordnung) beeinträchtigen würde. Hier kann der Mitgliedstaat beantragen, das Gesetzgebungsverfahren auszusetzen und den Europäischen Rat als Vermittlungsinstanz mit der Angelegenheit zu befassen.

**208.**

**Welche grundlegende Rolle spielt der Europäische Rat in der GASP?**

Er bestimmt gem. Art. 26 I UA 1 EUV die strategischen Interessen der Union und legt die Ziele und die allgemeinen Leitlinien der GASP fest.

### 4. Der Rat

#### a) Zusammensetzung und Organisation

**209.**

**Der Rat ist vom Europäischen Rat, aber auch von den im Rat vereinigten Vertretern der Regierungen der Mitgliedstaaten zu unterscheiden. Worum handelt es sich bei Letztgenannten?**

Von den im Rat vereinigten Vertretern der Regierungen der Mitgliedstaaten spricht man dann, wenn die Minister, die dem Rat angehören, im Zusammenhang mit einer Ratstagung bestimmte Gegenstände nicht als Rat (Organ der EU), sondern in ihrer Eigenschaft als nationale Minister, also letztlich als Ministerkonferenz, behandeln. Dabei geht es dann grds. nicht um supranationale Angelegenheiten der EU, die im Rat als EU-Organ behandelt werden, sondern um intergouvernementale, dem Völkerrecht unterliegende Angelegenheiten. Wenn der AEUV einen Beschluss der Regierungen der Mitgliedstaaten verlangt, wie z.B. bei der Festlegung des Sitzes der Organe gem. Art. 341 AEUV oder der Ernennung der Richter und Generalanwälte des Gerichtshofs gem. Art. 19 II UA 3 EUV, Art. 253 I 2. HS AEUV, dann läuft dies auf einen Beschluss der im Rat vereinigten Vertreter der Regierungen der Mitgliedstaaten hinaus (vgl. *Haratsch/Koenig/Pechstein,* Rn. 242).

**210.**

**Aus wem besteht der Rat?**

Aus je einem Vertreter jedes Mitgliedstaates auf Ministerebene, der befugt ist, für die Regierung des von ihm vertretenen Mitgliedstaates verbindlich zu handeln und das Stimmrecht auszuüben, Art. 16 II EUV. Die Zahl der Ratsmitglieder entspricht also der Zahl der Mitgliedstaaten.

**211.**

**Muss es sich bei den Mitgliedern des Rates unbedingt um Minister der Zentralregierung, also in Deutschland der Bundesregierung, handeln, oder kommt auch ein Minister eines Bundeslandes in Betracht?**

Während dem Rat früher nur Minister der Zentralregierungen angehören konnten, wird im Primärrecht seit dem Inkrafttreten des Vertrags von Maastricht am 1.11.1993 nur noch ein Vertreter auf Ministerebene verlangt, was z.B. auch Minister eines deutschen Bundeslandes umfasst.

**212.**

**Ist die Vertretung der Bundesrepublik Deutschland im Rat der EU durch einen Landesminister *verfassungsrechtlich* zulässig?**

Ja, Art. 23 VI GG erlaubt dies, wenn im Schwerpunkt ausschließliche Gesetzgebungsbefugnisse der Länder auf den Gebieten der schulischen Bildung, der Kultur oder des Rundfunks betroffen sind.

**213.**

**Wer entscheidet, welcher Landesminister unter diesen Voraussetzungen die Bundesrepublik Deutschland im Rat vertritt?**

Gem. Art. 23 VI 1 GG wird der Vertreter vom Bundesrat benannt.

**214.**

**Kann ein Mitgliedstaat statt eines Ministers auch einen Staatssekretär in den Rat entsenden?**

Ja, dies ist gewohnheitsrechtlich zulässig, soweit der Staatssekretär Vollmacht besitzt, verbindlich für die Regierung des von ihm vertretenen Mitgliedstaates zu handeln. Es handelt sich hierbei nach h. M. um Gewohnheitsrecht im Range von EU-Primärrecht (dazu unten Nr. 377).

**215.**

**Hat der Rat eine personell fixierte Zusammensetzung in dem Sinne, dass ihm ein bestimmter Minister jedes Mitgliedstaates angehört?**

Nein, gem. Art. 16 VI UA 1, 1. HS EUV tagt der Rat in verschiedenen auch als Ratsformationen bezeichneten Zusammensetzungen, also z. B. als Rat „Allgemeine Angelegenheiten", Rat „Landwirtschaft und Fischerei" u. s. w. Im Ergebnis gehört dann der jeweilige nationale Minister, der für das entsprechende Aufgabengebiet zuständig ist, dem Rat an. Dem Rat „Landwirtschaft und Fischerei" gehört also z. B. der deutsche Agrarminister an.

**216.**

**Sehen EUV und AEUV bestimmte Ratszusammensetzungen ausdrücklich vor?**

Ja, seit Inkrafttreten des Vertrags von Lissabon am 1.12.2009 sieht Art. 16 VI UA 2 und 3 EUV den Rat „Allgemeine Angelegenheiten" und den Rat „Auswärtige Angelegenheiten" ausdrücklich vor.

**217.**

**Wie wird festgelegt, welche weiteren Ratszusammensetzungen es gibt?**

Gem. Art. 16 VI UA 1, 2. HS EUV i. V. m. Art. 236 lit. a AEUV durch Beschluss des Europäischen Rates mit qualifizierter Mehrheit.

**218.**

**Nennen Sie Beispiele für weitere Ratszusammensetzungen!**

Der Rat „Allgemeine Angelegenheiten" hat durch Beschluss 2009/878/EU vom 1.12.2009 (ABl. EU 2009 Nr. L 315, S. 46) zehn Ratszusammensetzungen festgelegt. Durch Beschluss 2010/594/EU vom 16.9.2010 (ABl. EU 2010 Nr. L 263, S. 12) hat der Europäische Rat die Zusammensetzungen geringfügig modifiziert, so dass seitdem folgende **Ratszusammensetzungen** bestehen: 1. Allgemeine Angelegenheiten, 2. Auswärtige Angelegenheiten, 3. Wirtschaft und Finanzen (einschließlich Haushalt), 4. Justiz und Inneres (einschließlich Katastrophenschutz), 5. Beschäftigung, Sozialpolitik, Gesundheit und Verbraucherschutz, 6. Wettbewerbsfähigkeit (Binnenmarkt, Industrie, Forschung und Raumfahrt; einschließlich Tourismus), 7. Verkehr, Telekommunikation und Energie, 8. Landwirtschaft und Fischerei, 9. Umwelt, 10. Bildung, Jugend, Kultur und Sport (einschließlich audiovisueller Bereich).

Internet-Links zu Rechtsquellen über die interne Organisation des Rates finden sich unter <http://eur-lex.europa.eu/de/dossier/dossier_47.htm>.

**219.**

**Wie konnte der Rat „Allgemeine Angelegenheiten" die Zusammensetzungen des Rates am 1.12.2009 festlegen, wenn dies doch – wie ausgeführt – gem. Art. 16 VI UA 1, 2. HS EUV i. V. m. Art. 236 lit. a AEUV dem Europäischen Rat obliegt?**

Der Rat „Allgemeine Angelegenheiten" war hierzu gem. Art. 4 Protokoll über die Übergangsbestimmungen (Basistexte Öffentliches Recht, Nr. 18 b/4) befugt [bitte lesen!], da am 1.12.2009 noch kein entsprechender Beschluss des Europäischen Rates in Kraft getreten war.

**220.**

**Wer nimmt den Vorsitz im Rat wahr?**

Der Vorsitz im Rat in allen seinen Zusammensetzungen mit Ausnahme des Rates „Auswärtige Angelegenheiten" wird von den Vertretern der Mitgliedstaaten nach einem System gleichberechtigter Rotation wahrgenommen, das vom Europäischen Rat gem. Art. 16 IX EUV i. V. m. Art. 236 lit. b AEUV mit qualifizierter Mehrheit beschlossen wird. Der Europäische Rat hat am 1.12.2009 beschlossen, dass der Vorsitz im Rat – wie schon zuvor – für jeweils sechs Monate von einem Mitgliedstaat wahrgenommen wird (Art. 1 II Beschluss 2009/881/EU, ABl. EU 2009 Nr. L 315, S. 50).

Gestützt auf diesen Beschluss des Europäischen Rates hat der Rat den Vorsitz durch Beschluss vom selben Tag unter Wiederaufgreifen eines Ratsbeschlusses vom 1.1.2007 bis Mitte 2020 u. a. wie folgt festgelegt (Beschluss 2009/908/EU, ABl. EU 2009 Nr. L 322, S. 28): In der ersten Jahreshälfte 2013: Irland, in der zweiten Jahreshälfte 2013: Litauen. 2014 folgen Griechenland und Italien, 2015 Lettland und Luxemburg, 2016 die Niederlande und die Slowakei, 2017 Malta und das Vereinigte Königreich, 2018 Estland und Bulgarien, 2019 Österreich und Rumänien und in der ersten Jahreshälfte 2020 Finnland.

---

**221.**

**Wie soll angesichts des jeweils nur sechsmonatigen Vorsitzes eines Mitgliedstaates die Kontinuität der Arbeiten der Präsidentschaft des Rates gefördert werden?**

Indem nach Art. 1 I des oben angeführten Beschlusses 2009/881/EU des Europäischen Rates vom 1.12.2009 jeweils drei Mitgliedstaaten, die aufeinanderfolgend den Vorsitz innehaben, im Rahmen der sog. **Triopräsidentschaft** zusammenarbeiten. Die beiden Mitgliedstaaten in der Triopräsidentschaft, die gerade nicht den Vorsitz innehaben, unterstützen den Mitgliedstaat, der den Vorsitz innehat, auf der Grundlage eines gemeinsamen Programms bei seinen Aufgaben.

---

**222.**

**Eine Sonderregelung gilt für den Vorsitz im Rat „Auswärtige Angelegenheiten". Wer nimmt diesen wahr?**

Der Vorsitz im Rat „Auswärtige Angelegenheiten" wird vom Hohen Vertreter der Union für Außen- und Sicherheitspolitik wahrgenommen (Art. 18 III, 27 I EUV).

---

**223.**

**Ist der Hohe Vertreter bei einer Abstimmung im Rat „Auswärtige Angelegenheiten" abstimmungsberechtigt?**

Nein, dies wäre schon aus dem Grund sinnwidrig, dass der Hohe Vertreter als Vorsitzender des Rates „Auswärtige Angelegenheiten" zu den – derzeit 28 – anderen Ratsmitgliedern hinzutritt. Es ist also nicht so wie in der Kommission, wo der Hohe Vertreter zugleich das Kommissionsmitglied des Mitgliedstaates ist, dessen Nationalität er besitzt. Im Rat könnte eine Stimmberechtigung des Hohen Vertreters damit dem Mitgliedstaat, dessen Nationalität er besitzt, ein doppeltes Stimmgewicht (neben dem Außenminister des betreffenden Landes) vermitteln.

**224.**

**Große praktische Bedeutung für die Arbeiten des Rates hat der sog. CORE-PER. Worum handelt es sich dabei?**

Die nationalen Minister, die dem Rat angehören, treffen sich nur zu den eigentlichen Sitzungen des Rates und nehmen ansonsten überwiegend ihre nationalen Aufgaben wahr. Für die Kontinuität der Aufgabenerfüllung des Rates ist es daher von großer Bedeutung, dass es ein Gremium gibt, das die Arbeiten des eigentlichen Rates vor- und nachbereitet. Dies ist der Ausschuss der Ständigen Vertreter der Regierungen der Mitgliedstaaten (kurz: AStV oder nach der Abkürzung seiner französischen Bezeichnung Comité des représentants permanents meist COREPER). Gem. Art. 16 VII EUV ist er für die Vorbereitung der Arbeiten des Rates verantwortlich, gem. Art. 240 I 1 AEUV führt er daneben auch die ihm vom Rat übertragenen Aufgaben aus.

Konkret bemüht sich der COREPER im Vorfeld einer Ratssitzung, so weit wie möglich einen Konsens unter den Mitgliedstaaten über die zu behandelnden Angelegenheiten herzustellen. Sog. „A-Punkte", bei denen dies gelungen ist, werden dann vom Rat ohne Aussprache genehmigt, während der Rat über strittig gebliebene „B-Punkte" selbst debattiert (*Haratsch/Koenig/Pechstein*, Rn. 247).

**225.**

**Gibt es nur eine einzige Zusammensetzung des COREPER, der die Verhandlungen aller Ratszusammensetzungen vorbereitet?**

Nein, es gibt zwei Zusammensetzungen des COREPER, denen jeweils ein Vertreter jedes Mitgliedstaates angehört. Der eigentliche Ständige Vertreter des jeweiligen Mitgliedstaates gehört dem sog. COREPER-II/AStV-II an, der sich mit politisch sensibleren Themen etwa aus dem Bereich der GASP sowie mit institutionellen und allgemeinen Fragen wie dem EU-Haushalt befasst und die Sitzungen des Rates „Allgemeine Angelegenheiten", des Rates „Auswärtige Angelegenheiten", des Rates „Wirtschaft und Finanzen (einschließlich Haushalt)" und des Rates „Justiz und Inneres (einschließlich Katastrophenschutz)" vorbereitet. Dem COREPER-I/AStV-I gehören hingegen die stellvertretenden Ständigen Vertreter an. Sie befassen sich überwiegend mit wirtschaftlichen Fragen und bereiten die Sitzungen der anderen Ratszusammensetzungen vor.

**226.**

**Welche Aufgabe hat das Generalsekretariat des Rates?**

Es unterstützt gem. Art. 240 II AEUV, Art. 23 I Geschäftsordnung des Rates (ABl. EU 2009 Nr. L 325, S. 36) den Rat. Das Generalsekretariat untersteht gem. Art. 23 I 2. HS Geschäftsordnung des Rates einem Generalsekretär, der vom Rat mit qualifizierter Mehrheit ernannt wird.

**227.**

**Sind die Sitzungen des Rates öffentlich?**

Gem. Art. 16 VIII 1 EUV tagt der Rat öffentlich, wenn er über Entwürfe zu Gesetzgebungsakten berät und abstimmt. Zu diesem Zweck wird gem. Art. 16 VIII 2 EUV jede Ratstagung in zwei Teile unterteilt, von denen der eine den Beratungen über die Gesetzgebungsakte der Union und der andere den nicht die Gesetzgebung betreffenden Tätigkeiten gewidmet ist. Dies bedeutet, dass der Rat jenseits der Beratung und Abstimmung über Entwürfe zu Gesetzgebungsakten nichtöffentlich tagt.

**b) Beschlussfassung im Rat**

**228.**

**Beschlüsse des Rates werden mit einfacher Mehrheit, mit qualifizierter Mehrheit oder einstimmig gefasst. Welches Mehrheitserfordernis gilt, wenn in einer Vertragsnorm, die einen Beschluss des Rates vorsieht, nichts Näheres zu der erforderlichen Mehrheit ausgeführt wird?**

Seit Inkrafttreten des Vertrags von Lissabon am 1.12.2009 beschließt der Rat, soweit in den Verträgen nichts anderes festgelegt ist, mit qualifizierter Mehrheit (Art. 16 III EUV).

**229.**

**Der Rat beschließt gem. Art. 240 III AEUV mit einfacher Mehrheit über Verfahrensfragen sowie über den Erlass seiner Geschäftsordnung. Was bedeutet einfache Mehrheit?**

Für einen Beschluss mit einfacher Mehrheit ist gem. Art. 238 I AEUV ein Beschluss mit der Mehrheit der Mitglieder des Rates erforderlich. Hat der Rat also z. B. seit dem Beitritt Kroatiens am 1.7.2013 28 Mitglieder, dann ist für einen Beschluss mit einfacher Mehrheit die Zustimmung von 15 Mitgliedern erforderlich. Hat der Rat (nach einem weiteren Beitritt) 29 Mitglieder, ist für einen Beschluss mit einfacher Mehrheit ebenfalls die Zustimmung von 15 Mitgliedern erforderlich.

**230.**

**Nennen Sie Beispiele für Fälle, in denen der Rat einstimmig beschließt!**

Einstimmigkeit wird bei Beschlüssen des Rates primär in besonders wichtigen und in souveränitätsnahen Angelegenheiten verlangt, wie z. B. bei der Aufnahme neuer Mitgliedstaaten (Art. 49 I 3 2. HS EUV), Beschlüssen im Bereich der GASP, soweit dort nicht ausnahmsweise mit qualifizierter Mehrheit abgestimmt wird (Art. 24 I

UA 2 S. 2, Art. 31 I UA 1 S. 1 EUV), Regelungen im Bereich der Polizeilichen und Justiziellen Zusammenarbeit (Art. 86 I UA 1 S. 2, Art. 89 S. 2 AEUV), Bestimmungen zur Harmonisierung der Umsatzsteuern und sonstiger indirekter Steuern (Art. 113 AEUV) und Richtlinien zur Harmonisierung von Rechts- und Verwaltungsvorschriften der Mitgliedstaaten, die sich unmittelbar auf die Errichtung oder das Funktionieren des Binnenmarkts auswirken gem. Art. 115 AEUV (weitere Beispiele bei *Herdegen*, § 7 Rn. 31).

## 231.

Im Verfahren zur Aufnahme des neuen Mitgliedstaates X stimmen gem. Art. 49 I 3 EUV im Rat alle Mitgliedstaaten der Aufnahme von X zu, bis auf den Vertreter von Mitgliedstaat Y, welcher seit Längerem einen Konflikt mit X austrägt. Der Vertreter von Y konnte von den anderen Mitgliedstaaten nur dazu bewegt werden, sich bei der Abstimmung zu enthalten. Ist der Beschluss gem. Art. 49 I 3 EUV wirksam gefasst?

Gem. Art. 49 I 3 EUV beschließt der Rat einstimmig. Fraglich ist, wie sich die Stimmenthaltung des Vertreters von Y hierauf auswirkt. Gem. Art. 238 IV AEUV steht die Stimmenthaltung von anwesenden oder vertretenen Mitgliedern dem Zustandekommen von Beschlüssen des Rates, zu denen Einstimmigkeit erforderlich ist, nicht entgegen. Der Beschluss des Rates ist daher trotz der Stimmenthaltung wirksam gefasst. Allerdings bedarf im Beitrittsverfahren das mit dem beitretenden Staat zu schließende Abkommen gem. Art. 49 II 2 EUV noch der Ratifikation in allen Mitgliedstaaten, also auch in Y, um in Kraft treten zu können.

## 232.

Der Rat will im Rahmen der GASP auf Antrag der UNO ein gemeinsames operatives Vorgehen der Union in einer internationalen Krise in Afrika gem. Art. 28 I UA 1 EUV beschließen. Mitgliedstaat X will sich als frühere Kolonialmacht eines der betroffenen afrikanischen Staaten einerseits nicht am operativen Vorgehen beteiligen, andererseits aber auch den Beschluss über das operative Vorgehen nicht verhindern. Welche Möglichkeit hat X?

Gem. Art. 28 II EUV sind Beschlüsse nach Art. 28 I EUV, die gem. Art. 31 I UA 1 S. 1 EUV einstimmig zu treffen sind, für die Mitgliedstaaten bei ihren Stellungnahmen und ihrem Vorgehen bindend. Eine bloße Stimmenthaltung würde X gem. Art. 238 IV AEUV nicht weiterhelfen, da der Beschluss dann zwar zustande käme, aber gem. Art. 28 II EUV auch für X bindend wäre. Im Bereich der GASP besteht daher die Möglichkeit einer sog. **konstruktiven Enthaltung.** Dabei kann ein Ratsmitglied bei einer Stimmenthaltung gem. Art. 31 I UA 2 EUV zu seiner Enthaltung eine förmliche Erklärung abgeben. In diesem Fall ist der Mitgliedstaat nicht verpflichtet, den Beschluss durchzuführen; akzeptiert jedoch, dass dieser für die Union grds. bindend ist (Art. 31 I UA 2, S. 2 EUV).

**233.**

**Am 1.8.2014 hat der Rat einen Beschluss mit qualifizierter Mehrheit zu treffen. Wie bestimmt sich die qualifizierte Mehrheit?**

Die mit Inkrafttreten des Vertrags von Lissabon am 1.12.2009 prinzipiell einge-führte neue sog. doppelte Mehrheit gilt – als Kompromiss im Rahmen der Vertrags-verhandlungen – gem. Art. 16 IV EUV erst ab dem 1.11.2014. Am 1.8.2014 gelten nach Art. 16 V EUV die im Protokoll Nr. 36 über die Übergangsbestim-mungen (abgedruckt z. B. in Basistexte Öffentliches Recht, Nr. 18b/4) enthaltenen Regeln. Gem. Art. 3 Protokoll über die Übergangsbestimmungen gelten in der Übergangsphase bis zum 31.10.2014 letztlich die durch den Vertrag von Nizza eingeführten sog. Nizza-Regeln des früheren Art. 205 II EGV a. F. fort. Zu be-achten ist, dass die Stimmgewichtungen im Protokoll über die Übergangsbestim-mungen mit dem Beitritt Kroatiens am 1.7.2013 gem. Art. 20 der Beitrittsakte modifiziert wurden.

**234.**

**Wie ist danach vorzugehen, um die qualifizierte Mehrheit des am 1.8.2014 zu fassenden Ratsbeschlusses zu bestimmen?**

Wichtig ist zunächst, dass gem. Art. 3 III UA 2 Protokoll über die Übergangs-bestimmungen [bitte lesen!] die Stimmen der Mitglieder des Rates unterschiedlich gewichtet sind. So verfügt bspw. der Vertreter des bevölkerungsärmsten Mitglied-staates Malta über drei Stimmen, während die Vertreter der bevölkerungsreichsten Mitgliedstaaten Deutschland, Frankreich, Italien und Vereinigtes Königreich 29 Stimmen haben. Kroatien erhielt mit seinem Beitritt sieben Stimmen.

Damit ein Beschluss mit qualifizierter Mehrheit zustande kommt, ist gem. Art. 3 III UA 3 Protokoll über die Übergangsbestimmungen eine Mindestzahl von 260 (vor dem Beitritt Kroatiens: 255) Stimmen erforderlich. Daneben fließt auch die Zahl der Ratsmitglieder, die sich (nach Köpfen) für den Beschluss ausgesprochen haben, in die Berechnung ein. Dabei wird danach differenziert, ob der entsprechende Beschluss nach den Verträgen auf Vorschlag der Kommission zu fassen ist oder aber nicht. Im ersten Fall ist neben den 260 Mindeststimmen gem. Art. 3 III UA 3 S. 1 des Protokolls die Zustimmung der Mehrheit der Mitglieder des Rates (nach Köpfen) erforderlich, während im zweiten Fall gem. Art. 3 III UA 3 S. 2 des Protokolls neben den 260 Mindeststimmen die Zustimmung von mindestens zwei Dritteln der Mit-glieder des Rates erforderlich ist.

**235.**

**Spielt die Bevölkerungsgröße nach den durch Art. 3 III Protokoll über die Übergangsbestimmungen aufgegriffenen sog. Nizza-Regeln gar keine Rolle?**

Doch, wenn auch nicht in dem Ausmaß wie nach der neuen doppelten Mehrheit i. S. v. Art. 16 IV EUV: Gem. Art. 3 III UA 4 Protokoll über die Übergangsbestimmungen kann ein Mitglied des Rates die Überprüfung beantragen, ob die Mitgliedstaaten, welche die qualifizierte Mehrheit im oben definierten Sinn bilden, mindestens 62 % der Gesamtbevölkerung ausmachen. Ist dies nicht der Fall, wird der betreffende Rechtsakt gem. Art. 3 III UA 4 S. 2 des Protokolls nicht erlassen.

## 236.

**Wie bestimmt sich die qualifizierte Mehrheit, wenn bei einem Beschluss, wie z. B. im Rahmen von Sanktionen nach Art. 7 III, V EUV i. V. m. Art. 354 AEUV, nicht alle Ratsmitglieder stimmberechtigt sind?**

Dann gilt gem. Art. 3 IV Protokoll über die Übergangsbestimmungen als qualifizierte Mehrheit derselbe Anteil der gewogenen Stimmen und derselbe Anteil der Anzahl der Ratsmitglieder sowie gegebenenfalls derselbe Prozentsatz der Bevölkerung der betreffenden Mitgliedstaaten wie in Art. 3 III des Protokolls festgelegt. Alle Bezugsgrößen sind also proportional herabzusetzen.

## 237.

**Welche Regeln zur Bestimmung der qualifizierten Mehrheit kommen zur Anwendung, wenn der Rat am 1.11.2014 einen Beschluss fasst?**

Ab 1.11.2014 beginnt gem. Art. 16 IV, V EUV i. V. m. Art. 3 II Protokoll über die Übergangsbestimmungen die zweite Phase im Prozess des Übergangs von den alten Nizza-Regeln zu den neuen Regeln des Vertrags von Lissabon, die bis zum 31.3.2017 dauert: Gem. Art. 16 IV EUV gilt prinzipiell die neue doppelte Mehrheit, wie sie durch den Vertrag von Lissabon eingeführt wurde, eine Stimmenwägung findet dabei nicht mehr statt.

Allerdings kann in der Übergangsphase bis zum 31.3.2017 jeder Mitgliedstaat gem. Art. 16 V EUV i. V. m. Art. 3 II Protokoll über die Übergangsbestimmungen beantragen, dass die Beschlussfassung mit der qualifizierten Mehrheit nach Art. 3 III, IV Protokoll über die Übergangsbestimmungen erfolgt. Stellt also ein Mitgliedstaat einen solchen Antrag, bestimmt sich die qualifizierte Mehrheit wie oben beschrieben nach Art. 3 III, IV des Protokolls, also nach den durch den Beitritt Kroatiens modifizierten Nizza-Regeln.

## 238.

**Wie bestimmt sich die qualifizierte Mehrheit, wenn zwischen 1.11.2014 und 31.3.2017 bei einem Beschluss kein Ratsmitglied den Antrag aus Art. 3 II Protokoll über die Übergangsbestimmungen auf Anwendung der Nizza-Regeln stellt?**

Dann sind für einen Beschluss mit qualifizierter Mehrheit nach der neuen doppelten Mehrheit des Art. 16 IV UA 1 grds. zwei Faktoren entscheidend: die Zahl der Ratsmitglieder, die für den Beschluss gestimmt haben, und der Anteil der Bevölkerung der von ihnen repräsentierten Staaten an der Gesamtbevölkerung der Union.

Grds. ist gem. Art. 16 IV UA 1 und 3 EUV i. V. m. Art. 238 II für einen Ratsbeschluss mit qualifizierter Mehrheit, der auf Vorschlag der Kommission oder des Hohen Vertreters der Union für Außen- und Sicherheitspolitik ergeht, zum einen die Zustimmung von mindestens 55 % der Mitglieder des Rates erforderlich, wobei diese 55 % mindestens 15 Ratsmitglieder umfassen müssen. Zum anderen müssen die von diesen Ratsmitgliedern repräsentierten Mitgliedstaaten zusammen mindestens 65 % der Bevölkerung der Union ausmachen.

---

**239.**

**Sind dies alle Faktoren, die bei der Bestimmung der qualifizierten Mehrheit im Rat gem. Art. 16 IV EUV zu prüfen sind?**

---

Nein, gem. Art. 16 IV UA 2 EUV ist in einem Fall, in dem das zweite Kriterium des Art. 16 IV UA 1 EUV (65 % der Gesamtbevölkerung) nicht erreicht wird, auch zu prüfen, ob die aus den Bevölkerungsanteilen der nicht zustimmenden Staaten resultierende Sperrminorität mindestens vier Mitgliedstaaten umfasst (die Vertreter von mindestens vier Mitgliedstaaten müssen gegen den Beschluss gestimmt haben). Ist die Zahl von vier unterschritten worden, ist der Beschluss gem. Art. 16 IV UA 2 EUV mit qualifizierter Mehrheit gefasst, auch wenn das Bevölkerungskriterium nicht erreicht wurde. Kurz gefasst: Die auf die Bevölkerungszahl bezogene Sperrminorität muss mindestens vier Mitgliedstaaten umfassen, sonst gilt die qualifizierte Mehrheit als erreicht.

---

**240.**

**Wie bestimmt sich die qualifizierte Mehrheit bei einer Abstimmung am 1.11.2014, wenn kein Mitgliedstaat den Antrag aus Art. 3 II Protokoll über die Übergangsbestimmungen auf Anwendung der alten Nizza-Regeln stellt und der Beschluss nicht auf Vorschlag der Kommission oder des Hohen Vertreters der Union für Außen- und Sicherheitspolitik gefasst wird?**

---

Dann ist gem. Art. 16 IV UA 3 EUV i. V. m. Art. 238 II AEUV für einen Ratsbeschluss mit qualifizierter Mehrheit die Zustimmung von mindestens 72 % der Mitglieder des Rates erforderlich, die zusammen mindestens 65 % der Bevölkerung der Union ausmachen müssen. Das Sperrminoritätskriterium des Art. 16 IV UA 2 EUV findet hier keine Anwendung.

**241.**

Wie ist die qualifizierte Mehrheit bei einer Abstimmung am 1.11.2014 zu berechnen, bei der kein Mitgliedstaat den Antrag aus Art. 3 II Protokoll über die Übergangsbestimmungen auf Anwendung der alten Nizza-Regeln stellt, aber nicht alle Ratsmitglieder stimmberechtigt sind?

Nach den Regeln des Art. 238 III AEUV: Wenn der Rat auf Vorschlag der Kommission oder des Hohen Vertreters der Union für Außen- und Sicherheitspolitik beschließt, gilt gem. Art. 238 III lit. a AEUV als qualifizierte Mehrheit eine Mehrheit von mindestens 55 % der *stimmberechtigten* Ratsmitglieder, sofern diese mindestens 65 % der Bevölkerung der *beteiligten* Mitgliedstaaten ausmachen. Für eine Sperrminorität bedarf es einer Mindestzahl von Mitgliedern des Rates, die zusammen mehr als 35 % der *beteiligten* Mitgliedstaaten vertreten, zuzüglich eines Mitglieds; anderenfalls gilt die qualifizierte Mehrheit als erreicht.

Wenn der Rat hingegen nicht auf Vorschlag der Kommission oder des Hohen Vertreters der Union für Außen- und Sicherheitspolitik beschließt, gilt gem. Art. 238 III lit. b AEUV als qualifizierte Mehrheit eine Mehrheit von mindestens 72 % der *stimmberechtigten* Ratsmitglieder, sofern die von diesen vertretenen Mitgliedstaaten zusammen mindestens 65 % der Bevölkerung der *beteiligten* Mitgliedstaaten ausmachen.

**242.**

Vor allem Polen und Spanien, deren Stimmen nach den Nizza-Regeln im Verhältnis zu ihrer Bevölkerungsgröße mit jeweils 27 Stimmen (vgl. Art. 3 III UA 2 Protokoll über die Übergangsbestimmungen) besonders vorteilhaft gewichtet worden waren, hatten sich schon bei den Beratungen über den Verfassungsvertrag und schließlich auch bei den Verhandlungen über den Lissaboner Vertrag gegen die neuen Abstimmungsregeln gewehrt. Durch welchen nicht unmittelbar aus den Regeln des Art. 16 IV EUV, 238 II, III AEUV ablesbaren Kompromiss im Hinblick auf qualifizierte Mehrheitsentscheidungen, der den Geist der Luxemburger Vereinbarung von 1966 und noch stärker des Kompromisses von Ioannina aus dem Jahr 1994 aufgreift, konnte der polnische Widerstand bei den Verhandlungen zum Lissaboner Vertrag schließlich überwunden werden?

Dem Vertrag von Lissabon wurde auf der Schlusskonferenz der Mitgliedstaaten eine „Erklärung zu Artikel 16 Absatz 4 des Vertrags über die Europäische Union und zu Artikel 238 Absatz 2 des Vertrags über die Arbeitsweise der Europäischen Union" (Erklärung Nr. 7, ABl. EU 2008 Nr. C 115, S. 338) beigefügt, auf deren Grundlage der Rat am Tag der Unterzeichnung des Vertrags von Lissabon einen der Erklärung im Entwurf angefügten, am 1.12.2009 in Kraft getretenen Beschluss gefasst hat. Dieser läuft in Anknüpfung an den Kompromiss von Ioannina aus dem Jahr 1994 darauf hinaus, ab 1.11.2014 einer kleineren Anzahl von Mitgliedstaaten, als für eine Sperrminorität erforderlich ist (zunächst drei Viertel davon), die Möglichkeit einzuräumen, Weiter- bzw. Neuverhandlungen im Rat durchzusetzen, wenn sie einen Ratsbeschluss, der mit qualifizierter Mehrheit zu fassen ist, ablehnen. Ab 1.4.2017 greifen diese Regeln sogar unter erleichterten Voraussetzungen ein.

Aus Art. 1 des Beschlusses (vgl. ABl. EU 2008 Nr. C 115, S. 338 ff.) ergibt sich im Einzelnen Folgendes: Wenn von 1.11.2014 bis 31.3.2017 Mitglieder des Rates, die entweder mindestens drei Viertel der Bevölkerung oder mindestens drei Viertel der Anzahl der Mitgliedstaaten vertreten, die für die Bildung einer Sperrminorität erforderlich ist, wie sie sich aus Art. 16 IV UA 1 EUV oder Art. 238 II AEUV ergibt, erklären, dass sie die Annahme eines Rechtsakts mit qualifizierter Mehrheit ablehnen, so wird die Frage vom Rat erörtert. Nach Art. 2 unternimmt der Rat im Verlauf der Erörterung alles in seiner Macht Stehende, um innerhalb angemessener Zeit und unbeschadet der durch das Unionsrecht vorgeschriebenen zwingenden Fristen eine zufriedenstellende Lösung für die von den Mitgliedern des Rates nach Art. 1 des Beschlusses vorgebrachten Anliegen zu finden. Nach Art. 3 des Beschlusses unternimmt der Präsident des Rates mit Unterstützung der Kommission unter Einhaltung der Geschäftsordnung des Rates alle erforderlichen Schritte, um im Rat eine breitere Einigungsgrundlage zu ermöglichen. Die Ratsmitglieder unterstützen ihn hierbei.

Ab 1.4.2017 gilt Entsprechendes, wobei dann gem. Art. 4 des Beschlusses bereits eine Anzahl von Mitgliedern des Rates, die mindestens 55 % der Bevölkerung oder mindestens 55 % der Mitgliedstaaten vertreten, die für die Bildung einer Sperrminorität gem. Art. 16 IV UA 1 EUV oder Art. 238 II AEUV erforderlich sind, das entsprechende Verfahren in Gang setzen kann.

**243.**

**Der Vertreter Maltas ist der einzige Gegner eines Gesetzgebungsakts der EU, über den der Rat mit qualifizierter Mehrheit entscheidet. Da Malta durch den Gesetzgebungsakt sehr wichtige eigene Interessen bedroht sieht, möchte es unbedingt verhindern, in dieser Angelegenheit überstimmt zu werden. Hat der Vertreter Maltas im Rat hierzu eine Möglichkeit?**

Da ein einzelner kleiner Mitgliedstaat wie Malta weder die Kriterien einer Sperrminorität noch die Voraussetzungen des vorstehend erörterten Beschlusses zu Art. 16 IV EUV und zu Art. 238 II AEUV erfüllt, bliebe ihm nur die Möglichkeit, sich auf die oben bereits erwähnte **Luxemburger Vereinbarung** vom 29.1.1966 zu berufen (vgl. Nr. 52). Darin sind die damaligen Mitgliedstaaten übereingekommen, dass ein Mitgliedstaat, der bei einer qualifizierten Mehrheitsentscheidung sehr wichtige eigene Interessen bedroht sieht, verlangen kann, dass die Verhandlungen im Rat so lange fortgesetzt werden, bis eine Verständigung zustande kommt.

**244.**

**Malta ist der EU erst zum 1. Mai 2004 beigetreten. Findet die Luxemburger Vereinbarung von 1966 auf diesen Staat überhaupt Anwendung?**

Nach ganz h. M. können sich Ratsmitglieder bis heute auf die Luxemburger Vereinbarung berufen und zwar auch solche, die Mitgliedstaaten repräsentieren, die erst nach 1966 beigetreten sind.

**245.**

**Steht Malta mit der Luxemburger Vereinbarung ein rechtlich durchsetzbares Instrument zur Verfügung, um eine Weiterverhandlung zu erreichen und damit ein Überstimmtwerden bei einer qualifizierten Mehrheitsentscheidung zu verhindern?**

Nein, die Luxemburger Vereinbarung ist ein sog. Gentlemen's Agreement, das keine rechtliche Bindungswirkung entfaltet. Da es de facto akzeptiert wird, ist es ein politisch wirksames Instrument, um tatsächlich Weiterverhandlungen zu erreichen. In diesem Zusammenhang ist aus rechtlicher Perspektive darauf hinzuweisen, dass seit Mitte der 80er-Jahre des 20. Jh. in der früheren EG auch Mehrheitsentscheidungen in politisch bedeutsamen Angelegenheiten möglich geworden sind (*Haratsch/Koenig/Pechstein*, Rn. 265). Mit Art. 11 I UA 2 Geschäftsordnung des Rates wurde im Jahr 1987 die Möglichkeit eingeführt, mit Mehrheit der Ratsmitglieder eine Abstimmung des Rates durch Mehrheitsbeschluss zu erzwingen.

### c) Aufgaben des Rates

**246.**

**Was ist die Hauptaufgabe des Rates?**

Der Rat wird gemeinsam mit dem Europäischen Parlament als Gesetzgeber der EU tätig (Art. 16 I 1 EUV), erlässt also gemeinsam mit dem Parlament Verordnungen, Richtlinien und Beschlüsse. War der Rat früher eindeutig das Hauptgesetzgebungsorgan der Union, ist das Europäische Parlament seit Inkrafttreten des Vertrags von Lissabon hier grds. gleichberechtigt.

**247.**

**Besitzt der Rat Kompetenzen/Aufgaben im Hinblick auf den Haushalt der EU?**

Ja, gem. Art. 16 I 1 2. Alt. EUV übt der Rat gemeinsam mit dem Europäischen Parlament die Haushaltsbefugnisse aus. Insbes. stellt er gem. Art. 310 I UA 2 i. V. m. Art. 314 AEUV im Rahmen eines besonderen Gesetzgebungsverfahrens den Jahreshaushaltsplan der Union auf.

**248.**

**Besitzt der Rat auch strategische Funktionen für die Festlegung der zukünftigen Politik der EU?**

Ja, gem. Art. 16 I 2 EUV gehört zu den Aufgaben des Rates die Festlegung der Politik und die Koordinierung nach Maßgabe der Verträge. Dies erfolgt im Rahmen und zur Umsetzung der allgemeinen politischen Zielvorstellungen und Prioritäten, die der Europäische Rat gem. Art. 15 I 1 EUV festgelegt hat. So hat etwa gem. Art. 16 VI UA 2 S. 1 EUV der Rat „Allgemeine Angelegenheiten" für die Kohärenz der Arbeiten des Rates in dessen verschiedenen Zusammensetzungen zu sorgen. Der Rat „Auswärtige Angelegenheiten" gestaltet gem. Art. 16 VI UA 3 EUV das auswärtige Handeln der Union entsprechend den strategischen Vorgaben des Europäischen Rates und sorgt für die Kohärenz des Handelns der Union.

**249.**

**Nimmt der Rat Aufgaben im Bereich der Außenbeziehungen der EU wahr?**

Ja, er wirkt bspw. entscheidend beim Abschluss völkerrechtlicher Verträge mit: Gem. Art. 218 II AEUV erteilt er eine Ermächtigung zur Aufnahme von Verhandlungen, legt Verhandlungsrichtlinien fest, genehmigt die Unterzeichnung und schließt die Übereinkunft. Ein weiteres Beispiel ist die Verhängung von Embargomaßnahmen gegenüber Drittstaaten, über die der Rat auf gemeinsamen Vorschlag des Hohen Vertreters der Union für Außen- und Sicherheitspolitik und der Kommission beschließt (Art. 215 I AEUV).

**250.**

**Kennen Sie Beispiele für die Kreationsfunktion des Rates, also für seinen Einfluss auf die Zusammensetzung anderer Organe/Institutionen der EU?**

Der Rat ernennt die Mitglieder des Rechnungshofs als Organ der EU durch Annahme der gemäß den Vorschlägen der einzelnen Mitgliedstaaten erstellten Kandidatenliste (Art. 286 II UA 1 S. 2 AEUV). Bei der Bildung einer neuen Kommission nimmt er, im Einvernehmen mit dem zuvor gewählten Kommissionspräsidenten, die Liste der anderen Persönlichkeiten an, die er als Mitglieder der Kommission vorschlägt (Art. 17 VII UA 2 S. 1 EUV). Der Rat ernennt die Mitglieder des Wirtschafts- und Sozialausschusses durch Annahme der gemäß den Vorschlägen der einzelnen Mitgliedstaaten erstellten Liste (Art. 302 I 2 AEUV). Auf die gleiche Weise ernennt er die Mitglieder des Ausschusses der Regionen (Art. 305 III 3 AEUV).

**251.**

**Der Rat nimmt auch verschiedene exekutive Befugnisse wahr. Kennen Sie ein Beispiel?**

Z. B. kann der Rat im Rahmen des EU-Beihilfenrechts einstimmig auf Antrag eines Mitgliedstaates beschließen, dass eine von diesem Staat gewährte oder geplante Beihilfe in Abweichung von Art. 107 AEUV oder von den nach Art. 109 AEUV erlassenen Verordnungen als mit dem Binnenmarkt vereinbar gilt, wenn außergewöhnliche Umstände einen solchen Beschluss rechtfertigen, Art. 108 II UA 3, S. 1 AEUV.

## 5. Die Kommission

### a) Zusammensetzung

**252.**

**Wie viele Mitglieder hat die kurz Kommission genannte Europäische Kommission (vgl. zur Bezeichnung Art. 13 I UA 2 EUV)?**

Die im Februar 2010 ernannte Kommission „Barroso-II" bestand gem. Art. 17 IV EUV einschließlich ihres Präsidenten und der Hohen Vertreterin der Union für Außen- und Sicherheitspolitik, die eine der Vizepräsidentinnen der Kommission ist, aus je einem Staatsangehörigen jedes Mitgliedstaates, also aus zunächst 27 Mitgliedern. Kroatien erhielt mit seinem Beitritt am 1.7.2013 gem. Art. 21 Beitrittsakte einen Sitz in der Kommission, so dass die Zahl der Kommissionsmitglieder auf 28 anstieg.

**253.**

**Wie viele Mitglieder sollte die Kommission ab dem 1. November 2014 haben?**

Gem. Art. 17 V UA 1 EUV besteht die Kommission ab dem 1.11.2014 einschließlich ihres Präsidenten und des Hohen Vertreters der Union für Außen- und Sicherheitspolitik aus einer Anzahl von Mitgliedern, die zwei Dritteln der Zahl der Mitgliedstaaten entspricht, sofern der Europäische Rat nicht einstimmig eine Änderung dieser Anzahl beschließt. Welche Mitgliedstaaten danach in der jeweiligen Kommission repräsentiert sind, soll der Europäische Rat in einem System der strikt gleichberechtigten Rotation so festlegen, dass das demographische und geographische Spektrum der Gesamtheit der Mitgliedstaaten zum Ausdruck kommt (Art. 17 V UA 2 EUV, Art. 244 AEUV).

**254.**

**Welchen Hintergrund hat diese intendierte Verkleinerung der Kommission?**

Vergleicht man die Kommission mit einer innerstaatlichen Regierung, wird unmittelbar klar, dass sie mit ihren zuletzt 28 Mitgliedern seit den Erweiterungen der 2000er Jahre zu sehr gewachsen ist. Die Verkleinerung der Kommission, die – wenn auch ohne Festlegung auf 2/3 – nach Art. 4 II Protokoll Nr. 10 „über die Erweiterung der Europäischen Union" zum Vertrag von Nizza (ABl. EU 2006 Nr. C 321 E, S. 231) eigentlich bereits ab der ersten Kommissionswahl einer EU mit 27 Mitgliedstaaten eintreten sollte, soll daher die Arbeitsfähigkeit und Effizienz der Kommission sichern.

**255.**

**Wird es zu der angestrebten Verkleinerung der Kommission auf eine Zahl von 2/3 der Mitgliedstaaten ab dem 1. November 2014 kommen?**

Nein, wie oben (Nr. 88) schon angesprochen wurde, wurde Irland nach dem dort zunächst gescheiterten Referendum zum Vertrag von Lissabon auf dem Europäischen Rat vom 11./12.12.2008 als Teil des Kompromisses zugesichert, dass von der Verkleinerung der Kommission abgesehen wird. Letztlich wurde Irland also zugesichert, dass der Europäische Rat den nach Art. 17 V UA 1 a. E. EUV möglichen Beschluss fasst, die bisherige Zahl von einem Kommissionsmitglied pro Mitgliedstaat beizubehalten.

**256.**

**Welcher ist der erste Schritt bei der Bildung einer neuen Kommission?**

Zunächst wird der Präsident der Kommission gewählt. Dazu schlägt der Europäische Rat dem Europäischen Parlament nach entsprechenden Konsultationen mit qualifizierter Mehrheit einen Kandidaten für das Amt des Kommissionspräsidenten vor, wobei er das Ergebnis der Wahlen zum Europäischen Parlament berücksichtigt (Art. 17 VII UA 1 S. 1 EUV).

**257.**

**Was bedeutet die Berücksichtigung des Ergebnisses der Wahlen zum Europäischen Parlament beim Vorschlag des Kandidaten?**

Dass ein Kandidat vorgeschlagen wird, der dem politischen Lager angehört, das im Parlament die stärkste Fraktion stellt.

**258.**

**Wer wählt den so vorgeschlagenen Kandidaten zum Kommissionspräsidenten?**

Seit Inkrafttreten des Vertrags von Lissabon am 1.12.2009 wird der Kommissions-
präsident vom Europäischen Parlament mit der Mehrheit seiner Mitglieder gewählt
(Art. 17 VII UA 1 S. 2 EUV). Zuvor wurde er vom Rat mit Zustimmung des
Parlaments ernannt.

## 259.

**Der vom Europäischen Rat vorgeschlagene Kandidat erhält im Europäischen
Parlament, dem zu diesem Zeitpunkt 751 Mitglieder angehören, lediglich 375
Stimmen. Was ist die Folge?**

Da der Kandidat nicht die erforderliche Mehrheit erhalten hat (Mehrheit der Mitglieder = hier 376), schlägt der Europäische Rat dem Europäischen Parlament innerhalb eines Monats mit qualifizierter Mehrheit einen neuen Kandidaten vor, für
dessen Wahl das Europäische Parlament dasselbe Verfahren anwendet (Art. 17 VI
UA 1 S. 3 EUV).

## 260.

**Welcher ist der nächste Schritt zur Bildung der Kommission, nachdem das
Europäische Parlament den Kommissionspräsidenten gewählt hat?**

Es wird eine Liste der anderen Persönlichkeiten zusammengestellt, die der Kommission angehören sollen, wobei die Mitgliedstaaten ein Vorschlagsrecht (für jeweils ein
Mitglied) haben (Art. 17 VII UA 2 S. 2 EUV).

## 261.

**Wäre es möglich, dass ein Mitgliedstaat einen nationalen Minister zugleich als
Kandidaten für die Kommission nominiert?**

Gem. Art. 245 II 1 AEUV dürfen die Mitglieder der Kommission während ihrer
Amtszeit keine andere entgeltliche oder unentgeltliche Berufstätigkeit ausüben. Zudem müssen Kommissionsmitglieder gem. Art. 17 III UA 2 EUV volle Gewähr für
ihre Unabhängigkeit bieten. Ein nationaler Minister müsste also zunächst sein
Ministeramt aufgeben, um Mitglied der Kommission werden zu können.

## 262.

**Der kleine Mitgliedstaat M möchte gerne den vor Jahrzehnten aus M in die
USA emigrierten M-stämmigen Experten E, der nunmehr ausschließlich die
US-amerikanische Staatsbürgerschaft besitzt, sich aber noch eng mit M ver-
bunden fühlt, für die Kommission nominieren. Wäre dies möglich?**

Nein, aus Art. 17 V UA 2 EUV ergibt sich, dass die Mitglieder der Kommission unter den Staatsangehörigen der Mitgliedstaaten ausgewählt werden müssen.

**263.**

**Was ist der nächste Schritt, wenn aufgrund der Vorschläge der Mitgliedstaaten die Liste der Kandidaten zusammengestellt ist?**

Der Rat nimmt im Einvernehmen mit dem gewählten Kommissionspräsidenten die Liste an (Art. 17 VII UA 2 S. 1 EUV).

**264.**

**Mit welcher Mehrheit beschließt der Rat dabei?**

Da Art. 17 VII UA 2 S. 1 EUV kein besonderes Mehrheitserfordernis nennt, beschließt der Rat gem. Art. 16 III EUV [bitte lesen!] mit qualifizierter Mehrheit (oben Nr. 228).

**265.**

**Welcher ist der nächste Schritt, nachdem der Rat die Liste der Kandidaten angenommen hat?**

Der Kommissionspräsident, der Hohe Vertreter der Union für Außen- und Sicherheitspolitik und die übrigen Mitglieder der Kommission stellen sich als Kollegium einem Zustimmungsvotum des Europäischen Parlaments (Art. 17 VII UA 3 S. 1). Das Europäische Parlament kann in der darauf folgenden Abstimmung entweder die Kommission als ganze annehmen oder die Kommission als ganze ablehnen.

**266.**

**Welcher ist der letzte Schritt, wenn das Europäische Parlament seine Zustimmung zur neuen Kommission als Ganzer erteilt hat?**

Die Kommission wird vom Europäischen Rat mit qualifizierter Mehrheit ernannt (Art. 17 VII UA 3 S. 2 EUV).

**267.**

**Mitgliedstaat M ist der Auffassung, dass die neugewählte Kommission schleunigst den Erlass einer lange überfälligen Richtlinie initiieren solle. Kann M dem von ihm gestellten Mitglied der Kommission eine Weisung geben, die entsprechende Initiative in der Kommission einzubringen?**

Nein, de facto stellt zwar jeder Mitgliedstaat ein Mitglied der Kommission. Nach der Ernennung dürfen die Mitglieder der Kommission aber gem. Art. 17 III UA 3 S. 2 EUV keine Weisungen von einer Regierung, einem Organ, einer Einrichtung oder jeder anderen Stelle einholen oder entgegennehmen.

**268.**

**Wie lange ist die Amtszeit der neugewählten Kommission?**

Gem. Art. 17 III UA 1 EUV beträgt die Amtszeit fünf Jahre.

**269.**

**Nach zwei Jahren Amtszeit kommt es zu einem schweren Zerwürfnis zwischen Kommissionspräsident P und dem Mitglied der Kommission K. Hat P eine Möglichkeit, K aus der Kommission zu entfernen?**

Ja, der Kommissionspräsident kann jedes einfache Mitglied der Kommission gem. Art. 17 VI UA 2 S. 1 EUV auffordern, sein Amt niederzulegen, und dieses Mitglied damit letztlich zum Rücktritt zwingen. Handelt es sich um den Hohen Vertreter der Union für Außen- und Sicherheitspolitik, gilt gem. Art. 17 VI UA 2 S. 2 EUV für die Amtsniederlegung das Verfahren nach Art. 18 I EUV.

**270.**

**Wie ist nach Ks erzwungenem Rücktritt mit der vakanten Stelle in der Kommission zu verfahren?**

Für ein zurückgetretenes, seines Amtes enthobenes oder verstorbenes Kommissions-mitglied wird für die verbleibende Amtszeit vom Rat mit Zustimmung des Kom-missionspräsidenten nach Anhörung des Europäischen Parlaments und nach den Anforderungen des Art. 17 III UA 2 EUV ein neues Mitglied derselben Staats-angehörigkeit ernannt (Art. 246 II AEUV). Alternativ kann der Rat allerdings auf Vorschlag des Kommissionspräsidenten auch einstimmig beschließen, dass ein aus-scheidendes Kommissionsmitglied für die verbleibende Amtszeit nicht ersetzt wer-den muss, insbes. wenn es sich um eine kurze Zeitspanne handelt (Art. 246 III AEUV).

**271.**

**Aus welchen weiteren Gründen kann das Amt eines Mitglieds der Kommis-sion enden?**

1. Ablauf der fünfjährigen Amtszeit (Art. 246 I AEUV, Art. 17 III UA 1 EUV);
2. Todesfall (Art. 246 I AEUV);
3. Rücktritt entweder eines einzelnen Mitglieds (Art. 246 I AEUV) oder aller Mitglieder der Kommission (Art. 246 VI AEUV);
4. Erzwungener Rücktritt wegen erfolgreichen Misstrauensantrags des Europäischen Parlaments gegenüber der Kommission (Art. 234 AEUV);
5. Amtsenthebung durch den EuGH, wenn das Kommissionsmitglied die Voraussetzungen für die Ausübung seines Amtes nicht mehr erfüllt oder eine schwere Verfehlung begangen hat (Art. 246 I, 247 EUV).

---

**272.**

**Während der Amtszeit der Kommission tritt deren Präsident wegen einer schweren Erkrankung von seinem Amt zurück. Wie ist zu verfahren?**

Für die verbleibende Amtszeit wird ein Nachfolger ernannt (Art. 246 IV 1 AEUV). Dabei findet das Verfahren nach Art. 17 VII UA 1 EUV Anwendung. Der neue Präsident wird also auf Vorschlag des Europäischen Rates vom Parlament gewählt (Art. 246 IV 2 AEUV).

### b) Organisation und Beschlussfassung

**273.**

**Welche besonderen Rechte neben der schon angesprochenen Möglichkeit, einzelne Kommissionsmitglieder zum Rücktritt zu zwingen (Art. 17 VI UA 2 EUV), begründen die hervorgehobene Stellung des Präsidenten innerhalb der Kommission?**

Der Präsident der Kommission legt gem. Art. 17 VI UA 1 lit. a EUV die Leitlinien fest, nach denen die Kommission ihre Aufgaben ausübt, beschließt gem. Art. 17 VI UA 1 lit. b EUV über die interne Organisation der Kommission, um die Kohärenz, die Effizienz und das Kollegialitätsprinzip im Rahmen ihrer Tätigkeit sicherzustellen, und ernennt gem. Art. 17 VI UA 1 lit. c EUV, mit Ausnahme des Hohen Vertreters der Union für Außen- und Sicherheitspolitik, die Vizepräsidenten der Kommission aus dem Kreis ihrer Mitglieder. Art. 248 S. 1 AEUV ergänzt, dass die Zuständigkeiten der Kommission von deren Präsidenten nach Art. 17 VI EUV gegliedert und zwischen deren Mitgliedern aufgeteilt werden. Gem. Art. 248 S. 3 AEUV üben die Mitglieder der Kommission die ihnen vom Präsidenten übertragenen Aufgaben unter dessen Leitung aus. Daraus ergibt sich eine politische Leitlinienbefugnis des Kommissionspräsidenten gegenüber der Kommission als Kollegium und gegenüber den einzelnen Kommissaren (*Haratsch/Koenig/Pechstein*, Rn. 277). Von großer Bedeutung ist ferner die oben schon angesprochene Mitwirkung des Kommissionspräsidenten bei der Ernennung der weiteren Kommissionsmitglieder (Art. 17 VII UA 2 EUV).

**274.**

**Was ist unter dem sog. „Kabinett" der einzelnen Kommissionsmitglieder zu verstehen?**

Das Kabinett ist der aus sechs bis neun politischen Beamten bestehende enge Mitarbeiterstab, über den jedes Kommissionsmitglied verfügt.

**275.**

**Wenn die Kommission bei kursorischer Betrachtung mit einer Regierung vergleichbar ist, gibt es dann auch so etwas wie Ministerien?**

Nein, Ministerien sind schon aus dem Grund politisch nicht opportun, dass ihre Existenz auf die Bildung eines europäischen Bundesstaates hindeuten könnte. Am ehesten mit den Ministerien einer nationalen Regierung vergleichbar sind die **Generaldirektionen** (GDs), die innerhalb der Kommission gebildet werden. Derzeit gibt es über 30 Generaldirektionen. Eine Liste findet sich unter: <http://ec.europa. eu/about/ds_de.htm>.

**276.**

**Geht die Vergleichbarkeit mit nationalen Ministerien so weit, dass jeweils ein Kommissionsmitglied einer Generaldirektion vorsteht?**

Nein, schon die Zahl von mehr als 30 Generaldirektionen macht deutlich, dass einzelne Kommissionsmitglieder mehreren Generaldirektionen vorstehen müssen. In der Vergangenheit waren umgekehrt auch einzelne Generaldirektionen mitunter mehreren Kommissionsmitgliedern zugeordnet.

**277.**

**Wer leitet die Arbeit einer Generaldirektion?**

Die tägliche Arbeit der Generaldirektionen wird von jeweils einem Generaldirektor geleitet, der grds. nicht die Staatsangehörigkeit des Kommissionsmitglieds hat, welchem die Generaldirektion untersteht.

**278.**

**Neben den Generaldirektionen stehen in der Verwaltungsstruktur der Kommission die Dienststellen (kurz: Dienste). Worum handelt es sich dabei?**

Während die Generaldirektionen primär bestimmte Politikbereiche einschließlich der Außenbeziehungen, wie etwa Wettbewerb, Wirtschaft und Finanzen, Energie, Umwelt, Erweiterung, abdecken, nehmen die Dienststellen in erster Linie unterstützende Funktionen für die Arbeit der Kommission und damit letztlich der EU insgesamt wahr. So gehört zu den Dienststellen etwa der Juristische Dienst mit den Hauptaufgaben, die Kommission und deren Dienststellen rechtlich zu beraten und die Kommission vor Gericht zu vertreten, das Amt für Veröffentlichungen, das z. B. täglich das Amtsblatt der EU in 23 oder 24 Sprachen herausgibt (je nachdem, ob eine Veröffentlichung in Irisch vorgeschrieben ist), der Datenschutzbeauftragte der EU und die Zentralbibliothek der Europäischen Kommission. Eine Übersicht findet sich unter: <http://ec.europa.eu/about/ds_de.htm>.

## 279.

### Worum handelt es sich bei den Exekutivagenturen?

Exekutivagenturen, die im Rang einer Generaldirektion gleichgestellt sind, werden von der Kommission für einen begrenzten Zeitraum mit Rechtspersönlichkeit gegründet, um bestimmte Gemeinschaftsprogramme effektiv verwalten und umsetzen zu können. Rechtsgrundlage ist die Verordnung EG Nr. 58/2003 (ABl. EG Nr. L 11, S. 1). Anders als die sonstigen Agenturen der EU müssen sie am Sitz der Kommission, also in Brüssel oder Luxemburg, angesiedelt sein. Im Moment gibt es sechs Exekutivagenturen. Ein Beispiel ist die Exekutivagentur für Wettbewerbsfähigkeit und Innovation (EACI) mit Sitz in Brüssel, die Programme in den Bereichen Energie, Verkehr, Umwelt, Wettbewerbsfähigkeit und Innovation verwaltet. Eine Liste der Exekutivagenturen findet sich unter: <http://europa.eu/agencies/executive_agencies/index_de.htm>.

## 280.

### Die Kommission will die Initiative zum Erlass einer neuen Richtlinie ergreifen. Mit welcher Mehrheit muss sie hierüber beschließen, wann ist sie beschlussfähig?

Die Kommission beschließt gem. Art. 250 I AEUV grds. mit der Mehrheit ihrer Mitglieder. Die Beschlussfähigkeit ist gem. Art. 250 II AEUV in der Geschäftsordnung der Kommission geregelt (ABl. EG 2000 Nr. L 308, S. 26, zuletzt geändert durch Art. 1 und 2 ÄndB 2011/737/EU, Euratom vom 9.11.2011, ABl. EU 2011 Nr. L 296 S. 58). Gem. Art. 7 Geschäftsordnung ist die Kommission beschlussfähig, wenn die Mehrheit der im Vertrag vorgesehenen Zahl ihrer Mitglieder anwesend ist. Beschlüsse werden gem. Art. 4 Geschäftsordnung insbes. in gemeinschaftlicher Sitzung im Wege des mündlichen Verfahrens gem. Art. 8 Geschäftsordnung oder unter bestimmten Voraussetzungen im schriftlichen (Umlauf-) Verfahren gem. Art. 12 Geschäftsordnung gefasst.

**c) Aufgaben**

**281.**

Die Aufgabenfelder der Kommission sind in Art. 17 I EUV recht detailliert aufgeführt. Welche sind dies?

1. Initiativfunktion: Förderung der allgemeinen Interessen der Union, insbes. durch das Ergreifen von Initiativen zu diesem Zweck (Art. 17 I 1 EUV);
2. Wächterfunktion über die Anwendung des EU-Rechts (Art. 17 I 2, 3 EUV);
3. Ausführung des Haushaltsplans und Verwaltung der Programme (Art. 17 I 4 EUV);
4. Koordinierungs-, Exekutiv- und Verwaltungsfunktionen (Art. 17 I 5 EUV);
5. Außenvertretung der EU jenseits der GASP (Art. 17 I 6 EUV);
6. Leitung der Programmplanung der EU (Art. 17 I 7 EUV).

**282.**

Art. 17 I EUV nimmt nicht ausdrücklich auf die Gesetzgebung der EU Bezug. Welche Rolle spielt die Kommission beim Erlass von EU-Sekundärrecht (insbes. Verordnungen und Richtlinien)?

Gem. Art. 17 II EUV darf ein Gesetzgebungsakt der Union, soweit in den Verträgen nichts anderes festgelegt ist, nur auf Vorschlag der Kommission erlassen werden. Da Rat und Europäisches Parlament einen Gesetzgebungsakt also regelmäßig nur auf entsprechende Initiative der Kommission erlassen können, wird vom **„Initiativmonopol"** der Kommission gesprochen. Im weiteren Verlauf des Gesetzgebungsverfahrens (dazu unten Nr. 508 ff.) wirkt die Kommission durch Stellungnahmen, Empfehlungen oder im Rahmen von Anhörungen am Erlass von Gesetzgebungsakten der EU mit.

**283.**

In welchem Bereich liegt das Initiativrecht nicht allein bei der Kommission?

Im Bereich der Justiziellen Zusammenarbeit in Strafsachen sowie der Polizeilichen Zusammenarbeit. Dort kann die Initiative außer von der Kommission auch von einem Viertel der Mitgliedstaaten ausgehen (Art. 76 AEUV).

**284.**

Besteht die Möglichkeit, dass die Kommission – vergleichbar der innerstaatlichen Verordnungsgebung gem. Art. 80 GG – selbst Rechtsakte mit allgemeiner Geltung erlässt?

Ja, gem. Art. 290 I UA 1 AEUV kann der Kommission in Gesetzgebungsakten die Befugnis übertragen werden, Rechtsakte ohne Gesetzescharakter mit allgemeiner Geltung zur Ergänzung oder Änderung bestimmter nicht wesentlicher Vorschriften des betreffenden Gesetzgebungsakts zu erlassen.

**285.**

**Nennen Sie Beispiele für die Exekutiv- und Verwaltungsfunktion der Kommission (dazu auch *Bieber/Epiney/Haag*, § 4 Rn. 67 ff.)!**

Die Kommission nimmt z. B. eine wichtige Stellung im Bereich des EU-Wettbewerbsrechts (Unternehmensfusionen etc.) und des EU-Beihilfenrechts ein. So achtet sie im Wettbewerbsrecht gem. Art. 105 I AEUV auf die Verwirklichung der in Art. 101 und 102 AEUV niedergelegten wettbewerbsrechtlichen Grundsätze und kann gem. Art. 105 II AEUV beschließen, dass eine Zuwiderhandlung vorliegt. Im Beihilfenrecht beschließt die Kommission z. B. gem. Art. 108 II AEUV, dass eine staatlich gewährte Beihilfe gem. Art. 107 AEUV unvereinbar mit dem Binnenmarkt ist und ggf. aufzuheben oder umzugestalten ist. Ein weiteres Beispiel ist die Gewährung von Ausnahmen, wenn einzelne Mitgliedstaaten von Harmonisierungsmaßnahmen gem. Art. 114 AEUV abweichen wollen (Art. 114 VI-VIII AEUV). Auch in zahlreichen Sekundärrechtsakten des Rates und des Europäischen Parlaments werden der Kommission Exekutiv- und Verwaltungsfunktionen zugewiesen.

**286.**

**Aufgrund ihrer Überwachungsfunktion im Hinblick auf die Anwendung des Unionsrechts gem. Art. 17 I 2, 3 EUV wird die Kommission auch als Hüterin der Verträge bezeichnet. Welches stärkste Machtinstrument steht der Kommission zu, wenn sie z. B. einen Vertragsverstoß eines Mitgliedstaates festgestellt hat?**

Gegen einen Mitgliedstaat kann die Kommission gem. Art. 258 AEUV ein Vertragsverletzungsverfahren vor dem EuGH einleiten, nachdem sie dem Staat zuvor erfolglos Gelegenheit zur Äußerung gegeben hat (unten Nr. 623 ff.). U. a. dadurch wird Art. 17 I 2 EUV konkretisiert, nach dem die Kommission ihre Überwachungsfunktion „unter der Kontrolle des Gerichtshofs der Europäischen Union" ausübt.

**287.**

**Was kann die Kommission als ultima ratio tun, wenn sie festgestellt hat, dass z. B. ein Beschluss des Rates gegen den AEU-Vertrag verstößt?**

Sie kann gem. Art. 263 I AEUV Nichtigkeitsklage gegen den Rechtsakt vor dem EuGH erheben (dazu unten Nr. 641 ff.).

**288.**

Ein wichtiges Beispiel für die Aufgaben der Kommission im Bereich der Außenbeziehungen der Union ist die Mitwirkung am Abschluss völkerrechtlicher Verträge mit Drittstaaten und internationalen Organisationen. Welche Rolle spielt die Kommission dabei?

Die Kommission führt die Vertragsverhandlungen (Art. 207 III, 218 III AEUV), während der Rat über den Abschluss des ausgehandelten Vertrags beschließt (Art. 207 III, 218 VI AEUV).

**289.**

Gem. Art. 249 II AEUV veröffentlicht die Kommission jährlich einen Gesamtbericht über die Tätigkeit der Union. Was ist darunter zu verstehen?

Bei den Gesamtberichten handelt es sich um auch an die Öffentlichkeit gerichtete Darstellungen über die wesentlichen Tätigkeitsfelder und Erfolge der Union im jeweiligen Jahr. Die Gesamtberichte lassen damit zugleich Rückschlüsse auf die Tätigkeitsschwerpunkte der Kommission zu. Die Gesamtberichte der letzten Jahre finden sich unter: <http://europa.eu/generalreport/index_de.htm>.

#### d) Der Hohe Vertreter der Union für Außen- und Sicherheitspolitik

**290.**

Die hervorgehobene Stellung des Hohen Vertreters der Union für Außen- und Sicherheitspolitik im institutionellen System der EU kommt in der Systematik des EU-Vertrags schon darin augenfällig zum Ausdruck, dass diesem Amt mit Art. 18 EUV ein eigener Artikel gewidmet ist. Handelt es sich bei dem Hohen Vertreter um ein Organ der EU?

Nein, dann müsste er in Art. 13 I UA 2 EUV genannt sein.

**291.**

Wer wählt den Hohen Vertreter der Union für Außen- und Sicherheitspolitik?

Gem. Art. 18 I EUV der Europäische Rat mit qualifizierter Mehrheit und mit Zustimmung des Präsidenten der Kommission.

**292.**

**Warum ist dabei die Zustimmung des Präsidenten der Kommission erforderlich?**

Weil der Hohe Vertreter gem. Art. 17 V UA 1, Art. 18 IV EUV der Kommission angehört und einer ihrer Vizepräsidenten ist.

**293.**

**Sind noch weitere Organe der EU an der Einsetzung des Hohen Vertreters der Union für Außen- und Sicherheitspolitik beteiligt?**

Da der Hohe Vertreter der Kommission angehört, muss er sich zusammen mit den anderen Kommissionsmitgliedern gem. Art. 17 VII UA 2 EUV als Kollegium dem Zustimmungsvotum des Europäischen Parlaments stellen (oben Nr. 265).

**294.**

**Wer wurde Ende 2009/Anfang 2010 zur ersten Hohen Vertreterin der Union für Außen- und Sicherheitspolitik gewählt?**

Die Britin *Catherine Ashton,* die zuvor bereits seit Oktober 2008 der Kommission als für den Handel zuständiges Mitglied angehört hatte.

**295.**

**Warum wird vom sog. kleinen Doppelhut des Hohen Vertreters der Union für Außen- und Sicherheitspolitik gesprochen?**

Weil der Hohe Vertreter eine Doppelfunktion in zwei EU-Organen besitzt: Neben seinem Amt als Mitglied der Kommission (und deren Vizepräsident) führt er zugleich auch den Vorsitz im Rat „Auswärtige Angelegenheiten" (Art. 18 III EUV). Vom „kleinen" Doppelhut wird gesprochen, weil bei den Verhandlungen zum später gescheiterten Verfassungsvertrag auch diskutiert worden war, die Ämter des Kommissionspräsidenten und des Präsidenten des Europäischen Rates in einer Person als „Präsident der Europäischen Union" zu vereinigen. Dies wäre dann der „große" Doppelhut gewesen.

**296.**

**Welche Zuständigkeit nimmt der Hohe Vertreter als Mitglied der Kommission wahr?**

Der Hohe Vertreter ist innerhalb der Kommission mit deren Zuständigkeiten im Bereich der Außenbeziehungen und mit der Koordinierung der übrigen Aspekte des auswärtigen Handelns der Union betraut (Art. 18 IV 3 EUV). Als einer der Vizepräsidenten der Kommission (und zugleich Vorsitzender des Rates „Auswärtige Angelegenheiten") sorgt er für die Kohärenz des auswärtigen Handelns der Union (Art. 18 IV 1 und 2 EUV).

## 297.

**Gem. Art. 18 II 1 EUV leitet der Hohe Vertreter die GASP der Union. Welche Aufgaben folgen konkret daraus?**

Gem. Art. 18 II 2 i. V. m. Art. 27 I EUV trägt der Hohe Vertreter durch seine Vorschläge zur Festlegung der GASP bei und führt sie im Auftrag des Rates durch. Gem. Art. 18 II 3 EUV handelt er ebenso im Bereich der Gemeinsamen Sicherheits- und Verteidigungspolitik (GSVP). Art. 27 II EUV konkretisiert die Aufgaben des Hohen Vertreters im Bereich der GASP: Er vertritt die Union in den Bereichen der GASP, führt im Namen der Union den politischen Dialog mit Dritten und vertritt den Standpunkt der Union in internationalen Organisationen und auf internationalen Konferenzen.

## 298.

**Auf welchen Dienst kann sich der Hohe Vertreter bei der Erfüllung seines Auftrags im Bereich der GASP in erster Linie stützen?**

Auf den **Europäischen Auswärtigen Dienst (EAD),** der mit den diplomatischen Diensten der Mitgliedstaaten zusammenarbeitet und Beamte aus den einschlägigen Abteilungen des Generalsekretariats des Rates und der Kommission sowie abgeordnetes Personal der nationalen diplomatischen Dienste umfasst (Art. 27 III 1 und 2 EUV). Der Aufbau des Europäischen Auswärtigen Dienstes gehörte zu den ersten großen Aufgaben von *Catherine Ashton* nach deren Amtsantritt am 1.12.2009. Zudem sind auch die Mitgliedstaaten, die in internationalen Organisationen und auf internationalen Konferenzen vertreten sind, verpflichtet, den Hohen Vertreter laufend über alle Fragen von gemeinsamem Interesse zu unterrichten (Art. 34 II UA 1 EUV). Dieselbe Verpflichtung trifft auch Mitgliedstaaten, die Mitglieder des Sicherheitsrates der Vereinten Nationen sind (Art. 34 II UA 2 EUV).

## 299.

**Wird die mit dem Amt des Hohen Vertreters angestrebte außenpolitische Kohärenz der EU dadurch bedroht, dass auch der Präsident des Europäischen Rates die Außenvertretung der Union in Angelegenheiten der GASP wahrnimmt (Art. 15 VI UA 2 EUV)?**

In der Tat besteht insoweit zumindest ein gewisses Spannungsfeld. Dieses soll allerdings zum einen dadurch gemildert werden, dass die Außenvertretungskompetenz des Präsidenten des Europäischen Rates in Angelegenheiten der GASP „unbeschadet der Befugnisse des Hohen Vertreters" besteht (Art. 15 VI UA 2 EUV). Die (weitreichenden) Kompetenzen des Hohen Vertreters gehen also prinzipiell vor. Zum anderen soll die Kohärenz der jeweiligen Außenvertretungsaktivitäten auf einer grundlegenderen Ebene von Anfang an dadurch gefördert werden, dass der Hohe Vertreter an den Sitzungen des Europäischen Rates teilnimmt (Art. 15 II 2 EUV) und damit umfassend über diese informiert ist, aber auch auf ihre Ergebnisse Einfluss nehmen kann. Schließlich muss der Hohe Vertreter sicherstellen, dass im Bereich der GASP die vom Europäischen Rat und vom Rat erlassenen Beschlüsse durchgeführt werden (Art. 27 I EUV).

## 6. Der Gerichtshof der Europäischen Union

### a) Struktur, Abgrenzung, Aufgaben

**300.**

**Welche drei gerichtlichen Ebenen umfasst das nun Gerichtshof der Europäischen Union (früher: Gerichtshof) genannte Rechtsprechungsorgan der EU?**

Gem. Art. 19 I UA 1, S. 1 EUV den Gerichtshof (EuGH), das Gericht (EuG) und die Fachgerichte.

**301.**

**Ist auch der Europäische Gerichtshof für Menschenrechte (EGMR) ein Organ der EU?**

Nein, wie oben schon festgestellt wurde (Nr. 19 ff.), ist der streng vom Gerichtshof der EU (mit Sitz in Luxemburg) zu unterscheidende EGMR (mit Sitz in Straßburg) dem Europarat als eigenständiger internationaler Organisation zuzuordnen.

**302.**

**Wird der EGMR nach dem gem. Art. 6 II EUV vorgesehenen Beitritt der EU zur EMRK ein Organ der EU?**

Nein, der Beitritt hat insofern lediglich zur Folge, dass gegen Hoheitsakte der EU der EGMR, der institutionell weiter allein dem Europarat zuzuordnen ist, angerufen werden kann.

**303.**

**Welche Aufgabe hat der Gerichtshof der Europäischen Union?**

Er hat die Aufgabe, die Wahrung des Rechts bei der Auslegung und Anwendung der Verträge zu sichern (Art. 19 I UA 1 S. 2 EUV).

**304.**

**Hat sich der Gerichtshof der EU in seiner bisherigen Rechtsprechung darauf beschränkt, die Wahrung des Rechts bei der Auslegung und Anwendung der Verträge zu sichern, oder hat er das EU-Recht auch fortentwickelt?**

Grds. kann jede rechtsprechende Tätigkeit mit einer Fortentwicklung des angewandten Rechts verbunden sein, eine klare Grenze lässt sich nicht ziehen. Der Gerichtshof der EU hat allerdings unter Berufung auf seine Kompetenz zur Auslegung der Verträge in grundlegenden Bereichen und in besonders starkem Maße das bestehende Recht fortgebildet (näher: Nr. 599). Wichtige Rechtsfortbildungen des Gerichtshofs sind etwa die Entwicklung von Grundrechten unter Berufung auf die Rechtsquelle des allgemeinen Rechtsgrundsatzes (unten Nr. 378 ff.; heute in Art. 6 III EUV nachträglich anerkannt), die unmittelbare Wirkung von Richtlinien (unten Nr. 433 ff.) und der unionsrechtliche Staatshaftungsanspruch (unten Nr. 569 ff.).

### b) Der Gerichtshof (EuGH)

**305.**

**Wie setzt sich der Gerichtshof (EuGH) als höchste Ebene des Gerichtshofs der EU zusammen?**

Der Gerichtshof besteht aus je einem Richter je Mitgliedstaat (Art. 19 II UA 1 EUV).

**306.**

**Wer ernennt die Richter, welche Voraussetzungen müssen diese erfüllen?**

Die Richter werden von den Regierungen der Mitgliedstaaten im gegenseitigen Einvernehmen für eine Amtszeit von sechs Jahren ernannt, wobei die (auch mehrfache) Wiederernennung ausscheidender Mitglieder möglich ist (Art. 19 II UA 3 S. 2 und 3 EUV). Sie müssen jede Gewähr für Unabhängigkeit bieten und die Voraussetzungen der Art. 253 und 254 AEUV erfüllen, d. h. in ihrem Staat die für die höchsten richterlichen Ämter erforderlichen Voraussetzungen erfüllen oder Juristen von anerkannt hervorragender Befähigung sein.

### 307.

### Wirkt eine weitere Stelle an der Ernennung der Richter mit?

Ja, vor der Ernennung muss nunmehr gem. Art. 253 I 2. HS AEUV der in Art. 255 AEUV vorgesehene Ausschuss angehört werden, der eine Stellungnahme zur Eignung der Bewerber für die Ausübung des Amts eines Richters beim Gerichtshof abgibt (Art. 255 I AEUV). Der Ausschuss setzt sich aus sieben Persönlichkeiten zusammen, die aus dem Kreis ehemaliger Mitglieder des Gerichtshofs und des Gerichts, der Mitglieder der höchsten einzelstaatlichen Gerichte und der Juristen von anerkannt hervorragender Befähigung ausgewählt werden.

### 308.

### Werden alle sechs Jahre alle Richter neu ernannt?

Nein, alle drei Jahre findet nach Maßgabe der Satzung des Gerichtshofs der EU (ABl. EU 2010 Nr. C 83, S. 210) eine teilweise Neubesetzung der Stellen der Richter statt (Art. 253 II AEUV). Seit dem Beitritt Kroatiens zur EU am 1.7.2013 werden gem. Art. 9 I Satzung des Gerichtshofs der EU alle drei Jahre 14 Richterstellen neu besetzt.

### 309.

### Wer wählt den Präsidenten des Gerichtshofs?

Die Richter des Gerichtshofs aus ihrer Mitte für eine Dauer von drei Jahren, wobei eine (auch mehrfache) Wiederwahl möglich ist (Art. 253 III AEUV).

### 310.

### Welche Spruchkörper existieren beim Gerichtshof (in welchen Zusammensetzungen tagt er)?

Der Gerichtshof tagt in **Kammern,** als **Große Kammer** oder ausnahmsweise auch als **Plenum** (Art. 251 AEUV). Während die Große Kammer aus 13 Richtern besteht, können sich Kammern entweder aus drei oder fünf Richtern zusammensetzen (Art. 16 I, II Satzung des Gerichtshofs der EU).

### 311.

### Wann tagt der Gerichtshof als Plenum, also mit allen Richtern?

Der Gerichtshof tagt als Plenum, wenn er gem. Art. 228 II, Art. 245 II, Art. 247 oder Art. 286 VI AEUV befasst wird (Art. 16 IV Satzung des Gerichtshofs der EU). Daneben kann der Gerichtshof, wenn er zu der Auffassung gelangt, dass eine Rechtssache, mit der er befasst ist, von außergewöhnlicher Bedeutung ist, nach Anhörung des Generalanwalts entscheiden, diese Rechtssache an das Plenum zu verweisen (Art. 16 V Satzung des Gerichtshofs der EU).

## 312.

**Wann tagt der Gerichtshof als Große Kammer, wer gehört dieser an?**

Der Gerichtshof tagt als Große Kammer, wenn ein am Verfahren beteiligter Mitgliedstaat oder ein am Verfahren beteiligtes Unionsorgan dies beantragt (Art. 16 III Satzung des Gerichtshofs der EU). Den Vorsitz in der Großen Kammer, der gem. Art. 16 II der Satzung 13 Richter angehören, führt der Präsident des Gerichtshofs. Der Großen Kammer gehören außerdem die (von den jeweiligen Kammern gewählten) Präsidenten der Kammern mit fünf Richtern und weitere Richter, die nach Maßgabe der Verfahrensordnung ernannt werden, an.

## 313.

**Als Besonderheit des Gerichtssystems der EU – etwa im Vergleich zum deutschen Gerichtswesen – gibt es beim Gerichtshof nach französischem Vorbild acht sog. Generalanwälte. Worin besteht deren Aufgabe?**

Die acht Generalanwälte, deren Zahl auf Antrag des Gerichtshofs durch einstimmigen Beschluss des Rates erhöht werden könnte (Art. 252 I 2 AEUV), haben die Aufgabe, den Gerichtshof zu unterstützen (Art. 252 I 1 AEUV). Dazu hat der jeweils zuständige Generalanwalt öffentlich in völliger Unparteilichkeit und Unabhängigkeit begründete Schlussanträge zu den Rechtssachen zu stellen, in denen nach der Satzung des Gerichtshofs der EU seine Mitwirkung erforderlich ist. Die Schlussanträge der Generalanwälte ähneln Gutachten zu den im jeweiligen Fall aufgeworfenen Rechtsproblemen und schließen mit einem konkreten Entscheidungsvorschlag. Der Gerichtshof ist allerdings nicht an die Schlussanträge gebunden. Selbst wenn der Gerichtshof anders entscheidet, haben die Schlussanträge, die zusammen mit dem Urteil veröffentlicht werden, allerdings oft großen Einfluss auf die weitere wissenschaftliche Diskussion.

## 314.

**Wer ernennt die Generalanwälte, welche Voraussetzungen muss ein Kandidat erfüllen?**

Was die Ernennung und die Qualifikation angeht, gilt das oben (Nr. 306 f.) zu den Richtern des Gerichtshofs Gesagte entsprechend (Art. 253 I, II, Art. 255 AEUV).

**315.**

**Gehört der jeweils tätige Generalanwalt der entscheidenden Kammer an?**

Nein, Generalanwälte gehören dem jeweiligen Spruchkörper des EuGH nicht an und nehmen daher auch weder an der Urteilsberatung noch an der Beschlussfassung teil.

### c) Das Gericht (EuG)

**316.**

**Wie setzt sich das nunmehr schlicht Gericht (EuG) genannte frühere Gericht erster Instanz zusammen?**

Das Gericht besteht aus *mindestens* einem Richter je Mitgliedstaat (Art. 19 II UA 2 EUV). Seit dem Beitritt Kroatiens besteht das Gericht gem. Art. 48 Satzung des Gerichtshofs der EU aus 28 Mitgliedern, also einem Mitglied pro Mitgliedstaat. Die Möglichkeit zur Erhöhung der Zahl der Richter durch entsprechende Regelung in der Satzung gem. Art. 19 II UA 2 EUV, Art. 254 I 1 AEUV wurde also bislang nicht genutzt.

**317.**

**Wie werden die Richter des Gerichts ernannt, welche Qualifikation müssen sie erfüllen?**

Für die Ernennung und die Qualifikation der Richter des Gerichts gilt das oben zu den Richtern des Gerichtshofs Gesagte (Nr. 306 f.) entsprechend (Art. 254 II, Art. 255 AEUV).

**318.**

**Wie sind die Spruchkörper des Gerichts zusammengesetzt?**

Gem. Art. 50 I Satzung des Gerichtshofs der EU tagt das Gericht in **Kammern** mit drei oder fünf Richtern. Die Verfahrensordnung kann gem. Art. 50 III der Satzung auch vorsehen, dass das Gericht in den Fällen und unter den Bedingungen, die in der Verfahrensordnung festgelegt sind, als **Große Kammer** tagt. Schließlich besteht gem. Art. 50 II 2 der Satzung auch die Möglichkeit, dass das Gericht in bestimmten in der Verfahrensordnung festgelegten Fällen als **Plenum** oder als **Einzelrichter** tagt.

**319.**

**Gibt es auch am Gericht Generalanwälte?**

Gem. Art. 254 I 2 AEUV kann in der Satzung des Gerichtshofs der EU vorgesehen werden, dass das Gericht von Generalanwälten unterstützt wird. Anders als beim Gerichtshof gibt es beim Gericht derzeit keine ständigen Generalanwälte. Gem. Art. 49 I Satzung des Gerichtshofs der EU können aber Mitglieder des Gerichts in einer Rechtssache dazu bestellt werden, ad hoc die Tätigkeit eines Generalanwalts auszuüben.

## 320.

**Ist das Gericht (EuG) in allen Verfahren im ersten Rechtszug (in erster Instanz) für Entscheidungen des Gerichtshofs der EU zuständig?**

Nein, es gibt zahlreiche Fälle, in denen der Gerichtshof (EuGH) oder das bereits bestehende Fachgericht im ersten Rechtszug zuständig sind. In welchen Fällen das Gericht im ersten Rechtszug zuständig ist, regelt Art. 256 AEUV.

## 321.

**Worin liegt danach die wesentliche Zuständigkeit des Gerichts im ersten Rechtszug?**

Das Gericht ist gem. Art. 256 I UA 1 AEUV i. V. m. Art. 51 Satzung des Gerichtshofs der EU insbes. für Verfahren zuständig, in denen es um den Individualrechtsschutz natürlicher und juristischer Personen (und nicht in erster Linie um Rechte und Pflichten der Mitgliedstaaten sowie der Organe der EU) geht.

## 322.

**Kann gegen Entscheidungen des Gerichts Rechtsmittel eingelegt werden?**

Ja, gegen alle (End-)Entscheidungen des Gerichts in den in Art. 256 I AEUV genannten Verfahren kann beim Gerichtshof ein auf Rechtsfragen beschränktes Rechtsmittel eingelegt werden (Art. 256 I UA 2 AEUV).

## 323.

**Wird auch das Gericht selbst als Rechtsmittelinstanz tätig?**

Gem. Art. 256 II UA 2 AEUV ist dies nach Maßgabe der Bedingungen und in den Grenzen, die in der Satzung des Gerichtshofs der EU vorgesehen sind, in Ausnahmefällen möglich, wenn die ernste Gefahr besteht, dass die Einheit oder Kohärenz des Unionsrechts berührt wird (vgl. auch unten Nr. 329).

## d) Die Fachgerichte

**324.**

Welcher Zweck wird mit der durch den Vertrag von Lissabon geschaffenen Möglichkeit, dem Gericht (EuG) beigeordnete Fachgerichte einzurichten, verfolgt?

Ähnlich wie schon bei der Einrichtung des Gerichts geht es bei dieser Möglichkeit primär darum, die bereits existierenden Gerichtsstrukturen (nunmehr EuGH und EuG) von Verfahren geringerer Tragweite zu entlasten.

**325.**

Was ist erforderlich, um ein Fachgericht einzurichten?

Ein Fachgericht wird durch das Europäische Parlament und den Rat gemäß dem ordentlichen Gesetzgebungsverfahren durch Erlass einer Verordnung eingerichtet (Art. 257 I 1, II AEUV).

**326.**

Wofür können Fachgerichte zuständig sein?

Für Entscheidungen im ersten Rechtszug über bestimmte Kategorien von Klagen, die auf besonderen Sachgebieten erhoben werden (Art. 257 I 1 AEUV).

**327.**

Sind bereits Fachgerichte eingerichtet worden?

Ja, es gibt bereits ein Fachgericht, nämlich das Gericht für den öffentlichen Dienst der Europäischen Union (EuGöD). Dieses war bereits mit Beschluss des Rates vom 2.11.2004 (ABl. EU 2004 Nr. L 333, S. 7) auf der Grundlage des durch den Vertrag von Nizza eingeführten Art. 225a EGV a. F. als Kammer des Gerichts eingerichtet worden.

**328.**

Wie viele Richter hat das EuGöD, wer ernennt sie?

Das Gericht für den öffentlichen Dienst der EU hat sieben Richter. Die Richter der Fachgerichte werden einstimmig vom Rat ernannt (Art. 257 IV 2 AEUV).

**329.**

**Ist mit der Einführung von Fachgerichten in der EU ein dreistufiger Gerichtsaufbau etabliert worden?**

Prinzipiell ja, denn gegen die Entscheidungen der Fachgerichte kann – wie oben schon angesprochen wurde – vor dem Gericht (EuG) ein auf Rechtsfragen beschränktes Rechtsmittel oder, wenn die einschlägige VO über die Bildung des Fachgerichts dies vorsieht, ein auch Sachfragen betreffendes Rechtsmittel eingelegt werden (Art. 257 III i. V. m. Art. 256 II UA 1 AEUV). Die entsprechenden Rechtsmittelentscheidungen des Gerichts werden unter den Voraussetzungen des Art. 256 II UA 2 AEUV in Ausnahmefällen vom Gerichtshof (EuGH) überprüft, so dass in diesen Fällen tatsächlich ein dreistufiger Rechtszug besteht.

## 7. Der Rechnungshof

### a) Zusammensetzung

**330.**

**Wie setzt sich der Rechnungshof zusammen?**

Der Rechnungshof besteht aus einem Staatsangehörigen je Mitgliedstaat (Art. 285 II 1 AEUV).

**331.**

**Wer ernennt die Mitglieder des Rechnungshofs?**

Die Mitglieder des Rechnungshofs werden durch den Rat ernannt, der die gemäß den Vorschlägen der einzelnen Mitgliedstaaten erstellte Liste der Mitglieder nach Anhörung des Europäischen Parlaments annimmt (Art. 286 II UA 1 S. 2 AEUV). Sie werden auf sechs Jahre ernannt; die (auch wiederholte) Wiederernennung ist zulässig (Art. 286 II UA 1 S. 1, 3 AEUV).

**332.**

**Welche Qualifikationen muss ein Kandidat für die Mitgliedschaft im Rechnungshof erfüllen?**

Zu Mitgliedern des Rechnungshofs sind gem. Art. 286 I AEUV Persönlichkeiten auszuwählen, die in ihren Staaten Rechnungsprüfungsbehörden angehören oder angehört haben oder die für dieses Amt besonders geeignet sind. Sie müssen jede Gewähr für Unabhängigkeit bieten.

## b) Aufgaben

**333.**

**Worin liegt die Hauptaufgabe des Rechnungshofs?**

Er prüft gem. Art. 287 I UA 1 S. 1 AEUV die Rechnung über alle Einnahmen und Ausgaben der Union. Gem. Art. 287 I UA 1 S. 2 AEUV prüft er ebenfalls die Rechnung über alle Einnahmen und Ausgaben jeder von der Union geschaffenen Einrichtung oder sonstigen Stelle, soweit der Gründungsakt (jener Einrichtung oder sonstigen Stelle) dies nicht ausschließt.

**334.**

**Hat der Rechnungshof Eingriffsbefugnisse oder Klagerechte, wenn er Unregelmäßigkeiten feststellt?**

Nein, seine Aufgabe liegt allein in der Prüfung und der Berichterstattung hierüber in seinem jährlichen Bericht, in Sonderberichten und Stellungnahmen (Art. 287 IV AEUV).

**335.**

**Ein Sonderbericht des Rechnungshofs nach Prüfung einer bestimmten EU-Institution ist unter den Mitgliedern des Rechnungshofs hoch umstritten. Welcher Mehrheit bedarf es, um eine bestimmte Fassung des Sonderberichts zu verabschieden?**

Der Rechnungshof nimmt seine jährlichen Berichte, Sonderberichte oder Stellungnahmen mit der Mehrheit seiner Mitglieder an (Art. 287 IV UA 3 S. 1 AEUV). Er kann aber auch für die Annahme bestimmter Arten von Berichten oder Stellungnahmen nach Maßgabe seiner Geschäftsordnung Kammern bilden (Art. 287 IV UA 3 S. 2 AEUV).

## 8. Die Europäische Zentralbank

**336.**

**Was hebt die Europäische Zentralbank (EZB) in rechtlicher Hinsicht markant von allen anderen Organen der EU ab?**

Sie besitzt gem. Art. 282 III 1 AEUV Rechtspersönlichkeit, kann also selbst Trägerin von Rechten und Pflichten sein.

**337.**

**Wer haftet für Schäden, welche die EZB oder ihre Bediensteten in Ausübung ihrer Amtstätigkeit verursachen?**

Auf der Grundlage der Rechtsfähigkeit der EZB haftet seit Inkrafttreten des Vertrags von Lissabon nicht mehr die EU (bzw. früher die EG), sondern die EZB selbst für solche Schäden (Art. 340 III AEUV).

**338.**

**Der französische Präsident ist der Auffassung, dass die EZB eine Politik des „schwachen Euro" verfolgen sollte, um die Exporte aus dem Euroraum zu verbilligen und damit wettbewerbsfähiger zu machen. Könnten, wenn es dem französischen Präsidenten gelänge, die Repräsentanten der anderen Mitgliedstaaten von seiner Auffassung zu überzeugen, z. B. der Europäische Rat, der Rat oder die Regierungen der Mitgliedstaaten der EZB eine entsprechende Weisung erteilen?**

Nein, die EZB ist in der Ausübung ihrer Befugnisse und der Verwaltung ihrer Mittel unabhängig (Art. 282 III 3 AEUV). Die Organe, Einrichtungen oder sonstigen Stellen der Union sowie die Regierungen der Mitgliedstaaten achten diese Unabhängigkeit (Art. 282 III 4 AEUV). Zudem untersagt Art. 130 AEUV ausdrücklich, dass die EZB oder ein Mitglied ihrer Beschlussorgane Weisungen von Organen etc. der Union, Regierungen der Mitgliedstaaten oder anderen Stellen einholen oder entgegennehmen, und verpflichtet umgekehrt die Organe etc. der EU sowie die Regierungen der Mitgliedstaaten, diesen Grundsatz zu beachten und keine Beeinflussung zu versuchen.

**339.**

**In welchem Verhältnis steht die EZB zum Europäischen System der Zentralbanken (ESZB)?**

Die EZB bildet gemeinsam mit den nationalen Zentralbanken der Mitgliedstaaten das ESZB.

**340.**

**Was ist das vorrangige Ziel des ESZB?**

Preisstabilität zu gewährleisten (Art. 127 I 1 AEUV). Soweit es ohne Beeinträchtigung dieses Ziels möglich ist, unterstützt das ESZB auch die allgemeine Wirtschafts-politik in der Union, um zur Verwirklichung der in Art. 3 EUV festgelegten Ziele der Union beizutragen (Art. 127 I 2 AEUV).

### 341.

### Worin bestehen die grundlegenden Aufgaben des ESZB?

Gem. Art. 127 II AEUV darin, die Geldpolitik der Union festzulegen und auszuführen, Devisengeschäfte im Einklang mit Art. 219 AEUV durchzuführen, die offiziellen Währungsreserven der Mitgliedstaaten zu halten und zu verwalten sowie das reibungslose Funktionieren der Zahlungssysteme zu fördern.

### 342.

### Wer leitet das ESZB?

Das ESZB wird von den Beschlussorganen der EZB geleitet.

### 343.

### Welche sind die Beschlussorgane der EZB?

Der Rat der EZB und das Direktorium (Art. 129 I AEUV) sowie der Erweiterte Rat der EZB (Art. 141 I AEUV).

### 344.

### Wer gehört dem Rat der EZB an?

Die Mitglieder des Direktoriums der EZB und die Präsidenten der nationalen Zentralbanken der Mitgliedstaaten, deren Währung der Euro ist (Art. 283 I AEUV).

### 345.

### Wie viele Mitglieder hat das Direktorium, wie ist es gegliedert?

Sechs. Es besteht aus dem Präsidenten, dem Vizepräsidenten und vier weiteren Mitgliedern (Art. 283 II UA 1 AEUV).

### 346.

### Wer bestimmt die Mitglieder des Direktoriums?

Der Präsident, der Vizepräsident und die weiteren Mitglieder des Direktoriums werden vom Europäischen Rat auf Empfehlung des Rates, der hierzu das Europäische Parlament und den Rat der EZB anhört, aus dem Kreis der in Währungs- oder Bankfragen anerkannten und erfahrenen Persönlichkeiten mit qualifizierter Mehrheit ausgewählt und ernannt (Art. 283 II UA 2 AEUV).

**347.**

**Da sich Mitglied M des Direktoriums allseits hohes Ansehen erworben hat, wird kurz vor Ablauf seiner achtjährigen Amtszeit erwogen, ihn wiederzuwählen. Wäre dies möglich?**

Nein, eine Wiederernennung ist nicht möglich (Art. 283 II UA 3 AEUV).

**348.**

**Da eine Wiederernennung von M unmöglich ist, wird die Idee lanciert, den US-amerikanischen Währungstheoretiker und Nobelpreisträger U wegen dessen Qualifikation und Unabhängigkeit als Staatsangehöriger eines Nicht-Mitgliedstaates in das Direktorium zu wählen. Es handele sich um die einzige Persönlichkeit, die dem ausscheidenden Direktoriumsmitglied M fachlich „das Wasser reichen" könne. Wäre die Ernennung von U möglich?**

Nein, gem. Art. 283 II UA 4 AEUV können nur Staatsangehörige der Mitgliedstaaten Mitglieder des Direktoriums werden.

**349.**

**Wie viele Mitglieder hat der Rat der EZB?**

Nach dem oben Gesagten (Nr. 344) bei derzeit 17 Eurostaaten 23: Die sechs Mitglieder des Direktoriums plus die Präsidenten der nationalen Zentralbanken der Eurostaaten (Art. 283 II UA 1 AEUV). Mit dem Beitritt Lettlands zum Euro am 1.1.2014 gehören dem Rat entsprechend 24 Mitglieder an.

**350.**

**Worum handelt es sich bei dem Erweiterten Rat der EZB?**

Der **Erweiterte Rat der EZB** besteht als drittes Beschlussorgan der EZB, solange es Mitgliedstaaten gibt, „für die eine Ausnahmeregelung gilt", die also (noch) nicht den Euro eingeführt haben (Art. 141 I AEUV).

**351.**

**Wer gehört dem Erweiterten Rat der EZB an?**

Der Präsident und der Vizepräsident (des Direktoriums und damit der EZB) sowie die Zentralbankpräsidenten aller Mitgliedstaaten (Art. 44.2 S. 1 ESZB-Satzung).

**352.**

**Bedeutet dies, dass die anderen vier Direktoriumsmitglieder (neben dem Präsidenten und dem Vizepräsidenten) dem Erweiterten Rat nicht angehören?**

Ja genau, allerdings können sie zumindest ohne Stimmrecht an den Sitzungen des Erweiterten Rates teilnehmen (Art. 44.2 S. 2 ESZB-Satzung).

**353.**

**Wer genehmigt die Ausgabe von Eurobanknoten?**

Die EZB (Art. 128 I 1, Art. 282 III 2 AEUV).

**354.**

**Wer genehmigt die Ausgabe von Banknoten der Währungen von Mitgliedstaaten, die noch nicht den Euro eingeführt haben?**

Diese Staaten verfügen noch selbst über die Währungshoheit (vgl. Art. 3 I lit. c AEUV). Sie können daher grds. selbst regeln, wer die jeweilige nationale Währung ausgibt (in der Regel die jeweilige nationale Zentralbank).

### 9. Sonstige Institutionen

#### a) Wirtschafts- und Sozialausschuss

**355.**

**Was ist die Aufgabe des Wirtschafts- und Sozialausschusses?**

Der Wirtschafts- und Sozialausschuss unterstützt im Rahmen einer beratenden Aufgabe das Europäische Parlament, den Rat und die Kommission (Art. 13 IV EUV, Art. 300 I AEUV).

**356.**

**Wie stellt sich diese beratende Aufgabe konkret dar?**

In bestimmten Fällen ist in den Verträgen vorgesehen, dass der Ausschuss vom Europäischen Parlament, vom Rat oder der Kommission gehört werden muss (Art. 304 I 1 AEUV). Daneben kann er von diesen Organen in allen Fällen gehört werden, in denen diese es für zweckmäßig erachten (Art. 304 I 2 AEUV). Schließlich kann der Ausschuss von sich aus eine Stellungnahme in den Fällen abgeben, in denen er dies für zweckmäßig erachtet (Art. 304 I 3 AEUV). Von Bedeutung ist die Anhörung des Ausschusses v. a. im Rahmen der Rechtsetzung der EU.

**357.**

**Wie setzt sich der Wirtschafts- und Sozialausschuss zusammen?**

Aus höchstens 350 Mitgliedern (Art. 301 I AEUV), die für fünf Jahre ernannt werden (Art. 302 I 1 AEUV). Bis zum Beitritt Kroatiens am 1.7.2013 setzte er sich aus 344 Mitgliedern zusammen, wobei gem. Art. 7 Protokoll über die Übergangsbestimmungen a. F. auf jeden Mitgliedstaat zwischen 24 (Bundesrepublik Deutschland, Frankreich, Italien, Vereinigtes Königreich) und fünf Mitglieder (Malta) entfielen. Kroatien erhielt gem. Art. 23 I der Beitrittsakte neun Mitglieder, so dass der Ausschuss gem. Art. 7 II Protokoll über die Übergangsbestimmungen vorübergehend auf 353 Mitglieder anwuchs.

**358.**

**Wer ernennt die Mitglieder?**

Der Rat, der die gemäß den Vorschlägen der einzelnen Mitgliedstaaten erstellte Liste der Mitglieder annimmt (Art. 302 I 2 AEUV).

**359.**

**Wer ist konkret im Wirtschafts- und Sozialausschuss vertreten?**

Gem. Art. 300 II AEUV setzt sich der Wirtschafts- und Sozialausschuss aus Vertretern der Organisationen der Arbeitgeber und der Arbeitnehmer sowie anderen Vertretern der Zivilgesellschaft, insbes. aus dem sozialen und wirtschaftlichen, dem staatsbürgerlichen, dem beruflichen und dem kulturellen Bereich zusammen. Entsprechend organisieren sich die Mitglieder des Ausschusses in drei ungefähr gleich großen Gruppen der Arbeitgeber (Gruppe I), der Arbeitnehmer (Gruppe II) sowie der Gruppe der verschiedenen Interessen (Gruppe III), während einzelne Mitglieder keiner Gruppe angehören.

Aus Deutschland finden sich in Gruppe I z. B. Repräsentanten der Bundesvereinigung der Deutschen Arbeitgeberverbände (BDA), des Bundesverbands der Deutschen Industrie e. V. (BDI) und des Deutschen Industrie- und Handelskammertages (DIHK). In Gruppe II finden sich insbes. Repräsentanten verschiedener Gewerkschaften und in Gruppe III z. B. Repräsentanten des Verbands Beratender Ingenieure (VBI), der Naturschutzpolitischen Abteilung der Umweltstiftung EuroNatur, der Bundesarbeitsgemeinschaft der Freien Wohlfahrtspflege und der Helmholtz-Gemeinschaft Deutscher Forschungszentren (HGF).

## b) Ausschuss der Regionen

**360.**

**Parallel zum Wirtschafts- und Sozialausschuss gibt es den Ausschuss der Regionen, der vergleichbare Aufgaben wahrnimmt (Art. 13 IV EUV, Art. 307 AEUV) und dessen maximal 350 Mitglieder (Art. 305 I AEUV) auf die gleiche Art gewählt werden (Art. 305 III AEUV). Wer gehört dem Ausschuss der Regionen, als beratendem Gremium, an?**

Vertreter der regionalen und lokalen Gebietskörperschaften, die entweder ein auf Wahlen beruhendes Mandat in einer regionalen oder lokalen Gebietskörperschaft innehaben oder gegenüber einer gewählten Versammlung politisch verantwortlich sind (Art. 300 III AEUV).

**361.**

**Wer bestimmt die 24 deutschen Mitglieder des Ausschusses der Regionen?**

Gem. § 14 II 1 Gesetz über die Zusammenarbeit von Bund und Ländern in Angelegenheiten der Europäischen Union (EUZBLG, abgedruckt z. B. in Basistexte Öffentliches Recht, Nr. 1b) die Bundesländer. Diese haben dabei gem. § 14 II 2 EUZBLG sicherzustellen, dass die Gemeinden und Gemeindeverbände mit (mindestens) drei gewählten Vertretern im Ausschuss der Regionen repräsentiert sind.

## c) Europäische Investitionsbank

**362.**

**Was ist die Aufgabe der Europäischen Investitionsbank (EIB), die wie die EZB über Rechtspersönlichkeit verfügt (Art. 308 I AEUV), aber anders als die EZB nicht zu den Organen der EU zählt (vgl. Art. 13 I UA 2 EUV)?**

Aufgabe der EIB ist es, zu einer ausgewogenen und reibungslosen Entwicklung des Binnenmarkts im Interesse der Union beizutragen (Art. 309 I 1 AEUV). In diesem Sinne erleichtert sie durch Gewährung von Darlehen und Bürgschaften die Finanzierung in Art. 309 I 2 AEUV genannter Vorhaben in allen Wirtschaftszweigen wie z. B. Vorhaben zur Erschließung der weniger entwickelten Gebiete.

**363.**

**Wo sind die Details z. B. über die Verwaltungs- und Leitungsorgane der EIB geregelt?**

Gem. Art. 308 III 1 AEUV in Protokoll Nr. 5 zum Vertrag von Lissabon über die Satzung der Europäischen Investitionsbank (EIB-Satzung, ABl. EU 2010 Nr. C 83, S. 251). Gem. Art. 6 EIB-Satzung wird die Bank von einem Rat der Gouverneure, einem Verwaltungsrat und einem Direktorium verwaltet und geleitet.

**364.**

**Woher stammen die für die Aufgaben der EIB benötigten Finanzmittel?**

Die EIB bedient sich zur Erfüllung ihrer Aufgaben des Kapitalmarkts sowie ihrer eigenen Mittel (Art. 309 I 1 2. HS AEUV). So nimmt sie gem. Art. 20 I EIB-Satzung die zur Durchführung ihrer Aufgaben erforderlichen Anleihen auf den Kapitalmärkten auf. Sie selbst verfügt über ein Stammkapital i. H. v. ca. 242 Mrd. €, das von den Mitgliedstaaten der EU (und damit der EIB, vgl. Art. 308 II AEUV) in unterschiedlicher Höhe gezeichnet ist (Art. 4 I EIB-Satzung; <http://www.eib.org/about/key_figures/data.htm>).

**365.**

**Führt die EIB ihre Maßnahmen nur in EU-Staaten durch?**

Nein, weder Art. 308 f. AEUV noch die EIB-Satzung enthalten eine Beschränkung auf Maßnahmen in EU-Staaten. Tatsächlich fördert die EIB – mit einem Schwerpunkt in Osteuropa – in erheblichem Umfang die wirtschaftliche Entwicklung von Staaten, die der EU assoziiert sind, sowie von Drittstaaten (*Herdegen,* § 7 Rn. 103).

**d) Sonstige Einrichtungen**

**366.**

**Neben den drei soeben angesprochenen sonstigen Institutionen, die unmittelbar in den Verträgen verwurzelt sind, gibt es eine Fülle weiterer EU-Institutionen, die teils unmittelbar in den Verträgen vorgesehen sind, teils aber auch auf Sekundärrechtsakten der EU-Organe beruhen (vgl. die Übersicht bei *Herdegen,* § 7 Rn. 108). Worum handelt es sich etwa bei den oben (Nr. 279) bereits angesprochenen Agenturen der EU?**

Bei den **Agenturen** (agencies) der EU handelt es sich um Einrichtungen – in der Regel mit eigener Rechtspersönlichkeit –, die bei der Umsetzung der EU-Politik eine wichtige Rolle spielen und dafür insbes. Aufgaben technischer, wissenschaftlicher oder verwaltungstechnischer Art sowie Regulierungsaufgaben übernehmen. Derzeit gibt es mehr als 30 Agenturen mit Sitz in verschiedenen EU-Staaten (<http://europa.eu/agencies/index_de.htm>). Beispiele sind die Europäische Verteidigungsagentur mit Sitz in Brüssel (Art. 42 III UA 2 EUV), das Europäische Polizeiamt (EURO-POL, Art. 88 AEUV) mit Sitz in Den Haag und die Europäische Agentur für Flugsicherheit (EASA) mit Sitz in Köln. Eine Sonderrolle nehmen die bereits oben (Nr. 279) angesprochenen **Exekutivagenturen** ein.

## 367.

**Wo liegt die Rechtsgrundlage zur Gründung einer Agentur der EU und anderer Einrichtungen durch die Organe der EU?**

Wenn sie im Primärrecht nicht ausdrücklich vorgesehen sind, in einschlägigen materiellrechtlichen Kompetenznormen der Verträge oder in Art. 114 und Art. 352 AEUV (vgl. *Haratsch/Koenig/Pechstein,* Rn. 322). Vor allem Art. 352 AEUV (bzw. der frühere Art. 308 EGV a. F.) wurde in der Praxis oft herangezogen.

## 368.

**Genießen Bürger vor dem Gerichtshof der EU Rechtsschutz gegen Hoheitsakte einer Agentur der EU?**

Grds. ja! Nachdem dies lange Zeit umstritten war, steht nunmehr gem. Art. 263 I 2 AEUV bei Handlungen „der Einrichtungen oder sonstigen Stellen der Union mit Rechtswirkung gegenüber Dritten" grds. auch für Bürger und Unternehmen (vgl. Art. 263 IV AEUV) die Nichtigkeitsklage offen. Gem. Art. 263 V AEUV können in Rechtsakten zur Gründung von Einrichtungen und sonstigen Stellen der Union besondere Bedingungen und Einzelheiten für die Erhebung von Klagen natürlicher oder juristischer Personen gegen Handlungen dieser Einrichtungen und sonstigen Stellen vorgesehen werden.

## IV. Rechtsquellen des EU-Rechts

### 1. Grundlagen, insbes. Normenhierarchie

**369.**

Unter den Rechtsquellen des EU-Rechts wird das primäre EU-Recht vom sekundären EU-Recht unterschieden. Was unterscheidet beide grds. voneinander?

Das primäre EU-Recht umfasst das von den Mitgliedstaaten – insbes. in den Verträgen (EUV, AEUV etc.) – geschaffene Recht. Das sekundäre EU-Recht ist hingegen von den Organen der EU, die durch das Primärrecht eingesetzt worden sind, geschaffenes Recht, insbes. Verordnungen, Richtlinien und Beschlüsse (Art. 288 AEUV).

**370.**

Gibt es neben dem sekundären auch tertiäres EU-Recht?

Ja, das manchmal auch als Durchführungsrecht bezeichnete tertiäre EU-Recht ist das auf Grundlage des Sekundärrechts von den Organen der EU erlassene Recht. Dazu zählen insbes. die den Rechtsverordnungen des deutschen Rechts vergleichbaren, aufgrund einer Ermächtigung in einem Gesetzgebungsakt durch die Kommission erlassenen Rechtsakte ohne Gesetzescharakter mit allgemeiner Geltung zur Ergänzung oder Änderung bestimmter nicht wesentlicher Vorschriften des betreffenden Gesetzgebungsakts (Art. 291 I AEUV).

**371.**

Gibt es einen Oberbegriff für sekundäres und tertiäres EU-Recht?

Ja, beide lassen sich unter den Oberbegriff des abgeleiteten EU-Rechts fassen.

**372.**

Ist die Zuordnung zum primären oder aber abgeleiteten EU-Recht von rein wissenschaftlichem/dogmatischem Interesse oder ergeben sich konkrete Folgen daraus?

Ähnlich wie im innerstaatlichen Recht gibt es auch im EU-Recht eine **Normenhierarchie**. Dabei steht das primäre EU-Recht an der Spitze der Normenpyramide, während das abgeleitete EU-Recht darunter einzuordnen ist. Konkret bedeutet dies, dass primäres EU-Recht Prüfungs- und Geltungsmaßstab des abgeleiteten EU-Rechts sowie auch dessen Auslegungsmaßstab ist (*Haratsch/Koenig/Pechstein*, Rn. 366).

**373.**

Unstreitig geht das EU-Recht auf Völkerrecht zurück, da z. B. die Gründungs-verträge völkerrechtliche Verträge sind. Ist das supranationale EU-Recht nach wie vor als Völkerrecht zu charakterisieren?

Dies ist umstritten (instruktiv: *Haratsch/Koenig/Pechstein*, Rn. 363 ff.). Während die sog. Traditionalisten das gesamte EU-Recht weiterhin als Völkerrecht ansehen, vertreten die sog. Autonomisten die Auffassung, das EU-Recht habe sich von seinen völkerrechtlichen Wurzeln gelöst und bilde inzwischen eine eigenständige Rechtsordnung mit sowohl Vertrags- als auch Verfassungscharakter. Während die traditionalistische Auffassung, der bspw. das BVerfG zuneigt, die tragende Rolle der Mitgliedstaaten als „Herren der Verträge" betont, räumt die autonomistische Auffassung, der der Gerichtshof der EU zuneigt, letztlich der EU als autonomer Herrschaftsordnung, d. h. konkret dem Gerichtshof, das Letztentscheidungsrecht über den exakten Umfang der Unionskompetenzen ein. Auch ein vollständiger Vorrang des EU-Rechts vor dem nationalen Recht, wie ihn der EuGH vertritt (unten Nr. 389 ff.), lässt sich so begründen, während der Vorrang nach Auffassung der Traditionalisten aufgrund der jeweiligen nationalen Verfassungsrechtsordnung begrenzt sein kann. Dem EU-Recht als solchem lassen sich keine zwingenden Argumente dafür entnehmen, ob die traditionalistische oder aber die autonomistische Auffassung zutreffend ist.

## 2. Primäres EU-Recht

### a) Quellen des EU-Primärrechts

**374.**

Zählt neben dem EUV, dem AEUV und dem EAGV z. B. auch das oben schon mehrfach erwähnte, sehr wichtige Protokoll über die Übergangsbestimmungen zum primären EU-Recht?

Ja, denn dabei handelt es sich um ein Protokoll zum Lissaboner Vertrag, und gem. Art. 51 EUV sind die Protokolle und Anhänge der Verträge Bestandteil der Verträge.

**375.**

Gibt es neben dem Vertragsrecht auch ungeschriebenes Primärrecht?

Ja, zum Primärrecht zählen als ungeschriebene Rechtsquellen auch das Gewohnheitsrecht im Range des Primärrechts und die allgemeinen Rechtsgrundsätze.

**376.**

Handelt es sich bei Gewohnheitsrecht und allgemeinen Rechtsgrundsätzen um Rechtsquellen, die allein im Europarecht existieren?

Nein, Gewohnheitsrecht gibt es in allen Rechtsordnungen. Eine besonders große Rolle spielt es im Völkerrecht, wo es, wie auch in Art. 38 I lit. b IGH-Statut zum Ausdruck kommt, zu den anerkannten Rechtsquellen zählt. Auch die allgemeinen Rechtsgrundsätze zählen zu den Rechtsquellen des Völkerrechts (vgl. Art. 38 I lit. c IGH-Statut). Letztlich lassen sich die Quellen des primären EU-Rechts also auf die anerkannten Quellen des Völkerrechts zurückführen. Dies bestätigt einmal mehr, dass das EU-Recht jedenfalls im Völkerrecht wurzelt.

### 377.

**Kennen Sie ein Beispiel für primäres Gewohnheitsrecht der EU?**

Dass ein Mitgliedstaat in den Sitzungen des Rates über den Wortlaut von Art. 16 II EUV hinaus nicht nur durch einen Minister, sondern auch durch einen im Range unter einem Minister stehenden Staatssekretär vertreten werden kann, gilt nach h. M. kraft Gewohnheitsrechts (*Breier,* in: Lenz/Borchardt, Art. 16 EUV Rn. 6). Da es um eine Regelung geht, die – im Falle ihrer ausdrücklichen Normierung – wie Art. 16 II EUV im primären EU-Recht enthalten wäre, handelt es sich um Gewohnheitsrecht im Range primären EU-Rechts.

### 378.

**Eine wesentlich größere Rolle als das Gewohnheitsrecht spielen die allgemeinen Rechtsgrundsätze. Was hat der Gerichtshof der EU aus dieser Rechtsquelle insbes. abgeleitet?**

Der Gerichtshof hat aus der Rechtsquelle des allgemeinen Rechtsgrundsatzes insbes. die Unionsgrundrechte und rechtsstaatliche Grundsätze wie die Gesetzmäßigkeit der Verwaltung, den Vertrauensschutzgrundsatz sowie das Prinzip der Rechtssicherheit abgeleitet.

### 379.

**Wie „schöpft" der Gerichtshof der EU allgemeine Rechtsgrundsätze?**

Durch Rechtsvergleichung: Ist ein bestimmtes Prinzip wie etwa der Vertrauensschutzgrundsatz oder ein bestimmtes Recht wie z. B. das Grundrecht auf Leben in allen nationalen Rechtsordnungen der Mitgliedstaaten der EU verankert, gilt dieses Prinzip oder Recht in der EU als allgemeiner Rechtsgrundsatz und kann daher vom Gerichtshof auch auf der Ebene der EU angewandt werden, ohne dass es im geschriebenen EU-Recht niedergelegt sein müsste.

**380.**

**Gibt es ein Rangverhältnis zwischen EUV, AEUV, Grundrechtecharta und den anderen Quellen des Primärrechts?**

Was EUV und AEUV angeht, ordnet Art. 1 III EUV ausdrücklich an, dass beide Verträge rechtlich gleichrangig sind. Auch die Grundrechtecharta ist gem. Art. 6 I UA 1 EUV rechtlich mit diesen gleichrangig. Schließlich sind auch die ungeschriebenen Rechtsquellen des Primärrechts grds. rechtlich gleichrangig, so dass es insgesamt kein Rangverhältnis innerhalb des Primärrechts gibt.

**381.**

**Welche Kollisionsregeln gelten, wenn es zu einem Widerspruch zweier Rechtsquellen des Primärrechts kommt?**

Es gelten die allgemeinen Kollisionsregeln für Normen gleicher Rangstufe, nach denen das spätere Recht das frühere verdrängt *(lex posterior derogat legi priori)* und das speziellere Recht das allgemeinere *(lex specialis derogat legi generali).*

**382.**

**Zählen auch völkerrechtliche Verträge, welche die EU abschließt, zum Primärrecht der Union?**

Gem. Art. 218 XI AEUV kann ein Mitgliedstaat, das Europäische Parlament, der Rat oder die Kommission ein Gutachten des Gerichtshofs über die Vereinbarkeit eines geplanten völkerrechtlichen Vertrags der Union z. B. mit einem Drittstaat mit den Verträgen (EUV etc.) einholen. Aus der Tatsache, dass die Vereinbarkeit mit den Verträgen überprüft werden kann, folgt, dass völkerrechtliche Verträge der EU im Rang unter dem Primärrecht stehen müssen, also nicht zu diesem zählen. Ein konkretes Beispiel ist die Entscheidung des EuGH in der Rs. C-122/95, Slg. 1998, S. I-973 Rn. 82 – *Deutschland/Rat,* in welcher der EuGH den Beschluss des Rates, mit dem dieser einem Rahmenübereinkommen über Bananen mit verschiedenen Drittstaaten zugestimmt hat, wegen Verstoßes gegen Primärrecht der Union für nichtig erklärt hat.

**383.**

**Haben völkerrechtliche Verträge damit den Rang von Sekundärrecht der Union?**

Nein, gem. Art. 216 II AEUV binden die von der Union geschlossenen Übereinkünfte die Organe der Union und die Mitgliedstaaten. Daraus ergibt sich, dass völkerrechtliche Verträge der EU im Rang über dem Sekundärrecht der Union stehen. Im Ergebnis stehen sie also zwischen Primär- und Sekundärrecht der Union.

### b) Unmittelbare Anwendbarkeit

**384.**

Das niederländische Unternehmen *van Gend & Loos* wollte Anfang der 60er-Jahre des 20. Jh. chemische Produkte aus der Bundesrepublik Deutschland in die Niederlande exportieren. Die niederländischen Zollbehörden verlangten von van Gend & Loos für den Import einen erhöhten Zoll, der mit dem Zollverbot aus Art. 30 S. 1 AEUV (damals: Art. 12 EWGV a. F.) nicht vereinbar war. Konnte sich van Gend & Loos vor einem niederländischen Gericht gegenüber dem niederländischen Staat unmittelbar auf Art. 30 S. 1 AEUV (Art. 12 EWGV a. F.) berufen?

Dies war die entscheidende Frage, über die der EuGH in der Rs. *van Gend & Loos* (Rs. 26/62, Slg. 1962, S. 1/3, 24 ff.) im Rahmen eines Vorabentscheidungsverfahrens auf Vorlage des von van Gend & Loos angerufenen niederländischen Gerichts zu entscheiden hatte. In seinem Urteil vom 5.2.1963, das oft als wichtigste Entscheidung des EuGH überhaupt angesehen wird, kam der EuGH zu dem Ergebnis, dass **Normen des Primärrechts unter zwei Bedingungen unmittelbar anwendbar** sind, so dass sich der einzelne Bürger oder das einzelne Unternehmen unmittelbar auf sie berufen kann: Erstens muss die einschlägige Bestimmung des primären EU-Rechts hinreichend genau bestimmt sein, um im Einzelfall angewendet werden zu können. Zweitens muss sie insoweit auch unbedingt sein, darf also im Hinblick auf die angeordnete Berechtigung oder Verpflichtung des Einzelnen nicht unter einem Vorbehalt stehen oder den Mitgliedstaaten einen Ermessens- oder Gestaltungsspielraum einräumen. Art. 30 S. 1 AEUV (Art. 12 EWGV a. F.) ist hinreichend bestimmt und hinsichtlich des Verbots von Einfuhrzöllen auch unbedingt und war daher vorliegend unmittelbar anwendbar (Rs. 26/62, Slg. 1962, S. 1/25 f.). Im Ergebnis konnte sich van Gend & Loos daher vor dem niederländischen Gericht gegenüber dem niederländischen Staat unmittelbar auf Art. 30 S. 1 AEUV (Art. 12 EWGV a. F.) berufen.

**385.**

War dieses Ergebnis nicht selbstverständlich?

Aus heutiger Perspektive mag das Ergebnis, nach dem Primärrecht unter den genannten Voraussetzungen (hinreichende Bestimmtheit und Unbedingtheit) unmittelbar anwendbar ist, selbstverständlich sein. Anfang der 60er-Jahre war es nicht weniger als revolutionär.

**386.**

**Wieso war die Möglichkeit unmittelbarer Anwendbarkeit von Primärrecht damals revolutionär?**

Im Ausgangspunkt ist der AEUV (damals: EWG-Vertrag) nach dem oben Gesagten ein völkerrechtlicher Vertrag. Ein solcher Vertrag schafft aber grds. nur Rechtspflichten zwischen den Vertragsparteien. Dies ist mit der Situation im Zivilrecht vergleichbar, wo Verträge grds. nur Rechtswirkungen für die Vertragsparteien hervorbringen *(pacta tertiis nec prosunt nec nocent)*. Insofern hätte sich die Bundesrepublik Deutschland, als Vertragspartei, gegenüber den Niederlanden, als Vertragspartei, darauf berufen können, dass die Niederlande verpflichtet waren, den Zoll nicht zu erheben. Van Gend & Loos hingegen war nicht Vertragspartei und konnte sich daher eigentlich nicht auf Erfüllung des Vertrags berufen.

**387.**

**Wie hat der EuGH dann begründet, dass sich das Unternehmen van Gend & Loos unmittelbar auf Art. 30 S. 1 AEUV (Art. 12 EWGV a. F.) berufen konnte?**

Der EuGH ist von der Prämisse ausgegangen, dass es sich bei dem EWG-Vertrag um einen völkerrechtlichen Vertrag handelt, hat diesen dann aber unter Heranziehung – wie er selbst ausführt – des Wortlauts und der Systematik, letztlich aber auch des Zwecks (teleologische Auslegung) interpretiert, um festzustellen, ob Art. 30 S. 1 AEUV (Art. 12 EWGV a. F.) unmittelbar anwendbar war. Insofern lohnt sich ein Blick auf die selbsterklärenden Ausführungen des EuGH in diesem grundlegenden Urteil (Rs. 26/62, Slg. 1962, S. 1/3, 24 f.):

*„Die Tariefcommissie stellt in erster Linie die Frage, ob Artikel 12 [EWGV] in dem Sinne unmittelbare Wirkung im innerstaatlichen Recht hat, dass die Einzelnen aus diesem Artikel Rechte herleiten können, die vom nationalen Richter zu beachten sind.*

*Ob die Vorschriften eines völkerrechtlichen Vertrages eine solche Tragweite haben, ist vom Geist dieser Vorschriften, von ihrer Systematik und von ihrem Wortlaut her zu entscheiden.*

*Das Ziel des EWG-Vertrages ist die Schaffung eines gemeinsamen Marktes, dessen Funktionieren die der Gemeinschaft angehörigen Einzelnen unmittelbar betrifft; damit ist zugleich gesagt, dass dieser Vertrag mehr ist als ein Abkommen, das nur wechselseitige Verpflichtungen zwischen den vertragsschließenden Staaten begründet. Diese Auffassung wird durch die Präambel des Vertrages bestätigt, die sich nicht nur an die Regierungen, sondern auch an die Völker richtet. Sie findet eine noch augenfälligere Bestätigung in der Schaffung von Organen, welchen Hoheitsrechte übertragen sind, deren Ausübung in gleicher Weise die Mitgliedstaaten wie die Staatsbürger berührt. Zu beachten ist ferner, dass die Staatsangehörigen der in der Gemeinschaft zusammengeschlossenen Staaten dazu berufen sind, durch das europäische Parlament und den Wirtschafts- und Sozialausschuss zum Funktionieren dieser Gemeinschaft beizutragen. Auch die dem Gerichtshof im*

*Rahmen von Artikel 177* [EWGV a. F. = Vorabentscheidungsverfahren, jetzt: Art. 267 AEUV], *der die einheitliche Auslegung des Vertrages durch die nationalen Gerichte gewährleisten soll, zukommende Aufgabe ist ein Beweis dafür, dass die Staaten davon ausgegangen sind, die Bürger müssten sich vor den nationalen Gerichten auf das Gemeinschaftsrecht berufen können.*

*[25] Aus alledem ist zu schließen, dass die Gemeinschaft eine neue Rechtsordnung des Völkerrechts darstellt, zu deren Gunsten die Staaten, wenn auch in begrenztem Rahmen, ihre Souveränitätsrechte eingeschränkt haben, eine Rechtsordnung, deren Rechtssubjekte nicht nur die Mitgliedstaaten, sondern auch die Einzelnen sind. Das von der Gesetzgebung der Mitgliedstaaten unabhängige Gemeinschaftsrecht soll daher den Einzelnen, ebenso wie es ihnen Pflichten auferlegt, auch Rechte verleihen. Solche Rechte entstehen nicht nur, wenn der Vertrag dies ausdrücklich bestimmt, sondern auch auf Grund von eindeutigen Verpflichtungen, die der Vertrag den Einzelnen wie auch den Mitgliedstaaten und den Organen der Gemeinschaft auferlegt.*

*Zur Systematik des Vertrages auf dem Gebiet der Zölle und Abgaben gleicher Wirkung ist zu bemerken, dass Artikel 9* [EWGV]*, wonach Grundlage der Gemeinschaft eine Zollunion ist, als wesentlichste Norm das Verbot der Zölle und Abgaben gleicher Wirkung enthält. Diese Vorschrift steht am Anfang des Vertragsteiles, der die „Grundlagen der Gemeinschaft" umschreibt; sie wird in Artikel 12 angewandt und erläutert.*

*Der Wortlaut von Artikel 12 enthält ein klares und uneingeschränktes Verbot, eine Verpflichtung, nicht zu einem Tun, sondern zu einem Unterlassen. Diese Verpflichtung ist im Übrigen auch durch keinen Vorbehalt der Staaten eingeschränkt, der ihre Erfüllung von einem internen Rechtsakt abhängig machen würde. Das Verbot des Artikels 12 eignet sich seinem Wesen nach vorzüglich dazu, unmittelbare Wirkungen in den Rechtsbeziehungen zwischen den Mitgliedstaaten und den ihrem Recht unterworfenen Einzelnen zu erzeugen."*

**388.**

**Muss in einer Fallbearbeitung, in der es z. B. darum geht, dass sich ein Bürger oder ein Unternehmen auf das Zollverbot (Art. 30 S. 1 AEUV), das Verbot mengenmäßiger Einfuhrbeschränkungen sowie von Maßnahmen gleicher Wirkung (Art. 34 AEUV) oder die Arbeitnehmerfreizügigkeit (Art. 45 I AEUV) beruft, grds. herausgearbeitet werden, ob diese Vorschriften unmittelbar anwendbar sind?**

Nein, heute ist dies bei den angeführten Normen aus dem Bereich der Grundfreiheiten aufgrund der ständigen Rechtsprechung des EuGH, die mit dem Urteil *van Gend & Loos* zu Art. 30 S. 1 AEUV begründet wurde, anerkannt und muss daher nicht näher geprüft werden. Geht es allerdings um eine Norm des Primärrechts, zu der es noch keine entsprechende Entscheidung des EuGH gibt, muss im Einzelnen geprüft werden, ob diese Norm inhaltlich hinreichend bestimmt und unbedingt ist und daher unmittelbar auf Private Anwendung findet.

## c) Anwendungsvorrang gegenüber nationalem Recht

### 389.

War mit der Entscheidung *van Gend & Loos* auch geklärt, dass das Primärrecht Vorrang gegenüber nationalen Gesetzen besitzt?

Nein, die Frage der Normenhierarchie EU-Recht/nationales Recht hat der EuGH eineinhalb Jahre später in seinem Urteil in der Rs. *Costa/ENEL* vom 15.7.1964 geklärt (Rs. 6/64, Slg. 1964, S. 1259/1269).

### 390.

**Worum ging es in der Rs. *Costa/ENEL*?**

Die Italienische Republik hatte durch Gesetz vom 6.12.1962 die Stromversorgung verstaatlicht und dafür die juristische Person *ENEL* gegründet. In einem Rechtsstreit um eine Stromrechnung zwischen ENEL und Rechtsanwalt *Costa* vor dem Friedensgericht Mailand war Costa der Auffassung, dass die Verstaatlichung des Unternehmens Edisonvolta, an dem er als Aktionär beteiligt war, durch das erwähnte Gesetz gegen Normen des EWG-Vertrags verstieß und beantragte daher, das Gericht möge ein Vorabentscheidungsverfahren vor dem EuGH anstrengen, um eine Auslegung der einschlägigen Normen des EWGV herbeizuführen. Der EuGH stellte fest, dass die Verstaatlichung gem. Art. 31 I EWGV verboten sei, soweit der Strom tatsächlich für die Ein- oder Ausfuhr zwischen Staatsangehörigen der Mitgliedstaaten von Bedeutung sein könne. Dabei klärte der EuGH auch, dass Normen des Primärrechts Vorrang gegenüber nationalen Gesetzen besitzen (EuGH, Rs. 6/64, Slg. 1964, S. 1259/1269 f. – *Costa/ENEL*).

### 391.

**Warum war es nicht selbstverständlich, dass Normen des damaligen EWG-Vertrags (heute: AEUV) Vorrang gegenüber dem relevanten italienischen Gesetz besaßen?**

Dies war erneut aus dem Grund nicht selbstverständlich, dass der EWG-Vertrag ein völkerrechtlicher Vertrag ist. Völkerrechtliche Verträge besitzen in der innerstaatlichen Normenhierarchie den Rang, den ihnen die jeweilige Verfassungsordnung zuweist. In der Bundesrepublik Deutschland hat etwa ein einfacher völkerrechtlicher Vertrag – wie oben (Nr. 25) bereits gesehen – aufgrund seiner Transformation gem. Art. 59 II GG den Rang eines einfachen formellen Bundesgesetzes. In Costa/ENEL war damit die Frage relevant, ob eine Norm des EWG-Vertrags überhaupt Vorrang gegenüber einem nationalen Gesetz haben kann, das innerstaatlich prinzipiell denselben Rang besitzen konnte wie der EWG-Vertrag. Nach dem oben Gesagten (Nr. 26) gelten insofern eigentlich die Kollisionsregeln für gleichrangige Normen, nach denen das speziellere das allgemeinere *(lex specialis derogat legi generali)* und das spätere das frühere Gesetz *(lex posterior derogat legi priori)* verdrängt. Da das italienische Gesetz, das die Enteignung anordnete, erst am 6.12.1962 erlassen worden war, also gegenüber dem (möglichen) Transformationsakt des EWG-Vertrags, welcher zum 1.1.1958 in Kraft getreten war, das spätere Gesetz darstellte, wäre es im vorliegenden Fall vorgegangen, hätte also grds. nicht im Lichte des EWG-Vertrags verworfen werden können.

## 392.

### Wie hat der EuGH dieses dogmatische Problem gelöst?

Der EuGH ist im Anschluss an grundlegende Gedanken seines Urteils *van Gend & Loos* (Nr. 384 ff.) zum Ergebnis gelangt, dass die durch den EWG-Vertrag errichtete Rechtsordnung mehr sei als eine bloße Völkerrechtsordnung. Daher kämen nicht die allgemeinen Vorrangregeln im Hinblick auf die Kollision nationaler Gesetze mit transformierten völkerrechtlichen Verträgen zur Anwendung, sondern habe vielmehr der EWG-Vertrag grds. Vorrang gegenüber nationalem Recht. Damit hat der EuGH seine These vom grundsätzlichen Vorrang des EU-Rechts gegenüber nationalem Recht der Mitgliedstaaten entwickelt.

## 393.

### Wie hat der EuGH dies dogmatisch begründet?

Wiederum – ähnlich wie in *van Gend & Loos* – durch Auslegung des EWG-Vertrags. Auch hier lohnt sich die Lektüre der Begründung des EuGH (EuGH, Rs. 6/64, Slg. 1964, S. 1259/1269 f. – *Costa/ENEL*). Dabei ging es vordergründig um die Frage, ob ein Vorabentscheidungsverfahren überhaupt zulässig war. Unzulässig wäre ein solches dann gewesen, wenn sich aufgrund eines Vorrangs des nationalen Gesetzes und der daraus folgenden Pflicht zu dessen Anwendung eine Auslegungsfrage im Hinblick auf Normen des EWG-Vertrags (ob das nationale Gesetz mit diesen vereinbar war) rechtslogisch gar nicht gestellt hätte.

[Slg. 1964, S. 1270] *„Die italienische Regierung hält das Ersuchen des Friedensgerichts für absolut unzulässig, weil das staatliche Gericht innerstaatliches Recht anzuwenden habe und daher nicht nach Artikel 177* [EWGV] *vorgehen könne.*

*Zum Unterschied von gewöhnlichen internationalen Verträgen hat der EWG-Vertrag eine eigene Rechtsordnung geschaffen, die bei seinem Inkrafttreten in die Rechtsordnungen der Mitgliedstaaten aufgenommen worden und von ihren Gerichten anzuwenden ist. Denn durch die Gründung einer Gemeinschaft für unbegrenzte Zeit, die mit eigenen Organen, mit der Rechts- und Geschäftsfähigkeit, mit internationaler Handlungsfähigkeit und insbesondere mit echten, aus der Beschränkung der Zuständigkeit der Mitgliedstaaten oder der Übertragung von Hoheitsrechten der Mitgliedstaaten auf die Gemeinschaft herrührenden Hoheitsrechten ausgestattet ist, haben die Mitgliedstaaten, wenn auch auf einem begrenzten Gebiet, ihre Souveränitätsrechte beschränkt und so einen Rechtskörper geschaffen, der für ihre Angehörigen und sie selbst verbindlich ist.*

*Diese Aufnahme der Bestimmungen des Gemeinschaftsrechts in das Recht der einzelnen Mitgliedstaaten und, allgemeiner, Wortlaut und Geist des Vertrages haben zur Folge, dass es den Staaten unmöglich ist, gegen eine von ihnen auf der Grundlage der Gegenseitigkeit angenommene Rechtsordnung nachträgliche einseitige Maßnahmen ins Feld zu führen. Solche Maßnahmen stehen der Anwendbarkeit der Gemeinschaftsrechtsordnung daher nicht entgegen. Denn es würde eine Gefahr für die Verwirklichung der in Artikel 5 Absatz 2 aufgeführten Ziele des Vertrags bedeuten und dem Verbot des Artikels 7 widersprechende Diskriminierungen zur Folge haben, wenn das Gemeinschaftsrecht je nach der nachträglichen innerstaatlichen Gesetzgebung von einem Staat zum anderen verschiedene Geltung haben könnte.*

*[1270] Die Verpflichtungen, die die Mitgliedstaaten im Vertrag zur Gründung der Gemeinschaft eingegangen sind, wären keine unbedingten mehr, sondern nur noch eventuelle, wenn sie durch spätere Gesetzgebungsakte der Signaturstaaten in Frage gestellt werden könnten. Wo der Vertrag den Staaten das Recht zu einseitigem Vorgehen zugestehen will, tut er das durch klare Bestimmungen (z. B. Artikel 15, 93 Absatz 3, 223 bis 225). Für Anträge der Staaten auf Ausnahmegenehmigungen sind andererseits Genehmigungsverfahren vorgesehen [...], die gegenstandslos wären, wenn die Staaten die Möglichkeit hätten, sich ihren Verpflichtungen durch den bloßen Erlass von Gesetzen zu entziehen.*

*Der Vorrang des Gemeinschaftsrechts wird auch durch Artikel 189 bestätigt; ihm zufolge ist die Verordnung „verbindlich" und „gilt unmittelbar in jedem Mitgliedstaat". Diese Bestimmung, die durch nichts eingeschränkt wird, wäre ohne Bedeutung, wenn die Mitgliedstaaten sie durch Gesetzgebungsakte, die den gemeinschaftsrechtlichen Normen vorgingen, einseitig ihrer Wirksamkeit berauben könnten.*

*Aus alledem folgt, dass dem vom Vertrag geschaffenen, somit aus einer autonomen Rechtsquelle fließenden Recht wegen dieser seiner Eigenständigkeit keine wie immer gearteten innerstaatlichen Rechtsvorschriften vorgehen können, wenn ihm nicht sein Charakter als Gemeinschaftsrecht aberkannt und wenn nicht die Rechtsgrundlage der Gemeinschaft selbst in Frage gestellt werden soll.*

*Die Staaten haben somit dadurch, dass sie nach Maßgabe der Bestimmungen des Vertrages Rechte und Pflichten, die bis dahin ihren inneren Rechtsordnungen unterworfen waren, der Regelung durch die Gemeinschaftsrechtsordnung vorbehalten haben, eine endgültige Beschränkung ihrer Hoheitsrechte bewirkt, die durch spätere einseitige, mit dem Gemeinschaftsbegriff unvereinbare Maßnahmen nicht rückgängig gemacht werden kann. Infolgedessen ist Artikel 177 ohne Rücksicht auf innerstaatliche Gesetze anzuwenden, wenn sich die Auslegung des Vertrages betreffende Fragen stellen."*

Zusammengefasst geht der EuGH davon aus, dass die Mitgliedstaaten durch die Errichtung der EWG eine eigenständige Rechtsordnung geschaffen hätten, die insgesamt Vorrang gegenüber den nationalen Rechtsordnungen beanspruche. Diesen Anspruch des Vorrangs leitet der EuGH aus verschiedenen Normen des EWG-Vertrags ab. Dabei bedient sich der EuGH vor allem des Argumentationstopos des *„effet utile"*, der praktischen Wirksamkeit, des Unionsrechts: Könnten die Verpflichtungen aus dem EWG-Vertrag tatsächlich durch spätere nationale Gesetze verdrängt werden, könnten sich die Mitgliedstaaten ihren Verpflichtungen durch einseitige spätere Akte entziehen und damit die eigentlich angestrebte Binnenmarktordnung konterkarieren. Diese kann aber nur dann ihre praktische Wirksamkeit *(effet utile)* entfalten, wenn das EU-Recht dem nationalen Recht (und zwar auch später erlassenem) vorgeht.

**394.**

**Handelt es sich bei dem danach bestehenden Vorrang des EU-Rechts gegenüber dem nationalen Recht um einen Geltungsvorrang? Bricht das EU-Recht also nationales Recht mit der Folge, dass dieses nichtig ist?**

Der EuGH ist in seiner Rechtsprechung in der Tat zunächst von einem Geltungsvorrang des EU-Rechts gegenüber dem nationalen Recht ausgegangen. Später hat er allerdings seine Auffassung geändert und geht heute – wie von jeher das BVerfG – von einem bloßen **Anwendungsvorrang** des EU-Rechts aus.

**395.**

**Wie wirkt sich der Vorrang des EU-Rechts konkret aus?**

Der Vorrang des EU-Rechts kommt immer dann zum Tragen, wenn in einem konkreten Fall eine tatbestandlich einschlägige Norm des nationalen Rechts mit einer ebenfalls tatbestandlich einschlägigen Norm des EU-Rechts kollidiert. In solchen Fällen wirkt sich der Vorrang des EU-Rechts zunächst dahingehend aus, dass alle Hoheitsträger (Gerichte, Behörden etc.) der Mitgliedstaaten das nationale Recht unionsrechtskonform auslegen müssen (Grundsatz der unionsrechtskonformen Auslegung, EuGH, Rs. 14/83, Slg. 1984, S. 1891, Rn. 26 – *von Colson und Kamann*). Ist allerdings keine unionsrechtskonforme Auslegung möglich – etwa weil dies nach dem eindeutigen Wortlaut der nationalen Norm, als Grenze der Auslegung, unmöglich ist, dann kommt der Anwendungsvorrang zum Tragen: Die nationalen Hoheitsträger (insbes. Gerichte, Behörden) sind verpflichtet, die Norm des nationalen Rechts in diesem konkreten Fall *nicht* anzuwenden. Anders als nach der Theorie des Geltungsvorrangs bleibt die nationale Norm aber existent, kann also z. B. in Fällen, in denen EU-Recht (etwa mangels EU-grenzüberschreitenden Bezugs) nicht einschlägig ist, weiter zur Anwendung kommen. Im Einzelfall kann sich daraus dann eine sog. Inländerdiskriminierung ergeben.

**396.**

**Wirkt sich der Anwendungsvorrang des EU-Rechts auch gegenüber dem nationalen Gesetzgeber des Mitgliedstaates aus?**

Ja, der Erlass neuer mitgliedstaatlicher Rechtsnormen, die gegen EU-Recht verstoßen, ist unzulässig (EuGH, Rs. 106/77, Slg. 1978, S. 629 Rn. 17 f. – *Simmenthal*).

**397.**

**Ist der nationale Gesetzgeber aufgrund des Vorrangs des EU-Rechts auch verpflichtet, EU-rechtswidrige nationale Gesetze aufzuheben?**

Nicht unbedingt, da ja bereits die oben beschriebene Wirkweise des Anwendungsvorrangs sicherstellt, dass es nicht zur Anwendung EU-rechtswidrigen nationalen Rechts kommen darf. Allerdings besteht ausnahmsweise doch eine Pflicht zur Aufhebung EU-rechtswidriger nationaler Rechtsnormen, soweit nämlich *„Unklarheiten tatsächlicher Art bestehen, weil die betroffenen Normadressaten bezüglich der ihnen eröffneten Möglichkeiten, sich auf das Unionsrecht zu berufen, in einem Zustand der Ungewissheit gelassen werden"* (EuGH, Rs. 168/85, Slg. 1986, S. 2945 Rn. 11 – *Kommission/Italien*).

**398.**

**Die deutschen Zollbehörden erlassen einen Verwaltungsakt (VA), in dem ein Zoll für den Import eines im Vereinigten Königreich hergestellten Pkw nach Deutschland erhoben wird. Wie wirkt sich der Anwendungsvorrang des EU-Rechts auf den VA aus?**

Der Anwendungsvorrang wirkt sich grds. nur auf abstrakt-generelle Rechtsnormen, nicht aber auf VAe aus. Bei diesen ergibt sich die Folge eines Verstoßes gegen EU-Recht (hier das Zollverbot aus Art. 30 S. 1 AEUV) aus dem jeweiligen nationalen Verwaltungsrecht. In Deutschland kann ein EU-rechtswidriger VA wegen Verstoßes gegen EU-Recht rechtswidrig (und damit aufhebbar) oder unter besonderen Voraussetzungen (z. B. § 44 VwVfG, § 125 AO) nichtig sein. Ein Verstoß gegen EU-Recht als solcher führt regelmäßig nicht zur Nichtigkeit, sondern nur zur Rechtswidrigkeit und damit Aufhebbarkeit des VA (BVerwGE 138, 322 Rn. 16; *Will/Rathgeber,* JuS 2012, 1057/1062).

**399.**

**Ein EU-rechtswidriger VA einer deutschen Behörde wird nach erfolglosem Widerspruch nicht innerhalb der Monatsfrist aus § 74 I VwGO angefochten. Bleibt die EU-Rechtswidrigkeit folgenlos?**

Ist der VA nicht ausnahmsweise nichtig (§ 44 VwVfG), bleibt die EU-Rechtswidrigkeit aufgrund der wegen Ablaufs der Anfechtungsfrist eingetretenen Bestandskraft grds. folgenlos. Auch das EU-Recht kennt den Grundsatz der Bestandskraft. Allerdings gibt es nach der Rechtsprechung Ausnahmen von der Folgenlosigkeit der EU-Rechtswidrigkeit eines bestandskräftigen VA:

Zum einen betrifft dies VAe, die vor dem Beitritt eines Mitgliedstaates zur EU bestandskräftig geworden sind, sich nach dem Beitritt aber als EU-rechtswidrig erweisen. Solche VAe müssen nach dem Beitritt unangewendet bleiben (EuGH,

Rs. C-224/97, Slg. 1999, S. I-2517, Rn. 34 – *Ciola*). Anderenfalls könnte sich der beitretende Staat seinen aus der Pflicht zur Übernahme des *acquis communautaire* (oben Nr. 103) ergebenden Verpflichtungen entziehen. Zum anderen ist ein Mitgliedstaat nach den im *Kühne&Heitz*-Urteil des EuGH aufgestellten Grundsätzen unter folgenden Voraussetzungen verpflichtet, einen bestandskräftigen EU-rechtswidrigen VA aufzuheben (EuGH, Rs. C-453/00, Slg. 2004, S. I-837, Rn. 23 ff., 28):

1. Die Behörde ist nach dem nationalen Verwaltungsrecht befugt, den VA zurückzunehmen.

2. Die Bestandskraft ist infolge eines Urteils eines letztinstanzlich entscheidenden nationalen Gerichts eingetreten.

3. Dieses Urteil des nationalen Gerichts basiert, wie eine nach seinem Erlass ergangene Entscheidung des Gerichtshofs der EU zeigt, auf einer unrichtigen Auslegung des Unionsrechts, die trotz Erfüllung der Voraussetzungen des Art. 267 III AEUV erfolgt ist, ohne dass der Gerichtshof um Vorabentscheidung ersucht worden wäre.

4. Der Betroffene hat sich, nachdem er von der Entscheidung des Gerichtshofs der EU Kenntnis erlangt hat, an die Behörde gewandt.

Sind diese Voraussetzungen kumulativ erfüllt, muss die deutsche Behörde den EU-rechtswidrigen VA trotz dessen Bestandskraft aufheben.

---

**400.**

**Besteht der Anwendungsvorrang des EU-Rechts nach Auffassung des EuGH nur gegenüber einfachen nationalen Gesetzen (und darunterstehenden Rechtsnormen) oder auch gegenüber nationalem Verfassungsrecht?**

Nach Auffassung des EuGH besteht der Anwendungsvorrang des EU-Rechts gegenüber dem gesamten nationalen Recht der Mitgliedstaaten, also auch gegenüber nationalem Verfassungsrecht. Dies hat der EuGH in seinem Urteil vom 17.12.1970 in der Rs. *Internationale Handelsgesellschaft* (Rs. 11/70, Slg. 1970, S. 1125, Rn. 3 f.) festgestellt, was später zu der berühmten *Solange-I*-Entscheidung des BVerfG (unten Nr. 560) geführt hat.

---

**401.**

**Das BVerfG geht ebenfalls grds. von einem Anwendungsvorrang des EU-Rechts gegenüber dem nationalen Recht aus, begründet diesen allerdings anders, was in Grenzfällen dazu führen kann, dass der Anwendungsvorrang ausnahmsweise nicht greift (dazu unten Nr. 560 ff.). Wie begründet das BVerfG den Anwendungsvorrang des EU-Rechts?**

Nach Auffassung des BVerfG ergibt sich der Anwendungsvorrang des EU-Rechts nicht unmittelbar aus den Gründungsverträgen kraft Eigenständigkeit der EU-

Rechtsordnung, sondern aus einer entsprechenden verfassungsrechtlichen Ermächtigung im GG (BVerfGE 123, 267/397 – *Lissabon*). Danach ergibt sich der Anwendungsvorrang des EU-Rechts gegenüber dem nationalen deutschen Recht heute aus Art. 23 I GG i. V. m. Art. 59 II 1 GG.

**402.**

**Aber haben die Mitgliedstaaten den Vorrang des EU-Rechts nicht ausdrücklich in Erklärung Nr. 17 zum Vertrag von Lissabon (Erklärung Nr. 17, ABl. EU 2008 Nr. C 115, S. 344) anerkannt? Heißt es doch in dieser Erklärung u. a.:** *„Die Konferenz weist darauf hin, dass die Verträge und das von der Union auf der Grundlage der Verträge gesetzte Recht im Einklang mit der ständigen Rechtsprechung des Gerichtshofs der Europäischen Union unter den in dieser Rechtsprechung festgelegten Bedingungen Vorrang vor dem Recht der Mitgliedstaaten haben".*

Zwar haben die Mitgliedstaaten in der Tat dem Vertrag von Lissabon diese Erklärung zum Vorrang beigefügt. Damit wird allerdings lediglich die geltende Rechtslage zum Vorrang des EU-Rechts bestätigt, die nach Auffassung des BVerfG eben in einem Anwendungsvorrang aufgrund verfassungsrechtlicher Ermächtigung besteht (BVerfGE 123, 267/396 f. – *Lissabon*).

### 3. Sekundäres EU-Recht

#### a) Allgemeines

**403.**

**Nennen Sie die wichtigsten Sekundärrechtsakte der EU!**

Gem. Art. 288 I AEUV nehmen die Organe für die Ausübung der Zuständigkeiten der Union **Verordnungen, Richtlinien, Beschlüsse, Empfehlungen** und **Stellungnahmen** an.

**404.**

**Was unterscheidet Verordnungen, Richtlinien und Beschlüsse einerseits von Empfehlungen und Stellungnahmen andererseits?**

Während Verordnungen, Richtlinien und Beschlüsse gem. Art. 288 II-IV AEUV rechtsverbindlich sind, sind Empfehlungen und Stellungnahmen gem. Art. 288 V AEUV nicht verbindlich.

**405.**

**Gibt es auch ungeschriebenes Sekundärrecht der EU?**

Ja, wie oben schon angedeutet wurde, können Gewohnheitsrecht und allgemeine Rechtsgrundsätze auch im Range von Sekundärrecht stehen. Ob ein Satz des Gewohnheitsrechts oder ein allgemeiner Rechtsgrundsatz den Rang von Primärrecht oder aber von Sekundärrecht hat, richtet sich nach dem materiellen Inhalt des Rechtssatzes. Ergänzt bspw. ein Gewohnheitsrechtssatz geschriebenes Sekundärrecht, dann steht es grds. selbst im Range von Sekundärrecht.

**406.**

**Der Vertrag von Lissabon hat den Begriff des Gesetzgebungsakts in das Primärrecht eingeführt (vgl. Art. 289 III, Art. 290 I AEUV). Was ist darunter zu verstehen?**

Gesetzgebungsakte sind gem. Art. 289 III AEUV solche Rechtsakte, die gem. einem Gesetzgebungsverfahren angenommen werden. Entscheidend ist also nicht das materielle Wesen eines Rechtsakts, sondern dessen Entstehungsprozess. Ist ein Rechtsakt aufgrund eines ordentlichen oder besonderen Gesetzgebungsverfahrens erlassen worden, handelt es sich gem. Art. 289 III AEUV um einen Gesetzgebungsakt. Rechtsakte, die nicht in einem Gesetzgebungsverfahren erlassen worden sind, sind hingegen Rechtsakte ohne Gesetzgebungscharakter.

## b) Verordnung

**407.**

**In materieller Hinsicht sind Verordnungen (VO) i. S. d. Art. 288 II AEUV die Gesetze der EU: Sie haben gem. Art. 288 II AEUV allgemeine Geltung, wirken also abstrakt-generell, sind in allen ihren Teilen verbindlich und gelten unmittelbar in jedem Mitgliedstaat. Warum hat man sie dann nicht als Gesetze bezeichnet?**

In formaler Hinsicht haben die Mitgliedstaaten bei Gründung der drei Gemeinschaften in den 50er-Jahren des 20. Jh. von der Bezeichnung „Gesetz" abgesehen, da man befürchtete, dass dies den Eindruck hervorrufen könne, dass eine Bundesstaatsgründung beabsichtigt sei. Letztlich aus diesem Grund wurde auch bei Verabschiedung des Vertrags von Lissabon von der im gescheiterten Verfassungsvertrag beabsichtigten Umbenennung der Verordnung in Gesetz abgesehen. In materieller Hinsicht sprach früher gegen die Bezeichnung Gesetz, dass formelle Gesetze regelmäßig unter maßgeblicher Beteiligung des jeweiligen Parlaments erlassen werden, beim Erlass von Verordnungen der EU aber bis zum Inkrafttreten des Vertrags von Lissabon am 1.12.2009 der Rat dominierte, der sich aus Repräsentanten der nationalen Regierungen, also der Exekutive, zusammensetzt.

**408.**

Der italienische Staat verlangte Ende der 60er-Jahre des 20. Jh. von einem Unternehmen, das Schweinefleisch aus einem anderen Mitgliedstaat nach Italien importierte, Abgaben für Verwaltungsleistungen sowie eine Statistikgebühr, obwohl diese nicht mit Regelungen der EWG-Verordnungen Nr. 20/67 und 121/67 vereinbar waren. Konnte sich das betroffene Unternehmen vor dem angerufenen italienischen Gericht unmittelbar auf die einschlägigen Regelungen der Verordnungen berufen? Spielt es eine Rolle, ob die italienischen Vorschriften, auf denen die Abgaben und die Gebühr beruhten, vor oder nach Erlass der EWG-Verordnungen erlassen worden sind?

Um diese Rechtsfragen ging es in abstrakter Form im Vorabentscheidungsverfahren in der Rs. 43/71, Slg. 1971, S. 1039 – *Politi* vor dem EuGH. Dieser entschied a. a. O., S. 1049 Rn. 9 unter Berufung auf den Wortlaut von Art. 189 II EWGV a. F. (Art. 288 II AEUV), dass die Verordnung *„schon nach ihrer Rechtsnatur und ihrer Funktion im Rechtsquellensystem des Gemeinschaftsrechts [...] unmittelbare Wirkung“* erzeuge und als solche geeignet sei, *„für die einzelnen [Personen] Rechte zu begründen, zu deren Schutz die nationalen Gerichte verpflichtet“* seien. Daraus ergab sich, dass sich das betroffene Unternehmen vor dem zuständigen nationalen Gericht auf die einschlägigen Regelungen der Verordnungen berufen konnte.

Was die zweite Frage anging, entschied der EuGH, a. a. O., dass die Wirkung, welche der VO gem. Art. 288 II AEUV zukomme, *„der Anwendung aller – auch jüngeren – gesetzgeberischen Maßnahmen entgegen [stehe], die mit den Verordnungsbestimmungen unvereinbar seien“*. Diese Wirkung hätten auch die genannten Bestimmungen. Im Ergebnis lief dies auf eine Anwendungssperre unmittelbar wirkender Regelungen von EWG-VO gegenüber entgegenstehendem – auch später erlassenem – nationalen Recht hinaus.

**409.**

Sind Verordnungen in sog. Vertikalverhältnissen, in denen sich – wie im voranstehenden Fall – ein Bürger oder Privatunternehmen gegenüber dem Staat auf eine Regelung einer Verordnung beruft, ohne Weiteres unmittelbar zugunsten des Bürgers oder Privatunternehmens anwendbar?

Aus Art. 288 II 2 AEUV ergibt sich, dass Verordnungen in allen ihren Teilen verbindlich sind und sie unmittelbar in jedem Mitgliedstaat gelten. Die damit eindeutig kraft Primärrechts angeordnete unmittelbare Geltung von Verordnungen bedeutet allerdings nicht zwingend, dass die konkrete einschlägige Regelung der Verordnung auch unmittelbar anwendbar wäre. Voraussetzung dafür ist vielmehr, dass die relevante Regelung hinreichend bestimmt ist, um im konkreten Einzelfall angewendet werden zu können, und insoweit auch unbedingt ist. Dies ist in jedem Einzelfall zu überprüfen (näher dazu: *Haratsch/Koenig/Pechstein*, Rn. 381).

**410.**

Die A-Gesellschaft vermarktete im Vereinigten Königreich spanische Trauben der Sorte Superior Seedless. Als die mit A konkurrierende B-Gesellschaft Trauben der Sorte Seedless im Vereinigten Königreich mit der Bezeichnung White Seedless, Sult und Coryn vermarktete, was gegen die Kennzeichnungsvorschriften der VO (EWG) 1035/72 und VO (EG) Nr. 2200/96 verstieß, zeigte A dies beim zuständigen Ministerium im Vereinigten Königreich an. Da die Anzeige ohne Erfolg blieb, klagte A schließlich zivilrechtlich vor dem High Court of Justice gegen B.

Aus der vierten Begründungserwägung der VO Nr. 1035/72 ergab sich, dass mit der Anwendung gemeinsamer Qualitätsnormen der Zweck verfolgt wird, Erzeugnisse unzureichender Qualität vom Markt fernzuhalten, die Erzeugung so auszurichten, dass den Anforderungen der Verbraucher entsprochen wird, sowie die Handelsbeziehungen auf der Grundlage eines lauteren Wettbewerbs zu erleichtern. Dieser Zweck wurde auch in der dritten Begründungserwägung von VO Nr. 2200/96 bestätigt, wonach die Einstufung der Erzeugnisse nach gemeinschaftlichen Normen einerseits bezwecke, lauteren Handel und Markttransparenz sicherzustellen, und andererseits, von diesem Markt Erzeugnisse fernzuhalten, deren Qualität unzureichend ist. Nach der 20. Begründungserwägung dieser VO sind die Regeln der gemeinsamen Marktorganisation von allen Wirtschaftsteilnehmern, für die sie gelten, zu erfüllen, wenn nicht die Wirkung der genannten Regeln verfälscht werden soll.

Angenommen, dass die Regelungen der Verordnungen hinreichend klar und unbedingt waren, konnte A zivilrechtliche Ansprüche gegen B aus den Regelungen der Verordnungen ableiten?

In diesem an die Rs. C-253/00, Slg. 2002, S. I-7289 – *Munoz* angelehnten Fall geht es letztlich um die Frage, ob Verordnungen auch in Horizontalverhältnissen zwischen Privaten (Unternehmen A und Unternehmen B) unmittelbar anwendbar sind. Der von A angerufene High Court of Justice stellte zwar einen Verstoß gegen die Verordnungen fest, wies die Klage aber dennoch gerade mit der Begründung zurück, dass die Regelungen der Verordnungen nicht den Effekt hätten, dass Privatpersonen deren Nichtbeachtung mittels einer Zivilklage rügen könnten. Der dagegen von A angerufene Court of Appeal legte die hier angesprochene Frage, ob es einem Wirtschaftsteilnehmer möglich sein muss, die Beachtung der Vorschriften der einschlägigen Verordnungen im Wege eines Zivilprozesses gegen einen Konkurrenten durchzusetzen, dem EuGH zur Vorabentscheidung vor.

Dieser entschied a. a. O., S. I-7321 f. Rn. 30 f. unter Berufung auf die Rechtsnatur der Verordnung im Allgemeinen und die angeführten Begründungserwägungen der einschlägigen Verordnungen im Besonderen, dass die volle Wirksamkeit der relevanten Regelungen der Verordnungen voraussetze, *„dass deren Beachtung im Wege eines Zivilprozesses durchgesetzt werden könne, den ein Wirtschaftsteilnehmer gegen einen Konkurrenten anstrengt"*. Eine solche Klagebefugnis verstärke nämlich die Durchsetzungskraft der gemeinschaftsrechtlichen Regelung der Qualitätsnormen und ergänze die Tätigkeit der Stellen, die in den Mitgliedstaaten für die Durchführung der in dieser Regelung vorgesehenen Kontrollen zuständig seien.

Im Ergebnis können Verordnungen also auch im Horizontalverhältnis zwischen Privaten zivilgerichtlich durchsetzbare Ansprüche hervorbringen. Ob eine spezifische Regelung einer Verordnung diese Wirkung hat, ist allerdings in jedem Einzelfall durch Auslegung der einschlägigen Regelung zu ermitteln, darf also nicht ohne Weiteres pauschal behauptet werden.

### c) Richtlinie

### aa) Umsetzungsverpflichtung

**411.**

**Anders als der Verordnung, die mit ihrem Inkrafttreten gem. Art. 288 II AEUV unmittelbar in allen Mitgliedstaaten gilt, also unmittelbar Bestandteil der jeweiligen nationalen Rechtsordnung wird, liegt der Richtlinie ein zweistufiges Regelungskonzept zugrunde. Was bedeutet dies?**

Die Richtlinie (RL) selbst ist – in der ersten Stufe – gem. Art. 288 III AEUV an die Mitgliedstaaten gerichtet, die sie – in der zweiten Stufe – in ihr innerstaatliches Recht umzusetzen haben.

**412.**

**Für die Bürgerinnen und Bürger der Mitgliedstaaten werden die Inhalte einer Richtlinie gem. Art. 288 III AEUV also grds. erst dann effektiv, wenn sie von dem jeweiligen Mitgliedstaat – z. B. durch den Erlass entsprechender Gesetze – in nationales Recht umgesetzt worden sind. Warum gibt es dann überhaupt die Richtlinie, warum werden die Inhalte also nicht einfach mittels Verordnungen gem. Art. 288 II AEUV unmittelbar in Kraft gesetzt?**

Die Richtlinie ist ein schonendes Mittel zur Harmonisierung der Rechtsordnungen der Mitgliedstaaten. Wie sich aus Art. 288 III AEUV ergibt, ist die Richtlinie hinsichtlich des zu erreichenden Ziels verbindlich, überlässt jedoch den innerstaatlichen Stellen die Wahl der Form und der Mittel. Soll etwa ein spezifisches Widerrufsrecht für bestimmte Arten von Geschäften EU-weit eingeführt werden, ist zu berücksichtigen, dass in den Mitgliedstaaten nach wie vor unterschiedliche Zivilrechtsordnungen gelten. Die Richtlinie ermöglicht es, dass im Ergebnis das erwünschte Widerrufsrecht tatsächlich in alle nationalen Rechtsordnungen der Mitgliedstaaten Eingang findet, aber auf eine Art und Weise, die sich harmonisch in das jeweilige nationale Zivilrechtssystem einfügt.

**413.**

**RL 2006/24/EG des Europäischen Parlaments und des Rates vom 15.3.2006 über die Vorratsspeicherung von Daten, die bei der Bereitstellung öffentlich zugänglicher elektronischer Kommunikationsdienste oder öffentlicher Kom-**

munikationsnetze erzeugt oder verarbeitet werden, und zur Änderung der RL 2002/58/EG (Vorratsdatenspeicherungs-RL, ABl. EU 2006 Nr. L 105, S. 54) verpflichtet die Mitgliedstaaten in Art. 15 I, die Rechts- und Verwaltungsvorschriften in Kraft zu setzen, die erforderlich sind, um der Richtlinie bis spätestens 15.9.2007 nachzukommen. In Deutschland wurde die Vorratsdatenspeicherung maßgeblich in §§ 113a, 113b TKG sowie § 100g I 1 StPO geregelt, die zum 1.1.2008 durch das Gesetz zur Neuregelung der Telekommunikationsüberwachung und anderer verdeckter Ermittlungsmaßnahmen sowie zur Umsetzung der RL 2006/24/EG eingeführt wurden. BVerfGE 125, 260 (262 f.) erklärte diese Vorschriften jedoch am 2.3.2010 für nichtig. Was kann die Europäische Kommission unternehmen, nachdem die Bundesrepublik Deutschland auch nach mehrmaliger Aufforderung keine neuen gesetzlichen Regelungen zur Vorratsdatenspeicherung i. S. d. RL erlassen hat?

Im Ergebnis hat die Bundesrepublik ihre Pflicht zur Umsetzung der RL aus Art. 15 I Vorratsdatenspeicherungs-RL i. V. m. Art. 288 III AEUV verletzt. Dass ursprünglich ein entsprechendes Gesetz erlassen wurde, ist nicht entscheidend. Entscheidend ist, dass jedenfalls mit der Nichtigerklärung der zur Umsetzung der RL ergangenen Vorschriften durch das BVerfG die zur Umsetzung der RL erforderlichen Vorschriften im deutschen Recht nicht mehr existieren. Kommt die Bundesrepublik der Pflicht zur Umsetzung der RL daher innerhalb einer von der Kommission gem. Art. 258 I, II AEUV zu setzenden Frist nicht nach, kann die Kommission gem. Art. 258 II AEUV ein Vertragsverletzungsverfahren vor dem Gerichtshof der EU gegen die Bundesrepublik Deutschland einleiten (dazu unten Nr. 623 ff.). Tatsächlich hat die Kommission im Mai 2012 wegen Nichtumsetzung der Vorratsdatenspeicherungs-RL ein Vertragsverletzungsverfahren gegen die Bundesrepublik Deutschland eingeleitet (<http://www.zeit.de/digital/datenschutz/2012-05/vorrats-daten-eu-klage>).

---

**414.**

Kann die Bundesrepublik Deutschland im Vertragsverletzungsverfahren vor dem Gerichtshof der EU mit Aussicht auf Erfolg darauf verweisen, dass sie aufgrund der Nichtigerklärung der einschlägigen Vorschriften durch das BVerfG nichts dafür könne, dass die RL im Ergebnis nicht ordnungsgemäß umgesetzt wurde?

Ein Mitgliedstaat kann die Nichtbeachtung der in einer Richtlinie enthaltenen Regelungen und Fristen nicht unter Berufung auf Regelungen, tatsächliche Übungen oder Umstände seiner eigenen Rechtsordnung rechtfertigen (vgl. etwa EuGH, Rs. 283/86, Slg. 1988, S. 3271, Rn. 7 – *Kommission/Belgien*). Da sich die Nichtigerklärung der auf die Umsetzung der RL abzielenden Vorschriften des TKG und der StPO aus einer Anwendung bundesdeutschen Verfassungsrechts ergab, wird eine Berufung auf die Nichtigerklärung durch das BVerfG vor dem Gerichtshof der EU höchstwahrscheinlich ohne Erfolg bleiben.

**415.**

Angenommen, der EuGH stellt gem. Art. 260 I AEUV fest, dass die Bundesrepublik ihre Pflicht aus Art. 15 I Vorratsdatenspeicherungs-RL i. V. m. Art. 288 III AEUV verletzt hat. Was kann der EuGH tun, um die Bundesrepublik zur Umsetzung der RL zu bewegen?

Er kann, wenn die Bundesrepublik ihrer Verpflichtung zur Umsetzung der RL auch nach einem entsprechenden Urteil des Gerichtshofs nicht nachkommt, gem. Art. 260 II UA 2 AEUV die Zahlung eines Pauschalbetrags oder eines Zwangsgeldes gegen die Bundesrepublik Deutschland verhängen (dazu unten Nr. 639). Mit dem Vertrag von Lissabon wurde zudem in Art. 260 III AEUV für Vertragsverletzungsverfahren, die sich darauf beziehen, dass ein Mitgliedstaat gegen seine Verpflichtung verstoßen hat, Maßnahmen zur Umsetzung einer gemäß einem Gesetzgebungsverfahren erlassenen Richtlinie mitzuteilen, der Kommission die Möglichkeit gegeben, bereits im grundlegenden Vertragsverletzungsverfahren gem. Art. 258 AEUV die Höhe des von dem betreffenden Mitgliedstaat zu zahlenden Pauschalbetrags oder Zwangsgeldes zu benennen (dazu etwa *Schwarze*, in: Schwarze, EU-Kommentar, Art. 260 AEUV Rn. 16 ff.). Im Verfahren um die Nichtumsetzung der Vorratsdatenspeicherungs-RL hat die Kommission die Festsetzung eines Zwangsgeldes i. H. v. 315.036,54 € pro Tag bis zur Umsetzung der RL beantragt (<http://www.faz.net/aktuell/politik/inland/vorratsdatenspeicherung-jeden-tag-315-036-54-euro-strafe-11769721.html>).

**416.**

Die Bundesrepublik Deutschland erließ Anfang der 80er-Jahre des 20. Jh. keine neuen Regelungen zur Umsetzung verschiedener EG-Richtlinien aus den Jahren 1980 und 1982, in denen Grenzwerte für Schadstoffe in der Luft festgesetzt worden waren. Sie war nämlich der Auffassung, dass das von den Richtlinien angestrebte Schutzniveau bereits durch existierende Regelungen des BImSchG und der TA-Luft sichergestellt werde. Angenommen bestimmte, in den Richtlinien enthaltene Grenzwerte waren in der TA-Luft, als Verwaltungsvorschrift, festgesetzt, genügte dies der Umsetzungsverpflichtung aus Art. 288 III AEUV?

Grds. sind Mitgliedstaaten nur dann nicht zu einer aktiven Umsetzung einer erlassenen RL verpflichtet, wenn die in der RL enthaltenen Ziele bereits in einer der Umsetzungsverpflichtung des Art. 288 III AEUV entsprechenden Form im nationalen Recht verwirklicht sind. Zu prüfen ist daher, ob entsprechende Vorschriften in der TA-Luft, als Verwaltungsvorschrift, dem gerecht wurden.

Zwar sind die Mitgliedstaaten in der Wahl der Form und der Mittel der Umsetzung einer Richtlinie gem. Art. 288 III AEUV frei. Allerdings müssen sie die Formen und Mittel ergreifen, die für die Gewährleistung der praktischen Wirksamkeit *(effet utile)* der Richtlinie am besten geeignet sind (EuGH, Rs. 48/75, Slg. 1976, S. 497, Rn. 69/73 – *Royer*). Da die Umsetzung auch den als allgemeine Rechtsgrundsätze geltenden Geboten der Rechtssicherheit und Rechtsklarheit entsprechen muss, hat sie durch verbindliche innerstaatliche Vorschriften zu erfolgen, welche hinreichend klar und bestimmt sind und es Betroffenen ermöglichen, von ihren Rechten und Pflichten Kenntnis zu erlangen, so dass die Betroffenen sie vor den nationalen Gerichten geltend machen können (vgl. EuGH, Rs. 291/84, Slg. 1987, S. 3483, Rn. 15 – *Kommission/Niederlande;* EuGH, Rs. C-361/88, Slg. 1991, S. I-2567, Rn. 21 – *TA-Luft)*. Danach genügt, wie der EuGH in seinem dem vorliegenden Fall zugrunde liegenden *TA-Luft*-Urteil vom 30.5.1991 festgestellt hat, die Umsetzung einer Richtlinie durch eine bloße Verwaltungsvorschrift ohne unmittelbare Außenwirkung für die Bürger wie die TA-Luft nicht den Anforderungen des Art. 288 III AEUV (EuGH, Rs. C-361/88, Slg. 1991, S. I-2567, Rn. 20 f. – *TA-Luft)*.

### bb) Vorwirkung von Richtlinien

**417.**

**Was ist unter der Vorwirkung von Richtlinien zu verstehen?**

Bei der Vorwirkung von Richtlinien geht es um die Frage, ob Richtlinien bereits vor Ablauf der Umsetzungsfrist jenseits der eigentlichen Umsetzungsverpflichtung Rechtswirkungen hervorbringen. Der EuGH hat diese Möglichkeit grds. bejaht. Allerdings ist die Vorwirkung von Richtlinien auf ein Frustrationsverbot begrenzt (*Streinz,* Europarecht, Rn. 505). Die Mitgliedstaaten, die Adressaten der Richtlinie sind, sind danach ab Bekanntgabe einer Richtlinie gem. Art. 4 III EUV i. V. m. Art. 288 III AEUV verpflichtet, alles zu unterlassen, was geeignet wäre, die Verwirklichung des in der Richtlinie vorgesehenen Ziels ernstlich in Frage zu stellen (vgl. EuGH, Rs. C-129/96, Slg. 1997, S. I-7411, Rn. 41, 45 – *Inter-Environnement Wallonie)*. Letztlich geht es bei der Vorwirkung von Richtlinien also darum, im Interesse des effet utile der Richtlinie deren fristgemäße Umsetzung nicht zu gefährden.

**418.**

**RL 2002/30/EG über Regeln und Verfahren für lärmbedingte Betriebsbeschränkungen auf Flughäfen der Gemeinschaft (ABl. EG 2002 Nr. L 85, S. 40), die am 28.3.2002 in Kraft trat, war bis zum 28.9.2003 in das Recht der Mitgliedstaaten umzusetzen. Belgien erließ am 14.4.2002 eine Königliche Verordnung, die ab ihrem Inkrafttreten am 1.7.2003 für alle belgischen Flughäfen Betriebsbeschränkungen während der Nachtstunden anordnete. Damit wollte Belgien allerdings nicht die RL umsetzen, sondern verfolgte einen auf bestimmte Triebwerkstypen bezogenen spezifischen Regelungsansatz, der auf die EG-VO Nr. 925/1999 gestützt war. War Belgien allein aufgrund der Existenz der RL 2002/30/EG, die einen anderen (lärmauswirkungsbezogenen) Ansatz verfolgte, verpflichtet, die Königliche Verordnung nicht zu erlassen?**

Ein solches Verbot des Erlasses der Königlichen Verordnung könnte sich aus der Vorwirkung der RL 2002/30/EG ergeben. Gem. Art. 4 III EUV i. V. m. Art. 288 III

AEUV sind die Mitgliedstaaten ab Bekanntgabe einer Richtlinie verpflichtet, alles zu unterlassen, was geeignet wäre, die Verwirklichung des in der Richtlinie vorgesehenen Ziels ernstlich in Frage zu stellen. Dies bedeutet allerdings nicht, dass eine Sperrwirkung in dem Sinne entstünde, dass die Mitgliedstaaten überhaupt keine Vorschriften mehr erlassen dürften, die der Richtlinie widersprechen. Allein aus der Existenz der Richtlinie die einen Regelungsansatz verfolgte, mit welchem der Regelungsansatz der Königlichen Verordnung nicht übereinstimmte, ergab sich daher kein Verbot des Erlasses der Königlichen Verordnung.

**419.**

**Angenommen, der Regelungsansatz der Königlichen Verordnung, der auf ein Betriebsverbot für bestimmte Flugzeugtypen hinausläuft, führt dazu, dass der in der RL 2002/30/EG vorgesehene Regelungsansatz, der auf der Beurteilung der Lärmauswirkung aller relevanten Flugzeugtypen basiert, vereitelt wird. War Belgien dann verpflichtet, den Erlass der Königlichen Verordnung zu unterlassen?**

Ja, denn dann ist die Voraussetzung einer Richtlinienvorwirkung erfüllt, dass nämlich der Erlass der Königlichen Verordnung geeignet wäre, die Verwirklichung des in der Richtlinie vorgesehenen Ziels ernstlich in Frage zu stellen (EuGH, Rs. C-422/05, Slg. 2007, S. I-4749, Rn. 65 ff. – *Kommission/Belgien*).

**420.**

**Was konnte die Kommission tun, um gegen den Erlass der Königlichen Verordnung vorzugehen?**

Die Kommission konnte nach entsprechender erfolgloser Aufforderung ein Vertragsverletzungsverfahren gem. Art. 258 AEUV gegen Belgien vor dem EuGH einleiten (EuGH, Rs. C-422/05, Slg. 2007, S. I-4749 – *Kommission/Belgien*).

**cc) Richtlinienkonforme Auslegung und Rechtsfortbildung**

**421.**

**Wozu verpflichtet das Gebot der richtlinienkonformen Auslegung nationalen Rechts, das der EuGH in ständiger Rechtsprechung vertritt?**

Nach dem Gebot der richtlinienkonformen Auslegung sind die Mitgliedstaaten verpflichtet, ihr nationales Recht im Einklang mit den bestehenden EU-Richtlinien auszulegen.

**422.**

**Woraus ergibt sich das Gebot der richtlinienkonformen Auslegung?**

Art. 288 III AEUV, nach dem die Richtlinie für jeden Mitgliedstaat, an den sie gerichtet ist, hinsichtlich des zu erreichenden Ziels verbindlich ist, richtet sich an jeden Mitgliedstaat in seiner Gesamtheit, also nicht nur an die Legislative, sondern auch an die Judikative. Damit folgt aus Art. 288 III AEUV die Pflicht der mitgliedstaatlichen Judikative, das nationale Recht richtlinienkonform auszulegen (vgl. etwa EuGH, Rs. 80/86, Slg. 1987, S. 3969 Rn. 12 – *Kolpinghuis Nijmegen*). Der EuGH stützt das Gebot der richtlinienkonformen Auslegung daneben meist auch auf die Loyalitätspflicht der Mitgliedstaaten aus Art. 4 III EUV (Art. 10 II EGV a. F.; vgl z. B. EuGH, Rs. C-212/04, Slg. 2006, S. I-6057, Rn. 113 – *Adeneler*).

**423.**

**Privatunternehmen P schloss mit verschiedenen Arbeitnehmern mehrere aufeinanderfolgende befristete Arbeitsverträge. Dies stand im Einklang mit dem einschlägigen nationalen Recht des Mitgliedstaates. Die mehrfache konsekutive Befristung der Verträge stand allerdings im Widerspruch zu einer EG-RL, deren Umsetzungsfrist aber noch nicht abgelaufen war. Die betroffenen Arbeitnehmer klagten vor dem zuständigen nationalen Gericht und beantragten, dieses möge die Unbefristetheit der Arbeitsverträge feststellen. War das mitgliedstaatliche Gericht verpflichtet, das nationale Recht richtlinienkonform auszulegen?**

Grds. sind alle Gerichte der Mitgliedstaaten gem. Art. 288 III AEUV, Art. 4 III EUV verpflichtet, das nationale Recht im Einklang mit den bestehenden EU-Richtlinien auszulegen. Da den Mitgliedstaaten allerdings vor Ablauf der Umsetzungsfrist einer Richtlinie nicht zur Last gelegt werden kann, dass sie die Maßnahmen zu deren Umsetzung in innerstaatliches Recht noch nicht erlassen haben, besteht die Verpflichtung der nationalen Gerichte, das innerstaatliche Recht richtlinienkonform auszulegen, erst ab Ablauf der Umsetzungsfrist (EuGH, Rs. C-212/04, Slg. 2006, S. I-6057, Rn. 114 f. – *Adeneler*).

**424.**

**Könnte sich in diesem Fall evtl. aus der oben angesprochenen Vorwirkung der Richtlinie ein Gebot zu einer bestimmten Auslegung des nationalen Rechts ergeben?**

Prinzipiell ja, denn die Vorwirkung von Richtlinien, nach der die Mitgliedstaaten ab Bekanntgabe einer Richtlinie alles zu unterlassen haben, was geeignet wäre, die Verwirklichung des in der Richtlinie vorgesehenen Ziels ernstlich in Frage zu stellen, richtet sich auch an die Judikative der Mitgliedstaaten. *„Daraus folgt, dass die Gerichte* *der Mitgliedstaaten ab dem Zeitpunkt des Inkrafttretens einer Richtlinie es soweit wie möglich unterlassen müssen, das innerstaatliche Recht auf eine Weise auszulegen, die die Erreichung des mit dieser Richtlinie verfolgten Zieles nach Ablauf der Umsetzungsfrist ernsthaft gefährden würde"* (EuGH, Rs. C-212/04, Slg. 2006, S. I-6057, Rn. 123 – *Adeneler*).

---

**425.**

Angenommen, die Umsetzungsfrist der Richtlinie wäre abgelaufen, so dass das nationale Gericht zur richtlinienkonformen Auslegung des nationalen Rechts verpflichtet wäre: Müsste das Gericht das nationale Recht in diesem Fall auch dann richtlinienkonform auslegen, wenn dies mit dem eindeutigen Wortlaut des nationalen Rechts nicht vereinbar wäre?

---

Das nationale Gericht ist verpflichtet, das nationale Recht „soweit wie möglich" richtlinienkonform auszulegen. Daraus folgt, dass der EuGH nationalen Gerichten jedwede Anstrengung zur Erfüllung der Ziele der Richtlinie durch Auslegung abverlangt (*Haratsch/Koenig/Pechstein*, Rn. 400). Sie müssen auch die Möglichkeiten einer **richtlinienkonformen Rechtsfortbildung** ausschöpfen, so dass bspw. eine teleologische Reduktion oder teleologische Extension geboten sein kann. Gleichzeitig akzeptiert der EuGH aber grds. die sich v. a. aus der Kompetenzverteilung von Legislative und Judikative ergebenden innerstaatlichen Grenzen der Rechtsfindung. Eine Auslegung contra legem wird dem nationalen Gericht daher nicht abverlangt (EuGH, Rs. C-212/04, Slg. 2006, S. I-6057, Rn. 110 – *Adeneler*). Eine Auslegung, die nicht mit dem eindeutigen Wortlaut eines Gesetzes vereinbar ist und sich auch sonst nicht mit anerkannten Auslegungsmethoden (z. B. einer teleologischen Reduktion) begründen lässt, ist daher nicht geboten.

---

**426.**

Im August 2002 lieferte *Quelle* (Q) Frau *Brüning* (B) ein „Herd-Set" für deren privaten Gebrauch. Anfang 2004 stellte B fest, dass das Gerät vertragswidrig war. Da eine Reparatur nicht möglich war, gab B das Gerät an Q zurück, die es durch ein neues Gerät ersetzte. Q verlangte jedoch von B die Zahlung von 69,97 € als Wertersatz für die Vorteile, die sie aus der Nutzung des ursprünglich gelieferten Geräts gezogen hatte. Der BGH, bei dem Revision im Hinblick auf die Verpflichtung zur Zahlung der 69,97 € Wertersatz eingelegt worden war, stellte fest, aus § 439 IV i. V. m. § 346 I und II Nr. 1 BGB ergebe sich, dass der Verkäufer im Fall der Ersatzlieferung für eine mangelhafte Sache Anspruch auf Wertersatz für die Vorteile habe, die der Käufer aus der Nutzung dieser Sache bis zu deren Austausch durch eine neue Sache gezogen habe.

§ 439 IV BGB: „Liefert der Verkäufer zum Zwecke der Nacherfüllung eine mangelfreie Sache, so kann er vom Käufer Rückgewähr der mangelhaften Sache nach Maßgabe der §§ 346 bis 348 verlangen."

§ 346 I-II BGB: „(1) Hat sich eine Vertragspartei vertraglich den Rücktritt vorbehalten oder steht ihr ein gesetzliches Rücktrittsrecht zu, so sind im Falle des Rücktritts die empfangenen Leistungen zurückzugewähren und die gezogenen Nutzungen herauszugeben.

(2) Statt der Rückgewähr oder Herausgabe hat der Schuldner Wertersatz zu leisten, soweit

1. die Rückgewähr oder die Herausgabe nach der Natur des Erlangten ausgeschlossen ist, [...]"

Problematisch war allerdings, dass nach den Regelungen der einschlägigen RL 1999/44/EG in solchen Fällen möglicherweise gerade keine Pflicht zur Leistung von Wertersatz bestehen sollte.

Art. 3 („Rechte des Verbrauchers") RL 1999/44/EG des Europäischen Parlaments und des Rates vom 25.5.1999 zu bestimmten Aspekten des Verbrauchsgüterkaufs und der Garantien für Verbrauchsgüter (ABl. Nr. L 171, S. 12):

„(1) Der Verkäufer haftet dem Verbraucher für jede Vertragswidrigkeit, die zum Zeitpunkt der Lieferung des Verbrauchsgutes besteht.

(2) Bei Vertragswidrigkeit hat der Verbraucher entweder Anspruch auf die unentgeltliche Herstellung des vertragsgemäßen Zustands des Verbrauchsgutes durch Nachbesserung oder Ersatzlieferung nach Maßgabe des Absatzes 3 oder auf angemessene Minderung des Kaufpreises oder auf Vertragsauflösung in Bezug auf das betreffende Verbrauchsgut nach Maßgabe der Absätze 5 und 6.

(3) Zunächst kann der Verbraucher vom Verkäufer die unentgeltliche Nachbesserung des Verbrauchsgutes oder eine unentgeltliche Ersatzlieferung verlangen, sofern dies nicht unmöglich oder unverhältnismäßig ist. Eine Abhilfe gilt als unverhältnismäßig, wenn sie dem Verkäufer Kosten verursachen würde, die verglichen mit der alternativen Abhilfemöglichkeit unzumutbar wären. Die Nachbesserung oder die Ersatzlieferung muss innerhalb einer angemessenen Frist und ohne erhebliche Unannehmlichkeiten für den Verbraucher erfolgen, wobei die Art des Verbrauchsgutes sowie der Zweck, für den der Verbraucher das Verbrauchsgut benötigte, zu berücksichtigen sind.

(4) Der Begriff ‚unentgeltlich' in den Absätzen 2 und 3 umfasst die für die Herstellung des vertragsgemäßen Zustands des Verbrauchsgutes notwendigen Kosten, insbesondere Versand-, Arbeits- und Materialkosten. [...]"

Der BGH sah keine Möglichkeit, die nationale Regelung im Wege der richtlinienkonformen Auslegung zu korrigieren. Eine Auslegung in dem Sinne, dass der Verkäufer vom Käufer keinen Wertersatz für die Nutzung der ausgetauschten Sache verlangen könne, widerspreche nämlich dem Wortlaut der einschlägigen Bestimmungen des BGB sowie dem zum Ausdruck gebrachten eindeutigen Willen des Gesetzgebers und sei nach Art. 20 III GG, wonach die Rechtsprechung an Recht und Gesetz gebunden ist, unzulässig. Da er aber Zweifel an der Vereinbarkeit der Bestimmungen des BGB mit dem Gemeinschaftsrecht hatte, legte er dem Gerichtshof folgende Frage zur Vorabentscheidung vor: „Sind die Bestimmungen des Art. 3 II i. V. m. III 1 und IV oder des Art. 3 III 3 der RL 1999/44/EG dahin auszulegen, dass sie einer nationalen gesetzlichen Regelung entgegenstehen, die besagt, dass der Verkäufer im Falle der Herstellung des vertragsgemäßen Zustands des Verbrauchsguts durch Ersatzlieferung von dem Verbraucher Wertersatz für die Nutzung des zunächst gelieferten vertragswidrigen Verbrauchsguts verlangen kann?"

**Wie beantwortete der EuGH die Vorlagefrage? (Angelehnt an: EuGH, Rs. C-404/06, Slg. 2008, S. I-2685 – *Quelle*)**

Der EuGH stellte fest, dass sowohl aus dem Wortlaut von Art. 3 III, IV RL 1999/44/EG als auch aus den einschlägigen Vorarbeiten der Richtlinie hervorgehe, dass der Gemeinschaftsgesetzgeber die Unentgeltlichkeit der Herstellung des vertragsgemäßen Zustands des Verbrauchsguts durch den Verkäufer zu einem wesentlichen Bestandteil des durch diese Richtlinie gewährleisteten Verbraucherschutzes machen wollte (EuGH, a. a. O., Rn. 33). Die vom Gemeinschaftsgesetzgeber gewollte Garantie der Unentgeltlichkeit bedeute, dass jede finanzielle Forderung des Verkäufers im Rahmen der Erfüllung seiner Verpflichtung zur Herstellung des vertragsgemäßen Zustands des Verbrauchsguts, auf das sich der Vertrag beziehe, ausgeschlossen sei (EuGH, a. a. O., Rn. 34). Insgesamt beantwortete der EuGH die Vorlagefrage daher dahingehend, dass Art. 3 der Richtlinie in der Weise auszulegen sei, *„dass er einer nationalen Regelung entgegensteht, die dem Verkäufer, wenn er ein vertragswidriges Verbrauchsgut geliefert hat, gestattet, vom Verbraucher Wertersatz für die Nutzung des vertragswidrigen Verbrauchsguts bis zu dessen Austausch durch ein neues Verbrauchsgut zu verlangen"* (EuGH, a. a. O., Rn. 43).

## 427.

**Wie berücksichtigte der BGH die Vorabentscheidung des EuGH in seinem Urteil in dieser Sache?**

Der BGH entschied, dass § 439 IV BGB unter Beachtung des Urteils des EuGH einschränkend anzuwenden sei (BGH, Az. VIII ZR 200/05, NJW 2009, 427): *„Die in § 439 IV BGB in Bezug genommenen Vorschriften über den Rücktritt (§ 346 bis § 348 BGB) gelten in diesen Fällen nur für die Rückgewähr der mangelhaften Sache selbst, führen hingegen nicht zu einem Anspruch des Verkäufers gegen den Käufer auf Herausgabe der gezogenen Nutzungen oder auf Wertersatz für die Nutzung der mangelhaften Sache."* Im Ergebnis musste B daher keinen Wertersatz leisten.

## 428.

**Wie begründete der BGH diese Entscheidung dogmatisch, wenn er doch in seiner Vorlage zuvor keine Möglichkeit einer richtlinienkonformen Auslegung gesehen hatte?**

Der BGH bestätigte zunächst seine ursprüngliche Feststellung, indem er ausführte, dass sich *„das Gebot richtlinienkonformer Auslegung im vorliegenden Fall nicht im Wege einer (einschränkenden) Gesetzesauslegung im engeren Sinne umsetzen [lässt], also einer*

*Rechtsfindung innerhalb des Gesetzeswortlauts [...], deren Grenze durch den möglichen Wortsinn gebildet wird [...]"* (BGH, Az. VIII ZR 200/05, NJW 2009, 427/428 Rn. 20). Der von der Rechtsprechung des EuGH geprägte Grundsatz der richtlinienkonformen Auslegung verlange von den nationalen Gerichten aber mehr als bloße Auslegung im engeren Sinne (BGH, a. a. O., 428 Rn. 21). Auch die vom EuGH formulierte Einschränkung, nach der die richtlinienkonforme Auslegung nicht als Grundlage für eine Auslegung des nationalen Rechts *contra legem* dienen dürfe, beziehe sich nicht auf die Wortlautgrenze. Der Begriff des *contra-legem*-Judizierens sei vielmehr funktionell zu verstehen; er bezeichne den Bereich, in dem eine richterliche Rechtsfindung nach nationalen Methoden unzulässig sei. Der Grundsatz der richtlinienkonformen Auslegung fordere deshalb auch, das nationale Recht, wo dies nötig und möglich sei, richtlinienkonform fortzubilden (BGH, a. a. O., 429 Rn. 22). Daraus folge im zu entscheidenden Fall das **Gebot einer richtlinienkonformen Rechtsfortbildung** durch teleologische Reduktion.

---

**429.**

**Woraus leitete der BGH die für eine teleologische Reduktion erforderliche planwidrige Regelungslücke ab?**

Aus der Gesetzesbegründung, der er entnahm, dass *„die Absicht des Gesetzgebers einerseits dahin ging, dem Verkäufer für den Fall der Ersatzlieferung einen Anspruch auf Herausgabe der vom Käufer gezogenen Nutzungen zuzubilligen. Andererseits sollte aber – was die weiteren Ausführungen in der Gesetzesbegründung belegen – auch eine Regelung geschaffen werden, die mit der Richtlinie vereinbar ist"* (BGH, Az. VIII ZR 200/05, NJW 2009, 427/429 Rn. 24). Da die explizit vertretene Auffassung, dass die Regelung über den Nutzungsersatz den Anforderungen der Richtlinie genüge, jedoch fehlerhaft sei, wie der EuGH nunmehr mit Bindungswirkung festgestellt habe, erweise sich das Gesetz als planwidrig unvollständig (BGH, a. a. O., 429 Rn. 24 f.). Dass die Unvollständigkeit des Gesetzes planwidrig sei, ergebe sich daraus, dass der Gesetzgeber in der Gesetzesbegründung ausdrücklich seine Absicht bekundet habe, auch und gerade hinsichtlich des Nutzungsersatzes eine richtlinienkonforme Regelung zu schaffen.

---

**430.**

**Unter welcher Voraussetzung kann auch in solchen Fällen, in denen eine richtlinienkonforme Auslegung oder Rechtsfortbildung unmöglich ist, z. B. durch eine Nichtanwendung bestimmter Vorschriften des nationalen Rechts ein Ergebnis erzielt werden, das de facto auf eine Anwendung der Ziele der Richtlinie im konkreten Fall hinausläuft?**

Kommt in solchen Fällen eine unmittelbare Wirkung der Richtlinie nicht in Betracht (dazu sogleich Nr. 433 ff.), etwa weil es sich um ein Horizontalverhältnis zwischen Privaten handelt, kann nach der Rechtsprechung des EuGH eine Verdrängung des einschlägigen nationalen Rechts unter der Voraussetzung eintreten, dass zugleich ein inhaltlich mit den Zielen der Richtlinie gleichlaufender primärrechtlicher Rechtsgrundsatz, z. B. ein EU-Grundrecht, einschlägig ist (vgl. EuGH, Rs. C-555/07, Slg. 2010, S. I-365 Rn. 18 ff. – *Kücükdeveci*).

---

**431.**

K, die seit ihrem 18. Lebensjahr bei dem Privatunternehmen S beschäftigt war, wurde im Alter von 28 Jahren von S mit einer Kündigungsfrist von einem Monat entlassen. Die lediglich einmonatige Kündigungsfrist (statt einer viermonatigen Kündigungsfrist gem. § 622 II 1 Nr. 4 BGB) ergab sich nach Auffassung des Arbeitgebers, da gem. § 622 II 2 BGB vor Vollendung des 25. Lebensjahres liegende Beschäftigungszeiten der K bei der Berechnung der Frist unberücksichtigt zu lassen seien.
§ 622 II 2 BGB: „Bei der Berechnung der Beschäftigungsdauer werden Zeiten, die vor der Vollendung des 25. Lebensjahrs des Arbeitnehmers liegen, nicht berücksichtigt."
K erhob Kündigungsschutzklage und führte aus, dass die Kündigungsfrist aufgrund ihrer zehnjährigen Betriebszugehörigkeit gem. § 622 II 1 Nr. 4 BGB vier Monate hätte betragen müssen. Die Regelung des § 622 II 2 BGB sei wegen Verstoßes gegen EU-Recht, namentlich das Diskriminierungsverbot aus Gründen des Alters gem. RL 2000/78, deren Umsetzungsfrist abgelaufen war, und gem. den EU-Grundrechten, nicht anwendbar. Betrug die Kündigungsfrist einen oder vier Monate? (Angelehnt an: EuGH, Rs. C-555/07, Slg. 2010, S. I-365 – *Kücükdeveci*)

---

Die Kündigungsfrist betrug nur dann einen Monat, wie S dies annahm, wenn die Vorschrift des § 622 II 2 BGB im vorliegenden Fall zur Anwendung kam. Anderenfalls betrug sie gem. § 622 II 1 Nr. 4 BGB vier Monate. Eine Nichtanwendung von § 622 II 2 BGB könnte sich aus einem Verstoß der Regelung, die unter 25-jährige Arbeitnehmer benachteiligt, gegen das in RL 2000/78 enthaltene Diskriminierungsverbot aus Gründen des Alters ergeben (EuGH, a. a. O., Rn. 28 ff.). Richtlinien bringen jedoch gem. Art. 288 III AEUV grds. keine unmittelbare Wirkung für Bürgerinnen und Bürger und private Unternehmen hervor. Eine Nichtanwendung von § 622 II 2 BGB konnte sich daher nicht aus einer unmittelbaren Wirkung der RL 2000/78 ergeben.

Da die Umsetzungsfrist der RL 2000/78 bereits abgelaufen war, kommt allerdings eine richtlinienkonforme Auslegung von § 622 II 2 BGB im Lichte des Diskriminirungsverbots aus Gründen des Alters, wie es in RL 2000/78 konkretisiert ist, in Betracht. Der Wortlaut von § 622 II 2 BGB ist jedoch eindeutig, was die Nichtberücksichtigung von Beschäftigungszeiten angeht, die vor Vollendung des 25. Lebensjahres liegen. Gegen den eindeutigen Wortlaut ist grds. keine richtlinienkonforme Auslegung möglich. Eine Berücksichtigung der vor Vollendung des 25. Lebensjahres liegenden Beschäftigungszeiten der K ist daher nicht aufgrund einer richtlinienkonformen Auslegung von § 622 II 2 BGB möglich (vgl. EuGH, a. a. O., Rn. 48 f.).

Eine nach der Rechtsprechung des EuGH ausnahmsweise mögliche unmittelbare Wirkung der Richtlinie (dazu unten Nr. 433 ff.) scheidet schon aus dem Grund aus, dass es sich um ein Horizontalverhältnis zwischen Privaten handelt (EuGH, a. a. O., Rn. 46). In Betracht kommt aber schließlich, dass die Regelung des § 622 II 2 BGB im vorliegenden Fall unangewendet bleiben musste, da sie gegen einen allgemeinen Grundsatz des Unionsrechts verstieß. Das Verbot der Diskriminierung wegen des Alters ist ein allgemeiner Grundsatz des Unionsrechts (EuGH, Rs. C-144/04, Slg. 2005, S. I-9981 Rn. 75 – *Mangold*). RL 2000/78 konkretisiert diesen Grundsatz (EuGH, Rs. C-555/07, Slg. 2010, S. I-365 Rn. 21 – *Kücükdeveci*). Zudem sind auch gem. Art. 21 I EU-Grundrechtecharta, die gem. Art. 6 I EUV verbindlich ist und den Rang von Primärrecht einnimmt, „Diskriminierungen insbesondere wegen […] des Alters" verboten (EuGH, a. a. O., Rn. 22). Der EuGH hat daher in seinem *Kücükdeveci*–Urteil, a. a. O., Rn. 56, an das der vorliegende Fall angelehnt ist, den Schluss gezogen, dass „*es dem nationalen Gericht obliegt, in einem Rechtsstreit zwischen Privaten die Beachtung des Verbots der Diskriminierung wegen des Alters in seiner Konkretisierung durch die Richtlinie 2000/78 zu gewährleisten, indem es erforderlichenfalls entgegenstehende Vorschriften des innerstaatlichen Rechts unangewendet lässt*". Daraus ergibt sich, dass § 622 II 2 BGB vorliegend unangewendet bleiben musste, so dass sich die Kündigungsfrist aus § 622 II 1 Nr. 4 BGB ergab. Sie betrug folglich vier Monate.

---

**432.**

**Nachfrage: Ergab sich die Nichtanwendbarkeit von § 622 II 2 BGB im vorstehend behandelten Fall aus den Regelungen der RL 2000/78?**

Nein, die Nichtanwendbarkeit folgte aus dem Verstoß gegen das Diskriminierungsverbot aus Gründen des Alters, das als allgemeiner Grundsatz des Unionsrechts sowie seit 1.12.2009 auch gem. Art. 6 I EUV i. V. m. Art. 21 I EU-Grundrechtecharta primärrechtlich gilt und durch RL 2000/78 konkretisiert wird.

### dd) Unmittelbare Wirkung von Richtlinien

---

**433.**

**Obwohl Richtlinien gem. Art. 288 III AEUV eigentlich nur für die Mitgliedstaaten, an die sie gerichtet sind, verbindlich sind, können sie nach der Rechtsprechung des EuGH seit der grundlegenden *van Duyn*-Entscheidung vom 4.12.1974 (Rs. 41/74, Slg. 1974, S. 1337 Rn. 12 ff.) unter bestimmten Voraussetzungen unmittelbare Wirkung für Privatpersonen hervorbringen. Unter welchen Voraussetzungen ist dies der Fall?**

Richtlinien können nach der Rechtsprechung des EuGH unter den folgenden drei Voraussetzungen unmittelbare Wirkung haben:

1. Die Richtlinie wurde trotz Ablaufs der Umsetzungsfrist nicht oder nicht richtig in innerstaatliches Recht umgesetzt.

2. Die Richtlinie ist hinsichtlich der anzuwendenden Bestimmung inhaltlich hinreichend genau bestimmt, um im konkreten Einzelfall angewendet werden zu können.

3. Die Richtlinie ist insoweit (hinsichtlich der anzuwendenden Bestimmung) auch unbedingt, lässt also den Mitgliedstaaten keinen Umsetzungsspielraum.

**434.**

**Vor allem in der älteren Literatur liest man als Voraussetzung einer unmittelbaren Wirkung von Richtlinien mitunter auch, dass sich ein Privater gegenüber dem Staat auf die Richtlinie berufen muss, es also um eine begünstigende Wirkung für Private gehen muss. Ist dies keine Voraussetzung der unmittelbaren Wirkung von Richtlinien?**

Früher hat der EuGH als Voraussetzung einer unmittelbaren Wirkung tatsächlich auch angeführt, dass es um eine begünstigende Wirkung für Private gegenüber dem Staat gehen muss. Entsprechend fand sich diese Voraussetzung auch in den einschlägigen Europarechtslehrbüchern. Spätestens mit der *Großkrotzenburg*-Entscheidung des EuGH aus dem Jahr 1995 (EuGH, Rs. C-431/92, Slg. 1995, S. I-2189 Rn. 37 ff.) ist allerdings deutlich geworden, dass eine unmittelbare Wirkung von Richtlinien auch in Fällen in Betracht kommt, in denen es nicht um eine begünstigende Wirkung für Privatpersonen geht (objektive unmittelbare Richtlinienwirkung). Damit steht heute fest, dass die begünstigende Wirkung für Private eine mögliche Folge der unmittelbaren Wirkung von Richtlinien ist, nicht aber deren Voraussetzung.

**435.**

**Zwei EG-Richtlinien aus den Jahren 1973 und 1977 enthielten sehr genaue Vorschriften über den Verkauf und die Etikettierung bestimmter Lösungsmittel. Obwohl eine der Richtlinien nicht fristgemäß in italienisches Recht umgesetzt worden war, wurde sie von einer italienischen Firma bereits befolgt. Der Betriebsleiter des Unternehmens, *Ratti* (R), wurde wegen Verstoßes gegen italienisches Recht, das strengere Regelungen enthielt, strafrechtlich verfolgt. Zu seiner Verteidigung berief er sich vor dem Strafgericht auf die noch nicht umgesetzte Richtlinie. Durfte R unter Berufung auf das italienische Recht bestraft werden? (Angelehnt an: EuGH, Rs. 148/78, Slg. 1979, S. 1629 – Ratti)**

Zu prüfen ist, ob der italienische Staat R unter Berufung auf das strengere italienische Recht bestrafen durfte. Dies ist nicht der Fall, wenn das einschlägige italienische Recht, das strengere Regelungen über Verkauf und Etikettierung von Lösungsmitteln enthielt, wegen Verstoßes gegen die noch nicht umgesetzte Richtlinie unangewendet bleiben musste. Fraglich ist daher, ob die Richtlinie eine entsprechende Wirkung hatte.

Eigentlich sind Richtlinien gem. Art. 288 III AEUV nicht unmittelbar wirksam. Nach der Rechtsprechung des EuGH kommt eine unmittelbare Wirkung von Richtlinien ausnahmsweise dann in Betracht, wenn drei Voraussetzungen erfüllt sind:

Erstens muss die Richtlinie trotz Fristablaufs nicht oder nicht richtig in innerstaatliches Recht umgesetzt worden sein. Zum Zeitpunkt des Verkaufs war die Umsetzungsfrist der Richtlinie, die von Rs Unternehmen bereits befolgt wurde, abgelaufen. Die Richtlinie war dennoch noch nicht in italienisches Recht umgesetzt worden. Somit ist die erste Voraussetzung unmittelbarer Wirkung erfüllt.

Zweitens muss die Richtlinie hinsichtlich der anzuwendenden Bestimmung inhaltlich hinreichend genau bestimmt sein, um im Einzelfall angewendet werden zu können. Hier waren in den Richtlinien sehr genaue Vorschriften über den Verkauf und die Etikettierung bestimmter Lösungsmittel enthalten. Somit war die einschlägige Bestimmung der Richtlinie inhaltlich hinreichend genau bestimmt, um im Einzelfall angewendet werden zu können. Auch die zweite Voraussetzung ist erfüllt.

Drittens muss die Richtlinie insoweit unbedingt sein, also den Mitgliedstaaten keinen Umsetzungsspielraum lassen. Hier ergeben sich keine Indizien für einen Umsetzungsspielraum, die Richtlinie war unbedingt. Folglich ist auch die dritte Voraussetzung unmittelbarer Wirkung erfüllt.

Da die drei Voraussetzungen unmittelbarer Wirkung vorliegen, fragt sich, ob die Richtlinie vorliegend zugunsten Rs unmittelbare Wirkung entfaltete. Richtlinien entfalten nach der Rechtsprechung des EuGH grds. nur im vertikalen Verhältnis zwischen Bürger und Staat unmittelbare Wirkung, und zwar nur insoweit, als sie dem Bürger Rechte gegenüber dem Staat verleihen. Im vorliegenden Fall verbesserte die Richtlinie die Rechtsposition von R als Privatperson gegenüber dem Staat, da der italienische Staat R aufgrund ihrer Anwendung strafrechtlich nicht verfolgen durfte. Die Richtlinie entfaltete daher unmittelbare Wirkung mit der Folge, dass die italienischen Vorschriften, die strengere Regelungen enthielten, wegen Verstoßes gegen die unmittelbar wirkende Richtlinie nicht angewendet werden durften.

Folglich durfte der italienische Staat R nicht unter Berufung auf das strengere italienische Recht bestrafen.

**436.**

Die Bundesrepublik Deutschland setzte eine vom Rat erlassene Richtlinie zur Harmonisierung der Rechtsvorschriften der Mitgliedstaaten im Bereich der Umsatzsteuer erst mit einem Jahr Verspätung zum 1.1.1980 um. Die Kreditvermittlungsfirma B beantragte jedoch bereits für 1979 bei den Steuerbehörden eine in der Richtlinie eindeutig und unbedingt vorgesehene, für B tatbestandlich einschlägige Steuerbefreiung. Hat B einen Anspruch auf Einräumung der Steuerbefreiung? (Angelehnt an: EuGH, Rs. 8/81, Slg. 1982, S. 53 – *Becker/Finanzamt Münster-Innenstadt*)

B könnte einen Anspruch auf Einräumung der Steuerbefreiung aus der entsprechenden Vorschrift der Richtlinie haben. Richtlinien sind jedoch gem. Art. 288 III

AEUV grds. nicht unmittelbar wirksam. Nach der Rechtsprechung des EuGH kommt eine unmittelbare Wirkung von Richtlinien allerdings ausnahmsweise dann in Betracht, wenn drei Voraussetzungen erfüllt sind:

Erstens muss die Richtlinie trotz Fristablaufs nicht oder nicht richtig in innerstaatliches Recht umgesetzt worden sein. Die Richtlinie wurde von der Bundesrepublik Deutschland erst mit einem Jahr Verspätung, zum 1.1.1980, also nicht fristgemäß in deutsches Recht umgesetzt. Die erste Voraussetzung ist erfüllt.

Zweitens muss die Richtlinie hinsichtlich der anzuwendenden Bestimmung inhaltlich hinreichend genau bestimmt sein, um im Einzelfall angewendet werden zu können. Die relevante Steuerbefreiung war in der Richtlinie eindeutig vorgesehen. Die Richtlinie war daher hinsichtlich der anzuwendenden Bestimmung hinreichend bestimmt, um im Einzelfall angewendet werden zu können. Die zweite Voraussetzung ist ebenfalls erfüllt.

Drittens muss die Richtlinie insoweit unbedingt sein, also den Mitgliedstaaten keinen Umsetzungsspielraum lassen. Die Steuerbefreiung war in der Richtlinie auch unbedingt vorgesehen, es ergaben sich keine Umsetzungsspielräume. Folglich ist auch die dritte Voraussetzung unmittelbarer Wirkung erfüllt.

Da die drei Voraussetzungen unmittelbarer Wirkung vorliegen, fragt sich, ob die Richtlinie unmittelbare Wirkungen zugunsten Bs hervorbringt. Da die Richtlinie im vorliegenden Fall B eine Steuerbefreiung einräumt, verbesserte sie Bs Rechtsstellung gegenüber dem deutschen Staat. B kann sich daher gegenüber der Bundesrepublik Deutschland auf die einschlägige Vorschrift der Richtlinie über die Steuerbefreiung berufen. Da diese tatbestandlich für B einschlägig ist, hat B einen Anspruch auf Einräumung der Steuerbefreiung.

---

**437.**

**Welche Erwägungen stehen hinter der Rechtsprechung des EuGH zur unmittelbaren Wirkung von Richtlinien?**

Der EuGH stützt seine Rechtsprechung zur unmittelbaren Wirkung von Richtlinien, die dem Wortlaut von Art. 288 III AEUV eigentlich widerspricht, primär auf zwei Erwägungen:

Zum einen den *effet utile* (die praktische Wirksamkeit) des EU-Rechts: Setzen Mitgliedstaaten Richtlinien trotz Fristablaufs nicht oder nicht richtig in innerstaatliches Recht um, wird das durch die Richtlinie angestrebte Regelungsziel nicht erreicht. Der *effet utile* des EU-Rechts gebiete es daher, einer Richtlinie unter den genannten Voraussetzungen unmittelbare Wirkung beizumessen (vgl. zu diesem Argument bereits EuGH, Rs. 41/74, Slg. 1974, S. 1337 Rn. 12 – *van Duyn*).

Zum anderen zieht der EuGH den Gedanken des *venire contra factum proprium,* das Verbot widersprüchlichen Verhaltens, heran. Danach darf einem Mitgliedstaat, der unter Verletzung seiner Verpflichtung aus Art. 288 III AEUV i. V. m. der relevanten Richtlinie diese nicht oder nicht richtig innerhalb der dafür vorgesehenen Frist umgesetzt hat, aus der Nichtumsetzung kein Vorteil erwachsen. Daher darf der

Mitgliedstaat gegenüber einem Bürger, der sich unmittelbar auf Bestimmungen der Richtlinie beruft, nicht einwenden, die Richtlinie sei noch nicht umgesetzt worden (vgl. etwa EuGH, Rs. 80/86, Slg. 1987, S. 3969 Rn. 8 – *Kolpinghuis Nijmegen*). Anderenfalls könnte der Mitgliedstaat aus seinem eigenen Rechtsverstoß einen Vorteil ziehen.

Der Gedanke des *venire contra factum proprium* wird vom EuGH mitunter auch in Form des oben bereits angeklungenen „Bestrafungsgedankens" zugespitzt: Ein Mitgliedstaat, der eine Richtlinie nicht oder nicht richtig innerhalb der Frist umgesetzt hat, soll für seinen EU-Rechtsverstoß bestraft werden, indem sich Private ihm gegenüber ungeachtet der fehlenden Umsetzung unmittelbar auf die Richtlinie berufen dürfen. Es obliegt dem Staat, diesem Zustand durch Umsetzung der Richtlinie ein Ende zu bereiten.

---

**438.**

Das Unternehmen *„Kolpinghuis Nijmegen"* verkaufte ein aus Leitungswasser und Kohlensäure zusammengemixtes Getränk als Mineralwasser. Dies veranlasste die zuständige niederländische Staatsanwaltschaft, ein Strafverfahren gegen das Unternehmen einzuleiten. Die Staatsanwaltschaft berief sich dabei auf die im Moment des Verkaufs trotz Ablaufs der Umsetzungsfrist noch nicht umgesetzte Richtlinie 80/777. Nach dieser mussten die Mitgliedstaaten dafür sorgen, dass nur natürliches Mineralwasser (was näher definiert wurde) in den Handel gelangen konnte. Durfte das Strafverfahren unter Berufung auf die Richtlinie durchgeführt werden? (Angelehnt an: EuGH, Rs. 80/86, Slg. 1987, S. 3969 – *Kolpinghuis Nijmegen*)

---

Zu prüfen ist, ob das Strafverfahren unter Berufung auf die Richtlinie 80/777 durchgeführt werden durfte. Eigentlich sind Richtlinien gem. Art. 288 III AEUV nicht unmittelbar wirksam. Nach der Rechtsprechung des EuGH kommt eine unmittelbare Wirkung von Richtlinien ausnahmsweise dann in Betracht, wenn drei Voraussetzungen erfüllt sind: Erstens muss die Richtlinie trotz Fristablaufs nicht oder nicht richtig in innerstaatliches Recht umgesetzt worden sein. Zum Zeitpunkt des Verkaufs war die Umsetzungsfrist der Richtlinie, auf die sich die Staatsanwaltschaft stützte, abgelaufen. Die Richtlinie war noch nicht in niederländisches Recht umgesetzt worden. Somit ist die erste Voraussetzung unmittelbarer Wirkung erfüllt. Zweitens muss die Richtlinie hinsichtlich der anzuwendenden Bestimmung inhaltlich hinreichend genau bestimmt sein, um im Einzelfall angewendet werden zu können. Hier war näher definiert, was genau als Mineralwasser in den Handel gelangen durfte. Somit war die einschlägige Bestimmung der Richtlinie inhaltlich hinreichend genau bestimmt, um im Einzelfall angewendet werden zu können. Auch die zweite Voraussetzung ist erfüllt. Drittens muss die Richtlinie insoweit unbedingt sein, also den Mitgliedstaaten keinen Umsetzungsspielraum lassen. Hier ergeben sich keine Indizien für einen Umsetzungsspielraum, die Richtlinie war also unbedingt. Folglich ist auch die dritte Voraussetzung unmittelbarer Wirksamkeit erfüllt.

Obwohl somit die drei Voraussetzungen einer unmittelbaren Richtlinienwirkung erfüllt sind, stellt sich vorliegend die Frage, ob sich die Staatsanwaltschaft gegenüber dem Unternehmen auf die Richtlinie berufen konnte. Richtlinien sind nur im vertikalen Verhältnis zwischen Bürger und Staat unmittelbar anwendbar, und zwar nur insoweit, als sie dem Bürger Rechte gegenüber dem Staat verleihen. Im vorliegenden Fall stützte sich die Staatsanwaltschaft zur Durchführung eines Strafverfahrens gegenüber dem Unternehmen Kolpinghuis Nijmegen auf die noch nicht umgesetzte Richtlinie. Dem Privatrechtssubjekt Kolpinghuis Nijmegen würde also aus der Anwendung der Richtlinie ein Nachteil entstehen. Da es **keine solche umgekehrt vertikale unmittelbare Richtlinienwirkung zu Lasten Einzelner** gibt, konnte die Staatsanwaltschaft das Strafverfahren folglich nicht unter Berufung auf die Richtlinie durchführen (EuGH, a. a. O., Rn. 9 f.).

---

**439.**

A ließ sich im Hauptbahnhof von Mailand von einem Werber überreden, einen Vertrag über einen Englisch-Fernlehrgang bei einem privaten Bildungsinstitut abzuschließen. RL 85/577 sah ein genau umrissenes Rücktrittsrecht für derartige, außerhalb von Geschäftsräumen abgeschlossene Verträge vor. Allerdings war die Richtlinie trotz Ablaufs der Umsetzungsfrist noch nicht in das italienische Recht umgesetzt worden. Konnte A unter Berufung auf die Richtlinie von dem Vertrag zurücktreten? (Angelehnt an: EuGH, Rs. C-91/92, Slg. 1994, S. I-3325 – *Faccini Dori*)

---

Eigentlich sind Richtlinien gem. Art. 288 III AEUV nicht unmittelbar für Privatleute wirksam. Allerdings waren hier die drei Voraussetzungen, die nach der Rechtsprechung des EuGH für eine ausnahmsweise unmittelbare Wirkung von Richtlinien vorliegen müssen, erfüllt: Die RL 85/577 war trotz Ablaufs der Umsetzungsfrist zum Zeitpunkt des Vertragsabschlusses noch nicht in italienisches Recht umgesetzt worden, die Richtlinie sah ein genau umrissenes (hinreichend bestimmtes) Rücktrittsrecht für außerhalb von Geschäftsräumen abgeschlossene Verträge vor und war insoweit auch unbedingt.

Fraglich ist aber, ob sich A gegenüber einem Privatunternehmen wie dem privaten Bildungsinstitut unmittelbar auf die einschlägige Regelung der Richtlinie berufen konnte. Problematisch ist daran, dass sich dann aus der Richtlinie unmittelbar nicht nur eine Begünstigung der A, sondern auch umgekehrt eine entsprechende Belastung des privaten Bildungsinstituts ergäbe. Wie der EuGH jedoch im Hinblick auf umgekehrt vertikale Verhältnisse (Staat beruft sich gegenüber Bürger auf Richtlinie) festgestellt hat, darf sich für Privatpersonen aus Richtlinien nicht unmittelbar eine Belastungswirkung ergeben (EuGH, Rs. 80/86, Slg. 1987, S. 3969 Rn. 9 – *Kolpinghuis Nijmegen;* oben Nr. 438). Richtlinien sind nämlich nach dem eindeutigen Wortlaut von Art. 288 III AEUV nur an Mitgliedstaaten gerichtet (EuGH, Rs. 152/84, Slg. 1986, S. 723 Rn. 48 – *Marshall)*. Könnten sich aus ihnen unmittelbar Belastungen für Privatpersonen ergeben, würde insoweit der Unterschied zur Rechtsquelle der Verordnung verwischt, die gem. Art. 288 II AEUV auch für Privatpersonen unmittelbar Wirkungen hervorbringen kann (vgl. EuGH, Rs. C-91/92, Slg.

1994, S. I-3325 Rn. 24 – *Faccini Dori*). Auch in **Horizontalverhältnissen** zwischen zwei Privaten kommt daher keine unmittelbare Wirkung von Richtlinienbestimmungen in Betracht, wenn sich daraus unmittelbar eine Belastung für eine Privatperson ergäbe. Da vorliegend die Möglichkeit eines Rücktritts vom Vertrag zugunsten As das private Bildungsinstitut unmittelbar belastet hätte, schied eine unmittelbare Wirkung der Richtlinie aus. A konnte nicht unter Berufung auf die Regelung über das Rücktrittsrecht in der Richtlinie vom Vertrag zurücktreten.

---

**440.**

In einem dem britischen Staat gehörenden privatrechtlich organisierten Unternehmen gab es eine Regelung, nach der Frauen mit 60 und Männer mit 65 Jahren in den Ruhestand zu gehen hatten. Die Angestellte M war bis zu ihrem 62. Lebensjahr in dem Betrieb tätig und wurde dann unter Hinweis auf die Altersgrenze entlassen. Ihre Klage gegen die Entlassung stützte M u. a. auf die RL 76/207 des Rates vom 9.2.1976 zur Verwirklichung des Grundsatzes der Gleichbehandlung von Männern und Frauen, die eine Ungleichbehandlung von Männern und Frauen im Arbeitsrecht klar und eindeutig untersagte. Angenommen, dass in der Entlassung ein Verstoß gegen das in der RL enthaltene Verbot der Ungleichbehandlung von Männern und Frauen im Arbeitsrecht lag und die drei Voraussetzungen einer unmittelbaren Richtlinienwirkung vorlagen, hatte M dann einen Anspruch gegen das Unternehmen auf Weiterbeschäftigung? (Angelehnt an: EuGH, Rs. 152/84, Slg. 1986, S. 723 – *Marshall*)

---

Problematisch ist hier wiederum, dass sich M dann in einem Horizontalverhältnis zu einem Privatunternehmen auf die unmittelbare Wirkung einer Richtlinienbestimmung berufen könnte. Die Besonderheit des *Marshall*-Falls lag allerdings darin, dass dieses Privatunternehmen dem britischen Staat gehörte und der Staat grds. keinen Vorteil aus der Nichtumsetzung einer Richtlinie ziehen darf (EuGH, Rs. 152/84, Slg. 1986, S. 723 Rn. 49 – *Marshall*). Sowohl der Gedanke des *effet utile* als auch der des *venire contra factum proprium* sprechen daher dafür, in Fallkonstellationen wie der vorliegenden eine unmittelbare Wirkung zu bejahen. M hatte folglich aus der einschlägigen Richtlinienbestimmung einen Anspruch auf Weiterbeschäftigung gegen das Unternehmen.

---

**441.**

Ist diese Entscheidung des EuGH unproblematisch?

---

Nein, die *Marshall*-Entscheidung des EuGH ist in mehrfacher Hinsicht kritisiert worden. Insbes. kann sie dazu führen, dass Arbeitnehmer, die in Unternehmen arbeiten, die dem Staat gehören, anders zu behandeln sind als Arbeitnehmer, die in einem einfachen Privatunternehmen arbeiten.

## 442.

### Wie ließe sich dieses Problem der Ungleichbehandlung lösen?

Die einfachste Lösung läge darin, dass die Mitgliedstaaten alle Richtlinien fristgemäß umsetzen würden. Der EuGH hat in der *Marshall*-Entscheidung, Rs. 152/84, Slg. 1986, S. 723 Rn. 51, auf einen kritischen Einwand des Vereinigten Königreichs im Hinblick auf eine drohende Ungleichbehandlung darauf verwiesen, dass es die Mitgliedstaaten in der Hand hätten, durch Umsetzung der Richtlinie einer eventuellen Ungleichbehandlung ein Ende zu setzen. Allerdings liegt diese Lösung in den Händen der Mitgliedstaaten, und es zeigt sich, dass – aus verschiedenen Gründen – immer wieder Richtlinien nicht oder nicht ordnungsgemäß innerhalb der Umsetzungsfrist umgesetzt werden. Eine Alternative bestünde daher darin, dass der EuGH grds. die Möglichkeit einer unmittelbaren Wirkung von Richtlinien in Horizontalverhältnissen zwischen Privaten anerkennen würde.

## 443.

### Warum hat der EuGH dann bis heute die unmittelbare Wirkung von Richtlinien in Horizontalverhältnissen nicht anerkannt?

Dafür lassen sich mehrere Gründe anführen: Was die oben bereits genannten wesentlichen Erwägungen angeht, die hinter der Rechtsprechung des EuGH zur unmittelbaren Wirkung von Richtlinien stehen, lässt sich zunächst feststellen, dass der Gedanke des *effet utile* für eine auch horizontale unmittelbare Richtlinienwirkung spräche. Damit würde das Regelungsziel der Richtlinie nämlich auch in solchen Rechtsverhältnissen verwirklicht. Andererseits spricht der Gedanke des *venire contra factum proprium* (und auch der „Bestrafungsgedanke") dagegen, da der Private, der durch eine unmittelbare Richtlinienwirkung in Horizontalverhältnissen belastet würde, die Nichtumsetzung der Richtlinie nicht zu verantworten hat. Bereits angeführt wurde auch schon das contra-Argument, dass eine unmittelbare Wirkung dem Wortlaut von Art. 288 III AEUV widerspräche, nach dem sich Richtlinien nur an die Mitgliedstaaten richten, und damit zugleich die Gefahr bestünde, die Unterschiede der Rechtsquelle der Richtlinie zur unmittelbar wirkenden Rechtsquelle der Verordnung gem. Art. 288 II AEUV weiter zu verwischen. Dies wäre auch im Lichte des Prinzips der begrenzten Einzelermächtigung problematisch, das die Union auch verpflichtet, sich bei der Nutzung der ihr übertragenen Kompetenzbereiche an die in der jeweiligen Vertragsbestimmung vorgesehene Rechtsform zu halten (dazu unten Nr. 457 ff.). Ist der EU nur der Erlass von Richtlinien gestattet, könnte die unmittelbare Wirkung im Horizontalverhältnis zu einer nicht vom Prinzip der begrenzten Einzelermächtigung umfassten Grenzüberschreitung hin zur Wirkung einer Verordnung führen. Ein gewichtiges Argument gegen die horizontale unmittelbare Richtlinienwirkung lässt sich schließlich aus dem Gedanken der Rechtssicherheit ableiten, der im Unionsrecht als allgemeiner Rechtsgrundsatz gilt: Gäbe es eine unmittelbare Richtlinienwirkung in Horizontalverhältnissen, müssten sich die Bürger auch über den Inhalt nicht umgesetzter EU-Richtlinien informieren, könnten sich doch aus diesen negative Rechtswirkungen für sie ergeben. Allerdings hat dieses Argument inzwischen zumindest an Gewicht verloren, da heute – anders als dies früher der Fall war – alle EU-Richtlinien öffentlich publiziert werden und daher grds. die Möglichkeit der Kenntnisnahme von deren Inhalten besteht.

**444.**

Es gibt mehrere Fälle, in denen der EuGH auf den ersten Blick eine horizontale unmittelbare Richtlinienwirkung anerkannt zu haben schien. Bei näherem Hinsehen zeigt sich jedoch, dass es sich um Sonderkonstellationen handelte und der EuGH seine Ablehnung einer unmittelbaren Richtlinienwirkung im Horizontalverhältnis tatsächlich nicht in Frage gestellt hat. Ein Beispiel, das für Diskussionen gesorgt hat, ist das *Unilever*-Urteil des EuGH vom 26.9.2000 (EuGH, Rs. 443/98, Slg. 2000, S. I-7535 – *Unilever*):
Nach Lieferung von 648 Liter Olivenöl durch *Unilever Italia Spa* an *Central Food Spa* machte Central Food geltend, dass die Etikettierung des Öls nicht den neuen italienischen gesetzlichen Bestimmungen entspreche. Die Lieferung werde erst bezahlt, wenn Unilever Öl liefere, dessen Etikettierung den gesetzlichen Vorgaben gerecht werde. Unilever verwies demgegenüber darauf, dass die Kommission Italien gem. Art. 9 der RL 83/189/EWG über ein Informationsverfahren auf dem Gebiet der Normen und technischen Vorschriften aufgegeben hatte, bis zu einer gemeinschaftlichen Regelung auf dem Gebiet der Vermarktung von Olivenöl keine neuen nationalen Vorschriften über die Etikettierung von Olivenöl anzuwenden. Da aus diesem Grund die Bestimmungen des italienischen Gesetzes keine Anwendung finden könnten, entspreche das gelieferte Öl geltendem Recht.
Konnte Unilever im Zivilrechtsstreit vor einem italienischen Gericht die Unanwendbarkeit der unter Verstoß gegen Art. 9 RL 83/189 erlassenen technischen Vorschriften über die Etikettierung geltend machen?

Im *Unilever*-Fall war problematisch, dass sich die Unanwendbarkeit der neuen italienischen Vorschriften aufgrund Verstoßes gegen Art. 9 RL 83/189 im Ergebnis für Central Foods wie eine unmittelbare Richtlinienwirkung im Horizontalverhältnis auszuwirken drohte. Entsprechend hatten die italienische und die dänische Regierung im Vorabentscheidungsverfahren vor dem EuGH kritisch darauf hingewiesen, dass eine Richtlinie nach der Rechtsprechung des EuGH nicht selbst Verpflichtungen Einzelner begründen könne und daher nicht als solche diesen gegenüber herangezogen werden dürfe (EuGH, Rs. 443/98, Slg. 2000, S. I-7535 Rn. 35 – *Unilever*).

Dies wurde vom EuGH im *Unilever*-Urteil, a. a. O., Rn. 50, auch grds. bestätigt. Indes gelte diese Rechtsprechung nicht für den Fall, dass die Nichtbeachtung der Art. 8 oder 9 der RL 83/189, die einen wesentlichen Verfahrensfehler darstelle, zur Unanwendbarkeit einer unter Verstoß gegen einen dieser Artikel erlassenen nationalen technischen Vorschrift führe. In einem solchen Fall lege nämlich die RL 83/189 – anders als dies in den typischen Fällen einer Nichtumsetzung von Richtlinien, bspw. im Fall *Faccini Dori* (oben Nr. 439), der Fall gewesen sei – überhaupt nicht den Inhalt der Rechtsnorm fest, auf deren Grundlage das nationale Gericht den bei ihm anhängigen Rechtsstreit zu entscheiden habe. Sie begründe weder Rechte noch Pflichten für Einzelne (EuGH, a. a. O., Rn. 51). Der EuGH schließt daher, dass das nationale Gericht in einem Zivilrechtsstreit zwischen Einzelnen über vertragliche Rechte und Pflichten die Anwendung einer nationalen technischen Vorschrift ablehnen müsse, die während einer Aussetzungsfrist nach Art. 9 RL 83/189 erlassen worden sei (EuGH, a. a. O., Rn. 52).

Im Ergebnis konnte Unilever daher im Zivilrechtsstreit vor dem italienischen Gericht die Unanwendbarkeit der unter Verstoß gegen Art. 9 RL 83/189 erlassenen technischen Vorschriften über die Etikettierung geltend machen. Entsprechend musste Central Foods, wenn die weiteren Voraussetzungen nach dem italienischen Zivilrecht erfüllt waren, den Kaufpreis entrichten.

## 445.

**Aber läuft dies nicht auf dasselbe hinaus wie eine unmittelbare Wirkung der Richtlinie?**

Für Central Food im Ergebnis ja, muss dieses Unternehmen doch wegen der Nichtanwendung der neuen italienischen Etikettierungsvorschriften ggf. den Kaufpreis für das Olivenöl entrichten.

## 446.

**Wieso lässt sich in diesem Fall dessen ungeachtet nicht von einer unmittelbaren Wirkung der Richtlinie im Horizontalverhältnis sprechen?**

Der Kaufpreisanspruch von Unilever gegen Central Food ergibt sich aus der § 433 II BGB entsprechenden Norm des italienischen Zivilrechts und nicht aus der Richtlinie. Die Richtlinie wirkt sich vorliegend nur dahingehend aus, dass weitere relevante Normen, die möglicherweise eine Einrede von Central Food gegen den Kaufpreisanspruch, z. B. wegen Mangelhaftigkeit der Ware aufgrund Nichtbeachtung der neuen italienischen Etikettierungsvorschriften, begründen würden, nicht zur Anwendung gelangen dürfen. Damit ergibt sich die Belastungswirkung für Central Food nicht unmittelbar aus der Richtlinie. Die Richtlinie entfaltet folglich keine unmittelbare Wirkung im Horizontalverhältnis zwischen Unilever und Central Food.

Da sich andererseits kaum bestreiten lässt, dass die Anwendung der Richtlinie im konkreten Fall im Ergebnis doch dazu führt, dass Central Food durch die Verpflichtung zur Kaufpreiszahlung belastet wird, wird z. T. davon gesprochen, dass der EuGH in seinem Unilever-Urteil eine „mittelbare horizontale Drittwirkung" anerkannt habe (vgl. etwa *Pechstein,* Entscheidungen, S. 156).

**447.**

Der Eigentümerin eines Steinbruchs, die nach längerer Stilllegung desselben eine neue Bergbaugenehmigung beantragt hatte, wurde nach Erfüllung verschiedener Auflagen von den britischen Behörden die gewünschte Genehmigung erteilt. Im Genehmigungsverfahren wurde jedoch nicht berücksichtigt, dass RL 85/337/EWG für öffentliche und private Vorhaben mit möglicherweise erheblichen Auswirkungen auf die Umwelt, wie den Betrieb eines solchen Steinbruchs, eine präzise geregelte Umweltverträglichkeitsprüfung (UVP) verlangt. Das einschlägige britische Recht sah keine solche UVP vor. Ms. *Wells,* eine Nachbarin des Steinbruchs, klagte daher nach erfolglosem Antrag beim zuständigen Ministerium vor dem High Court of Justice auf Durchführung einer UVP (EuGH, Rs. C-201/02, Slg. 2004, S. I-723 – *Wells*). Im Vorabentscheidungsverfahren vor dem EuGH wandte das Vereinigte Königreich gegen eine Verpflichtung zur Durchführung der UVP im Genehmigungsverfahren u. a. ein, dass dies auf eine umgekehrt vertikale Richtlinienwirkung hinauslaufe, da der Inhaber des Steinbruchs, als Privatunternehmen, hierdurch belastet werde. Schied eine unmittelbare Anwendung der Richtlinie aus diesem Grund aus?

Der EuGH bestätigte im *Wells*-Urteil einmal mehr, dass sich aus Richtlinien nicht unmittelbar Verpflichtungen für Einzelne ergeben dürften (EuGH, a. a. O., Rn. 56). Demgegenüber rechtfertigten allerdings *„bloße negative Auswirkungen auf die Rechte Dritter, selbst wenn sie gewiss sind, es nicht, dem Einzelnen das Recht auf Berufung auf die Bestimmungen einer Richtlinie gegenüber dem betreffenden Mitgliedstaat zu versagen [...]"* (EuGH, a. a. O., Rn. 57). Konkret sei im Ausgangsverfahren der Umstand, dass der Bergbaubetrieb bis zum Vorliegen der Ergebnisse der UVP eingestellt werden müsse, zwar die Folge der verspäteten Pflichterfüllung (zur Durchführung der UVP) durch den britischen Staat. Diese Folge könne jedoch nicht, wie das Vereinigte Königreich dies geltend mache, als umgekehrte vertikale Richtlinienwirkung („inverse direct effect") der Bestimmungen dieser Richtlinie gegenüber diesen Eigentümern angesehen werden (EuGH, a. a. O., Rn. 58).

**448.**

Wie lassen sich diese Ausführungen des EuGH verstehen und läuft das Urteil nicht zumindest auf eine unmittelbare horizontale Richtlinienwirkung hinaus?

Der EuGH stellt in seinem Urteil das Verhältnis zwischen dem Vereinigten Königreich und Ms. *Wells* in den Mittelpunkt der Betrachtung. *Wells* hat aus RL 85/337/EWG einen vertikalen Anspruch auf Durchführung der UVP. Dass dies im Dreiecksverhältnis *Wells*-Vereinigtes Königreich-Steinbruchbetreiber dann aber zugleich auf eine Belastung des Steinbruchbetreibers, jedenfalls in Form der Verzögerung des Betriebsbeginns, hinausläuft, stellt aus Sicht des EuGH wohl lediglich eine Art Nebenwirkung oder Reflex der Verpflichtung des Vereinigten Königreichs zur Durchführung der UVP und keine verbotene umgekehrt vertikale Richtlinienwirkung dar.

Nimmt man allein das Verhältnis *Wells*-Steinbruchbetreiber in den Blick, könnte die Anwendung der RL 85/337/EWG in der Tat wie eine unmittelbare horizontale Richtlinienwirkung erscheinen. Von einem typischen Horizontalverhältnis unterscheidet sich die Fallkonstellation aber durch das Hinzutreten des Staates, was im Ergebnis ein Dreiecksverhältnis begründet. Insofern stellt der EuGH dann aber, was die Richtlinienwirkung angeht, wie bereits ausgeführt, das vertikale Verhältnis *Wells*-Vereinigtes Königreich in den Vordergrund.

**449.**

**Müssen stets alle oben (Nr. 433) genannten Voraussetzungen einer unmittelbaren Richtlinienwirkung gegeben sein, damit sich eine Privatperson unmittelbar darauf berufen kann, dass ein Mitgliedstaat Vorschriften einer noch nicht umgesetzten Richtlinie verletzt habe?**

Nein, eine Ausnahme gilt, wenn die relevante Richtlinienbestimmung nicht auf die Einführung subjektiv-öffentlicher Rechte Einzelner in die nationalen Rechtsordnungen abzielt, sondern ausschließlich Rechtspflichten der Mitgliedstaaten gegenüber der Union beinhaltet. Da Richtlinien die Mitgliedstaaten gem. Art. 288 III AEUV unmittelbar binden, ist in diesem Fall die Voraussetzung der nicht ordnungsgemäßen Umsetzung trotz Fristablaufs irrelevant. Die entsprechende Richtlinienbestimmung entfaltet unmittelbare Wirkung, wenn sie hinreichend bestimmt und unbedingt ist (EuGH, Rs. C-194/94, Slg. 1996, S. I-2201 Rn. 42 ff. – *CIA Security*).

### d) Beschluss

### aa) Beschlüsse mit individueller Geltung i. S. d. früheren Entscheidung (Art. 249 IV EGV a. F.)

**450.**

**Beschlüsse sind gem. Art. 288 IV 1 AEUV wie Verordnungen gem. Art. 288 II AEUV in allen ihren Teilen verbindlich. Was unterscheidet sie markant von den Verordnungen?**

Beschlüsse sind gem. Art. 288 IV 2 AEUV nur für diejenigen verbindlich, an die sie adressiert sind. Sie können entweder an natürliche und juristische Einzelpersonen (individualgerichteter Beschluss) oder an Mitgliedstaaten (staatengerichteter Beschluss) gerichtet sein.

**451.**

**Mit welcher staatlichen Handlungsform im deutschen Recht sind Beschlüsse in diesem Sinne vergleichbar?**

Mit dem Verwaltungsakt (§ 35 S. 1 VwVfG).

**452.**

Bedürfen Beschlüsse, die z. B. an ein Unternehmen gerichtet sind, einer Umsetzung durch innerstaatliches Recht, um anwendbar zu werden?

Nein, Beschlüsse i. S. d. Art. 288 IV AEUV sind – ähnlich wie Verordnungen gem. Art. 288 II AEUV – grds. unmittelbar anwendbar.

**453.**

Ein an die Mitgliedstaaten gerichteter, kompetenzgemäß ergangener Beschluss sieht vor, dass die Mitgliedstaaten nach Einführung von Harmonisierungsmaßnahmen der Umsatzsteuer in bestimmten Bereichen von der weiteren Erhebung bislang einschlägiger nationaler Steuern abzusehen haben, damit kein Kumulationseffekt eintritt. Als A einige Wochen später eine Ware von Mitgliedstaat X nach Mitgliedstaat Y importiert, erhebt Mitgliedstaat Y ungeachtet des Beschlusses von A für den Importvorgang eine Abgabe nach dem bisherigen nationalen Recht. Kann sich A vor dem von ihm angerufenen nationalen Gericht darauf berufen, dass die Erhebung der Steuer gegen den Beschluss verstößt, obwohl dieser an die Mitgliedstaaten gerichtet ist? (Angelehnt an: EuGH, Rs. 9/70, Slg. 1970, S. 825 – *Leberpfennig*)

Wäre A Adressat des Beschlusses, könnte er sich gem. Art. 288 IV 2 AEUV ohne Weiteres vor dem nationalen Gericht auf diesen berufen. Vorliegend stellt sich jedoch die Frage, ob sich eine Privatperson unmittelbar auf den Inhalt eines staatengerichteten Beschlusses berufen kann. Der EuGH hat in seinem grundlegenden *Leberpfennig*-Urteil vom 16.10.1970, Slg. 1970, S. 825 Rn. 5 festgestellt, dass es mit der verbindlichen Wirkung von Entscheidungen gem. Art. 189 EWGV a. F. [jetzt: Beschluss] unvereinbar wäre, grds. auszuschließen, dass sich betroffene Personen auf die durch die Entscheidung auferlegte Verpflichtung berufen könnten: *„Insbesondere in den Fällen, in denen etwa die Gemeinschaftsbehörden einen Mitgliedstaat oder alle Mitgliedstaaten durch Entscheidung zu einem bestimmten Verhalten verpflichten, würde die nützliche Wirkung („effet utile") einer solchen Maßnahme abgeschwächt, wenn die Angehörigen dieses Staates sich vor Gericht hierauf nicht berufen und die staatlichen Gerichte sie nicht als Bestandteil des Gemeinschaftsrechts berücksichtigen könnten".* Staatengerichtete Beschlüsse können danach unmittelbar für Privatpersonen im Verhältnis zum Mitgliedstaat Anwendung finden, wenn sie hinreichend bestimmt und unbedingt sind.

Angemerkt sei, dass das Leberpfennig-Urteil des EuGH auch insofern von grundlegender Bedeutung ist, als der EuGH in ihm erstmals jenseits der Verordnung die Möglichkeit einer unmittelbaren Anwendbarkeit/Wirkung von Sekundärrecht anerkannt hat. Das Leberpfennig-Urteil kann daher auch als Vorläufer der *van Duyn*-Entscheidung angesehen werden, in welcher der EuGH die Möglichkeit einer unmittelbaren Wirkung von Richtlinien anerkannt hat (oben Nr. 433).

**454.**

Die Kommission erließ am 25.1.1999 die an alle Mitgliedstaaten gerichtete Entscheidung [jetzt: Beschluss] 1999/93/EG über das Verfahren zur Bescheinigung der Konformität von Bauprodukten gem. Art. 20 II RL 89/106/EWG des Rates betreffend Türen, Fenster, Fensterläden, Rollläden, Tore und Beschläge (ABl. EG 1999 Nr. L 29, S. 51). Art. 1 ff. der Entscheidung 1999/93/ EG konkretisierten die in der RL allgemein vorgesehenen Verfahren, in welchen die Konformität von Bauprodukten wie Türen, Fenstern etc. mit bestimmten Standards bescheinigt werden sollte. In einem späteren Rechtsstreit zwischen den Unternehmen *Carp* und *Ecorad,* in dem es letztlich um die Zahlung des Entgelts (bzw. einen entsprechenden Schadensersatz) für die Lieferung und den Einbau dreier Außentüren mit Panikstangen ging, wandte *Ecorad* vor Gericht ein, dass die von *Carp* gelieferten Türen nicht gemeinschaftsrechtskonform gewesen seien. Den Türen habe nämlich ein durch eine zugelassene Zertifizierungsstelle erteiltes Konformitätszertifikat i. S. d. Entscheidung 1999/93 gefehlt. Vorausgesetzt, dass die Türen tatsächlich von dem hinreichend bestimmt und unbedingt vorgesehenen Zertifizierungsverfahren nach der Entscheidung 1999/93 erfasst waren: Konnte sich Ecorad vor einem nationalen Gericht darauf berufen, dass den Türen das entsprechende Zertifikat fehlte? (Angelehnt an: EuGH, Rs. C-80/06, Slg. 2007, S. I-4473 – *Carp*)

Die Besonderheit im vorliegenden Fall liegt darin, dass es sich anders als im Leberpfennig-Fall um eine Horizontalsituation zwischen zwei Privatunternehmen, Ecorad und Carp, handelte. Fraglich war daher, ob eine hinreichend bestimmte und unbedingt formulierte Entscheidung [Beschluss] unmittelbare Wirkung zu Lasten eines Privaten im Horizontalverhältnis (hier: Carp) hervorbringen kann. Der EuGH übertrug die Gründe, die aus seiner Sicht gegen eine unmittelbare Wirkung von Richtlinien im Horizontalverhältnis sprechen, auf Beschlüsse. Danach ist ein an die Mitgliedstaaten gerichteter Beschluss nur für die Mitgliedstaaten verbindlich, kann also nicht unmittelbar für Privatpersonen Verpflichtungen hervorbringen (EuGH, Rs. C-80/06, Slg. 2007, S. I-4473 Rn. 20 f. – *Carp*). Daraus folgt, dass jedenfalls staatengerichtete Beschlüsse keine unmittelbare Wirkung im Horizontalverhältnis zwischen Privaten hervorbringen. Ecorad konnte sich vor einem nationalen Gericht nicht darauf berufen, dass den Türen das entsprechende Zertifikat nach dem Verfahren der Entscheidung 1999/93 fehlte.

#### bb) Sonstige Beschlüsse

**455.**

Fallen neben den soeben behandelten Beschlüssen mit individueller Geltung, die den früheren Entscheidungen gem. Art. 249 IV EGV a. F. entsprechen und mit dem innerstaatlichen VA verglichen werden können, weitere Formen von Rechtsakten unter den Begriff des Beschlusses i. S. d. Art. 288 IV AEUV?

Ja, der Begriff des Beschlusses i. S. d. Art. 288 IV AEUV ist nicht mit demjenigen der Entscheidung in Art. 249 IV EGV a. F. identisch. Vielmehr sind neben den Beschlüssen mit individueller Geltung, die den früheren Entscheidungen entsprechen, alle Rechtsakte, die über den früheren Rechtsaktkatalog in Art. 249 EGV a. F. hinausgehen, Beschlüsse i. S. d. Art. 288 IV AEUV (dazu im Einzelnen: *Haratsch/ Koenig/Pechstein*, Rn. 403 ff.).

### e) Empfehlungen und Stellungnahmen

**456.**

**Empfehlungen und Stellungnahmen sind gem. Art. 288 V AEUV nicht verbindlich. Bedeutet dies, dass sie rechtlich irrelevant wären?**

Nein, Empfehlungen und Stellungnahmen können in verschiedener Hinsicht rechtliche Relevanz haben. So ist bspw. ganz konkret eine mit Gründen versehene Stellungnahme der Kommission Prozessvoraussetzung einer Klage im Vertragsverletzungsverfahren, Art. 258 I, Art. 259 II, III AEUV (unten Nr. 628). Allgemein sind die Mitgliedstaaten schon aufgrund ihrer Pflicht zur Unionstreue aus Art. 4 III EUV verpflichtet, Empfehlungen und Stellungnahmen der EU zumindest zu berücksichtigen, so z. B. bei der Auslegung nationaler Rechtsvorschriften.

### 4. Kompetenzordnung der EU

### a) Das Prinzip der begrenzten Einzelermächtigung

**457.**

**Ist das Prinzip der begrenzten Einzelermächtigung, als Grundprinzip für die Abgrenzung der Zuständigkeiten der Union und der Zuständigkeiten der Mitgliedstaaten, ausdrücklich geregelt?**

Ja, was den Aspekt der begrenzten Verbandskompetenz der EU angeht, findet es sich in Art. 5 I 1, II EUV. Was die begrenzte Organzuständigkeit angeht, findet es sich in Art. 13 II 1 EUV.

**458.**

**Was bedeutet die begrenzte Verbandskompetenz der EU gem. Art. 5 I 1, II EUV?**

Der Begriff der Verbandskompetenz bezieht sich auf den „Verband" der EU im Gegensatz zu den Mitgliedstaaten. Auch was die Beziehungen der Bundesrepublik Deutschland zu den Bundesländern angeht, wird dieser Begriff verwendet, wenn es um die Verbandskompetenz des Bundes einerseits und der Länder andererseits geht. Die begrenzte Verbandskompetenz der EU gem. Art. 5 I 1, II EUV, als wesentlicher Teil des Prinzips der begrenzten Einzelermächtigung, bedeutet, dass die EU – wie es in Art. 5 II 1 EUV heißt – nur innerhalb der Grenzen der Zuständigkeiten tätig wird, die ihr die Mitgliedstaaten in den Verträgen zur Verwirklichung der darin niedergelegten Ziele übertragen haben. Gem. Art. 5 II 2 EUV verbleiben alle der Union nicht in den Verträgen übertragenen Zuständigkeiten bei den Mitgliedstaaten.

---

**459.**

**Welchen Hintergrund hat die begrenzte Verbandskompetenz der EU?**

Die EU ist kein Staat, sondern ein durch die Gründungsverträge geschaffener Staatenverbund (oben Nr. 97). Sie besitzt daher **keine Kompetenz-Kompetenz,** also die Kompetenz, über den Umfang der eigenen Kompetenzen entscheiden zu können. Die Kompetenz, über den Umfang der Kompetenzen der EU entscheiden zu können, liegt vielmehr bei den Mitgliedstaaten als „Herren der Verträge". Art. 5 II EUV ordnet vor diesem Hintergrund noch einmal ausdrücklich an, dass die EU nur innerhalb der Grenzen der Zuständigkeit tätig werden darf, die ihr die Mitgliedstaaten in den Verträgen übertragen haben. Art. 4 I EUV ergänzt und bekräftigt dies durch die (damit eigentlich überflüssige) Regelung, dass alle der Union nicht in den Verträgen übertragenen Zuständigkeiten gem. Art. 5 II EUV bei den Mitgliedstaaten verbleiben. Letztlich sollen damit die Mitgliedstaaten vor einem ungewollten Souveränitätsverlust geschützt werden (*Haratsch/Koenig/Pechstein*, Rn. 158).

---

**460.**

**Was bedeutet die begrenzte Organkompetenz gem. Art. 13 II 1 EUV?**

Das Prinzip der begrenzten Einzelermächtigung beschränkt sich nicht auf die Abgrenzung der Verbandskompetenz der EU einerseits und der Mitgliedstaaten andererseits. Es begrenzt vielmehr auch die Kompetenzen der einzelnen Organe innerhalb des Verbandes der EU. Gem. Art. 13 II 1 EUV darf jedes Organ der EU nur nach Maßgabe der ihm in den Verträgen zugewiesenen Befugnisse handeln.

---

**461.**

**Der Rat möchte den Europäischen Rat ermächtigen, statt seiner die Verordnung zur Verabschiedung des mehrjährigen Finanzrahmens der Union gem. Art. 312 II AEUV zu erlassen. Dies entspreche dem Gebot einer ökonomischen Verfahrensweise, führt ein Sprecher des Rates aus, da „die Staats- und Regierungschefs de facto doch ohnehin alle wichtigen Entscheidungen träfen". Wäre eine solche Delegation auf den Europäischen Rat zulässig?**

Nein, denn darin läge ein Verstoß gegen das Prinzip der begrenzten Organkompetenz aus Art. 13 II 1 EUV. Art. 312 II UA 1 AEUV weist die Kompetenz zum

Erlass der Verordnung zur Festlegung des mehrjährigen Finanzrahmens der EU eindeutig dem Rat zu.

**462.**

**Wenn er den mehrjährigen Finanzrahmen gem. Art. 312 II AEUV schon selbst verabschieden müsse, möchte der Rat dies aus Vereinfachungsgründen wenigstens in Form eines Beschlusses gem. Art. 288 IV AEUV tun. Wäre dies zulässig?**

Gem. Art. 5 II 1 EUV wird die Union nach dem Grundsatz der begrenzten Einzelermächtigung nur innerhalb der Grenzen der Zuständigkeiten tätig, die die Mitgliedstaaten ihr in den Verträgen zur Verwirklichung der darin niedergelegten Ziele übertragen haben. Daraus ergibt sich nicht nur eine inhaltliche Begrenzung auf die jeweils übertragenen Kompetenzbereiche, sondern auch eine Begrenzung auf die Handlungsform, wenn eine solche in einer Vertragsnorm ausdrücklich vorgesehen ist. Gem. Art. 312 II AEUV wird der mehrjährige Finanzrahmen in der Handlungsform der Verordnung gem. Art. 288 II AEUV erlassen. Hieran ist der Rat nach dem Prinzip der begrenzten Einzelermächtigung gebunden. Er darf den mehrjährigen Finanzrahmen nicht durch Beschluss gem. Art. 288 IV AEUV verabschieden.

**463.**

**Legen die Verträge die Handlungsform stets fest?**

Nein, ein Beispiel ist Art. 114 I AEUV, der lediglich von „Maßnahmen" spricht.

**464.**

**Wie wählen die beteiligten Organe die Handlungsform in solchen Fällen aus?**

Ist die Art des zu erlassenden Rechtsakts von den Verträgen nicht vorgegeben, so entscheiden gem. Art. 296 I AEUV die Organe von Fall zu Fall unter Einhaltung der geltenden Verfahren und des Grundsatzes der Verhältnismäßigkeit darüber. Aus dem Subsidiaritäts- und dem Verhältnismäßigkeitsprinzip gem. Art. 5 III, IV EUV (dazu Nr. 483 ff.) kann sich ergeben, dass statt der Handlungsform der Verordnung die souveränitätsschonendere Form der Richtlinie zu wählen ist (*Streinz*, in: Streinz, EUV/AEUV, Art. 5 EUV Rn. 16).

**465.**

**Wenn er schon an die Rechtsform der Verordnung gebunden ist, möchte der Rat den mehrjährigen Finanzrahmen der EU wenigstens im Rahmen eines**

ordentlichen Gesetzgebungsverfahrens gem. Art. 294 AEUV verabschieden. Wäre dies zulässig?

Gem. Art. 5 II 1 EUV wird die Union nach dem Grundsatz der begrenzten Einzelermächtigung nur innerhalb der Grenzen der Zuständigkeiten tätig, die die Mitgliedstaaten ihr in den Verträgen zur Verwirklichung der darin niedergelegten Ziele übertragen haben. Gem. Art. 13 II 1 EUV handelt jedes Organ nach Maßgabe der ihm in den Verträgen zugewiesenen Befugnisse nach den Verfahren, Bedingungen und Zielen, die in den Verträgen festgelegt sind. Daraus folgt als weiteres Element der begrenzten Einzelermächtigung eine Bindung an die in den Verträgen vorgesehenen Verfahren. Da Art. 312 II AEUV für die Verabschiedung des mehrjährigen Finanzrahmens ein besonderes Gesetzgebungsverfahren vorsieht, darf der Rat die entsprechende Verordnung nicht im Rahmen eines ordentlichen Gesetzgebungsverfahrens gem. Art. 294 AEUV verabschieden.

## 466.

**Wieso erstreckt sich das Prinzip der begrenzten Einzelermächtigung auch auf das zu wählende Verfahren?**

Je nach gewählter Verfahrensart haben die einzelnen Organe der EU in unterschiedlicher Art und Weise Einfluss auf den zu erlassenden Rechtsakt. Steht etwa der Rat im Vordergrund, haben die Mitgliedstaaten mehr Einfluss auf den Inhalt des Rechtsakts, als wenn bspw. das Europäische Parlament im Vordergrund steht. Das Verfahren entscheidet daher u. a. auch über den Einfluss, den die Mitgliedstaaten auf die Rechtsetzung haben. Insofern ist es konsequent, dass die Organe der EU die Verfahren nicht frei wählen können.

## 467.

**Gäbe es irgendeine Möglichkeit, das vom Rat gewünschte Ergebnis zu erzielen, dass die Verordnung über den mehrjährigen Finanzrahmen i. S. d. Art. 312 II AEUV durch ein ordentliches Gesetzgebungsverfahren verabschiedet wird?**

Ja, indem der Europäische Rat die Passerelle-Regelung des Art. 48 VII UA 2 EUV nutzt und einstimmig nach Zustimmung des Europäischen Parlaments beschließt, dass der mehrjährige Finanzrahmen ab sofort im Wege des ordentlichen Gesetzgebungsverfahrens gem. Art. 294 AEUV verabschiedet wird (vgl. *Schoo*, in: Schwarze, EU-Kommentar, Art. 312 AEUV Rn. 3 sowie oben Nr. 143 ff.).

## 468.

**Die Kommission möchte die Initiative zum Erlass einer nach ihrer Ansicht sehr wichtigen neuen Richtlinie in einem Sachgebiet ergreifen, für das der EU**

in den Verträgen allerdings nicht die erforderliche Kompetenz übertragen worden ist. Ist der Erlass der Richtlinie nach dem Prinzip der begrenzten Einzelermächtigung gem. Art. 5 II EUV ausgeschlossen?

Fehlt eine entsprechende Kompetenzzuweisung in den Verträgen, ist ein Tätigwerden der EU nach dem Prinzip der begrenzten Einzelermächtigung (Art. 5 II EUV) eigentlich ausgeschlossen, so dass keine entsprechende Richtlinie erlassen werden dürfte. Ein Tätigwerden der Union könnte allerdings ggf. auf die **Generalklausel des Art. 352 AEUV** gestützt werden. Danach kann der Rat einstimmig auf Vorschlag der Kommission und nach Zustimmung des Europäischen Parlaments die geeigneten Vorschriften erlassen, wenn ein Tätigwerden der Union im Rahmen der in den Verträgen festgelegten Politikbereiche erforderlich erscheint, um eines der Ziele der Verträge zu verwirklichen, und in den Verträgen die hierfür erforderlichen Befugnisse nicht vorgesehen sind.

**469.**

Führt die Generalklausel des Art. 352 AEUV nicht dazu, dass die EU doch die Kompetenz-Kompetenz (oben Nr. 459) besitzt?

Nein, Art. 352 AEUV ergänzt das Prinzip der begrenzten Einzelermächtigung, durchbricht es jedoch nicht. So sind die Organe der EU an die in Art. 352 AEUV genannten Voraussetzungen gebunden, können den Kompetenzrahmen der EU also nicht beliebig erweitern. Zudem entspringt Art. 352 AEUV selbst dem Willen der Mitgliedstaaten als „Herren der Verträge", wurzelt also nicht genuin in einer Kompetenz-Kompetenz der Union. Erlassen der Rat und das Europäische Parlament auf Vorschlag der Kommission einen auf Art. 352 AEUV gestützten Rechtsakt, bewegen sie sich innerhalb der der Union in Art. 352 I AEUV zugewiesenen Verbandskompetenz sowie innerhalb der ihnen als Organen der Union gem. Art. 352 I AEUV zugewiesenen Organkompetenz (vgl. EuGH, Gutachten/Avis 2/94, Slg. 1996, S. I-1759 Rn. 29 ff. – *Beitritt zur EMRK*).

**470.**

Wie ist die Nutzung der Generalklausel des Art. 352 AEUV verfahrensrechtlich gegen einen Missbrauch zu Lasten der Mitgliedstaaten abgesichert?

Vor allem dadurch, dass Art. 352 I 1 AEUV einen einstimmigen Beschluss des Rates voraussetzt (vgl. BVerfGE 123, 267/394 f. – *Lissabon*). Jeder Mitgliedstaat kann also durch sein Veto die Nutzung des Art. 352 AEUV verhindern. Zudem muss die Kommission im Rahmen der Subsidiaritätskontrolle gem. Art. 5 III EUV die Parlamente der Mitgliedstaaten gem. Art. 352 II AEUV über entsprechende Rechtsetzungsvorschläge informieren.

**471.**

Das BVerfG hat in seinem *Lissabon*-Urteil die Auffassung vertreten, dass Art. 352 AEUV das Prinzip der begrenzten Einzelermächtigung „lockere" (BVerfGE 123, 267/394 f.). Die Vorschrift könne dazu dienen, *„im nahezu gesamten Anwendungsbereich des Primärrechts eine Zuständigkeit zu schaffen, die ein Handeln auf europäischer Ebene"* ermögliche. Sie stoße daher im Hinblick auf das Verbot zur Übertragung von Blankettermächtigungen oder zur Übertragung der Kompetenz-Kompetenz auf verfassungsrechtliche Bedenken. Die neu gefasste Regelung ermögliche es nämlich, *„Vertragsgrundlagen der Europäischen Union substantiell zu ändern, ohne dass über die mitgliedstaatlichen Exekutiven hinaus gesetzgebende Organe konstitutiv beteiligt werden müssen"*. Welche zusätzliche Anforderung an das Verfahren des Art. 352 AEUV hat das BVerfG daraus abgeleitet?

In Anbetracht der Unbestimmtheit möglicher Anwendungsfälle der Flexibilitätsklausel des Art. 352 AEUV setze deren Inanspruchnahme verfassungsrechtlich die Ratifikation durch den Deutschen Bundestag und den Bundesrat auf der Grundlage von Art. 23 I 2 und 3 GG voraus (BVerfGE 123, 267/395 – Lissabon). Der deutsche Vertreter im Rat darf danach *„die förmliche Zustimmung zu einem entsprechenden Rechtssetzungsvorschlag der Kommission für die Bundesrepublik Deutschland nicht erklären, solange diese verfassungsrechtlich gebotenen Voraussetzungen nicht erfüllt sind"*. Der deutsche Vertreter im Rat darf seine Zustimmung zu einem Rechtsetzungsvorschlag gem. Art. 352 AEUV folglich nur erklären, wenn er zuvor durch ein Zustimmungsgesetz gem. Art. 23 I 2 und 3 GG hierzu ermächtigt worden ist.

**472.**

**Worum geht es bei der sog. implied powers-Lehre, die zur Anwendung kommen kann, wenn Art. 352 AEUV nicht eingreift?**

Die im EU-Recht vor allem früher bedeutsame, aus dem Völkerrecht stammende implied powers-Lehre dient ähnlich wie Art. 352 AEUV zur Abrundung des Prinzips der begrenzten Einzelermächtigung in Bereichen, in denen der EU bestimmte Kompetenzen nicht ausdrücklich in den Verträgen zugewiesen sind, ein Tätigwerden der EU aber erforderlich erscheint, um die in den Verträgen festgesetzten Ziele der Union zu verwirklichen. Letztlich handelt es sich um eine Auslegungsregel, die im Rahmen einer teleologischen Auslegung dazu führen kann, Lücken in den Verträgen zu schließen. Dahinter steht der Gedanke, dass wenn der EU von den Mitgliedstaaten in den Verträgen der Auftrag erteilt wird, bestimmte Ziele zu erreichen, die Mitgliedstaaten im Zweifel auch beabsichtigt haben müssen, der Union die dafür erforderlichen Handlungskompetenzen etc. zuzuweisen, selbst wenn dies nicht ausdrücklich in den Verträgen zum Ausdruck kommt. Bis zum Inkrafttreten des Lissaboner Vertrags wurde aus der implied powers-Lehre etwa die Kompetenz der EG zum Abschluss völkerrechtlicher Verträge außerhalb der ausdrücklich zugewiesenen Vertragsabschlusskompetenz abgeleitet. Diese ist allerdings nunmehr durch den Vertrag von Lissabon in Art. 3 II AEUV kodifiziert worden.

## b) Kompetenzkategorien

### 473.

Anders als dies etwa in Art. 70 ff. GG der Fall ist, finden sich weder im EU-Vertrag noch im AEU-Vertrag Kompetenzkataloge, aus denen die wesentlichen Kompetenzen der EU geschlossen ersichtlich wären. Allerdings wurden durch den Vertrag von Lissabon zumindest drei Kompetenzkategorien zur Abgrenzung der Kompetenzen zwischen der EU und den Mitgliedstaaten eingeführt. Welche sind dies, wo sind sie geregelt?

Art. 2–6 AEUV regeln unter der Titelüberschrift „Arten und Bereiche der Zuständigkeit der Union" die Kategorien der ausschließlichen, der geteilten sowie der unterstützenden, koordinierenden und ergänzenden Kompetenz.

### 474.

Art. 3–6 AEUV ordnen bestimmte Sachmaterien den einzelnen Kompetenzkategorien zu. Allerdings sind diese Kataloge – wie bereits erwähnt – nicht abschließend. Die meisten Kompetenzzuweisungen sind über die Verträge verstreut (vgl. Art. 2 VI AEUV). Welcher Kompetenzkategorie ist eine Kompetenzzuweisung zuzuordnen, die sich an anderer Stelle z.B. des AEUV findet?

Wenn sich nicht ausnahmsweise – z.B. durch Auslegung (vgl. zum Beamtenstatut Nr. 477) – etwas anderes ergibt, unterfallen Zuständigkeiten, die der Union außerhalb der in den Art. 3 und 6 AEUV genannten Bereiche übertragen werden, gem. Art. 4 I AEUV der Kategorie der geteilten Zuständigkeit.

### 475.

Welche Folge hat es, wenn eine Materie in der **ausschließlichen Zuständigkeit der Union** liegt?

Dann darf gem. Art. 2 I AEUV nur die Union in diesem Bereich gesetzgeberisch tätig werden und verbindliche Rechtsakte erlassen. Die Mitgliedstaaten dürfen dies in einem solchen Fall nur, wenn sie von der Union hierzu ermächtigt wurden oder um Rechtsakte der Union durchzuführen.

**476.**

**In welchen Bereichen besitzt die EU eine solche ausschließliche Zuständigkeit?**

In den in Art. 3 AEUV genannten Bereichen, also gem. Art. 3 I AEUV in den Bereichen a) Zollunion, b) Festlegung der für das Funktionieren des Binnenmarkts erforderlichen Wettbewerbsregeln, c) Währungspolitik für die Mitgliedstaaten, deren Währung der Euro ist, d) Erhaltung der biologischen Meeresschätze im Rahmen der gemeinsamen Fischereipolitik und e) gemeinsame Handelspolitik. Nach dem oben (Nr. 472) bereits erwähnten Art. 3 II AEUV hat die Union ferner die ausschließliche Zuständigkeit für den Abschluss internationaler Übereinkünfte, wenn der Abschluss einer solchen Übereinkunft in einem Gesetzgebungsakt der Union vorgesehen ist, wenn er notwendig ist, damit sie ihre interne Zuständigkeit ausüben kann, oder soweit er gemeinsame Regeln beeinträchtigen oder deren Tragweite verändern könnte.

**477.**

**Ist dieser Katalog abschließend?**

Nein, durch Auslegung einer der EU an anderer Stelle in den Verträgen zugewiesenen Kompetenz kann sich ergeben, dass es sich abweichend von der Grundregel des Art. 4 I AEUV, nach der eine außerhalb der Art. 3 und 6 AEUV zugewiesene Kompetenz eigentlich eine geteilte Zuständigkeit begründet, ausnahmsweise um eine ausschließliche Kompetenz der EU handelt. Ein Beispiel ist die Kompetenz zur Regelung des EU-Beamtenstatuts gem. Art. 336 AEUV (*Haratsch/Koenig/Pechstein*, Rn. 148).

**478.**

**Was bedeutet es, wenn eine Kompetenz z. B. gem. Art. 4 II AEUV in die Kategorie der geteilten Zuständigkeit fällt?**

Im Bereich der geteilten Zuständigkeit können gem. Art. 2 II 1 AEUV grds. sowohl die Union als auch die Mitgliedstaaten gesetzgeberisch tätig werden und verbindliche Rechtsakte erlassen. Allerdings handelt es sich grds. insoweit um eine Vorrangkompetenz der Union, als die Mitgliedstaaten ihre Zuständigkeit gem. Art. 2 II 2 und 3 AEUV nur wahrnehmen können, sofern und soweit die Union ihre Zuständigkeit noch nicht ausgeübt hat oder nicht mehr ausübt.

**479.**

**Gibt es im Bereich der geteilten Zuständigkeit auch Sachmaterien, in denen an Stelle der Vorrangkompetenz eine parallele Zuständigkeit in dem Sinne**

besteht, dass die Union einerseits und die Mitgliedstaaten andererseits neben-einander tätig werden?

Ja, gem. Art. 4 III AEUV erstreckt sich die Zuständigkeit der Union in den Bereichen **Forschung, technologische Entwicklung und Raumfahrt** darauf, Maß-nahmen zu treffen, insbes. Programme zu erstellen und durchzuführen, ohne dass die Ausübung dieser Zuständigkeit die Mitgliedstaaten hindert, ihre Zuständigkeit auszuüben. Gem. Art. 4 IV AEUV erstreckt sich die Zuständigkeit der Union in den Bereichen **Entwicklungszusammenarbeit und humanitäre Hilfe** darauf, Maßnah-men zu treffen und eine gemeinsame Politik zu verfolgen, ohne dass die Ausübung dieser Zuständigkeit die Mitgliedstaaten hindert, ihre Zuständigkeit auszuüben.

**480.**

**Was bedeutet es, wenn die Union gem. Art. 6 AEUV für die Durchführung von Maßnahmen zur Unterstützung, Koordinierung oder Ergänzung der Maßnahmen der Mitgliedstaaten zuständig ist?**

Die Kompetenz zum Tätigwerden liegt in diesen Bereichen gem. Art. 2 V UA 1 AEUV weiter bei den Mitgliedstaaten. Allerdings kann die Union hier Maßnahmen zur Unterstützung, Koordinierung oder Ergänzung der Maßnahmen der Mitglied-staaten treffen. Verbindliche Rechtsakte, welche die EU aufgrund der diese Bereiche betreffenden Bestimmungen erlässt, dürfen gem. Art. 2 V UA 2 AEUV keine Harmonisierung der Rechtsvorschriften der Mitgliedstaaten beinhalten.

**481.**

**Gem. Art. 5 I UA 1 AEUV koordinieren die Mitgliedstaaten ihre Wirtschafts-politik innerhalb der Union. Der Rat erlässt zu diesem Zweck Maßnahmen; insbes. beschließt er die Grundzüge der Politik. Gem. Art. 5 II AEUV trifft die Union Maßnahmen zur Koordinierung der Beschäftigungspolitik der Mit-gliedstaaten, insbes. durch die Festlegung von Leitlinien für diese Politik. Gem. Art. 5 III AEUV kann die Union Initiativen zur Koordinierung der Sozialpolitik der Mitgliedstaaten ergreifen. Was bedeutet dies jeweils? Unter-fällt Art. 5 AEUV letztlich der unterstützenden, koordinierenden und ergän-zenden Kompetenz gem. Art. 6 AEUV?**

Zwar wird der EU hier jeweils eine koordinierende Kompetenz zugewiesen, was für eine Zuordnung zu Art. 6 AEUV sprechen könnte. Die Regelung in einem separaten Artikel, der zudem vor Art. 6 AEUV steht, sowie die separate Bezugnahme in Art. 2 III AEUV (neben und vor Art. 2 V AEUV) lassen jedoch darauf schließen, dass es sich um eine spezielle Kategorie handelt, in der bspw. im Hinblick auf die Reichweite der Unionskompetenz zur Koordinierung die besonderen Regelungen des Art. 5 AEUV gelten. So ist die Kompetenz der Union zur Koordinierung der Sozialpolitik gem. Art. 5 III AEUV (Initiativen ergreifen) weniger weitreichend als im Hinblick auf die Beschäftigungspolitik gem. Art. 5 II AEUV (Maßnahmen treffen, insbes. Festlegung von Leitlinien).

**482.**

**Lässt sich die Kompetenz der Union aus Art. 2 IV AEUV, nach Maßgabe des EUV eine gemeinsame Außen- und Sicherheitspolitik einschließlich der schrittweisen Festlegung einer gemeinsamen Verteidigungspolitik zu erarbeiten und zu verwirklichen, einer der oben angeführten Kompetenzkategorien zuordnen?**

Nein, es handelt sich um eine spezielle Zuständigkeit, deren Umfang sich gem. Art. 2 IV AEUV („nach Maßgabe des Vertrags über die Europäische Union") aus den einzelnen Regeln des EUV zu diesem Sachgebiet ergibt.

### c) Subsidiaritätsprinzip

**483.**

**Wo ist das ursprünglich durch den Vertrag von Maastricht in das Primärrecht eingeführte Subsidiaritätsprinzip heute geregelt?**

In Art. 5 III EUV.

**484.**

**Gilt das Subsidiaritätsprinzip, das dazu beitragen soll, einen übermäßigen Zentralismus zu Lasten der Mitgliedstaaten zu verhindern, für alle Maßnahmen der EU?**

Nein, das Subsidiaritätsprinzip gilt gem. Art. 5 III EUV nur in den Bereichen, die nicht in die ausschließliche Zuständigkeit der EU fallen. Damit kommt es nur in Bereichen zur Anwendung, in denen gem. Art. 4 AEUV eine geteilte Zuständigkeit besteht, also grds. sowohl die EU als auch die Mitgliedstaaten Recht setzen dürfen (dazu oben Nr. 478).

**485.**

**Beschränkt das Subsidiaritätsprinzip die Kompetenzen der EU?**

Streng genommen nein, denn der Umfang der Kompetenzen der EU ergibt sich nach dem oben Gesagten (Nr. 473 ff.) aus Art. 2–6 AEUV sowie den weiteren Kompetenzzuweisungsnormen in den Verträgen (vgl. Art. 2 VI AEUV). Das Subsidiaritätsprinzip gem. Art. 5 III EUV regelt nur, wann die Union eine ihr grds.

zustehende geteilte Zuständigkeit ausüben darf. Dies kann ihr nach Art. 5 III EUV verwehrt sein, wenn die Voraussetzungen gem. Art. 5 III UA 1 EUV erfüllt sind.

---

**486.**

**Unter welchen Voraussetzungen darf die EU nach dem Subsidiaritätsprinzip eine geteilte Zuständigkeit ausüben?**

Art. 5 III UA 1 EUV nennt eine negative und eine positive Voraussetzung für ein Tätigwerden der Union:

1. Die Ziele der in Betracht gezogenen Maßnahmen dürfen von den Mitgliedstaaten weder auf zentraler noch auf regionaler oder lokaler Ebene ausreichend verwirklicht werden können.

2. Sie müssen vielmehr wegen ihres Umfangs oder ihrer Wirkungen auf Unionsebene besser zu verwirklichen sein.

Beide Voraussetzungen müssen kumulativ vorliegen, damit die EU im Lichte des Subsidiaritätsgrundsatzes tätig werden darf.

---

**487.**

**Wo finden sich konkretisierende Leitlinien für die Anwendung des Subsidiaritätsgrundsatzes durch die Organe der EU?**

Gem. Art. 5 III UA 2 S. 1 EUV wenden die Organe der Union das Subsidiaritätsprinzip nach dem **Protokoll über die Anwendung der Grundsätze der Subsidiarität und der Verhältnismäßigkeit** an. Dabei handelt es sich um das Protokoll Nr. 2 zum Vertrag von Lissabon (ABl. EU 2008 Nr. C 115, S. 206, abgedruckt u. a. in Basistexte Öffentliches Recht, Nr. 18b/2).

---

**488.**

**Wozu verpflichtet das Protokoll über die Anwendung der Grundsätze der Subsidiarität und der Verhältnismäßigkeit die Kommission, wenn diese die Initiative zum Erlass eines Gesetzgebungsakts ergreifen will?**

Gem. Art. 2 S. 1 des Protokolls ist die Kommission zunächst verpflichtet, „umfangreiche Anhörungen" durchzuführen, bevor sie einen Gesetzgebungsakt vorschlägt. Hiervon darf sie gem. Art. 2 S. 3 des Protokolls nur in außergewöhnlich dringenden Fällen absehen. Ergreift die Kommission schließlich die Initiative, ist sie gem. Art. 4 I des Protokolls verpflichtet, ihre Entwürfe für Gesetzgebungsakte und ihre geänderten Entwürfe zeitgleich den nationalen Parlamenten und dem Unionsgesetzgeber zuzuleiten. Gem. Art. 5 des Protokolls sind Entwürfe von Gesetzgebungsakten im

Hinblick auf die Grundsätze der Subsidiarität und der Verhältnismäßigkeit in näher spezifizierter Weise zu begründen.

**489.**

**Zwar trägt gem. Art. 1 des Protokolls über die Anwendung der Grundsätze der Subsidiarität und der Verhältnismäßigkeit jedes Organ der EU für die Einhaltung der in Art. 5 EUV niedergelegten Grundsätze der Subsidiarität und der Verhältnismäßigkeit Sorge. Eine besonders effektive Kontrolle dieser Grundsätze wird allerdings von den betroffenen Mitgliedstaaten zu erwarten sein, deren Souveränitätsrechte geschützt werden sollen. Was können die nationalen Parlamente tun, wenn sie den Entwurf eines Gesetzgebungsakts der EU für nicht mit dem Subsidiaritätsprinzip vereinbar halten?**

Nationale Parlamente oder auch die Kammern eines dieser Parlamente können binnen acht Wochen nach dem Zeitpunkt der Übermittlung eines Entwurfs eines Gesetzgebungsakts die sog. **Subsidiaritätsrüge** erheben (Art. 12 lit. b EUV i. V. m. Art. 6 Protokoll über die Anwendung der Grundsätze der Subsidiarität und der Verhältnismäßigkeit).

**490.**

**An wen ist die näher zu begründende Subsidiaritätsrüge zu richten?**

An die Präsidenten des Europäischen Parlaments, des Rates und der Kommission (Art. 6 I 1 Protokoll über die Anwendung der Grundsätze der Subsidiarität und der Verhältnismäßigkeit).

**491.**

**Welche unmittelbare Folge hat die Subsidiaritätsrüge?**

Das Europäische Parlament, der Rat und die Kommission (sowie gegebenenfalls die Gruppe von Mitgliedstaaten, der Gerichtshof, die EZB oder die EIB, sofern der Entwurf eines Gesetzgebungsakts von ihnen vorgelegt wurde), müssen die begründeten Stellungnahmen der nationalen Parlamente „berücksichtigen" (Art. 7 Protokoll über die Anwendung der Grundsätze der Subsidiarität und der Verhältnismäßigkeit).

**492.**

**Kann die Kommission (oder ggf. die Gruppe von Mitgliedstaaten, das Europäische Parlament, der Gerichtshof, die EZB oder die EIB, sofern der Entwurf eines Gesetzgebungsakts von ihr bzw. ihm vorgelegt wurde) darüber hinaus**

verpflichtet sein, den Entwurf im Lichte eingegangener Subsidiaritätsrügen zu überprüfen?

Ja, gem. Art. 7 II UA 1 Protokoll über die Anwendung der Grundsätze der Subsidiarität und der Verhältnismäßigkeit ist die Kommission zu einer solchen Überprüfung verpflichtet, wenn die Anzahl der Subsidiaritätsrügen mindestens ein Drittel der Gesamtzahl der den nationalen Parlamenten gem. Art. 7 I UA 2 des Protokolls zugewiesenen Stimmen erreicht. Art. 7 I UA 2 des Protokolls weist jedem nationalen Parlament zwei Stimmen zu, die entsprechend dem einzelstaatlichen parlamentarischen System verteilt werden. In einem Zweikammersystem hat jede der beiden Kammern eine Stimme. In der Bundesrepublik Deutschland steht je eine Stimme dem Bundestag und dem Bundesrat zu (obwohl Bundestag und Bundesrat streng genommen keine Kammern sind).

## 493.

**Welche drei Reaktionsmöglichkeiten hat die Kommission, nachdem sie den Entwurf gem. Art. 7 II Protokoll über die Anwendung der Grundsätze der Subsidiarität und der Verhältnismäßigkeit erneut überprüft hat?**

Sie kann gem. Art. 7 II UA 2 des Protokolls nach Abschluss der Überprüfung beschließen, an dem Entwurf festzuhalten, ihn zu ändern oder ihn zurückzuziehen.

## 494.

**Welche Pflicht trifft die Kommission, wenn diese sich entscheidet, am Entwurf festzuhalten?**

Dann hat sie diesen Beschluss gem. Art. 7 II UA 2 S. 2 Protokoll über die Anwendung der Grundsätze der Subsidiarität und der Verhältnismäßigkeit zu begründen.

## 495.

**Welche Sonderregeln gelten, wenn die Subsidiaritätsrüge im Rahmen des ordentlichen Gesetzgebungsverfahrens gem. Art. 294 AEUV eingelegt wird?**

Im Rahmen des ordentlichen Gesetzgebungsverfahrens (unten Nr. 508 ff.) entsteht die Pflicht zur Überprüfung des Vorschlags durch die Kommission, wenn die Stimmenzahl der Subsidiaritätsrügen die einfache Mehrheit der Gesamtzahl der den nationalen Parlamenten gem. Art. 7 I UA 2 Protokoll über die Anwendung der Grundsätze der Subsidiarität und der Verhältnismäßigkeit zugewiesenen Stimmen erreicht (Art. 7 III UA 1 S. 1 des Protokolls). Beschließt die Kommission nach der Überprüfung, an dem Vorschlag festzuhalten, hat sie in einer begründeten Stellungnahme darzulegen, weshalb der Vorschlag ihres Erachtens mit dem Subsidiaritätsprinzip in Einklang steht (Art. 7 III UA 2 S. 1 des Protokolls). Hält bei einer danach gebotenen Überprüfung vor Abschluss der ersten Lesung der Gesetzgeber mit einer Mehrheit von 55 % der Mitglieder des Rates oder einer Mehrheit der abgegebenen Stimmen im Europäischen Parlament entgegen der Auffassung der Kommission den Vorschlag für nicht mit dem Subsidiaritätsprinzip vereinbar, wird der Gesetzgebungsvorschlag nicht weiter geprüft, ist also gescheitert (Art. 7 III UA 2 lit. b des Protokolls).

**496.**

199 Abgeordnete des Deutschen Bundestages, dem zu diesem Zeitpunkt 620 Mitglieder angehören, sind der Auffassung, dass eine jüngst erlassene EU-Richtlinie nicht mit dem Grundsatz der Subsidiarität gem. Art. 5 III EUV zu vereinbaren ist. Haben die Abgeordneten eine Möglichkeit, gerichtlich gegen die Richtlinie vorzugehen?

Ob die Organe der EU beim Erlass eines Gesetzgebungsakts den Subsidiaritätsgrundsatz aus Art. 5 III EUV beachtet haben, wird vom EuGH bereits seit Längerem überprüft (vgl. etwa EuGH, Rs. C-377/89, Slg. 2001, S. I-7079 Rn. 30 ff. – *Biopatent-RL*). Seit dem Inkrafttreten des Vertrags von Lissabon können nicht nur die Mitgliedstaaten, sondern auch entsprechend der jeweiligen innerstaatlichen Rechtsordnung die nationalen Parlamente oder eine Kammer dieser Parlamente vermittelt durch den jeweiligen Mitgliedstaat eine Nichtigkeitsklage gem. Art. 263 AEUV wegen Verletzung des Grundsatzes der Subsidiarität (**Subsidiaritätsklage**) erheben (Art. 8 I Protokoll über die Anwendung der Grundsätze der Subsidiarität und der Verhältnismäßigkeit). In Deutschland haben gem. Art. 23 Ia S. 1 GG der Bundestag und der Bundesrat das Recht, wegen Verstoßes eines Gesetzgebungsakts der EU gegen das Subsidiaritätsprinzip vor dem Gerichtshof der EU Klage zu erheben. Gem. Art. 23 Ia S. 2 GG i. V. m. § 12 I Integrationsverantwortungsgesetz (BGBl. 2009 I S. 3022, abgedruckt z. B. in Basistexte Öffentliches Recht, Nr. 1c) ist der Bundestag auf Antrag eines Viertels seiner Mitglieder verpflichtet, eine Subsidiaritätsklage gem. Art. 8 des Protokolls zu erheben. Da die 199 Mitglieder des Bundestages mehr als ein Viertel der Mitglieder des aus 620 Abgeordneten bestehenden Bundestages repräsentieren, können sie somit Nichtigkeitsklage gem. Art. 263 AEUV (dazu unten Nr. 641 ff.) gegen die Richtlinie vor dem Gerichtshof der EU erheben.

**497.**

Angenommen, der Bundestag hat Subsidiaritätsklage gegen die Richtlinie vor dem Gerichtshof erhoben. Führt dann die Bundesrepublik Deutschland für den Bundestag den Prozess vor dem Gerichtshof?

Nein, das Organ, das die Subsidiaritätsklage erhoben hat, übernimmt die Prozessführung vor dem Gerichtshof der EU selbst (§ 12 IV Integrationsverantwortungsgesetz).

**d) Grundsatz der Verhältnismäßigkeit**

**498.**

Wo ist der EU-rechtliche Grundsatz der Verhältnismäßigkeit geregelt, der das Subsidiaritätsprinzip ergänzt?

In Art. 5 IV EUV. Details finden sich im Protokoll über die Anwendung der Grundsätze der Subsidiarität und der Verhältnismäßigkeit. Die Organe der Union sind gem. Art. 5 IV UA 2 EUV verpflichtet, den Grundsatz der Verhältnismäßigkeit nach jenem Protokoll anzuwenden.

**499.**

Bedeutet die Tatsache, dass der Grundsatz der Verhältnismäßigkeit das Subsidiaritätsprinzip ergänzt, dass auch der Verhältnismäßigkeitsgrundsatz nur bei geteilten Zuständigkeiten zur Anwendung kommt?

Nein, der Verhältnismäßigkeitsgrundsatz hat einen weiter gefassten Anwendungsbereich als das Subsidiaritätsprinzip. Er kommt bei allen „Maßnahmen der Union" zur Anwendung. Erfasst sind also alle Kompetenzkategorien, mithin auch die Ausübung der ausschließlichen Kompetenzen der EU.

**500.**

Welche Anforderungen ergeben sich aus dem Verhältnismäßigkeitsgrundsatz gem. Art. 5 IV EUV?

Gem. Art. 5 IV UA 1 EUV gehen die Maßnahmen der Union inhaltlich wie formal nicht über das zur Erreichung der Ziele der Verträge erforderliche Maß hinaus. Könnte die Formulierung darauf hindeuten, dass es hier nur um die Erforderlichkeit einer Maßgabe geht, war mit der Formulierung des Art. 5 IV EUV tatsächlich die Kodifizierung des weitgefassten Verhältnismäßigkeitsgrundsatzes beabsichtigt, wie ihn der EuGH seit Langem als allgemeinen Rechtsgrundsatz angewandt hat.

Maßnahmen der EU sind nach der Formulierung des EuGH im *Schräder*-Urteil (Rs. C-265/87, Slg. 1989, S. 2263 Rn. 21) verhältnismäßig, wenn sie zur Erreichung der zulässigerweise mit der fraglichen Regelung verfolgten Ziele geeignet und erforderlich sind. Dabei ist, wenn mehrere geeignete Maßnahmen zur Auswahl stehen, die am wenigsten belastende zu wählen; ferner müssen die auferlegten Belastungen in angemessenem Verhältnis zu den angestrebten Zielen stehen.

**501.**

Müssen die Organe der EU den Verhältnismäßigkeitsgrundsatz nur im Verhältnis zu den Mitgliedstaaten beachten?

Nein, der Verhältnismäßigkeitsgrundsatz ist auch im Verhältnis zu natürlichen und juristischen Privatpersonen zu beachten, wenn deren Rechte durch Maßnahmen der Union beeinträchtigt werden.

## 5. Rechtsetzungsverfahren

### a) Allgemeines: Kategorien von Rechtsetzungsverfahren

**502.**

**Wie oben (Nr. 406) gesehen, sind Gesetzgebungsakte gem. Art. 289 III AEUV solche Rechtsakte, die gem. einem Gesetzgebungsverfahren angenommen werden. Welche Gesetzgebungsverfahren kennt der AEU-Vertrag?**

Im AEUV finden sich neben dem ordentlichen Gesetzgebungsverfahren gem. Art. 294 AEUV (vgl. Art. 289 I AEUV), das weitgehend dem früheren Verfahren der Mitentscheidung gem. Art. 251 EGV a. F. entspricht, besondere Gesetzgebungsverfahren (vgl. Art. 289 II AEUV).

**503.**

**Wie bestimmt sich, welches Gesetzgebungsverfahren beim Erlass z. B. einer bestimmten Richtlinie oder Verordnung zur Anwendung kommt?**

Welches Verfahren zur Anwendung kommt, ist in der Vorschrift der Verträge geregelt, welche zum Erlass des entsprechenden Gesetzgebungsakts ermächtigt. So werden bspw. Harmonisierungsmaßnahmen gem. Art. 114 I AEUV „gemäß dem ordentlichen Gesetzgebungsverfahren" erlassen. Richtlinien für die Angleichung derjenigen Rechts- und Verwaltungsvorschriften der Mitgliedstaaten, die sich unmittelbar auf die Errichtung oder das Funktionieren des Binnenmarkts auswirken, werden hingegen nach Art. 115 AEUV „gemäß einem besonderen Gesetzgebungsverfahren" erlassen.

**504.**

**Gibt es allgemeine Regelungen, wie ein besonderes Gesetzgebungsverfahren abläuft?**

Art. 289 II AEUV legt nur fest, dass Gesetzgebungsakte im besonderen Gesetzgebungsverfahren durch das Europäische Parlament mit Beteiligung des Rates oder durch den Rat mit Beteiligung des Europäischen Parlaments angenommen werden. Die Details eines besonderen Gesetzgebungsverfahrens sind in der Regel in der Vorschrift der Verträge geregelt, welche die EU zum Erlass des Gesetzgebungsakts ermächtigt. So werden etwa Richtlinien nach Art. 115 AEUV gemäß einem besonderen Gesetzgebungsverfahren einstimmig durch den Rat nach Anhörung des Europäischen Parlaments und des Wirtschafts- und Sozialausschusses erlassen.

**505.**

Neben den Gesetzgebungsverfahren, in denen Gesetzgebungsakte erlassen werden, gibt es sonstige Rechtsetzungsverfahren. Welche Arten von Rechtsakten werden in sonstigen Rechtsetzungsverfahren erlassen?

In sonstigen Rechtsetzungsverfahren werden Rechtsakte im Rahmen der GASP, delegierte Rechtsakte (vgl. Art. 290 AEUV), Durchführungsrechtsakte (vgl. Art. 291 AEUV) sowie alle anderen in den Verträgen vorgesehenen Rechtsakte (z. B. Vertragsänderung im vereinfachten Verfahren gem. Art. 48 VI, VII EUV oder Abschluss von Übereinkünften der Union mit Drittstaaten und internationalen Organisationen gem. Art. 218 AEUV) erlassen.

**506.**

Welche Organe sind in der Regel an der Rechtsetzung der EU beteiligt?

Die Kommission, der Rat und das Europäische Parlament.

**507.**

Das Initiativmonopol liegt bei der Kommission (oben Nr. 178). Warum?

Zum einen verfügt die Kommission über die notwendigen personellen Ressourcen zur Ausarbeitung komplexer Gesetzgebungs- und sonstiger Rechtsaktentwürfe. V. a. aber soll die Kommission, welche anders als der Rat nicht die Interessen der Mitgliedstaaten vertritt, sondern diejenigen der supranationalen EU, bei der Rechtsetzung inhaltlich ein auf die supranationalen Interessen der EU gerichtetes Gegengewicht zum Rat bilden. Dies findet auch in dem Grundsatz Niederschlag, dass der Rat den Vorschlag der Kommission regelmäßig mit qualifizierter Mehrheit annehmen kann, für eine Abänderung des Kommissionsvorschlags hingegen gem. Art. 293 I AEUV grds. ein einstimmiger Beschluss des Rates erforderlich ist.

### b) Ordentliches Gesetzgebungsverfahren

### aa) Initiative

**508.**

Das Initiativrecht im ordentlichen Gesetzgebungsverfahren steht gem. Art. 294 II AEUV grds. der Kommission zu. „Grds." impliziert, dass es auch Ausnahmen geben kann; welche sind dies?

In den Verträgen kann zum einen ausnahmsweise vorgesehen sein, dass die Initiative für den Erlass eines Rechtsakts im ordentlichen Gesetzgebungsverfahren von einer

Gruppe von Mitgliedstaaten, von einer Empfehlung der EZB oder von einem Antrag des Gerichtshofs ausgeht. Zum anderen kann die Initiative auch von einem im Verlauf des ordentlichen Gesetzgebungsverfahrens eingesetzten Vermittlungsausschuss ausgehen (vgl. Art. 293 I i. V. m. Art. 294 X, XIII AEUV: „billigt der Vermittlungsausschuss innerhalb der Frist einen gemeinsamen Entwurf").

### bb) Erste Lesung

**509.**

**Womit beginnt die sich an die Initiative der Kommission anschließende erste Lesung?**

Das Europäische Parlament legt seinen Standpunkt zum Vorschlag der Kommission in erster Lesung fest und übermittelt ihn dem Rat (Art. 294 III AEUV).

**510.**

**Wie kann der Rat auf den Standpunkt des Europäischen Parlaments im Rahmen der ersten Lesung reagieren?**

Er kann ihn gem. Art. 294 IV AEUV billigen, dann ist der betreffende Rechtsakt in der Fassung des Standpunkts des Europäischen Parlaments erlassen. Billigt er den Standpunkt hingegen nicht, legt der Rat gem. Art. 294 V AEUV seinen Standpunkt in erster Lesung fest und übermittelt diesen dem Europäischen Parlament. In diesem Fall unterrichtet der Rat gem. Art. 294 VI 1 AEUV das Europäische Parlament in allen Einzelheiten über die Gründe, aus denen er seinen Standpunkt in erster Lesung festgelegt hat. Zudem unterrichtet gem. Art. 294 VI 2 AEUV auch die Kommission das Parlament in vollem Umfang über ihren Standpunkt.

**511.**

**Mit welcher Mehrheit beschließt der Rat dabei über die Annahme des Standpunkts des Europäischen Parlaments?**

Die für die Annahme des Standpunkts des Parlaments erforderliche Mehrheit im Rat hängt davon ab, ob in dem Standpunkt inhaltlich vom Vorschlag der Kommission abgewichen wird. Ist dies nicht der Fall, gilt, da Art. 294 IV AEUV kein spezielles Mehrheitserfordernis nennt, gem. Art. 16 III EUV die qualifizierte Mehrheit (vgl. oben Nr. 228). Wird jedoch vom Vorschlag der Kommission abgewichen, ist gem. Art. 293 I 1. HS AEUV im Rat Einstimmigkeit erforderlich.

**cc) Zweite Lesung**

**512.**

Der Standpunkt des Rates in erster Lesung wird dem Europäischen Parlament am 15. Mai 2014 zugeleitet. Am 16. August 2014 hat sich das Europäische Parlament noch nicht zu dem Standpunkt geäußert. Was ist die Folge?

Äußert sich das Europäische Parlament nicht innerhalb von drei Monaten zum Standpunkt des Rates, gilt der betreffende Rechtsakt als in der Fassung des Standpunkts des Rates erlassen (Art. 294 VII lit. a 2. Alt. AEUV).

**513.**

Was kann das Parlament in zweiter Lesung tun, um die Verabschiedung des Rechtsakts zu beschleunigen?

Es kann den Standpunkt des Rates gem. Art. 294 VII lit. a 1. Alt. AEUV billigen. Der betreffende Rechtsakt gilt dann als in der Fassung des Standpunkts des Rates erlassen.

**514.**

Welche Mehrheit ist dafür erforderlich?

Da Art. 294 VII lit. a 1. Alt. AEUV kein besonderes Mehrheitserfordernis statuiert, gilt die Grundregel des Art. 231 I AEUV: Das Parlament beschließt mit der Mehrheit der abgegebenen Stimmen.

**515.**

Kann das Europäische Parlament den Rechtsakt in der zweiten Lesung auch endgültig zum Scheitern bringen?

Ja, indem es den Standpunkt des Rates gem. Art. 294 VII lit. b AEUV ablehnt.

**516.**

Welche Mehrheit ist dafür erforderlich?

Gem. Art. 294 VII lit. b AEUV ist dafür die Mehrheit der Mitglieder des Europäischen Parlaments erforderlich.

**517.**

Als weitere Möglichkeit kann das Europäische Parlament in zweiter Lesung auch gem. Art. 294 VII lit. c AEUV mit der Mehrheit seiner Mitglieder Abänderungen am Standpunkt des Rates in erster Lesung vorschlagen und die abgeänderte Fassung dem Rat und der Kommission zuleiten. Wie wird dann weiter verfahren?

Zunächst gibt dann die Kommission gem. Art. 294 VII lit. c 2. HS AEUV eine Stellungnahme zu diesen Abänderungen ab, bevor gem. Art. 294 VIII AEUV der Rat am Zuge ist.

**518.**

Die Kommission hat in ihrer Stellungnahme zu Abänderungen, die das Europäische Parlament am Entwurf einer neuen Legehennenverordnung vorgenommen hat, eine ablehnende Stellungnahme abgegeben. In der kurz darauf stattfindenden Abstimmung im Rat sprechen sich 25 Mitglieder des Rates für die Billigung der Abänderungen aus, während drei Ratsmitglieder dagegen stimmen. Ist die VO damit erlassen?

Stimmen 25 Ratsmitglieder für die Billigung der Abänderungen, könnte die VO gem. Art. 294 VIII lit. a AEUV erlassen sein, wenn hierfür gem. Art. 16 III EUV ein Beschluss mit qualifizierter Mehrheit genügen würde. Gem. Art. 294 IX AEUV beschließt der Rat jedoch über Abänderungen, zu denen die Kommission eine ablehnende Stellungnahme abgegeben hat, einstimmig. Da die Kommission vorliegend eine ablehnende Stellungnahme abgegeben hat, wäre Einstimmigkeit im Rat erforderlich gewesen, woran es aufgrund der drei Gegenstimmen fehlt. Die VO ist somit nicht erlassen worden.

**519.**

Was ist die Folge?

Billigt der Rat nicht innerhalb von drei Monaten nach Eingang der Abänderungen des Europäischen Parlaments alle Abänderungen mit der erforderlichen Mehrheit, so beruft der Präsident des Rates gem. Art. 294 VIII lit. b AEUV im Einvernehmen mit dem Präsidenten des Europäischen Parlaments innerhalb von sechs Wochen den Vermittlungsausschuss ein.

**dd) Vermittlung**

**520.**

Wie setzt sich der **Vermittlungsausschuss** zusammen?

Gem. Art. 294 X AEUV aus den Mitgliedern des Rates oder deren Vertretern und ebenso vielen das Europäische Parlament vertretenden Mitgliedern.

**521.**

**Was ist die Aufgabe des Vermittlungsausschusses?**

Binnen sechs Wochen nach seiner Einberufung eine Einigung über die Formulierung des Rechtsakts auf der Grundlage der Standpunkte des Europäischen Parlaments und des Rates in zweiter Lesung herbeizuführen, Art. 294 X AEUV.

**522.**

**Der am 1.10.2014 einberufene Vermittlungsausschuss arbeitet in zähen Verhandlungen einen Einigungsvorschlag für die umstrittene Legehennenverordnung aus und stimmt darüber ab. Dabei stimmen am 25.11.2014 im Vermittlungsausschuss 15 von 28 Ratsmitgliedern und 15 von 28 Parlamentsrepräsentanten für den Einigungsvorschlag. Ist damit eine Einigung im Vermittlungsausschuss erzielt?**

Nein, wie sich aus Art. 294 XII AEUV ergibt, muss die Einigung im Vermittlungsausschuss binnen sechs Wochen nach seiner Einberufung erzielt werden. Hier waren die sechs Wochen überschritten.

**523.**

**Was ist die Rechtsfolge?**

Die vorgeschlagene Verordnung gilt gem. Art. 294 XII AEUV als nicht erlassen, ist also gescheitert.

**524.**

**Kurz vor Ablauf der Sechs-Wochen-Frist zeichnet sich eine Einigung im Vermittlungsausschuss ab, für die jedoch noch einige untergeordnete Punkte zu klären sind. Kann die Sechs-Wochen-Frist verlängert werden?**

Ja, gem. Art. 294 XIV AEUV wird die Frist von sechs Wochen auf Initiative des Europäischen Parlaments oder des Rates um höchstens zwei Wochen verlängert.

**525.**

Angenommen, der Vermittlungsausschuss ist im voranstehend behandelten Fall am 25.10.2014 einberufen worden. Am 25.11.2014 stimmen im Vermittlungsausschuss 15 von 28 Ratsmitgliedern und 15 von 28 Parlamentsrepräsentanten für den Einigungsvorschlag. Ist die Einigung im Vermittlungsausschuss erzielt worden?

Gem. Art. 294 X AEUV ist für eine Einigung im Vermittlungsausschuss die Zustimmung der Ratsrepräsentanten mit qualifizierter Mehrheit und die Zustimmung der Parlamentsrepräsentanten mit der Mehrheit der Mitglieder erforderlich. Was die Parlamentsrepräsentanten angeht, ist die erforderliche Mehrheit erzielt. Fraglich ist, ob dies auch bei den Ratsrepräsentanten der Fall ist. Da die Abstimmung am 25.11.2014 stattfindet, gilt gem. Art. 16 IV UA 1 EUV die neue doppelte Mehrheit. Erforderlich sind also gem. Art. 16 IV UA 1 EUV 55 % der Mitglieder des Rates, gebildet aus mindestens 15 Mitgliedern, die zugleich 65 % der Bevölkerung repräsentieren müssen. Hier haben zwar 15 Mitglieder des Rates für den Einigungsvorschlag gestimmt. Damit ist die qualifizierte Mehrheit jedoch nicht erreicht worden, da 55 % von 28 15,4 sind. Es ist keine Einigung im Vermittlungsausschuss gem. Art. 294 X AEUV zustande gekommen.

**526.**

Angenommen, der im Vermittlungsausschuss ausgehandelte Einigungsvorschlag weicht von dem ursprünglichen Entwurf und späteren Stellungnahmen der Kommission ab. Müssen dann die Ratsmitglieder im Vermittlungsausschuss den Einigungsvorschlag einstimmig annehmen, damit die Einigung im Vermittlungsausschuss erzielt ist?

Nein, gem. Art. 294 X AEUV genügt die qualifizierte Mehrheit.

**527.**

Widerspricht dies nicht Art. 293 I AEUV?

Nein, für das Verfahren im Vermittlungsausschuss gem. Art. 294 X AEUV gilt gem. Art. 293 I 2. HS AEUV [bitte lesen!] eine ausdrückliche Ausnahme von der Regelung des Art. 293 I 1. HS AEUV.

**528.**

Hat die Kommission eine Möglichkeit, auf eine Einigung im Vermittlungsausschuss hinzuwirken?

Ja, gem. Art. 294 XI AEUV nimmt die Kommission an den Arbeiten des Vermittlungsausschusses teil und ergreift dabei alle erforderlichen Initiativen, um auf eine Annäherung der Standpunkte des Europäischen Parlaments und des Rates hinzuwirken.

## ee) Dritte Lesung

### 529.

**Ist der Rechtsakt mit der Einigung im Vermittlungsausschuss verabschiedet?**

Nein, dies würde Grundregeln der Rechtsetzung der EU widersprechen. Gesetzgeber der Union ist gem. Art. 14 I 1, Art. 16 I 1 EUV das Europäische Parlament im Zusammenwirken mit dem Rat. Ein Gesetzgebungsakt bedarf daher der Annahme durch diese beiden Organe.

### 530.

**Hat der Vermittlungsausschuss fristgemäß einen gemeinsamen Entwurf gebilligt, schließt sich die dritte Lesung an. Was ist hier für die Annahme des gemeinsamen Entwurfs erforderlich?**

Nach dem oben Gesagten die Zustimmung des Europäischen Parlaments und des Rates, wofür gem. Art. 294 XIII AEUV eine Frist von sechs Wochen zur Verfügung steht.

### 531.

**Welche Mehrheiten sind jeweils erforderlich?**

Gem. Art. 294 XIII 1 AEUV im Europäischen Parlament die Mehrheit der abgegebenen Stimmen und im Rat die qualifizierte Mehrheit.

### 532.

**Gilt die qualifizierte Mehrheit im Rat auch dann, wenn von früheren Vorschlägen und Stellungnahmen der Kommission abgewichen wird?**

Ja, gem. Art. 293 I 2. HS AEUV gilt für die Abstimmung nach Art. 294 XIII AEUV eine weitere Ausnahme von der Grundregel des Art. 293 I 1. HS AEUV, nach der eigentlich Einstimmigkeit erforderlich wäre.

**533.**

**Was ist die Folge, wenn die erforderlichen Mehrheiten im Europäischen Parlament und im Rat nicht innerhalb der Frist erzielt werden?**

Dann ist der Rechtsakt gescheitert, Art. 294 XIII S. 2 AEUV.

**534.**

**Kann die Sechs-Wochen-Frist des Art. 294 XIII AEUV verlängert werden?**

Ja, auch diese Frist kann gem. Art. 294 XIV AEUV auf Initiative des Europäischen Parlaments oder des Rates um höchstens zwei Wochen verlängert werden.

**c) Besondere Gesetzgebungsverfahren**

**535.**

**Sind alle Rechtsetzungsverfahren, die nicht ordentliche Gesetzgebungsverfahren sind, besondere Gesetzgebungsverfahren?**

Nein, nach dem oben Gesagten muss die Gesetzgebung von der sonstigen Rechtsetzung abgegrenzt werden (Nr. 406, 502 ff.). Bei einem Rechtsetzungsverfahren handelt es sich nur dann um ein besonderes Gesetzgebungsverfahren, wenn in der entsprechenden Vertragsvorschrift ausdrücklich davon die Rede ist, dass der Rechtsakt in einem besonderen Gesetzgebungsverfahren erlassen wird (vgl. etwa Art. 115 AEUV [besonderes Gesetzgebungsverfahren] auf der einen und Art. 78 III AEUV [sonstiges Rechtsetzungsverfahren] auf der anderen Seite).

**536.**

**Um eine gewisse Strukturierung der heterogenen besonderen Gesetzgebungsverfahren zu erreichen, werden in Anlehnung an die früheren Verfahren der Anhörung und der Zustimmung oft Anhörungsverfahren und Zustimmungsverfahren unterschieden (z. B. *Streinz*, Europarecht, Rn. 552 ff.). Worin unterscheiden sich diese?**

Entscheidend für die Zuordnung zu einer der beiden Kategorien ist v. a. die Rolle des Europäischen Parlaments: Bei Anhörungsverfahren beschließt der Rat nach bloßer Anhörung des Parlaments (vgl z. B. Art. 77 III 2 AEUV). Bei Zustimmungsverfahren beschließt entweder der Rat mit Zustimmung des Parlaments (vgl z. B. Art. 25 II AEUV) oder aber das Europäische Parlament mit Zustimmung des Rates (vgl etwa Art. 223 II AEUV). Damit ist hier jeweils ein positiver Beschluss des Europäischen Parlaments erforderlich.

**537.**

Verschiedene Mitgliedstaaten sind der Ansicht, dass zwecks Erleichterung der Rechtsangleichung im Binnenmarkt Harmonisierungsrichtlinien gem. Art. 115 AEUV zukünftig nicht mehr in dem dort geregelten besonderen, sondern im ordentlichen Gesetzgebungsverfahren verabschiedet werden sollten. Gäbe es eine Möglichkeit, dieses Ziel zu erreichen?

Ja, durch Nutzung der Passerelle-Regelung des Art. 48 VII UA 2 EUV (oben Nr. 143 ff.).

**538.**

Was ist für die Nutzung der Passerelle-Regelung gem. Art. 48 VII UA 2 EUV erforderlich?

Gem. Art. 48 VII UA 4 EUV ein einstimmiger Beschluss des Europäischen Rates nach Zustimmung des Europäischen Parlaments. Zudem darf zuvor gem. Art. 48 VII UA 3 EUV kein nationales Parlament die Nutzung der Passerelle-Regelung innerhalb von sechs Monaten abgelehnt haben.

**539.**

Darf der deutsche Repräsentant im Europäischen Rat einer Nutzung der Passerelle-Regelung gem. Art. 48 VII UA 2 EUV ohne Weiteres zustimmen?

Nein, nach dem Lissabon-Urteil des BVerfG ist dafür eine vorherige Ermächtigung des deutschen Vertreters im Europäischen Rat durch ein vom Bundestag und Bundesrat gem. Art. 23 I 2 GG zu beschließendes Gesetz erforderlich (BVerfGE 123, 267/435).

## V. Verhältnis der EU zu den Mitgliedstaaten

### 1. Unionstreue

**540.**

Wo ist der Grundsatz der loyalen Zusammenarbeit bzw. Unionstreue geregelt?

In Art. 4 III EUV.

**541.**

Welchen Inhalt besitzt er?

Gem. Art. 4 III UA 1 EUV achten und unterstützen sich die Union und die Mitgliedstaaten gegenseitig bei der Erfüllung der Aufgaben, die sich aus den Verträgen oder den Handlungen der Union ergeben.

**542.**

Welche konkreten Pflichten ergeben sich daraus für die Mitgliedstaaten?

Handlungs- und Unterlassungspflichten (*Bieber/Epiney/Haag*, § 2 Rn. 66): Gem. Art. 4 III UA 2 EUV ergreifen die Mitgliedstaaten alle geeigneten Maßnahmen allgemeiner oder besonderer Art zur Erfüllung der Verpflichtungen, die sich aus den Verträgen oder den Handlungen der Organe der Union ergeben (= Handlungspflicht). Gem. Art. 4 III UA 3 1. HS EUV unterstützen die Mitgliedstaaten die Union bei der Erfüllung ihrer Aufgabe (= Handlungspflicht). Gem. Art. 4 III UA 3 2. HS EUV unterlassen die Mitgliedstaaten alle Maßnahmen, die die Verwirklichung der Ziele der Union gefährden könnten (= Unterlassungspflicht).

**543.**

Der EuGH hat verschiedene wichtige Urteile maßgeblich auf Art. 4 III EUV gestützt. Kennen Sie ein wichtiges Beispiel?

Ein wichtiges Beispiel ist der unionsrechtliche Staatshaftungsanspruch für die Nichtumsetzung von Richtlinien, den der EuGH im *Francovich*-Urteil (unten Nr. 569 ff.) primär auf Art. 4 III EUV gestützt hat (EuGH, verb. Rs. C-6/90 u. C-9/90, Slg. 1991, S. I-5357 Rn. 36 – *Francovich*): „*Die Verpflichtung der Mitgliedstaaten zum Ersatz dieser Schäden findet auch in Artikel 5 EWG-Vertrag [Art. 4 III EUV] eine Stütze, nach dem die Mitgliedstaaten alle geeigneten Maßnahmen allgemeiner oder besonderer Art zur Erfüllung ihrer Verpflichtungen aus dem Gemeinschaftsrecht zu treffen haben. Zu diesen Verpflichtungen gehört auch diejenige, die rechtswidrigen Folgen eines Verstoßes gegen das Gemeinschaftsrecht zu beheben".*

## 2. Anwendungsvorrang des EU-Rechts

**544.**

Das für das Verhältnis des EU-Rechts zum Recht der Mitgliedstaaten grundlegende Prinzip des Anwendungsvorrangs des EU-Rechts wurde bereits oben bei den Rechtsquellen des EU-Rechts behandelt (Nr. 389 ff.). Nach der Konzeption des EuGH, wie er sie in seinem Urteil in der Rs. *Costa/ENEL* vom 15.7.1964 (Rs. 6/64, Slg. 1964, S. 1259/1269) entwickelt hat, genießt das EU-Recht in seiner Gesamtheit Vorrang vor dem gesamten nationalen Recht einschließlich des Verfassungsrechts. Teilt das BVerfG diese Auffassung vom Totalvorrang des EU-Rechts vor dem nationalen Recht?

Nein, zwar ist auch das BVerfG der Auffassung, dass dem EU-Recht grds. Anwendungsvorrang gegenüber dem nationalen, speziell deutschen Recht zukomme. Doch leitet das BVerfG den Vorrang des EU-Rechts – wie bereits ausgeführt (Nr. 401) – nicht wie der EuGH aus der Eigenständigkeit der EU-Rechtsordnung ab, sondern aus der entsprechenden verfassungsrechtlichen Ermächtigung im GG, heute Art. 23 I 2 GG i. V. m. Art. 59 II 1 GG (BVerfGE 123, 267/397 – *Lissabon*). Schon aus dem Grund, dass die Übertragbarkeit von Hoheitsgewalt auf die EU über Art. 23 I 2 GG insbes. gem. Art. 23 I 1 sowie Art. 23 I 3 i. V. m. Art. 79 III GG beschränkt ist, ergibt sich, dass es keinen Totalvorrang des EU-Rechts vor dem nationalen, deutschen Recht geben kann. Auf die einzelnen Bereiche, in denen EU-Recht nach Auffassung des BVerfG keinen Vorrang gegenüber deutschem Recht beanspruchen kann, wird im folgenden Abschnitt eingegangen.

## 3. Grundgesetzliche Grenzen der europäischen Integration

**545.**

Die Supranationalität der EU basiert auf der Übertragung von Hoheitsgewalt durch die Mitgliedstaaten. Welche grundgesetzliche Norm bildet die Grundlage für die Übertragung von Hoheitsrechten auf die EU?

Art. 23 I 2 GG.

**546.**

War Art. 23 I 2 GG schon bei der Gründung der drei Gemeinschaften in den Fünfzigerjahren des 20. Jh. (oben Nr. 35 ff.) Grundlage für die Übertragung von Hoheitsrechten auf die Gemeinschaften?

Nein, damals war die allgemeine verfassungsrechtliche Ermächtigungsnorm für die Übertragung von Hoheitsgewalt auf zwischenstaatliche Einrichtungen in Art. 24 I

GG Grundlage der Übertragung von Hoheitsgewalt auf die Gemeinschaften. Der spezielle Europaartikel, Art. 23 GG, wurde erst im Zusammenhang mit der Ratifikation des Vertrags von Maastricht über die Gründung der Europäischen Union eingeführt (oben Nr. 62 ff.), da Art. 24 I GG hierfür als nicht mehr ausreichend erachtet wurde.

**547.**

**Für die Übertragung von Hoheitsrechten auf die EU gem. Art. 23 I 2 GG bedarf es eines formellen Gesetzes, dem der Bundesrat zustimmen muss. Welche Mehrheiten sind in Bundestag und Bundesrat für die Verabschiedung eines solchen Gesetzes erforderlich?**

Art. 23 I 2 GG nennt selbst keine Mehrheitserfordernisse, so dass die allgemeinen Regeln zur Anwendung kommen könnten (Bundestag: Art. 77 I 1 i. V. m. Art. 42 II 1 GG: Mehrheit der abgegebenen Stimmen, Bundesrat: Art. 78 1. Var i. V. m. Art. 52 III 1 GG: Mehrheit der Stimmen). Abweichende Mehrheitserfordernisse können sich jedoch aus Art. 23 I 3 GG ergeben, nach dem für die Begründung der EU sowie für Änderungen ihrer vertraglichen Grundlagen und vergleichbare Regelungen, durch die das GG seinem Inhalt nach geändert oder ergänzt wird oder solche Änderungen oder Ergänzungen ermöglicht werden, Art. 79 II und III GG gilt. Gem. Art. 79 II GG ist für die Verabschiedung eines solchen Gesetzes die Zustimmung von zwei Dritteln der Mitglieder des Bundestages und zwei Dritteln der Stimmen des Bundesrates erforderlich. Art. 23 I 3 GG ist jedenfalls auf solche Fälle der Übertragung von Hoheitsrechten anwendbar, welche die Kompetenzen der EU ausweiten, führt dies doch grds. auch zu einer Veränderung der Kompetenzordnung des Grundgesetzes (BVerfGE 58, 1/35 f.; *Haratsch/Koenig/Pechstein*, Rn. 119 m. w. Nw.). Nur ganz unerhebliche Änderungen der Verträge fallen nicht unter Art. 23 I 3 GG und können daher mittels eines einfachen Zustimmungsgesetzes gem. Art. 23 I 2 GG erfolgen (vgl. näher *Breuer*, NVwZ 1994, 417/423). Im Ergebnis ist also für die Übertragung von Hoheitsrechten grds. gem. Art. 23 I 2 und 3 i. V. m. Art. 79 II GG die Zustimmung von zwei Dritteln der Mitglieder des Bundestages und zwei Dritteln der Stimmen des Bundesrates erforderlich.

**548.**

**Nachdem sich die Staatsschuldenkrise weiter verschärft hat, beschließen einige Staats- und Regierungschefs, „die Flucht nach vorne" anzutreten und die EU zu einem Europäischen Bundesstaat fortzuentwickeln. Könnte die Bundesrepublik Deutschland einen entsprechenden Reformvertrag gem. Art. 23 I 2 und 3 GG ratifizieren?**

Dies ist angesichts des Verweises des bei einem so weitreichenden Reformvertrag eindeutig einschlägigen Art. 23 I 3 GG auf Art. 79 III GG problematisch. Nach Auffassung des BVerfG im Lissabon-Urteil (BVerfGE 123, 267/347) will das Grundgesetz eine europäische Integration und eine internationale Friedensordnung:

Es gelte deshalb nicht nur der Grundsatz der Völkerrechtsfreundlichkeit, sondern auch der Grundsatz der Europarechtsfreundlichkeit. Das Grundgesetz ermächtige den Gesetzgeber daher zwar zu einer weitreichenden Übertragung von Hoheitsrechten auf die Europäische Union. *„Die Ermächtigung steht aber unter der Bedingung, dass dabei die souveräne Verfassungsstaatlichkeit auf der Grundlage eines Integrationsprogramms nach dem Prinzip der begrenzten Einzelermächtigung und unter Achtung der verfassungsrechtlichen Identität als Mitgliedstaaten gewahrt bleibt und zugleich die Mitgliedstaaten ihre Fähigkeit zu selbstverantwortlicher politischer und sozialer Gestaltung der Lebensverhältnisse nicht verlieren"*. Auf der Grundlage von Art. 23 I GG müsse die Union *„eine enge, auf Dauer angelegte Verbindung souverän bleibender Staaten, die auf vertraglicher Grundlage öffentliche Gewalt ausübt, deren Grundordnung jedoch allein der Verfügung der Mitgliedstaaten unterliegt"* bleiben (BVerfGE, 123, 267/348).

---

**549.**

**Bestünde vor diesem Hintergrund nach dem Grundgesetz keine Möglichkeit für die Bundesrepublik Deutschland, sich in einen Europäischen Bundesstaat zu integrieren?**

Prinzipiell bliebe danach nur der Weg über Art. 146 GG. Ob dies verfassungsrechtlich zulässig wäre, hat das BVerfG im Lissabon-Urteil offengelassen.

---

**550.**

**Durch einen Reformvertrag soll eine neue Regelung in Art. 2 AEUV integriert werden, nach der die Union grds. selbst darüber entscheiden kann, welche Kompetenzen ihr zustehen. Könnte die Bundesrepublik Deutschland diese Regelung im Reformvertrag gem. Art. 23 I GG ratifizieren?**

Das BVerfG hat im Lissabon-Urteil auch festgestellt: *„Das Grundgesetz ermächtigt die deutschen Staatsorgane nicht, Hoheitsrechte derart zu übertragen, dass aus ihrer Ausübung heraus eigenständig weitere Zuständigkeiten für die Europäische Union begründet werden können. Es untersagt die Übertragung der Kompetenz-Kompetenz [...]"* (BVerfGE, 123, 267/349). Da der Union mit der neuen Regelung in Art. 2 AEUV die Kompetenz übertragen würde, selbst über den Umfang ihrer Kompetenzen zu entscheiden, liefe die neue Regelung in Art. 2 AEUV auf die Verleihung der Kompetenz-Kompetenz an die Union hinaus. Dies wäre nach Auffassung des BVerfG gem. Art. 23 I GG nicht möglich. Die Bundesrepublik Deutschland könnte diese Regelung im Reformvertrag nicht gem. Art. 23 I GG ratifizieren.

---

**551.**

**In einer neuen Verordnung der EU findet sich eine Regelung, die inhaltlich nicht von den in den Verträgen enthaltenen Kompetenzen der EU gedeckt ist. Bestünde eine Möglichkeit, diese Regelung vom BVerfG überprüfen zu lassen?**

Prinzipiell ja, das BVerfG hat sich bereits im Maastricht-Urteil vorbehalten, sog. **ausbrechende Rechtsakte** der EU zu überprüfen, da diese in Deutschland unverbindlich seien und von den deutschen Staatsorganen nicht angewendet werden dürften (BVerfGE 89, 155/188): *„Würden etwa europäische Einrichtungen oder Organe den Unions-Vertrag in einer Weise handhaben oder fortbilden, die von dem Vertrag, wie er dem deutschen Zustimmungsgesetz zugrunde liegt, nicht mehr gedeckt wäre, so wären die daraus hervorgehenden Rechtsakte im deutschen Hoheitsbereich nicht verbindlich. Die deutschen Staatsorgane wären aus verfassungsrechtlichen Gründen gehindert, diese Rechtsakte in Deutschland anzuwenden. Dementsprechend prüft das Bundesverfassungsgericht, ob Rechtsakte der europäischen Einrichtungen und Organe sich in den Grenzen der ihnen eingeräumten Hoheitsrechte halten oder aus ihnen ausbrechen [...]".*

Diese sog. **Ultra-vires-Kontrolle** hat das BVerfG im Lissabon-Urteil ausdrücklich bestätigt (BVerfGE 123, 267/353 f.): *„Das Bundesverfassungsgericht hat hierfür bereits den Weg der Ultra-vires-Kontrolle eröffnet, die im Fall von Grenzdurchbrechungen bei der Inanspruchnahme von Zuständigkeiten durch Gemeinschafts- und Unionsorgane greift. Wenn Rechtsschutz auf Unionsebene nicht zu erlangen ist, prüft das Bundesverfassungsgericht, ob Rechtsakte der europäischen Organe und Einrichtungen sich unter Wahrung des gemeinschafts- und unionsrechtlichen Subsidiaritätsprinzips ([...] Art. 5 Abs. 1 Satz 2 und Abs. 3 EUV-Lissabon) in den Grenzen der ihnen im Wege der begrenzten Einzelermächtigung eingeräumten Hoheitsrechte halten (vgl. BVerfGE 58, 1 [30 f.]; 75, 223 [235, 242]; 89, 155 [188]: dort zum sogenannten ausbrechenden Rechtsakt)".*

---

**552.**

**Könnte ohne vorherige Befassung des Gerichtshofs der EU unmittelbar das BVerfG entscheiden, dass es sich um eine mit Art. 23 GG unvereinbare Ultra-vires-Regelung handelt?**

Nein, zunächst ist stets mittels eines ggf. auch durch das BVerfG einzuleitenden Vorabentscheidungsverfahrens gem. Art. 267 AEUV (dazu unten Nr. 606 ff.) dem Gerichtshof der EU Gelegenheit zu geben, zur Vereinbarkeit des angegriffenen Rechtsakts mit dem EU-Primärrecht, zu dem auch das Prinzip der begrenzten Einzelermächtigung gehört, Stellung zu beziehen (BVerfGE 126, 286/304 – *Honeywell): „Vor der Annahme eines Ultra-vires-Akts der europäischen Organe und Einrichtungen ist deshalb dem Gerichtshof im Rahmen eines Vorabentscheidungsverfahrens nach Art. 267 AEUV die Gelegenheit zur Vertragsauslegung sowie zur Entscheidung über die Gültigkeit und die Auslegung der fraglichen Rechtsakte zu geben. Solange der Gerichtshof keine Gelegenheit hatte, über die aufgeworfenen unionsrechtlichen Fragen zu entscheiden, darf das Bundesverfassungsgericht für Deutschland keine Unanwendbarkeit des Unionsrechts feststellen (vgl. BVerfGE 123, 267 [353])."*

Nur wenn der Gerichtshof der EU den Rechtsakt für gültig erachtet und auch eine Auslegung des Rechtsakts durch den Gerichtshof der EU die Bedenken, dass es sich um einen Ultra-vires-Rechtsakt handelt, nicht auszuräumen vermag, darf das BVerfG den Rechtsakt im Lichte des Grundgesetzes überprüfen.

**553.**

Angenommen, das BVerfG kommt nach einer Vorabentscheidung des EuGH gem. Art. 267 AEUV, welche die Regelung der VO bestätigt hat, zum Ergebnis, dass diese eine mit Art. 23 I GG unvereinbare Ultra-vires-Regelung darstellt. Kann das BVerfG die Unvereinbarkeit mit dem GG ohne Weiteres feststellen oder müssen dafür weitere Voraussetzungen vorliegen?

Das BVerfG hat in seinem *Honeywell*-Beschluss (Nr. 552) hergeleitet, dass die Ultra-vires-Kontrolle europarechtsfreundlich ausgeübt werden müsse (BVerfGE 126, 286/303). Eine Ultra-vires-Kontrolle durch das BVerfG kommt danach nur in Betracht, *„wenn ersichtlich ist, dass Handlungen der europäischen Organe und Einrichtungen außerhalb der übertragenen Kompetenzen ergangen sind (vgl. BVerfGE 123, 267 [353, 400]). Ersichtlich ist ein Verstoß gegen das Prinzip der begrenzten Einzelermächtigung nur dann, wenn die europäischen Organe und Einrichtungen die Grenzen ihrer Kompetenzen in einer das Prinzip der begrenzten Einzelermächtigung spezifisch verletzenden Art überschritten haben (Art. 23 Abs. 1 GG), der Kompetenzverstoß mit anderen Worten hinreichend qualifiziert ist (vgl. zur Formulierung ‚hinreichend qualifiziert‘ als Tatbestandsmerkmal im unionsrechtlichen Haftungsrecht etwa EuGH, Urteil vom 10. Juli 2003, Rs. C-472/00 P, Fresh Marine, Slg. 2003, S. I-7541 Rn. 26 f.). Dies bedeutet, dass das kompetenzwidrige Handeln der Unionsgewalt offensichtlich ist und der angegriffene Akt im Kompetenzgefüge zwischen Mitgliedstaaten und Union im Hinblick auf das Prinzip der begrenzten Einzelermächtigung und die rechtsstaatliche Gesetzesbindung erheblich ins Gewicht fällt [...]"* (BVerfGE 126, 286/ 304).

Eine Ultra-vires-Kontrolle durch das BVerfG setzt danach voraus, dass ein kompetenzwidriges Verhalten der EU zum einen **offensichtlich** ist und zum anderen der angegriffene Akt im Kompetenzgefüge zwischen Mitgliedstaaten und Union im Hinblick auf das Prinzip der begrenzten Einzelermächtigung und die rechtsstaatliche Gesetzesbindung **erheblich ins Gewicht fällt**.

**554.**

Angenommen, das BVerfG kommt nach einer Vorabentscheidung des EuGH, welche die Regelung der VO bestätigt hat, zum Ergebnis, dass diese eine mit Art. 23 GG unvereinbare (im Sinne der *Honeywell*-Entscheidung offensichtliche und erheblich ins Gewicht fallende) Ultra-vires-Regelung darstellt. Kann das BVerfG die Regelung für nichtig erklären?

Nein, die dafür erforderliche Verwerfungskompetenz besitzt nur der EuGH gem. Art. 264 AEUV (unten Nr. 672). Das BVerfG kann die Regelung lediglich für in der Bundesrepublik Deutschland **unanwendbar** erklären. Die Regelung darf dann von deutschen Hoheitsträgern (Legislative, Exekutive, Judikative) nicht mehr angewendet werden.

**555.**

Der – wie gesehen – bereits im Maastricht-Urteil begründeten Ultra-vires-Kontrolle hat das BVerfG im Lissabon-Urteil (BVerfGE 123, 267/353 f.) die sog. **Identitätskontrolle zur Seite gestellt. Worauf ist diese gerichtet?**

*„Die Identitätskontrolle ermöglicht die Prüfung, ob infolge des Handelns europäischer Organe die in Art. 79 Abs. 3 GG für unantastbar erklärten Grundsätze der Art. 1 und Art. 20 GG verletzt werden. Damit wird sichergestellt, dass der Anwendungsvorrang des Unionsrechts nur kraft und im Rahmen der fortbestehenden verfassungsrechtlichen Ermächtigung gilt“* (BVerfGE 123, 267/354 – Lissabon).

**556.**

Das BVerfG hat bereits im Maastricht-Urteil zum grundgesetzlichen Demokratieprinzip aus Art. 20 I, II GG als Grenze der europäischen Integration im Lichte von Art. 79 III GG Stellung bezogen. Dem Deutschen Bundestag müssten *„noch hinreichende Aufgaben und Befugnisse von substantiellem politischen Gewicht“* verbleiben (BVerfGE 89, 155/207). Im Lissabon-Urteil hat das BVerfG daran angeknüpft und aus Art. 23 I, 79 III GG abgeleitet, dass *„die europäische Vereinigung auf der Grundlage einer Vertragsunion souveräner Staaten“* nicht so verwirklicht werden dürfe, *„dass in den Mitgliedstaaten kein ausreichender Raum zur politischen Gestaltung der wirtschaftlichen, kulturellen und sozialen Lebensverhältnisse mehr bleibt“* (BVerfGE 123, 267/357 f.). **Welche Sachbereiche gehören nach Auffassung des BVerfG danach zum sog. integrationsfesten Kern deutscher Staatlichkeit?**

Betroffen sind nach Auffassung des BVerfG insbes. Sachbereiche, *„die die Lebensumstände der Bürger, vor allem ihren von den Grundrechten geschützten privaten Raum der Eigenverantwortung und der persönlichen und sozialen Sicherheit prägen, sowie [...] solche politische Entscheidungen, die in besonderer Weise auf kulturelle, historische und sprachliche Vorverständnisse angewiesen sind, und die sich im parteipolitisch und parlamentarisch organisierten Raum einer politischen Öffentlichkeit diskursiv entfalten. Zu wesentlichen Bereichen demokratischer Gestaltung gehören unter anderem die Staatsbürgerschaft, das zivile und militärische Gewaltmonopol, Einnahmen und Ausgaben einschließlich der Kreditaufnahme sowie die für die Grundrechtsverwirklichung maßgeblichen Eingriffstatbestände, vor allem bei intensiven Grundrechtseingriffen wie dem Freiheitsentzug in der Strafrechtspflege oder bei Unterbringungsmaßnahmen. Zu diesen bedeutsamen Sachbereichen gehören auch kulturelle Fragen wie die Verfügung über die Sprache, die Gestaltung der Familien- und Bildungsverhältnisse, die Ordnung der Meinungs-, Presse- und Versammlungsfreiheit oder der Umgang mit dem religiösen oder weltanschaulichen Bekenntnis“* (BVerfGE 123, 267/358 – Lissabon).

**557.**

**Unterscheidet sich die Identitätskontrolle wesensmäßig von der Ultra-vires-Kontrolle?**

Darüber lässt sich trefflich streiten. Festzuhalten ist, dass das BVerfG beide im Lissabon-Urteil nebeneinander aufführt (z. B. BVerfGE 123, 267/354: „*Sowohl die Ultra-vires- als auch die Identitätskontrolle können dazu führen, dass Gemeinschafts- oder künftig Unionsrecht in Deutschland für unanwendbar erklärt wird*"). Dies spricht für einen wesensmäßigen Unterschied. Andererseits lässt sich in dogmatischer Hinsicht argumentieren, dass eine Verletzung der in Art. 79 III GG für unantastbar erklärten Grundsätze der Art. 1 und Art. 20 GG letztlich auf einem kompetenzwidrigen, also Ultra-vires-Handeln der EU-Organe basieren muss, denn eine entsprechende Kompetenz kann der EU gem. Art. 23 I 3 i. V. m. Art. 79 III GG nicht übertragen worden sein. Insofern spricht dogmatisch viel dafür, dass die Identitätskontrolle letztlich ein spezieller Unterfall der Ultra-vires-Kontrolle ist.

**558.**

**Kann jedes deutsche Gericht eine Ultra-vires- oder eine Identitätskontrolle vornehmen?**

Nein, das BVerfG hat im Lissabon-Urteil festgestellt: „*Zum Schutz der Funktionsfähigkeit der Gemeinschaftsrechtsordnung verlangt die europarechtsfreundliche Anwendung von Verfassungsrecht bei Beachtung des in Art. 100 Abs. 1 GG zum Ausdruck gebrachten Rechtsgedankens, dass sowohl eine Ultra-vires-Feststellung wie auch die Feststellung einer Verletzung der Verfassungsidentität nur dem Bundesverfassungsgericht obliegt*" (BVerfGE 123, 267/354).

**559.**

**Welche bundesverfassungsgerichtlichen Verfahren kommen für die Durchführung einer Ultra-vires-Kontrolle oder einer Identitätskontrolle in Betracht?**

Das BVerfG hat im Lissabon-Urteil obiter festgestellt, dass zum einen „*die Inanspruchnahme bereits jetzt vorgesehener Verfahren, mithin die abstrakte (Art. 93 Abs. 1 Nr. 2 GG) und konkrete (Art. 100 Abs. 1 GG) Normenkontrolle, der Organstreit (Art. 93 Abs. 1 Nr. 1 GG), der Bund-Länder-Streit (Art. 93 Abs. 1 Nr. 3 GG) und die Verfassungsbeschwerde (Art. 93 Abs. 1 Nr. 4a GG)*" in Betracht kämen. Zum anderen sei „*auch die Schaffung eines zusätzlichen, speziell auf die Ultra-vires- und die Identitätskontrolle zugeschnittenen verfassungsgerichtlichen Verfahrens durch den Gesetzgeber zur Absicherung der Verpflichtung deutscher Organe, kompetenzüberschreitende oder identitätsverletzende Unionsrechtsakte im Einzelfall in Deutschland unangewendet zu lassen*" denkbar (BVerfGE 123, 267/354 f.). Da ein solches spezielles Verfahren bislang vom Gesetzgeber nicht geschaffen worden ist, kommen die oben angeführten bundesverfassungsgerichtlichen Verfahren für die Durchführung der Ultra-vires- und der Identitätskontrolle in Betracht.

**560.**

Der praktisch wichtigste Bereich, in dem sich das BVerfG unter bestimmten Voraussetzungen eine Überprüfung von EU-Maßnahmen vorbehält, betrifft Fälle, in denen Maßnahmen der EU, insbes. Sekundärrechtsakte, in Grundrechte eingreifen könnten. Die Entwicklung der Rechtsprechung des BVerfG zu diesem Themenkomplex reicht vom Solange-I- über den Solange-II-Beschluss und das Maastricht-Urteil bis zum Bananenmarktbeschluss. Was war die Kernaussage des BVerfG im Solange-I-Beschluss vom 29. Mai 1974?

Im Solange-I-Beschluss behielt sich das BVerfG vor, Gemeinschaftsrechtsakte im Lichte der Grundrechte des Grundgesetzes zu überprüfen, *solange* das Gemeinschaftsrecht keinen dem Grundrechtsschutz des Grundgesetzes adäquaten Grundrechtsschutz gewährleistete: *„Solange der Integrationsprozeß der Gemeinschaft nicht so weit fortgeschritten ist, daß das Gemeinschaftsrecht auch einen von einem Parlament beschlossenen und in Geltung stehenden formulierten Katalog von Grundrechten enthält, der dem Grundrechtskatalog des Grundgesetzes adäquat ist, ist nach Einholung der in Art. 177 des Vertrags [EWGV] geforderten Entscheidung des Europäischen Gerichtshofs [Vorabentscheidungsverfahren] die Vorlage eines Gerichts der Bundesrepublik Deutschland an das Bundesverfassungsgericht im Normenkontrollverfahren zulässig und geboten, wenn das Gericht die für es entscheidungserhebliche Vorschrift des Gemeinschaftsrechts in der vom Europäischen Gerichtshof gegebenen Auslegung für unanwendbar hält, weil und soweit sie mit einem der Grundrechte des Grundgesetzes kollidiert"* (BVerfGE 37, 271/ 285 – Solange-I).

**561.**

Nachdem das BVerfG bereits 1979 im „Vielleicht-Beschluss" (BVerfGE 52, 187) erwogen hatte, ob eine Abkehr von Solange-I in Betracht komme, da sich der europäische Grundrechtsschutz aufgrund der Rechtsprechung des EuGH inzwischen wesentlich fortentwickelt hatte, drehte es dann schließlich im Jahr 1986 in seinem Solange-II-Beschluss das Solange-I-Diktum – ohne seine prinzipielle Auffassung zu den verfassungsrechtlichen Schranken aus Art. 24 I GG a. F. aufzugeben – quasi um. Was war die Kernaussage des Solange-II-Beschlusses?

Solange es auf der Ebene der EG (jetzt: EU) einen hinreichenden, dem Grundrechtsschutz des Grundgesetzes vergleichbaren Grundrechtsschutz gibt, überprüft das BVerfG Maßnahmen der EG (EU) nicht mehr im Lichte der Grundrechte des Grundgesetzes:

*„Solange die Europäischen Gemeinschaften, insbesondere die Rechtsprechung des Gerichts-*
*hofs der Gemeinschaften einen wirksamen Schutz der Grundrechte gegenüber der Ho-*
*heitsgewalt der Gemeinschaften generell gewährleisten, der dem vom Grundgesetz als*
*unabdingbar gebotenen Grundrechtsschutz im wesentlichen gleichzuachten ist, zumal den*
*Wesensgehalt der Grundrechte generell verbürgt, wird das Bundesverfassungsgericht seine*
*Gerichtsbarkeit über die Anwendbarkeit von abgeleitetem Gemeinschaftsrecht, das als*
*Rechtsgrundlage für ein Verhalten deutscher Gerichte und Behörden im Hoheitsbereich*
*der Bundesrepublik Deutschland in Anspruch genommen wird, nicht mehr ausüben und*
*dieses Recht mithin nicht mehr am Maßstab der Grundrechte des Grundgesetzes über-*
*prüfen; entsprechende Vorlagen nach Art. 100 Abs. 1 GG sind somit unzulässig"* (BVerf-
GE 73, 339/387 – *Solange-II*).

## 562.

**Wer hatte dafür gesorgt, dass sich auf der Ebene der EG in den Jahren nach
der Solange-I-Entscheidung von 1974 ein adäquater Grundrechtsschutz entwickelt hatte?**

Der EuGH, der in seiner Rechtsprechung auf der Grundlage der Rechtsquelle des
allgemeinen Rechtsgrundsatzes (vgl. Nr. 378 ff.) einen umfassenden Grundrechtsschutz entwickelt hatte.

## 563.

**Aber hatte das BVerfG in Solange-I nicht *„einen von einem Parlament be-
schlossenen und in Geltung stehenden formulierten Katalog von Grundrechten"*
verlangt, um seine Kontrolle von Sekundärrechtsakten der EG im Lichte von
Grundrechten des Grundgesetzes aufgeben zu können?**

Eigentlich ja, aber davon hat das BVerfG zwölf Jahre später in Solange-II pragmatisch abgesehen, zählen doch die allgemeinen Rechtsgrundsätze, aus denen der
EuGH die EG-Grundrechte abgeleitet hat, ebenfalls zum Primärrecht der Gemein-
schaften/Union.

## 564.

**Die folgende Formulierung im Maastricht-Urteil (BVerfGE 89, 155/174 f.)
aus dem Jahr 1993 wurde zunächst z. T. als Abkehr vom Solange-II-Diktum
gewertet:**
*„Das Bundesverfassungsgericht gewährleistet durch seine Zuständigkeit (vgl.*
*BVerfGE 37, 271 [280 ff.]; 73, 339 [376 f.]), daß ein wirksamer Schutz der*
*Grundrechte für die Einwohner Deutschlands auch gegenüber der Hoheitsgewalt*
*der Gemeinschaften generell sichergestellt und dieser dem vom Grundgesetz als*
*unabdingbar gebotenen Grundrechtsschutz im wesentlichen gleich zu achten ist,*

*zumal den Wesensgehalt der Grundrechte generell verbürgt. Das Bundesverfassungsgericht sichert so diesen Wesensgehalt auch gegenüber der Hoheitsgewalt der Gemeinschaft (vgl. BVerfGE 73, 339 [386]). Auch Akte einer besonderen, von der Staatsgewalt der Mitgliedstaaten geschiedenen öffentlichen Gewalt einer supranationalen Organisation betreffen die Grundrechtsberechtigten in Deutschland. Sie berühren damit die Gewährleistungen des Grundgesetzes und die Aufgaben des Bundesverfassungsgerichts, die den Grundrechtsschutz in Deutschland und insoweit nicht nur gegenüber deutschen Staatsorganen zum Gegenstand haben (Abweichung von BVerfGE 58, 1 [27]). Allerdings übt das Bundesverfassungsgericht seine Gerichtsbarkeit über die Anwendbarkeit von abgeleitetem Gemeinschaftsrecht in Deutschland in einem ‚Kooperationsverhältnis‘ zum Europäischen Gerichtshof aus, in dem der Europäische Gerichtshof den Grundrechtsschutz in jedem Einzelfall für das gesamte Gebiet der Europäischen Gemeinschaften garantiert, das Bundesverfassungsgericht sich deshalb auf eine generelle Gewährleistung der unabdingbaren Grundrechtsstandards (vgl. BVerfGE 73, 339 [387]) beschränken kann.“*

In seinem **Bananenmarktbeschluss** vom 7. Juni 2000 (BVerfGE 102, 147) hatte das BVerfG dann aber Gelegenheit, seine z. T. missverstandenen Äußerungen aus der Maastricht-Entscheidung klarzustellen. Unter welchen Voraussetzungen nimmt das BVerfG danach eine Überprüfung von Maßnahmen der EU im Lichte der deutschen Grundrechte vor?

Das BVerfG knüpfte im Bananenmarktbeschluss an den letzten oben wiedergegebenen Satz aus dem Maastricht-Urteil über das Kooperationsverhältnis zwischen BVerfG und Europäischem Gerichtshof an, nach dem die Grundrechtskontrolle im Einzelfall dem EuGH obliege und sich das BVerfG auf die generelle Gewährleistung des unabdingbaren Grundrechtsstandards beschränke. Das BVerfG stellte klar, dass es auch weiter an Solange-II festhalte (BVerfGE 102, 147/162 f.): Eine Prüfungskompetenz des BVerfG komme im Rahmen des Kooperationsverhältnisses mit dem EuGH, welcher in jedem Einzelfall den europäischen Grundrechtsschutz gewährleiste, nur im Extremfall eines **strukturellen Rechtsprechungsdefizits** in Betracht, falls die generelle Gewährleistung des unabdingbaren Grundrechtsstandards nicht mehr sichergestellt sei:

„Sonach sind auch nach der Entscheidung des Senats in BVerfGE 89, 155 [Maastricht-Entscheidung] Verfassungsbeschwerden und Vorlagen von Gerichten von vornherein unzulässig, wenn ihre Begründung nicht darlegt, dass die europäische Rechtsentwicklung einschließlich der Rechtsprechung des Europäischen Gerichtshofs nach Ergehen der Solange II-Entscheidung (BVerfGE 73, 339 [378 bis 381]) unter den erforderlichen Grundrechtsstandard abgesunken sei. Deshalb muss die Begründung der Vorlage eines nationalen Gerichts oder einer Verfassungsbeschwerde, die eine Verletzung in Grundrechten des Grundgesetzes durch sekundäres Gemeinschaftsrecht geltend macht, im Einzelnen darlegen, dass der jeweils als unabdingbar gebotene Grundrechtsschutz generell nicht gewährleistet ist. Dies erfordert eine Gegenüberstellung des Grundrechtsschutzes auf nationaler und auf Gemeinschaftsebene in der Art und Weise, wie das Bundesverfassungsgericht sie in BVerfGE 73, 339 (378 bis 381) geleistet hat" (BVerfGE 102, 147/164 – Bananenmarkt).

**565.**

Nachdem die Bundesrepublik Deutschland eine Richtlinie über die Vorrats-datenspeicherung authentisch in ein formelles Bundesgesetz umgesetzt hat, fühlt sich Bürger B durch die Pflicht von Telekommunikationsunternehmen, alle Telekommunikations-Verbindungsdaten für einen bestimmten Zeitraum zu speichern, in seinen Grundrechten verletzt. Hätte eine Verfassungs-beschwerde vor dem BVerfG gegen das formelle Bundesgesetz Aussicht auf Erfolg?

Da die mögliche Grundrechtsverletzung auf einer authentischen Umsetzung einer Richtlinie in das deutsche Recht beruht, müsste B vor dem Gerichtshof der EU gegen die mögliche Grundrechtsverletzung vorgehen. Der Gerichtshof der EU nimmt (auch) nach der Rechtsprechung des BVerfG im Maastricht-Urteil sowie im Bananenmarktbeschluss (oben Nr. 564) die Grundrechtskontrolle in jedem Einzel-fall vor. Eine Verfassungsbeschwerde gegen das formelle Bundesgesetz, durch welches die Richtlinie authentisch umgesetzt worden ist, wäre schon aus diesem Grund unzulässig.

**566.**

Das von B angerufene deutsche Gericht führt im Wege eines Vorabentschei-dungsverfahrens gem. Art. 267 AEUV (dazu Nr. 606 ff.) eine Überprüfung der Richtlinie durch den Gerichtshof der EU herbei. Dieser hält die relevante Vorschrift der Richtlinie jedoch für mit den EU-Grundrechten vereinbar. B ist der Auffassung, dass jedenfalls das deutsche Umsetzungsrecht nicht mit dem Recht auf Informationelle Selbstbestimmung aus Art. 2 I, 1 I GG vereinbar sei. Hätte eine Verfassungsbeschwerde gegen das zur Umsetzung der Richt-linie ergangene formelle Bundesgesetz, die damit begründet wird, dass die deutsche Regelung nicht mit dem Recht auf Informationelle Selbstbestim-mung zu vereinbaren sei und dass der EuGH diesem Grundrechtsstandard nicht gerecht geworden sei, Aussicht auf Erfolg?

Nein, der gebotene Grundrechtsschutz im Einzelfall im Rahmen des vom BVerfG postulierten Kooperationsverhältnisses ist hier durch den EuGH wahrgenommen worden. Das BVerfG überprüft nach seinen Ausführungen in Solange-II, Maastricht und der Bananenmarktentscheidung nicht ohne Weiteres Fälle, in denen der EuGH nicht zum Ergebnis einer Grundrechtsverletzung gekommen ist.

**567.**

Was muss B tun, damit das BVerfG seine Vorlage für zulässig erachtet?

B muss darlegen, dass – wie das BVerfG im Bananenmarktbeschluss formuliert hat – die Rechtsprechung des Gerichtshofs der Europäischen Union nach Ergehen der

Solange-II-Entscheidung unter den erforderlichen Grundrechtsstandard abgesunken ist (BVerfGE 102, 147/164 – *Bananenmarkt*).

## 568.

**Was muss B konkret tun, um dies darzulegen?**

BVerfGE 102, 147/164 – *Bananenmarkt* gibt Instruktionen, wie dies darzulegen ist: Die *„Begründung der Vorlage eines nationalen Gerichts oder einer Verfassungsbeschwerde, die eine Verletzung in Grundrechten des Grundgesetzes durch sekundäres Gemeinschaftsrecht geltend macht, [muss] im Einzelnen darlegen, dass der jeweils als unabdingbar gebotene Grundrechtsschutz generell nicht gewährleistet ist. Dies erfordert eine Gegenüberstellung des Grundrechtsschutzes auf nationaler und auf Gemeinschaftsebene in der Art und Weise, wie das Bundesverfassungsgericht sie in BVerfGE 73, 339 (378 bis 381) geleistet hat.*" B müsste also durch eine Gegenüberstellung des Grundrechtsschutzes auf deutscher und auf Unionsebene im Einzelnen begründen, dass der als unabdingbar gebotene Grundrechtsschutz auf Unionsebene nicht mehr gewährleistet ist. Nur dann würde das BVerfG eine Verfassungsbeschwerde für zulässig erachten.

## 4. Unionsrechtlicher Staatshaftungsanspruch

## 569.

**In welcher Entscheidung hat der EuGH das Institut des unionsrechtlichen Staatshaftungsanspruchs begründet?**

Im *Francovich*-Urteil vom 19.11.1991 (EuGH, verb. Rs. C-6/90 und C-9/90, Slg. 1991, S. I-5357 – *Francovich, Bonifaci etc.*).

## 570.

**Worum ging es im *Francovich*-Urteil?**

Richtlinie 80/987/EWG des Rates vom 20.10.1980 zur Angleichung der Rechtsvorschriften der Mitgliedstaaten über den Schutz der Arbeitnehmer bei Zahlungsunfähigkeit des Arbeitgebers war nicht fristgemäß in italienisches Recht umgesetzt worden. Als die Arbeitgeber von *Andrea Francovich* und anderen Arbeitnehmern zahlungsunfähig wurden, konnten Francovich etc. daher die in der Richtlinie vorgesehenen Garantien für Lohnausfall nicht in Anspruch nehmen. Francovich und andere betroffene Arbeitnehmer klagten vor den zuständigen italienischen Gerichten gegen den italienischen Staat auf Einlösung der in der Richtlinie vorgesehenen Garantien, hilfsweise auf Schadensersatz.

Die italienischen Gerichte legten dem EuGH im Rahmen eines Vorabentscheidungsverfahrens u. a. folgende Frage vor: *„Kann nach geltendem Gemeinschaftsrecht ein einzelner, der dadurch geschädigt worden ist, daß der Staat – wie der Gerichtshof durch*

*Urteil festgestellt hat – die Richtlinie 80/987 nicht durchgeführt hat, die Befolgung der in dieser Richtlinie enthaltenen Vorschriften, die hinreichend genau und unbedingt sind, durch den Staat verlangen, indem er sich unmittelbar gegenüber dem säumigen Mitgliedstaat auf die Gemeinschaftsvorschriften beruft, um die Garantien zu erhalten, für die dieser Staat sorgen mußte, jedenfalls aber Ersatz des Schadens, den er im Zusammenhang mit den Vorschriften erlitten hat, die diese Eigenschaft nicht haben?"* (EuGH, verb. Rs. C-6/90 und C-9/90, Slg. 1991, S. I-5357 Rn. 7 – *Francovich*).

---

**571.**

Art. 1–4 RL 80/987 sehen – unbedingt und hinreichend bestimmt – Garantieansprüche von Arbeitnehmern im Falle der Zahlungsunfähigkeit ihres Arbeitgebers vor, die tatbestandlich für Francovich etc. einschlägig waren. Was die Person des Schuldners der Garantieansprüche angeht, regelt Art. 5 RL:
*„Die Mitgliedstaaten legen die Einzelheiten des Aufbaus, der Mittelaufbringung und der Arbeitsweise der Garantieeinrichtungen fest, wobei sie insbesondere folgende Grundsätze beachten:*
*a) Das Vermögen der Einrichtungen muß vom Betriebsvermögen der Arbeitgeber unabhängig und so angelegt sein, daß es einem Verfahren bei Zahlungsunfähigkeit nicht zugänglich ist.*
*b) Die Arbeitgeber müssen zur Mittelaufbringung beitragen, es sei denn, daß diese in vollem Umfang durch die öffentliche Hand gewährleistet ist.*
*c) Die Zahlungspflicht der Einrichtungen besteht unabhängig von der Erfüllung der Verpflichtungen, zur Mittelaufbringung beizutragen."*
Konnten sich die Ansprüche von Francovich etc. schon aus einer unmittelbaren Wirkung der Art. 1–5 RL 80/987 ergeben (zu den Voraussetzungen der unmittelbaren Richtlinienwirkung oben Nr. 433 ff.)?

---

Was die Voraussetzungen einer unmittelbaren Wirkung angeht, war insofern v. a. problematisch, ob auch der Schuldner der Garantieansprüche in der RL unbedingt und hinreichend bestimmt geregelt war. Der EuGH stellte fest, dass Art. 5 RL 80/987 den Mitgliedstaaten einen weiten Gestaltungsspielraum einräume, *„was den Aufbau, die Arbeitsweise und die Aufbringung der Mittel der Garantieeinrichtungen anbelangt. […] Die Zahlungsverpflichtung trifft die Garantieeinrichtungen; erst bei Einrichtung des Garantiesystems kann der Staat die vollständige Finanzierung der Garantieeinrichtungen durch die öffentliche Hand vorsehen. In diesem Fall übernimmt der Staat eine Verpflichtung, die ihm nicht in erster Linie obliegt"* (EuGH, verb. Rs. C-6/90 und C-9/90, Slg. 1991, S. I-5357 Rn. 25 – *Francovich*). Im Ergebnis war die RL nicht hinreichend bestimmt bzw. nicht unbedingt, was die Person des Schuldners der Garantieansprüche anging: *„Obwohl also die in Rede stehenden Richtlinienvorschriften in bezug auf die Bestimmung des Personenkreises, dem die Garantie zugute kommen soll, und den Inhalt dieser Garantie unbedingt und hinreichend genau sind, kann sich der einzelne deshalb noch nicht vor den nationalen Gerichten auf diese Vorschriften berufen. Zum einen regeln sie nämlich nicht, wer Schuldner der Garantieansprüche ist; zum anderen kann der Staat nicht allein deshalb als Schuldner angesehen werden, weil er die Richtlinie nicht fristgemäß umgesetzt hat"* (EuGH, a. a. O., Rn. 26).

## 572.

**Worauf hat der EuGH das damals neue Institut des unionsrechtlichen (gemeinschaftsrechtlichen) Staatshaftungsanspruchs gestützt?**

Nach Auffassung des EuGH folgt der *„Grundsatz einer Haftung des Staates für Schäden, die dem einzelnen durch dem Staat zurechenbare Verstöße gegen das Gemeinschaftsrecht entstehen"*, aus *„dem Wesen der mit dem EWG-Vertrag geschaffenen Rechtsordnung"* (EuGH, verb. Rs. C-6/90 und C-9/90, Slg. 1991, S. I-5357 Rn. 35 – *Francovich*). Im Einzelnen hat der EuGH den unionsrechtlichen Staatshaftungsanspruch im *Francovich*-Urteil zum einen auf den effet utile des Unionsrechts gestützt: *„Die volle Wirksamkeit der gemeinschaftsrechtlichen Bestimmungen wäre beeinträchtigt und der Schutz der durch sie begründeten Rechte gemindert, wenn der einzelne nicht die Möglichkeit hätte, für den Fall eine Entschädigung zu erlangen, daß seine Rechte durch einen Verstoß gegen das Gemeinschaftsrecht verletzt werden, der einem Mitgliedstaat zuzurechnen ist"* (EuGH, a. a. O., Rn. 33). Zum anderen hat ihn der EuGH – wie schon oben ausgeführt – auch auf den Grundsatz der Unionstreue der Mitgliedstaaten (jetzt: Art. 4 III UA 2 EUV) gestützt: *„Die Verpflichtung der Mitgliedstaaten zum Ersatz dieser Schäden findet auch in Artikel 5 EWG-Vertrag eine Stütze, nach dem die Mitgliedstaaten alle geeigneten Maßnahmen allgemeiner oder besonderer Art zur Erfüllung ihrer Verpflichtungen aus dem Gemeinschaftsrecht zu treffen haben. Zu diesen Verpflichtungen gehört auch diejenige, die rechtswidrigen Folgen eines Verstoßes gegen das Gemeinschaftsrecht zu beheben [...]"* (EuGH, a. a. O., Rn. 36).

## 573.

**Lassen sich weitere Rechtsgrundlagen des unionsrechtlichen Staatshaftungsanspruchs benennen?**

Ja, der EuGH hat den unionsrechtlichen Staatshaftungsanspruch in späteren Entscheidungen z. T. auch auf eine Analogie zur außervertraglichen Haftung der Union gem. Art. 340 II AEUV (vgl. EuGH, verb. Rs. C-46/93 und C-48/93, Slg. 1996, I-1029 Rn. 28 ff., 40 ff. – *Brasserie du pêcheur/Factortame III)* gestützt. Dies ist insofern wichtig, als die Voraussetzungen des unionsrechtlichen Staatshaftungsanspruchs z. T. an diejenigen der außervertraglichen Haftung der Union angelehnt sind (unten Nr. 576 f.). Schließlich lässt sich auf einer grundlegenderen Ebene auch die Kompetenz des EuGH zur Auslegung des Unionsrechts gem. Art. 19 I UA 1 S. 2 EUV als Grundlage für dessen Kompetenz zur Begründung des Rechtsinstituts des unionsrechtlichen Staatshaftungsanspruchs anführen.

## 574.

**War das Institut des unionsrechtlichen Staatshaftungsanspruchs nach der Konzeption des EuGH auf Fälle einer Verletzung der Umsetzungsverpflichtung von Richtlinien beschränkt?**

Dies war nach Ergehen des *Francovich*-Urteils zunächst umstritten. Allerdings wiesen Formulierungen im *Francovich*-Urteil bereits recht deutlich darauf hin, dass es sich um ein allgemeines, nicht auf die Nichtumsetzung von Richtlinien beschränktes Rechtsinstitut handelte: *„Es ist nach alledem ein Grundsatz des Gemeinschaftsrechts, daß die Mitgliedstaaten zum Ersatz der Schäden verpflichtet sind, die dem einzelnen durch Verstöße gegen das Gemeinschaftsrecht entstehen, die diesen Staaten zuzurechnen sind"* (EuGH, verb. Rs. C-6/90 und C-9/90, Slg. 1991, S. I-5357 Rn. 37 – *Francovich*). *„Die Voraussetzungen, unter denen diese gemeinschaftsrechtlich gebotene Staatshaftung einen Entschädigungsanspruch eröffnet, hängen von der Art des Verstoßes gegen das Gemeinschaftsrecht ab, der dem verursachten Schaden zugrunde liegt"* (EuGH, a. a. O., Rn. 38). In einer Reihe nachfolgender Urteile hat der EuGH dann klargestellt, dass der unionsrechtliche Staatshaftungsanspruch ein allgemeines Institut des EU-Rechts für alle Fälle ist, in denen die Mitgliedstaaten gegen drittschützende unionsrechtliche Verpflichtungen verstoßen und dadurch dem Einzelnen ein Schaden entsteht.

**575.**

**Welche Kernvoraussetzungen müssen nach der Rechtsprechung des EuGH erfüllt sein, damit ein unionsrechtlicher Staatshaftungsanspruch vorliegt?**

Kernvoraussetzungen des unionsrechtlichen Staatshaftungsanspruchs sind:

1. Verstoß eines Mitgliedstaates gegen eine Rechtsnorm des EU-Rechts, die bezweckt, dem Einzelnen Rechte zu verleihen
2. Es muss sich um einen hinreichend qualifizierten Rechtsverstoß handeln
3. Unmittelbare Kausalität zwischen Rechtsverstoß und Schaden

**576.**

**Worum geht es bei dem Kriterium des hinreichend qualifizierten Rechtsverstoßes?**

Der unionsrechtliche Staatshaftungsanspruch setzt kein Verschulden voraus. Anstelle eines Verschuldens verlangt der EuGH – im Sinne eines Korrektivs – lediglich einen hinreichend qualifizierten Rechtsverstoß. Ein solcher liegt nach der Rechtsprechung des Gerichtshofs jedenfalls dann vor, wenn ein Mitgliedstaat bei der Ausübung seiner Rechtsetzungsbefugnis deren Grenzen offenkundig und erheblich überschritten hat (EuGH, verb. Rs. C-46/93 und C-48/93, Slg. 1996, S. I-1029 Rn. 55 – *Brasserie du pêcheur/Factortame III*). Ob ein Rechtsverstoß hinreichend qualifiziert ist, prüft der EuGH unter Heranziehung verschiedener Hilfskriterien, die er nach und nach entwickelt hat. Dazu zählen etwa das Maß an Klarheit und Genauigkeit der verletzten Rechtsvorschrift, die Frage, ob der Rechtsverstoß vorsätzlich oder fahrlässig begangen wurde, und die Entschuldbarkeit oder Unentschuldbarkeit eines etwaigen

Rechtsirrtums (vgl. im Einzelnen z. B. *Detterbeck,* Allgemeines Verwaltungsrecht, 11. Aufl., 2013, Rn. 1315).

## 577.

**Wie hat der EuGH das Kriterium des hinreichend qualifizierten Rechtsverstoßes abgeleitet?**

Durch Übertragung seiner Rechtsprechung zur außervertraglichen Haftung der EU gem. Art. 340 II AEUV, in deren Rahmen dies von jeher zu den anspruchsbegründenden Voraussetzungen zählt.

## 578.

**Prüfen Sie, ob *Francovich* im Ausgangsfall ein unionsrechtlicher Staatshaftungsanspruch gegen den italienischen Staat zustand!**

Dies ist der Fall, wenn die drei Kernvoraussetzungen des unionsrechtlichen Staatshaftungsanspruchs erfüllt sind:

Zunächst muss ein Mitgliedstaat gegen eine Rechtsnorm des EU-Rechts, die bezweckt, dem Einzelnen Rechte zu verleihen, verstoßen haben. Hier hat der italienische Staat durch die verspätete Umsetzung der Richtlinie gegen seine Pflicht zur fristgemäßen Umsetzung der Richtlinie aus Art. 288 III AEUV i. V. m. Art. 11 I 1 RL 80/987, nach dem die Mitgliedstaaten die erforderlichen Rechts- und Verwaltungsvorschriften zu erlassen hatten, um der Richtlinie 80/987 innerhalb von 36 Monaten nach ihrer Bekanntgabe nachzukommen, verstoßen. Der italienische Staat muss dadurch gegen eine Rechtsnorm des EU-Rechts verstoßen haben, die bezweckt, dem Einzelnen Rechte zu verleihen. Art. 1 ff. RL 80/987 zielen auf die Einführung eines Garantiesystems für Lohnansprüche von Arbeitnehmern im Falle der Zahlungsunfähigkeit ihres Arbeitgebers ab. Die von Italien nicht fristgemäß umgesetzte Richtlinie bezweckte insoweit also, dem Einzelnen Rechte zu verleihen. Die erste Voraussetzung eines unionsrechtlichen Staatshaftungsanspruchs ist damit erfüllt.

Zweitens muss der Rechtsverstoß auch hinreichend qualifiziert sein. Die Umsetzungsverpflichtung innerhalb von 36 Monaten ergab sich klar und eindeutig aus Art. 288 III AEUV i. V. m. Art. 11 I 1 RL 80/987. Da auch sonst keine Indizien für ein Fehlen eines hinreichend qualifizierten Rechtsverstoßes vorliegen, ist davon auszugehen, dass die nicht fristgemäße Umsetzung der Richtlinie durch den italienischen Staat einen hinreichend qualifizierten Rechtsverstoß darstellt.

Drittens muss der Rechtsverstoß unmittelbar für einen Schaden Francovichs kausal sein. Francovichs Schaden besteht in der Nichtrealisierung der Garantieansprüche, wie sie in Art. 1 ff. RL 80/987 vorgesehen sind. Wäre die Richtlinie fristgemäß in italienisches Recht umgesetzt worden (wäre es also nicht zum Rechtsverstoß gekommen), dann hätte Francovich die in Art. 1 ff. RL 80/987 vorgesehenen Garantieansprüche gegen die durch das italienische Umsetzungsrecht ins Leben gerufene

Garantieeinrichtung geltend machen können. Der Rechtsverstoß kann also nicht hinweggedacht werden, ohne dass der Schaden entfiele, er ist damit (äquivalent) kausal für Francovichs Schaden. Die fehlende Realisierbarkeit der in Art. 1 ff. RL 80/987 vorgesehenen Garantieansprüche war auch die typische Folge der Nichtumsetzung der RL 80/987. Der Rechtsverstoß des italienischen Staates war daher auch *unmittelbar* (adäquat) für Francovichs Schaden kausal.

Da somit die drei Kernvoraussetzungen eines unionsrechtlichen Staatshaftungsanspruchs erfüllt waren, stand Francovich ein solcher Anspruch gegen den italienischen Staat zu.

---

**579.**

**Spricht bei Vorliegen der Voraussetzungen des unionsrechtlichen Staatshaftungsanspruchs der EuGH den Schadensersatz zu?**

Nein, ein unionsrechtlicher Staatshaftungsanspruch muss grds. vor den nationalen Gerichten geltend gemacht werden, die zu prüfen haben, ob die einzelnen Voraussetzungen des Anspruchs vorliegen (vgl. EuGH, Rs. C-392/93, Slg. 1996, S. I-1631 Rn. 41 – *British Telecommunications).* Der EuGH entscheidet im Wege der Vorabentscheidung gem. Art. 267 AEUV grds. lediglich über von ihm bislang nicht geklärte, abstrakte Fragen im Hinblick auf die Existenz und die Reichweite (die Voraussetzungen) des unionsrechtlichen Staatshaftungsanspruchs.

---

**580.**

**Vor welchem Gericht muss ein unionsrechtlicher Staatshaftungsanspruch in Deutschland geltend gemacht werden?**

Für unionsrechtliche Staatshaftungsansprüche ist der Zivilrechtsweg eröffnet (Art. 34 S. 3 GG, § 40 II 1 1. HS, 3. Var. VwGO [= Verletzung öffentlich-rechtlicher Pflichten]). Sachlich sind – unabhängig vom Streitwert – gem. § 71 II Nr. 2 GVG die Landgerichte zuständig. Ein unionsrechtlicher Staatshaftungsanspruch ist daher vor dem örtlich zuständigen Landgericht geltend zu machen.

---

**581.**

**Oben war von den drei Kernvoraussetzungen des unionsrechtlichen Staatshaftungsanspruchs die Rede – wieso „Kern"-voraussetzungen?**

Weil es sich um die drei Voraussetzungen handelt, die sich unmittelbar aus der Rechtsprechung des EuGH ergeben, die also in jedem Fall eines unionsrechtlichen Staatshaftungsanspruchs vorliegen müssen. Je nachdem, in welchem Mitgliedstaat ein unionsrechtlicher Staatshaftungsanspruch geltend gemacht wird, können noch weitere Voraussetzungen hinzutreten.

**582.**

**Worauf ist dies zurückzuführen?**

Obwohl der unionsrechtliche Staatshaftungsanspruch nach zutreffender Ansicht ein unionsrechtliches Rechtsinstitut ist, ist er doch in den Formen des jeweiligen mitgliedstaatlichen Staatshaftungsrechts geltend zu machen (vgl. näher: *Will,* Allgemeines Verwaltungsrecht, 2012, Nr. 770). Daher können sich, je nachdem, welche Rechtsordnung einschlägig ist, neben den Kernvoraussetzungen weitere spezielle Voraussetzungen ergeben.

**583.**

**Welche Voraussetzungen sind danach zu prüfen, wenn es sich um einen unionsrechtlichen Staatshaftungsanspruch handelt, der vor einem deutschen Gericht geltend zu machen ist, da ein deutscher Hoheitsträger gegen EU-Recht verstoßen hat?**

Der vollständige Aufbau eines solchen Anspruchs ist umstritten. Entsprechend finden sich z. B. in unterschiedlichen Lehrbüchern auch unterschiedliche Prüfschemata. Eine Möglichkeit ist eine Anlehnung an den Amtshaftungsanspruch gem. § 839 BGB, Art. 34 GG (vgl. etwa *Will,* Allgemeines Verwaltungsrecht, 2012, Nr. 772). Danach sind folgende Prüfungsschritte zu nennen:

1. Verhalten (Tun oder Unterlassen) eines Trägers/für einen Träger öffentlicher Gewalt (unproblematisch bei öffentlich-rechtlichem Handeln)
2. Verstoß gegen eine Rechtsnorm des EU-Rechts, die bezweckt, dem Einzelnen Rechte zu verleihen
3. Hinreichende Qualifiziertheit des Rechtsverstoßes
4. Schaden
5. Unmittelbare Kausalität des EU-Rechtsverstoßes für den Schaden
6. Kein Haftungsausschluss insbes. gem. § 839 III BGB
7. Ggf. Mitverschulden gem. § 254 BGB
8. Art und Umfang des Ersatzes
9. Anspruchsgegner

**584.**

Nachdem die elsässische Brauerei „*Brasserie du pêcheur, SA*" in den Siebziger-jahren des 20. Jh. große Mengen Bier nach Deutschland importiert hatte, wurde ihr der Import nach Deutschland schließlich zunehmend untersagt, weil das Bier nicht dem deutschen Reinheitsgebot gem. § 10 BierStG a. F. entsprach. Gem. § 10 BierStG a. F. durfte Bier, das nicht nach dem deutschen Reinheitsgebot gebraut war, in der Bundesrepublik Deutschland nicht unter der Bezeichnung „Bier" verkauft werden. In der Rs. 178/84, Slg. 1987, S. 1227 – *Bierreinheitsgebot/Brasserie du pêcheur I* stellte der EuGH fest, dass ein Einfuhrverbot aufgrund der Anwendung des deutschen Reinheitsgebotes auf Biere aus anderen Mitgliedstaaten gegen Art. 28 EGV (Art. 34 AEUV) verstoße. Brasserie du pêcheur verklagte die Bundesrepublik daher später auf Zahlung von Schadensersatz wegen entgangenen Gewinns. Stand Brasserie du pêcheur ein Anspruch auf Schadensersatz aus dem unionsrechtlichen Staatshaftungsanspruch zu? (Angelehnt an EuGH, verb. Rs. C-46/93 und C-48/93, Slg. 1996, S. I-1029 – *Brasserie du pêcheur/Factortame III*)

Erste Voraussetzung eines unionsrechtlichen Staatshaftungsanspruchs, der vom EuGH in der *Francovich*-Entscheidung begründet wurde und der auf dem *effet utile* des Unionsrechts sowie dem Grundsatz der Unionstreue (Art. 4 III UA 2 und 3 EUV), einer Analogie zu Art. 340 II AEUV sowie der Kompetenz des EuGH zur Auslegung des Unionsrechts gem. Art. 19 I UA 1 S. 2 EUV beruht, ist ein Handeln oder Unterlassen eines Trägers öffentlicher Gewalt bzw. für einen Träger öffentlicher Gewalt. Hier hat der Bundesgesetzgeber § 10 BierStG a. F. erlassen, der die Grundlage für den Ausschluss des von Brasserie du pêcheur nicht nach dem deutschen Reinheitsgebot gebrauten Bieres vom deutschen Markt war. Ein Handeln eines Trägers öffentlicher Gewalt, nämlich des Bundesgesetzgebers, liegt damit vor.

Zweitens muss dadurch gegen eine Rechtsnorm des EU-Rechts, die bezweckt, dem Einzelnen Rechte zu verleihen, verstoßen worden sein. Das aus § 10 BierStG a. F. resultierende Verbot, nicht nach dem deutschen Reinheitsgebot gebrautes Bier in der Bundesrepublik Deutschland unter der Bezeichnung „Bier" zu verkaufen, könnte gegen die Warenverkehrsfreiheit gem. Art. 28 ff. AEUV verstoßen haben, welche unmittelbar anwendbar ist und gerade auch EU-ausländische Warenproduzenten wie Brasserie du pêcheur schützt. In seinem Grundurteil in der Rs. 178/84, Slg. 1987, S. 1227 – *Bierreinheitsgebot/Brasserie du pêcheur I* hat der EuGH festgestellt, dass ein Einfuhrverbot aufgrund der Anwendung des deutschen Reinheitsgebotes auf Biere aus anderen Mitgliedstaaten gegen Art. 28 EGV (Art. 34 AEUV) verstößt. § 10 BierStG a. F. und das darauf gestützte Verhalten der Behörden verstieß damit gegen eine Rechtsnorm des EU-Rechts, die bezweckt, dem Einzelnen Rechte zu verleihen.

**585.**

Zwischenfrage: Ist für eine Anwendung des unionsrechtlichen Staatshaftungsanspruchs stets ein solches Grundurteil des EuGH erforderlich, in dem dieser eine Verletzung drittschützenden Unionsrechts festgestellt hat? Wie wäre in der Prüfung zu verfahren gewesen, wenn es kein solches Grundurteil gegeben hätte?

Was die erste Frage angeht, hat der EuGH in einem späteren Urteil vom 8.10.1996 klargestellt, dass grds. kein Grundurteil des EuGH erforderlich ist, in dem dieser den Verstoß gegen drittschützendes EU-Recht festgestellt hat (EuGH, verb. Rs. C-178,

179, 188, 189 und 190/94, Slg. 1996, S. I-4845 Rn. 28 – *Dillenkofer/Pauschalreise-richtlinie).* Ohne ein entsprechendes Grundurteil wäre daher in der Fallprüfung im Einzelnen zu prüfen gewesen, ob hier ein Verstoß gegen die Warenverkehrsfreiheit aus Art. 34 AEUV vorliegt (dazu unten Nr. 821 ff.).

---

**586.**

**Bitte fahren Sie in der Prüfung fort!**

---

Drittens muss der Rechtsverstoß hinreichend qualifiziert sein. Nach der Rechtsprechung des Gerichtshofes ist ein Verstoß als hinreichend qualifiziert anzusehen, wenn ein Mitgliedstaat bei der Ausübung seiner Rechtsetzungsbefugnis deren Grenzen offenkundig und erheblich überschritten hat (EuGH, verb. Rs. C-46/93 und C-48/93, Slg. 1996, S. I-1029 Rn. 55 – *Brasserie du pêcheur/Factortame III).* Zu den Gesichtspunkten, welche hierbei zu berücksichtigen sind, gehört insbes. das Maß an Klarheit und Genauigkeit der verletzten Vorschrift (EuGH, a. a. O., Rn. 56). Unzweifelhaft hinreichend qualifiziert war der Verstoß gegen EU-Recht ab dem Grundurteil des EuGH, stand doch ab diesem Zeitpunkt zweifelsfrei fest, dass § 10 BierStG a. F. gegen EU-Recht verstieß (EuGH, a. a. O., Rn. 57). Was die Zeit vor diesem Grundurteil angeht, ist zu berücksichtigen, dass ein Verstoß von § 10 BierStG a. F. gegen Art. 34 AEUV angesichts einer Reihe eindeutiger Urteile des EuGH zur Reichweite von Art. 34 AEUV für die deutschen Hoheitsträger offenkundig gewesen sein muss (vgl. EuGH, a. a. O., Rn. 58 f.). Die von der Bundesrepublik Deutschland vorgebrachten Gründe für eine Rechtfertigung eines Verstoßes gegen Art. 34 AEUV waren hingegen von Anfang an eher fernliegend. Die Bundesrepublik Deutschland hat daher mit der Regelung des Reinheitsgebots und seiner Folgen in § 10 BierStG a. F. offenkundig und erheblich die Grenzen ihrer Rechtsetzungsbefugnisse im Lichte von Art. 34 AEUV überschritten. Der Verstoß gegen Art. 34 AEUV ist hinreichend qualifiziert.

Viertens ist Brasserie du pêcheur in Form entgangenen Gewinns auch ein Schaden entstanden, der fünftens als typische Folge des Import- oder Vertriebsverbots auch unmittelbar auf § 10 BierStG a. F. und damit dem EU-Rechtsverstoß gegen Art. 34 AEUV beruht.

Gründe für einen Haftungsausschluss (6.) oder eine Haftungsminderung (7.) sind nicht ersichtlich. Brasserie du pêcheur steht daher ein unionsrechtlicher Staatshaftungsanspruch gegen die Bundesrepublik Deutschland zu.

---

**587.**

**Worauf ist der Anspruch von Brasserie du pêcheur gerichtet?**

---

Der unionsrechtliche Staatshaftungsanspruch ist auf vollen Schadensersatz gerichtet. Brasserie du pêcheur ist also so zu stellen, als wenn der EU-Rechtsverstoß nicht eingetreten wäre. Da der EU-Rechtsverstoß in dem Import- bzw. Vertriebsverbot besteht, ist Brasserie du pêcheur folglich so zu stellen, als wenn der Import/Vertrieb des Bieres in der Bundesrepublik Deutschland weiterhin gestattet gewesen wäre. Zu erstatten ist also der aufgrund des Importverbots entgangene Gewinn.

**588.**

**Hat Brasserie du pêcheur daher einen Anspruch auf Erstattung des Gewinns in einer Höhe, wie das Unternehmen ihn in den Jahren vor der Anordnung des Importverbots durch die deutschen Behörden tatsächlich erzielen konnte?**

Nein, zu erstatten ist nach den v. a. aus dem Zivilrecht bekannten allgemeinen Regeln über die Berechnung entgangenen Gewinns der hypothetische Gewinn, der bei einem regelmäßigen Verlauf der Dinge zu erwarten gewesen wäre. Wäre daher z. B. der Bierabsatz in der Bundesrepublik in den relevanten Jahren insgesamt zurückgegangen, hätte Brasserie du pêcheur auch grds. nur einen entsprechend reduzierten Betrag als entgangenen Gewinn geltend machen können.

**589.**

**Gegen wen richtet sich der Anspruch von Brasserie du pêcheur?**

Anspruchsgegner des unionsrechtlichen Staatshaftungsanspruchs ist der Hoheitsträger, der gegen EU-Recht verstoßen hat. Vorliegend beruht das Importverbot auf § 10 BierStG a. F., einem formellen Bundesgesetz. Folglich richtet sich der Anspruch gegen die Bundesrepublik Deutschland.

## VI. Rechtsschutzsystem der EU

### 1. Jurisdiktion des Gerichtshofs der EU

#### a) Jurisdiktionsgewalt des Gerichtshofs der EU

**590.**

Der Gerichtshof der Europäischen Union hat die Aufgabe, die Wahrung des Rechts bei der Auslegung und Anwendung der Verträge zu sichern (Art. 19 I UA 1 S. 2 EUV). Erstreckt sich die Jurisdiktion des Gerichtshofs der EU auf alle Regelungsbereiche der Verträge?

Nein, ausgenommen von der Jurisdiktion des Gerichtshofs der EU sind vor allem Bestimmungen aus dem Bereich der Gemeinsamen Außen- und Sicherheitspolitik (GASP), Art. 24 I UA 2 S. 6 1. HS EUV.

**591.**

Weshalb besitzt der Gerichtshof der EU im Bereich der GASP grds. keine Jurisdiktionsgewalt?

Wegen des weiterbestehenden intergouvernementalen Charakters der GASP.

**592.**

Bezieht sich der Ausschluss der Jurisdiktion des Gerichtshofs der EU im Bereich der GASP nur auf die in deren Rahmen erlassenen sekundären Maßnahmen?

Nein, er bezieht sich sowohl auf das Primärrecht als auch auf sekundäre Maßnahmen.

**593.**

Ist der gesamte Bereich der GASP von der Jurisdiktion des Gerichtshofs der Europäischen Union ausgenommen?

Nein, gem. Art. 24 I UA 2 S. 6 2. HS EUV besitzt der Gerichtshof der EU Jurisdiktionsgewalt hinsichtlich der Kontrolle der Einhaltung von Art. 40 EUV und hinsichtlich der Überwachung der Rechtmäßigkeit bestimmter Beschlüsse nach Art. 275 II AEUV.

## 594.

**Worum geht es bei der Kontrolle der Einhaltung von Art. 40 EUV?**

Bei Art. 40 EUV geht es um die Abgrenzung von GASP-Maßnahmen von Verfahren zur Ausübung der supranationalen Zuständigkeiten der Union gem. Art. 3–6 AEUV. Im Ergebnis kann der Gerichtshof der EU gem. Art. 275 II 1. Alt. AEUV im Rahmen einer Nichtigkeitsklage gem. Art. 263 f. AEUV Maßnahmen aus dem Bereich der GASP für nichtig erklären, die materiell gem. Art. 3–6 AEUV in die Zuständigkeit der EU fallen und daher eigentlich nach den entsprechenden supranationalen Verfahren hätten erlassen werden müssen.

## 595.

**Worum geht es bei der Überwachung der Rechtmäßigkeit bestimmter Beschlüsse nach Art. 275 II 2. Alt. AEUV?**

Um Individualnichtigkeitsklagen gem. Art. 263 IV AEUV natürlicher oder juristischer Personen gegen ihnen gegenüber ergangene restriktive Maßnahmen (Sanktionen) aus dem Bereich der GASP (Art. 23–46 EUV).

## 596.

**Anders als die GASP ist die frühere „Unionssäule" PJZS durch den Vertrag von Lissabon in die supranationalen Strukturen der neuen EU überführt worden. Gibt es dessen ungeachtet Maßnahmen aus dem Bereich der Justiziellen Zusammenarbeit in Strafsachen (Art. 82 ff. AEUV) sowie der Polizeilichen Zusammenarbeit (Art. 87 ff. AEUV), die der Jurisdiktion des Gerichtshofs der Europäischen Union entzogen sind?**

Ja, gem. Art. 276 AEUV ist der Gerichtshof der EU nicht zuständig für die Überprüfung der Gültigkeit oder Verhältnismäßigkeit von Maßnahmen der Polizei oder anderer Strafverfolgungsbehörden eines Mitgliedstaates oder der Wahrnehmung der Zuständigkeiten der Mitgliedstaaten für die Aufrechterhaltung der öffentlichen Ordnung und den Schutz der inneren Sicherheit.

## 597.

**Auf dem EU-Gipfel am 2. März 2012 haben als Reaktion auf die Staatsschuldenkrise alle EU-Mitgliedstaaten außer dem Vereinigten Königreich und der Tschechischen Republik den auch Fiskalpakt genannten Vertrag über Stabilität, Koordinierung und Steuerung in der Wirtschafts- und Währungsunion (SKS-Vertrag) unterzeichnet, der nach Ratifikation durch zwölf Eurostaaten am 1. Januar 2013 in Kraft getreten ist. Die Kernregelung des**

Art. 3 II SKSV verpflichtet die Vertragsstaaten, bestimmte erhöhte Anforderungen an die Haushaltsdisziplin innerstaatlich in verbindlichen, dauerhaften Vorschriften, vorzugsweise mit Verfassungsrang, zu regeln. Zudem muss ein automatischer Korrekturmechanismus für den Fall erheblicher Abweichungen etabliert werden. Gem. Art. 8 SKSV erkennen die Vertragsstaaten die Jurisdiktion des Gerichtshofs der EU bei Verletzung der Pflichten aus Art. 3 II SKSV an. Konnten die Vertragsstaaten des Fiskalpakts eine Jurisdiktion des Gerichtshofs der EU begründen, obwohl es sich bei dem Fiskalpakt weder um EU-Primärrecht noch um abgeleitetes EU-Recht, sondern um einen völkerrechtlichen Vertrag handelt?

Ja, Art. 8 SKSV ist eine Schiedsklausel i. S. v. Art. 273 AEUV. Danach ist der Gerichtshof für jede mit dem Gegenstand der Verträge in Zusammenhang stehende Streitigkeit zuständig, wenn diese bei ihm aufgrund eines Schiedsvertrags anhängig gemacht wird.

## 598.

Welcher **Auslegungsmethoden** bedient sich der Gerichtshof der EU bei der Auslegung des Primär- und Sekundärrechts der Union?

Der Gerichtshof der EU verwendet die klassischen Auslegungsmethoden (grammatikalische, systematische, teleologische Auslegung), hat diese aber im Lichte der spezifischen Anforderungen des EU-Rechts weiterentwickelt (*Streinz*, Europarecht, Rn. 614). So spielt bspw. im Rahmen der teleologischen Auslegung der Aspekt des *effet utile*, der praktischen Wirksamkeit, des EU-Rechts eine entscheidende Rolle.

## 599.

Ist der Gerichtshof der EU im Rahmen seiner Aufgabe nach Art. 19 I UA 1 S. 2 EUV auch zur Rechtsfortbildung berechtigt?

Art. 19 I UA 1 S. 2 EUV spricht nur von der „Wahrung des Rechts". Dessen ungeachtet hat der Gerichtshof der EU wichtige Bereiche des EU-Rechts durch seine Rechtsprechung fortgebildet. Beispiele sind etwa die unmittelbare Wirkung von Richtlinien gem. Art. 288 III AEUV (oben Nr. 433 ff.), die Herleitung nicht geschriebener Unionsgrundrechte aus den allgemeinen Rechtsgrundsätzen (unten Nr. 785 ff.) und schließlich der unionsrechtliche Staatshaftungsanspruch (oben Nr. 569 ff.). Zwar ist der Gerichtshof der EU gem. Art. 13 II 1 EUV wie jedes andere Organ der EU an den Grundsatz der begrenzten Einzelermächtigung gebunden, muss also nach Maßgabe der ihm in den Verträgen zugewiesenen Befugnisse nach den Verfahren, Bedingungen und Zielen handeln, die in den Verträgen festgelegt sind. Danach ist der Gerichtshof gem. Art. 19 I UA 1 S. 2 EUV eigentlich nicht zur Rechtsfortbildung berechtigt. Andererseits ist darauf zu verweisen, dass es – wie bereits ausgeführt – keine eindeutige Grenze zwischen einer „bloßen Rechtsanwendung und -auslegung" und der Rechtsfortbildung gibt. Entsprechend hat sich der Gerichtshof der EU z. B. auch im *Brasserie du pêcheur*-Urteil zum unionsrechtlichen Staatshaftungsanspruch auf seine Kompetenz zur Auslegung des EU-Rechts berufen (EuGH, verb. Rs. C-46/93 u. C-48/93, Slg. 1996, S. I-1029 Rn. 25 ff. – *Brasserie du pêcheur/Factortame III*). Gerade was den unionsrechtlichen Staatshaftungsanspruch angeht, besteht allerdings kaum ein Zweifel, dass es sich um eine echte Rechtsfortbildung handelt, die im Lichte von Art. 13 II 1, Art. 19 I UA 1 S. 2 EUV zumindest problematisch ist (vgl. dazu z. B. auch *Pechstein,* EU-Prozessrecht, Rn. 13 f.). Allerdings haben die Mitgliedstaaten die großen Rechtsfortbildungen des Gerichtshofs der EU trotz z. T. heftiger Kritik letztlich akzeptiert. Jedenfalls haben sie nicht die Möglichkeit ergriffen, bestimmte Rechtsfortbildungen des Gerichtshofs durch eindeutige Regelung in den Verträgen nachträglich zu untersagen. Im Gegenteil ist z. B. die Gewinnung von Unionsgrundrechten aus den allgemeinen Rechtsgrundsätzen durch den mit dem Vertrag von Lissabon eingefügten Art. 6 III EUV sogar nachträglich gebilligt worden.

## 600.

**Wie sind die Zuständigkeiten zwischen dem Gerichtshof (EuGH) und dem Gericht (EuG) abgegrenzt?**

Das EuG ist gem. Art. 256 I AEUV i. V. m. Art. 51 Satzung des Gerichtshofs der EU zunächst für alle Direktklagen natürlicher und juristischer Personen zuständig, ausgenommen Klagen, die einem Fachgericht übertragen sind. Daneben ist das EuG für einzelne Klagen von Mitgliedstaaten gegen bestimmte Maßnahmen des Rates und der Kommission zuständig (vgl. im Einzelnen: *Hobe,* § 11 Rn. 121; *Haratsch/Koenig/Pechstein,* Rn. 475). Schließlich ist das EuG für Rechtsmittel gegen Entscheidungen von Fachgerichten zuständig (Art. 256 II UA 1 AEUV).

Der EuGH ist für Rechtsstreitigkeiten zuständig, für die keine Zuständigkeit des EuG oder der Fachgerichte besteht. Dies betrifft fast alle Direktklagen der Mitgliedstaaten und der Organe der EU (vgl. Art. 51 Satzung des Gerichtshofs der EU). Daneben ist der EuGH für Rechtsmittel gegen Entscheidungen des EuG zuständig (Art. 256 I UA 2 AEUV i. V. m. Art. 51 Satzung des Gerichtshofs der EU). Ausnahmsweise betrifft dies auch Rechtsmittelentscheidungen des EuG zu Entscheidungen der Fachgerichte (Art. 256 II UA 2 AEUV).

## 601.

**Woran lässt sich an einer Fundstelle einer Entscheidung des Gerichtshofs der Europäischen Union (z. B. Rs. C-106/89, Slg. 1990, S. I-4135 – *Marleasing)* äußerlich erkennen, ob eine Rechtssache vom EuGH, vom EuG oder vom Fachgericht für den öffentlichen Dienst (EuGöD) entschieden worden ist?**

Rechtssachen des EuGH wird ein „C" (wie „Cour", z. B. Rs. C-106/89, Slg. 1990, S. I-4135 – *Marleasing)* vorangestellt, Rechtssachen des Gerichts ein „T" (wie

„Tribunal", z. B. Rs. T-306/01, Slg. 2005, S. II-3533 – *Yusuf und Al Barakaat International Foundation)* und Rechtssachen des Fachgerichts für den öffentlichen Dienst (EuGöD) ein „F" (z. B. Rs. F-25/12 – *Presset).* Rechtssachen des EuGH sind auch daran erkennbar, dass der Seitenzahl in der amtlichen Entscheidungssammlung eine römische Eins (I) vorangestellt wird, während bei Rechtssachen des EuG eine römische Zwei (II) vorangestellt wird. Entscheidungen des EuGöD werden hingegen nur im Internet veröffentlicht (<http://curia.europa.eu/jcms/jcms/j_6/>).

## b) Verfahrensfragen

### 602.

**Können natürliche Personen sowie die gesetzlichen Vertreter juristischer Personen (z. B. der Geschäftsführer einer GmbH) selbst vor dem Gerichtshof der EU auftreten?**

Nein, natürliche und juristische Personen müssen sich durch einen Anwalt vertreten lassen (Art. 19 III Satzung des Gerichtshofs der EU). Gem. Art. 19 III der Satzung haben dabei auch Hochschullehrer, die Angehörige von Mitgliedstaaten sind, deren Rechtsordnung ihnen gestattet, vor Gericht als Vertreter einer Partei aufzutreten, vor dem Gerichtshof die durch Art. 19 der Satzung den Anwälten eingeräumte Rechtsstellung.

### 603.

**Welche Sprache ist Verfahrenssprache vor dem Gerichtshof der EU?**

Es gibt nicht nur eine Verfahrenssprache vor dem Gerichtshof der EU. Verfahrenssprache vor dem EuGH können vielmehr gem. Art. 36 Verfahrensordnung des Gerichtshofs (VerfO-EuGH; ABl. EU 2012 Nr. L 265, S. 1) Bulgarisch, Dänisch, Deutsch, Englisch, Estnisch, Finnisch, Französisch, Griechisch, Irisch, Italienisch, Kroatisch, Lettisch, Litauisch, Maltesisch, Niederländisch, Polnisch, Portugiesisch, Rumänisch, Schwedisch, Slowakisch, Slowenisch, Spanisch, Tschechisch und Ungarisch, also alle offiziellen Vertragssprachen, sein. Vor dem Gericht (EuG) gilt gem. Art. 35 § 1 Verfahrensordnung des Gerichts (VerfO-EuG) dasselbe.

### 604.

**Wie wird in einem konkreten Verfahren festgelegt, welche Sprache Verfahrenssprache vor dem Gerichtshof ist?**

Dies hängt vom Verfahren ab. Im Regelfall wählt allerdings der Kläger die Verfahrenssprache (Art. 37 I VerfO-EuGH, Art. 35 § 2 VerfO-EuG). In Vorabentscheidungsverfahren richtet sich die Verfahrenssprache im Regelfall nach der Sprache des vorlegenden nationalen Gerichts (Art. 37 III VerfO-EuGH).

**605.**

In welche zwei Verfahrensabschnitte lässt sich ein Verfahren vor dem Gerichtshof der EU grob gliedern?

In einen schriftlichen und in einen mündlichen Verfahrensabschnitt (Art. 20 I Satzung des Gerichtshofs der EU). Das **schriftliche Verfahren** umfasst die Übermittlung der Klageschriften, Schriftsätze, Klagebeantwortungen und Erklärungen und gegebenenfalls der Repliken sowie aller zur Unterstützung vorgelegten Belegstücke und Urkunden oder ihrer beglaubigten Abschriften an die Parteien sowie an diejenigen Unionsorgane, deren Entscheidungen Gegenstand des Verfahrens sind (Art. 20 II Satzung des Gerichtshofs der EU). Das **mündliche Verfahren** umfasst gem. Art. 20 IV der Satzung die Verlesung des von einem Berichterstatter vorgelegten Berichts, die Anhörung der Bevollmächtigten, Beistände und Anwälte und der Schlussanträge des Generalanwalts durch den Gerichtshof sowie gegebenenfalls die Vernehmung von Zeugen und Sachverständigen.

## 2. Vorabentscheidungsverfahren (Art. 267 AEUV)

**606.**

Das Vorabentscheidungsverfahren gem. Art. 267 AEUV wird von einem der führenden Europarechtslehrbüchern in englischer Sprache bildhaft als „Prunkstück" („jewel in the crown") unter den Verfahren des Gerichtshofs der EU bezeichnet (*Craig/de Búrca*, S. 442). Worauf beruht diese Einschätzung?

Das Vorabentscheidungsverfahren gem. Art. 267 AEUV ist das wichtigste Verfahren für die einheitliche Auslegung des Unionsrechts, als eine der Hauptaufgaben des Gerichtshofs der EU gem. Art. 19 I UA 1 S. 2 EUV. Entsprechend sind fast alle der besonders bedeutsamen, grundlegenden Entscheidungen des EuGH im Rahmen eines Vorabentscheidungsverfahrens ergangen.

**607.**

Welchem Verfahren vor dem BVerfG ist das Vorabentscheidungsverfahren, was dessen Ablauf angeht, strukturell vergleichbar?

Der konkreten Normenkontrolle gem. Art. 100 I GG. Auch dabei kann nicht direkt vor dem BVerfG geklagt werden, sondern legt vielmehr ein Gericht, das mit der Rechtssache befasst ist, dem BVerfG eine spezifische Frage zur Klärung vor, um nach der Entscheidung des BVerfG über die eigentliche Rechtssache unter Zugrundelegung der Rechtsauffassung des BVerfG zu entscheiden.

**608.**

**Welche Ebene innerhalb des Gerichtshofs der EU ist für Vorabentscheidungsverfahren zuständig?**

Der Gerichtshof (EuGH). Allerdings kann das Gericht (EuG) gem. Art. 256 III UA 1 AEUV in besonderen, in der Satzung festgelegten Sachgebieten für Vorabentscheidungen gem. Art. 267 AEUV zuständig sein. Von dieser Möglichkeit wurde in der Satzung allerdings bislang kein Gebrauch gemacht.

**609.**

**Warum räumt Art. 267 AEUV Gerichten der Mitgliedstaaten die Möglichkeit (und z. T. auch die Pflicht) ein, Fragen über die Auslegung der Verträge und über die Gültigkeit und die Auslegung der Handlungen der Organe etc. der Union dem Gerichtshof der EU zur Vorabentscheidung vorzulegen?**

Unionsrecht wird außer durch den Gerichtshof der EU auch durch die Gerichte der Mitgliedstaaten angewendet. Damit droht eine unterschiedliche Interpretation der einschlägigen Rechtsnormen des Unionsrechts, was wiederum die einheitliche Anwendung des Unionsrechts in der gesamten EU bedroht. Vor diesem Hintergrund dient die Möglichkeit, eine Vorabentscheidung des EuGH zu einer noch nicht geklärten Frage des EU-Rechts einzuholen, in erster Linie dazu, die einheitliche Anwendung des Unionsrechts durch die Gerichte der Mitgliedstaaten zu fördern (vgl. EuGH, Rs. 314/85, Slg. 1987, S. 4199 Rn. 15 f. – *Foto-Frost*). Soweit in dem Rechtsstreit des vorlegenden nationalen Gerichts Individualinteressen betroffen sind, dient die Möglichkeit eines Vorabentscheidungsverfahrens daneben auch dem Schutz der betroffenen Individualrechte.

**610.**

**Entscheidet der EuGH den ihm im Vorabentscheidungsverfahren gem. Art. 267 AEUV vorgelegten Rechtsstreit abschließend?**

Nein, ähnlich wie das BVerfG im Verfahren der konkreten Normenkontrolle gem. Art. 100 I GG entscheidet der EuGH nur über die ihm vorgelegte Frage hinsichtlich der Auslegung etc. des Unionsrechts und verweist den Rechtsstreit dann an das jeweilige nationale Gericht zurück, das den Rechtsstreit unter Zugrundelegung der Rechtsauffassung des EuGH abschließend zu entscheiden hat.

**611.**

**Wer ist im Rahmen des Vorabentscheidungsverfahrens vorlageberechtigt, kann also ein Verfahren gem. Art. 267 AEUV vor dem EuGH einleiten?**

Gem. Art. 267 II AEUV jedes Gericht eines Mitgliedstaates.

**612.**

Vor einem gem. §§ 1025 ff. ZPO gebildeten Schiedsgericht, das aus einem ehemaligen BGH-Richter und zwei Rechtsanwälten besteht und über einen wirtschaftsrechtlichen Fall mit einem Streitwert von 1,4 Mrd. € zwischen einem deutschen und einem niederländischen Unternehmen zu entscheiden hat, taucht eine entscheidungserhebliche, noch nicht geklärte Auslegungsfrage zu Art. 49 AEUV auf. Darf das Schiedsgericht dem EuGH die Frage zur Klärung gem. Art. 267 I lit. a AEUV vorlegen?

Vorlageberechtigt sind gem. Art. 267 II AEUV Gerichte eines Mitgliedstaates. Fraglich ist daher, ob es sich bei dem gem. §§ 1025 ff. ZPO gebildeten Schiedsgericht um ein Gericht eines Mitgliedstaates i. S. d. Art. 267 AEUV handelt. Der EuGH hat in seiner Rechtsprechung Kriterien entwickelt, die ein Spruchkörper erfüllen muss, um **Gericht i. S. d. Art. 267 AEUV** zu sein, wie „gesetzliche Grundlage der Einrichtung, ständiger Charakter, obligatorische Gerichtsbarkeit, streitiges Verfahren, Anwendung von Rechtsnormen durch diese Einrichtung sowie deren Unabhängigkeit" (EuGH, Rs. C-54/96, Slg. 1997, S. I-4961 Rn. 23 – *Dorsch Consult I).* Ein Schiedsgericht gem. §§ 1025 ff. ZPO könnte einige dieser Kriterien erfüllen, wie z. B. eine gesetzliche Grundlage der Einrichtung, ein streitiges Verfahren, die Anwendung von Rechtsnormen durch diese Einrichtung sowie deren Unabhängigkeit. Der EuGH hat die Vorlageberechtigung nach §§ 1025 ff. ZPO gebildeter Schiedsgerichte dennoch verneint. Begründet hat er dies insbes. damit, dass es den Parteien freigestanden habe, den Fall entweder von einem privaten Schiedsgericht oder der staatlichen Gerichtsbarkeit entscheiden zu lassen, dass die deutsche öffentliche Gewalt in die Entscheidung, den Weg der Schiedsgerichtsbarkeit zu wählen, nicht einbezogen gewesen sei und dass sie nicht von Amts wegen in den Ablauf des Schiedsgerichtsverfahrens eingreifen könne (EuGH, Rs. 102/81, Slg. 1982, S. 1095 Rn. 10 – *Nordsee).* Gem. §§ 1025 ff. ZPO gebildete Schiedsgerichte sind damit nicht nach Art. 267 AEUV vorlageberechtigt. Das Schiedsgericht darf dem EuGH die Frage nicht zur Klärung vorlegen.

**613.**

Das Amtsgericht Heidelberg legte dem EuGH mit Beschluss vom 3.3.2000, eingegangen bei der Kanzlei des Gerichtshofs am 7.3.2000, zwei Fragen zur Auslegung der Art. 43 und 48 EGV a. F. zur Vorabentscheidung vor. Diese Fragen stellten sich in einer Handelsregistersache, in der die *HSB-Wohnbau GmbH,* eine Gesellschaft deutschen Rechts, beantragt hatte, die Verlegung ihres Sitzes nach Spanien unter Wahrung ihrer Identität in das deutsche Handelsregister einzutragen. War das AG Heidelberg in seiner Eigenschaft als Handelsregistergericht vorlageberechtigt?

Vorlageberechtigt sind gem. Art. 267 II AEUV Gerichte eines Mitgliedstaates. Fraglich ist daher, ob es sich bei dem AG Heidelberg vorliegend um ein Gericht eines Mitgliedstaates i. S. d. Art. 267 AEUV handelte. Prinzipiell kann ein AG die

Kriterien eines Gerichts i. S. v. Art. 267 AEUV wie „gesetzliche Grundlage der Einrichtung, ständiger Charakter, obligatorische Gerichtsbarkeit, streitiges Verfahren, Anwendung von Rechtsnormen durch diese Einrichtung sowie deren Unabhängigkeit" ohne Weiteres erfüllen. Die Besonderheit lag vorliegend darin, dass das AG als Handelsregistergericht tätig geworden ist. Dies ist eine Aufgabe, die in Deutschland zwar Gerichten zugewiesen ist, materiell aber keinen rechtsprechenden, sondern vielmehr einen verwaltenden Charakter hat. Nach der Rechtsprechung des EuGH können die nationalen Gerichte den Gerichtshof aber nur anrufen, *„wenn bei ihnen ein Rechtsstreit anhängig ist und sie im Rahmen eines Verfahrens zu entscheiden haben, das auf eine Entscheidung mit Rechtsprechungscharakter abzielt"* (EuGH, Rs. C-86/00, Slg. 2001, S. I-5353 Rn. 11 – *HSB-Wohnbau).* Das AG Heidelberg war daher als Handelsregistergericht mangels einer Tätigkeit mit Rechtsprechungscharakter nicht vorlageberechtigt (EuGH, a. a. O., Rn. 16).

**614.**

**Unter welchen Voraussetzungen ist ein Gericht zu einer Vorlage beim EuGH berechtigt?**

Gem. Art. 267 I, II AEUV, wenn Zweifel über die Auslegung der Verträge oder über die Gültigkeit und die Auslegung sonstigen Unionsrechts bestehen *und* das Gericht eine Entscheidung darüber für den vor ihm anhängigen Rechtsstreit für entscheidungserheblich hält.

**615.**

**In einem Zivilrechtsstreit vor dem AG Wiesbaden ist entscheidungserheblich, ob sich der Beklagte unmittelbar auf eine ihm günstige Regelung einer in Deutschland noch nicht umgesetzten Richtlinie berufen kann. Vor Gericht ist umstritten und zweifelhaft, ob die relevante Richtlinienbestimmung hinreichend bestimmt ist, um im konkreten Fall angewendet werden zu können. Darf das AG diese Frage dem EuGH zur Entscheidung vorlegen?**

Hier hat ein Gericht i. S. d. Art. 267 II AEUV Zweifel über die Auslegung einer Richtlinie, also einer Handlung der Organe der Union i. S. d. Art. 267 I lit. b AEUV. Da eine unmittelbare Wirkung der relevanten Richtlinienbestimmung für den Beklagten günstig wäre, ist die Frage in dem Rechtsstreit vor dem AG Wiesbaden auch entscheidungserheblich. Das AG darf dem EuGH die Frage nach der Auslegung der relevanten Richtlinienbestimmung daher gem. Art. 267 I, II AEUV zur Vorabentscheidung vorlegen.

**616.**

**Ist das AG Wiesbaden hier auch verpflichtet, die Vorabentscheidung des EuGH einzuholen?**

Eine **Pflicht zur Vorlage** besteht gem. Art. 267 III AEUV, wenn die Frage in einem schwebenden Verfahren bei einem einzelstaatlichen Gericht gestellt wird, dessen Entscheidungen selbst nicht mehr mit Rechtsmitteln des innerstaatlichen Rechts angefochten werden können. Gegen Endurteile im ersten Rechtszug vor den Zivilgerichten findet gem. § 511 I ZPO die Berufung statt. Allerdings ist die Berufung gem. § 511 II ZPO nur zulässig, wenn 1. der Wert des Beschwerdegegenstandes 600 € übersteigt, 2. das Gericht des ersten Rechtszuges die Berufung im Urteil zugelassen hat. Sollte daher im vorliegenden Fall eine Berufung an das LG wegen eines zu niedrigen Beschwerdegegenstandes ausscheiden, wäre das AG nicht nur berechtigt, sondern gem. Art. 267 III AEUV auch verpflichtet, die Frage dem EuGH vorzulegen.

**617.**

**Angenommen, gegen das Urteil des AG Wiesbaden wäre gem. § 511 I, II ZPO keine Berufung zulässig. Müsste das AG die Auslegungsfrage dem EuGH auch dann vorlegen, wenn die Frage der hinreichenden Bestimmtheit der relevanten Richtlinienbestimmung vom EuGH in einem ähnlich gelagerten Fall im Rahmen eines Vorabentscheidungsverfahrens bereits geklärt wurde?**

Nach den sog. CILFIT-Kriterien des EuGH ist ein gem. Art. 267 II AEUV eigentlich vorlagepflichtiges mitgliedstaatliches Gericht ausnahmsweise dann nicht zur Vorlage beim EuGH verpflichtet,

1. wenn die gestellte Frage tatsächlich bereits in einem gleichgelagerten Fall Gegenstand einer Vorabentscheidung gewesen ist (so bereits EuGH, verb. Rs. 28/62 bis 30/62, Slg. 1963, S. 61, 80 f. – *Da Costa;* bekräftigt in EuGH, Rs. 283/81, Slg. 1982, S. 3415 Rn. 13 – *CILFIT).*
2. wenn bereits eine gesicherte Rechtsprechung des Gerichtshofs vorliegt, durch die die betreffende Rechtsfrage gelöst ist, gleich in welcher Art von Verfahren sich diese Rechtsprechung gebildet hat, und selbst dann, wenn die strittigen Fragen nicht vollkommen identisch sind (EuGH, Rs. 283/81, Slg. 1982, S. 3415 Rn. 14 – *CILFIT).*
3. wenn die richtige Anwendung des Gemeinschaftsrechts derart offenkundig ist, dass keinerlei Raum für einen vernünftigen Zweifel an der Entscheidung der gestellten Frage bleibt. Das innerstaatliche Gericht darf dabei nur dann davon ausgehen, dass ein solcher Fall vorliegt, wenn es überzeugt ist, dass auch für die Gerichte der übrigen Mitgliedstaaten und den Gerichtshof die gleiche Gewissheit bestünde (EuGH, Rs. 283/81, Slg. 1982, S. 3415 Rn. 16 – *CILFIT).*

Vorliegend ist die gestellte Frage, ob die relevante Regelung der Richtlinie hinreichend bestimmt ist, um im Einzelfall angewendet werden zu können, bereits vom EuGH in einem ähnlich gelagerten Fall im Rahmen eines Vorabentscheidungsverfahrens geklärt worden. Damit greift das erste der oben aufgeführten CILFIT-Kriterien. Das AG Wiesbaden wäre nach der Rechtsprechung des EuGH nicht zur Vorlage verpflichtet.

**618.**

Wäre das AG unter diesen Voraussetzungen zur Vorlage berechtigt, wenn es eine solche trotz der Entscheidung des EuGH in einem ähnlich gelagerten Fall für erforderlich hält?

Ja, dem mitgliedstaatlichen Gericht bleibt es in diesem Fall unbenommen, den EuGH anzurufen, wenn es dies für angebracht hält (EuGH, Rs. 283/81, Slg. 1982, S. 3415 Rn. 16 – *CILFIT*).

**619.**

Ein letztinstanzlich in einem Rechtsstreit über eine Abgabe für die Einfuhr von Rohzucker entscheidendes niederländisches Gericht hält eine tatbestandlich einschlägige Regelung einer EU-Verordnung für nicht mit Primärrecht vereinbar und daher ungültig. Die Auffassung des niederländischen Gerichts beruht v. a. auf einer früheren Entscheidung des EuGH, in welcher dieser eine Parallelregelung in einer VO zu einem anderen Produkt wegen Verstoßes gegen Primärrecht für nichtig erklärt hat. Muss das niederländische Gericht die Frage der Vereinbarkeit der Regelung der VO mit Primärrecht gem. Art. 267 I lit. b, III AEUV dem EuGH vorlegen? (Angelehnt an: EuGH, Rs. C-461/03, Slg. 2005, S. I-10513 – *Gaston Schul*)

Die Voraussetzungen des Art. 267 I lit. b, II AEUV sind erfüllt, da die Gültigkeit der einschlägigen Regelung der VO für die Entscheidung des niederländischen Gerichts entscheidungserheblich ist. Fraglich ist, ob gem. Art. 267 III AEUV eine Vorlagepflicht besteht. Zwar entscheidet das niederländische Gericht vorliegend letztinstanzlich, so dass die Voraussetzung des Art. 267 III AEUV erfüllt ist. Ein Ausschluss der Vorlagepflicht könnte sich aber aus der Anwendung der CILFIT-Kriterien ergeben, da der EuGH eine der vorliegend relevanten Regelung vergleichbare Parallelregelung einer anderen VO wegen Verstoßes gegen Primärrecht für nichtig erklärt hat (vgl. EuGH, Rs. C-461/03, Slg. 2005, S. I-10513 Rn. 16 – *Gaston Schul*).

Wie der EuGH allerdings grundlegend in seinem *Foto-Frost*-Urteil in Bezug auf Entscheidungen (jetzt: Beschlüsse) der Kommission festgestellt hat, sind mitgliedstaatliche Gerichte grds. nicht befugt, Handlungen der EU-Organe für ungültig zu erklären (EuGH, Rs. 314/65, Slg. 1987, S. 4199 Rn. 15 – *Foto-Frost*). Das Verwerfungsmonopol dafür liegt allein beim Gerichtshof der EU. Dies hat der EuGH in seiner dem vorliegenden Fall zugrunde liegenden Entscheidung auch für EU-Verordnungen bestätigt (EuGH, Rs. C-461/03, Slg. 2005, S. I-10513 Rn. 17, 21 f. – *Gaston Schul*). Daraus folgt, dass das letztinstanzlich entscheidende niederländische Gericht dem EuGH die Frage der Gültigkeit der einschlägigen Regelung der EU-VO vorlegen muss, selbst wenn der EuGH zuvor eine Parallelnorm für nichtig erklärt hat (Slg. 2005, S. I-10513 Rn. 25 – *Gaston Schul*).

**620.**

Angenommen, der BGH entscheidet ohne größere Prüfung, eine entscheidungserhebliche Auslegungsfrage i. S. v. Art. 267 I lit. a AEUV nicht dem EuGH vorzulegen, obwohl gem. Art. 267 III AEUV eine Vorlagepflicht bestanden hätte. Was kann der durch die abschließende Entscheidung des BGH Beschwerte tun, wenn gegen die Entscheidung nach der ZPO kein Rechtsmittel mehr besteht?

Er kann die Entscheidung vor dem BVerfG mit der Verfassungsbeschwerde gem. Art. 93 I Nr. 4a GG angreifen, da jedenfalls eine willkürliche Nichtvorlage gem. Art. 267 AEUV das grundrechtsgleiche Recht auf den gesetzlichen Richter gem. Art. 101 I 2 GG verletzt (vgl. BVerfGE 73, 339/366 f. – *Solange-II)*.

**621.**

Angenommen, das niederländische Gericht legt in Fall Nr. 619 dem EuGH im Rahmen einer Vorabentscheidung gem. Art. 267 I lit. b AEUV die Frage vor, ob die relevante Regelung der EU-VO gültig ist. Wie kann der EuGH entscheiden?

Der EuGH überprüft in diesem Fall die ihm vorgelegte Sekundärrechtsnorm auf deren Gültigkeit und erklärt sie im Tenor seines Urteils entweder für gültig oder aber für ungültig. Wird dem EuGH hingegen eine Auslegungsfrage gem. Art. 267 I lit. a oder lit. b EuGH gestellt, nimmt der EuGH eine Auslegung der relevanten Norm vor, überlässt aber die Anwendung der herausgearbeiteten Auslegungskriterien auf den Fall dem nationalen Gericht (EuGH, Rs. 222/78, Slg. 1979, S. 1163 Rn. 10 ff. – *ICAP)*.

**622.**

Der von dem niederländischen Gericht angerufene EuGH stellt die Ungültigkeit der relevanten Regelung der EU-VO wegen Verstoßes gegen EU-Primärrecht fest. Ist nur das vorlegende niederländische Gericht für den von ihm zu entscheidenden Rechtsstreit an diese Feststellung gebunden?

Nein, erklärt der EuGH eine Handlung eines Organs gem. Art. 276 I lit. b AEUV für ungültig, so hat dies *erga-omnes*-Wirkung. Im Ergebnis hat dies den gleichen Effekt wie die Nichtigerklärung einer Norm aufgrund einer Nichtigkeitsklage gem. Art. 263, 264 I AEUV (unten Nr. 641 ff.).

## 3. Vertragsverletzungsverfahren (Art. 258 ff. AEUV)

**623.**

**Worum geht es beim Vertragsverletzungsverfahren gem. Art. 258 ff. AEUV?**

Mit dem Vertragsverletzungsverfahren gem. Art. 258 ff. AEUV wird der Kommission und den Mitgliedstaaten die Möglichkeit gegeben, durch den EuGH überprüfen zu lassen, ob ein Mitgliedstaat gegen eine Verpflichtung aus den Verträgen verstoßen hat.

**624.**

**Welche Ebene im Gerichtshof der EU ist für Vertragsverletzungsverfahren sachlich zuständig?**

Ausschließlich der EuGH (Art. 256 AEUV i. V. m. Art. 51 Satzung des Gerichtshofs der EU).

**625.**

**Was ist der Unterschied zwischen der sog. Aufsichtsklage gem. Art. 258 AEUV und der sog. Staatenklage gem. Art. 259 AEUV?**

Bei der Aufsichtsklage gem. Art. 258 AEUV klagt die Kommission gegen einen Mitgliedstaat, bei der Staatenklage gem. Art. 259 AEUV ein Mitgliedstaat gegen einen anderen Mitgliedstaat. Beide Verfahren sind voneinander unabhängig, d. h. ein Mitgliedstaat kann z. B. einen anderen Mitgliedstaat gem. Art. 259 AEUV verklagen, selbst wenn die Kommission in derselben Sache bereits eine Aufsichtsklage gem. Art. 258 AEUV erhoben hat.

**626.**

**Die Kommission ist darauf aufmerksam geworden, dass ein Mitgliedstaat eine Richtlinie nicht richtig in innerstaatliches Recht umgesetzt hat. Kann sie den Mitgliedstaat unmittelbar gem. Art. 258 AEUV vor dem EuGH verklagen?**

Nein, die Einleitung eines Vertragsverletzungsverfahrens setzt gem. Art. 258 I, 259 II-IV AEUV sowohl bei der Aufsichtsklage als auch bei der Staatenklage die vorherige Durchführung eines **Vorverfahrens** voraus.

**627.**

**Wozu dient das Vorverfahren?**

Das Vorverfahren dient zum einen der Souveränitätsschonung des betroffenen Mitgliedstaates, dem die Möglichkeit einer gesichtswahrenden einvernehmlichen Beseitigung der (möglichen) Vertragsverletzung gegeben werden soll, und zum anderen der Eingrenzung des späteren gerichtlichen Streitgegenstandes auf das, was bereits Gegenstand des Vorverfahrens war (vgl. etwa *Geiger/Khan/Kotzur,* Art. 258 AEUV Rn. 6).

**628.**

**Woraus besteht das Vorverfahren bei einer Aufsichtsklage der Kommission gem. Art. 258 AEUV?**

Gem. Art. 258 I 2. HS AEUV muss die Kommission dem Staat zunächst Gelegenheit zur Äußerung zu den Vorwürfen geben (sog. Mahnschreiben der Kommission). Nach der Äußerung des betroffenen Mitgliedstaates (Gegendarstellung) folgt gem. Art. 258 I 1. HS AEUV eine mit Gründen versehene Stellungnahme der Kommission. Wie sich aus Art. 258 II AEUV ergibt, nach dem die Kommission den Gerichtshof der EU anrufen kann, wenn der Staat der Stellungnahme nicht innerhalb der von der Kommission gesetzten Frist nachkommt, muss der Mitgliedstaat nicht unbedingt eine Gegendarstellung abgeben. Zulässigkeitsvoraussetzungen der Klage sind gem. Art. 258 I AEUV nur das Mahnschreiben der Kommission, deren mit Gründen versehene Stellungnahme und gem. Art. 258 II AEUV ggf. der Ablauf der dem Mitgliedstaat gesetzten Frist.

**629.**

**Wie läuft das Vorverfahren bei einer Staatenklage gem. Art. 259 AEUV ab?**

Zunächst muss der Mitgliedstaat, der einen anderen Mitgliedstaat wegen einer angeblichen Vertragsverletzung verklagen will, gem. Art. 259 II AEUV die Kommission damit befassen. Sodann gibt die Kommission gem. Art. 259 III AEUV in einem kontradiktorischen Verfahren den beteiligten Staaten Gelegenheit zu schriftlicher und mündlicher Äußerung, bevor sie schließlich auf deren Grundlage eine mit Gründen versehene Stellungnahme erlässt.

**630.**

**Kann das Vorverfahren ausnahmsweise entbehrlich sein?**

Ja, in einigen wenigen Fällen – wie z. B. Art. 348 II AEUV – gestattet der AEU-Vertrag auch eine unmittelbare Anrufung des EuGH.

**631.**

Ein Mitgliedstaat hat nach Auffassung der Kommission wiederholt gegen die Regelungen einer EU-Verordnung verstoßen. Kommt nach Durchführung des Vorverfahrens eine Aufsichtsklage gem. Art. 258 AEUV in Betracht, obwohl Art. 258 I AEUV von Verstößen gegen Verpflichtungen „aus den Verträgen" spricht?

Ein Vertragsverletzungsverfahren gem. Art. 258 f. AEUV kann wegen Verstößen gegen das gesamte EU-Recht, also auch wegen Verstößen gegen Sekundärrechtsakte, eingeleitet werden. Dies folgt schon daraus, dass der Verstoß gegen einen Sekundärrechtsakt zugleich ein Verstoß gegen die primärrechtliche Regelung des Art. 288 AEUV i. V. m. Art. 4 III EUV ist.

**632.**

Mit Klageschrift vom 6.6.1977 erhob die Kommission beim Gerichtshof eine Klage, deren Ziel die Feststellung war, dass die Italienische Republik ihre Verpflichtungen aus dem Vertrag verletzt hat, indem sie es unterließ, innerhalb der vorgeschriebenen Fristen die erforderlichen Vorschriften zu erlassen, um verschiedenen Richtlinien des Rates zur Angleichung der Rechtsvorschriften der Mitgliedstaaten für das Gebiet der land- oder forstwirtschaftlichen Maschinen auf Rädern nachzukommen. In ihrer Gegenerwiderung teilte die italienische Regierung mit, inzwischen habe der fragliche Gesetzentwurf die Instanzen durchlaufen und das Gesetz Nr. 572 vom 8.8.1977, veröffentlicht in der Gazzetta Ufficiale della Repubblica Italiana vom 25.8.1977, die Richtlinie Nr. 74/150 in Italien in Kraft gesetzt und zugleich eine Ermächtigungsgrundlage geschaffen, welche es ermögliche, die Einzelrichtlinien mittels Dekret des Präsidenten der Republik durchzuführen. Damit sei der Rechtsstreit hinsichtlich des schwersten der von der Kommission festgestellten Verstöße, nämlich der mangelnden Übernahme der Rahmenrichtlinie Nr. 74/150, gegenstandslos geworden. Ist die Aufsichtsklage der Kommission damit unzulässig geworden? (Angelehnt an: EuGH, Rs. 69/77, Slg. 1978, S. 1749 – *Kommission/Italien*)

Als allgemeiner Rechtsgrundsatz setzt die Zulässigkeit jeder Klage das Bestehen eines Rechtsschutzbedürfnisses voraus. Das Rechtsschutzbedürfnis zur Erhebung der Aufsichtsklage gem. Art. 258 AEUV durch die Kommission entfällt regelmäßig, wenn der Mitgliedstaat den Vertragsverstoß vor Ablauf der in der begründeten Stellungnahme gesetzten Frist vollständig beseitigt. Hier liegen zwar keine Informationen vor, wann diese Frist abgelaufen ist. Indes bestehen schon Zweifel, ob der Vertragsverstoß vollständig beseitigt worden ist. Aus der Gegenerwiderung der Italienischen Republik ergibt sich nämlich, dass eine Ermächtigungsgrundlage geschaffen worden ist, welche es ermöglicht, die Einzelrichtlinien mittels Dekret des Präsidenten der Republik durchzuführen. Da entsprechende Dekrete keine Erwähnung finden, ist davon auszugehen, dass die Einzelrichtlinien noch nicht mittels solcher Dekrete umgesetzt worden sind. Daraus folgt, dass der Vertragsverstoß, der in der Nicht-umsetzung der relevanten Richtlinien bestand, noch nicht vollständig beseitigt worden ist. Die Aufsichtsklage der Kommission ist nicht mangels Rechtsschutz-bedürfnisses unzulässig geworden (vgl. EuGH, Rs. 69/77, Slg. 1978, S. 1749 Rn. 7/ 8 – *Kommission/Italien).*

---

**633.**

Eine gesetzliche Regelung der Niederlande verpflichtete alle landesweit tätigen Rundfunksendeanstalten, Aufträge ganz oder teilweise an niederländische Unternehmen zu vergeben. Nachdem die Kommission Aufsichtsklage gegen die Niederlande wegen Verstoßes der Regelung gegen die Dienstleistungs-freiheit aus Art. 56 AEUV erhoben hatte, wandten die Niederlande ein, sie hätten die relevante gesetzliche Regelung – wenn auch nach Ablauf der von der Kommission gesetzten Frist – inzwischen aufgehoben. Ist die Aufsichts-klage gem. Art. 258 AEUV damit unzulässig geworden? (Angelehnt an EuGH, Rs. C-353/89, Slg. 1991, S. I-4069 – *Kommission/Niederlande)*

---

Das Rechtsschutzbedürfnis zur Erhebung der Aufsichtsklage gem. Art. 258 AEUV durch die Kommission entfällt regelmäßig, wenn der Mitgliedstaat den Vertrags-verstoß vor Ablauf der in der begründeten Stellungnahme gesetzten Frist vollständig beseitigt hat. Wird der Vertragsverstoß hingegen erst nach Ablauf der Frist beseitigt, geht der EuGH von einem Fortbestehen des Rechtsschutzbedürfnisses aus. Das rechtliche Interesse am Verfahren könne z. B. darin bestehen, dass ein Urteil gegen den Mitgliedstaat Grundlage für dessen Haftung gegenüber einem Einzelnen, der Union oder einem anderen Mitgliedstaat sein könne (vgl. EuGH, Rs. 240/86, Slg. 1988, S. 1835 Rn. 14 – *Kommission/Griechenland).* Auch eine Wiederholungsgefahr oder die grundlegende Bedeutung in dem Rechtsstreit zu klärender Rechtsfragen können danach das Rechtsschutzinteresse begründen. Vorliegend könnte eine Ver-urteilung der Niederlande Grundlage für Haftungsansprüche z. B. von Dienstleis-tungsanbietern aus anderen Mitgliedstaaten sein, die aufgrund der gesetzlichen Regelung nicht zum Zuge gekommen sind. Das Rechtsschutzbedürfnis ist daher trotz Aufhebung der relevanten gesetzlichen Regelung zu bejahen. Die Aufsichtsklage ist nicht unzulässig geworden (vgl. EuGH, Rs. C-353/89, Slg. 1991, S. I-4069 Rn. 28 – *Kommission/Niederlande).*

---

**634.**

In einer Rechtssache, in der es um einen Verstoß eines Mitgliedstaates gegen die Warenverkehrsfreiheit geht, kommt der EuGH zum Ergebnis, dass die relevante gesetzliche Regelung des Mitgliedstaates Art. 34 AEUV verletzt. Welchen Inhalt wird das Urteil des EuGH haben?

---

Der EuGH stellt in seinem Urteil im Vertragsverletzungsverfahren fest, dass der Mitgliedstaat gegen seine Verpflichtung aus Art. 34 AEUV verstoßen hat (vgl. Art. 260 I AEUV). Im Vertragsverletzungsverfahren ergeht also ein **Feststellungs-**

**urteil.** Der EuGH darf nicht etwa die gesetzliche Regelung des Mitgliedstaates aufheben oder den Mitgliedstaat zur Aufhebung verurteilen.

---

**635.**

**Bleibt das Urteil im Vertragsverletzungsverfahren dann nicht folgenlos?**

Nein, gem. Art. 260 I AEUV ist der betroffene Mitgliedstaat verpflichtet, die Maßnahmen zu ergreifen, die sich aus dem Urteil des Gerichtshofs ergeben. Der Mitgliedstaat müsste also den Verstoß seiner gesetzlichen Regelung gegen Art. 34 AEUV beseitigen, z. B. indem er die gesetzliche Regelung aufhebt.

---

**636.**

**Was kann der Gerichtshof tun, wenn der Mitgliedstaat dieser Verpflichtung aus Art. 260 I AEUV nicht nachkommt?**

Von sich aus kann der Gerichtshof nichts tun, seine Aufgabe ist mit dem Feststellungsurteil zunächst erledigt.

---

**637.**

**Kann irgendein Organ der EU Zwangsvollstreckungsmaßnahmen gegen den Mitgliedstaat einleiten?**

Nein, es gibt keine Möglichkeiten zur Zwangsvollstreckung.

---

**638.**

**Gibt es irgendeine andere Möglichkeit, gegen den säumigen Mitgliedstaat vorzugehen?**

Ja, hat der betreffende Mitgliedstaat die Maßnahmen, die sich aus dem Urteil des Gerichtshofs ergeben, nach Auffassung der Kommission nicht getroffen, so kann diese gem. Art. 260 II UA 1 AEUV den Gerichtshof anrufen, nachdem sie dem Staat zuvor Gelegenheit zur Äußerung gegeben hat. Vor dem Hintergrund, dass in der Nichterfüllung des Urteils ein Verstoß gegen Art. 260 I AEUV und damit eine weitere Vertragsverletzung des Mitgliedstaates liegt, läuft dies auf die Möglichkeit einer weiteren Aufsichtsklage hinaus.

**639.**

Welche besondere Möglichkeit hat der EuGH in seinem in dieser zweiten Aufsichtsklage ergehenden Urteil, um die Motivation des säumigen Staates zu erhöhen, nun endlich die Maßnahmen zu ergreifen, die sich aus dem ersten Urteil des EuGH ergeben?

Der EuGH kann gem. Art. 260 II UA 2 AEUV die Zahlung eines **Pauschalbetrags** oder eines **Zwangsgeldes** gegen den Mitgliedstaat verhängen, wenn er feststellt, dass der betreffende Mitgliedstaat dem ersten Urteil nicht nachgekommen ist. Im Rahmen ihrer zweiten Aufsichtsklage benennt die Kommission zuvor gem. Art. 260 II UA 1 AEUV die Höhe des von dem betreffenden Mitgliedstaat zu zahlenden Pauschalbetrags oder Zwangsgeldes, die sie den Umständen nach für angemessen hält.

**640.**

Auch nachdem der EuGH im Rahmen einer Aufsichtsklage der Kommission gem. Art. 258, 260 I AEUV festgestellt hat, dass die Bundesrepublik Deutschland eine bestimmte Richtlinie nicht fristgemäß in das deutsche Recht umgesetzt hat, kommt die Bundesrepublik ihrer Umsetzungspflicht nicht nach. Daraufhin verklagt die Kommission die Bundesrepublik, nachdem sie ihr Gelegenheit zur Äußerung gegeben hat, erneut im Rahmen einer Aufsichtsklage gem. Art. 260 II AEUV und beantragt die Festsetzung eines Zwangsgeldes i. H. v. 300.000 € pro Tag bis zur Umsetzung der Richtlinie durch die Bundesrepublik. Darf der EuGH, wenn er zum Ergebnis gelangt, dass die Bundesrepublik seinem Urteil nicht nachgekommen ist, im zweiten Urteil neben dem von der Kommission beantragten Zwangsgeld gem. Art. 260 II UA 2 AEUV auch noch einen Pauschalbetrag als Sanktion gegen die Bundesrepublik verhängen?

Der Wortlaut von Art. 260 II UA 2 AEUV könnte darauf hindeuten, dass entweder ein Pauschalbetrag oder ein Zwangsgeld verhängt werden kann. Allerdings ist diese Interpretation der Konjunktion „oder" nicht zwingend, kann sie im Sinne eines „inklusiven oder" doch auch bedeuten, dass sowohl ein Pauschalbetrag als auch ein Zwangsgeld verhängt werden kann (EuGH, Rs. C-304/02, Slg. 2005, S. I-6263 Rn. 83 – *Kommission/Frankreich*). Zudem ergibt sich weder aus der Formulierung des Art. 260 II AEUV noch aus sonstigen Erwägungen (z. B. dem Gedanken des *ne bis in idem*) eine Bindung des EuGH an den Vorschlag der Kommission gem. Art. 260 II UA 1 S. 2 AEUV (vgl. EuGH, a. a. O., Rn. 90 f.). Der EuGH ist daher prinzipiell berechtigt, sowohl einen Pauschalbetrag als auch ein Zwangsgeld zu verhängen. Zudem darf er dies auch dann tun, wenn die Kommission lediglich eines der beiden Mittel vorgeschlagen hat.

## 4. Nichtigkeitsklage (Art. 263 f. AEUV)

**641.**

**Worum geht es bei der Nichtigkeitsklage gem. Art. 263 f. AEUV?**

Bei der Nichtigkeitsklage geht es gem. Art. 263 I AEUV um eine Überprüfung der Rechtmäßigkeit von Gesetzgebungsakten sowie der Handlungen des Rates, der Kommission und der EZB, mit Ausnahme von Empfehlungen und Stellungnahmen, und von Handlungen des Europäischen Parlaments, des Europäischen Rates sowie der Einrichtungen oder sonstigen Stellen der Union mit Rechtswirkung gegenüber Dritten.

**642.**

**Welche Ebene innerhalb des Gerichtshofs der EU entscheidet über Nichtigkeitsklagen?**

Das kommt darauf an, wer die Nichtigkeitsklage erhebt: Für Nichtigkeitsklagen, die von einem Mitgliedstaat oder einem EU-Organ erhoben werden, ist gem. Art. 256 I UA 1 AEUV i. V. m. Art. 51 I, II Satzung des Gerichtshofs der EU der EuGH zuständig. Für alle anderen Nichtigkeitsklagen, insbes. solche, die von natürlichen und juristischen Personen erhoben werden (Individualnichtigkeitsklagen), ist hingegen gem. Art. 256 I AEUV i. V. m. Art. 51 I, II Satzung des Gerichtshofs der EU das EuG zuständig.

**643.**

**Wer ist im Rahmen einer Nichtigkeitsklage aktiv parteifähig, kann also eine solche Klage erheben?**

Gem. Art. 263 II AEUV Mitgliedstaaten (Staatennichtigkeitsklage), das Europäische Parlament, der Rat oder die Kommission (Organnichtigkeitsklage), gem. Art. 263 III AEUV der Rechnungshof, die EZB sowie der Ausschuss der Regionen und gem. Art. 263 IV AEUV natürliche oder juristische Personen (Individualnichtigkeitsklage).

**644.**

**199 Bundestagsmitglieder votieren gem. Art. 23 Ia S. 2 GG i. V. m. § 12 I Integrationsverantwortungsgesetz für die Erhebung einer Subsidiaritätsklage gegen eine neue Verordnung der EU (oben Nr. 496). Wird der Bundestag im Rahmen der Nichtigkeitsklage als Partei vor dem Gerichtshof der EU auftreten?**

Nein, der Bundestag ist gem. Art. 263 II-IV AEUV nicht parteifähig. Partei ist daher gem. Art. 263 II AEUV die Bundesrepublik Deutschland. Allerdings übernimmt – wie oben festgestellt wurde (Nr. 497) – der Bundestag die Prozessführung vor dem EuGH (§ 12 IV Integrationsverantwortungsgesetz).

## 645.

### Gibt es im Verfahren der Nichtigkeitsklage auch einen Beklagten?

Ja, gem. Art. 263 I AEUV können der Rat, das Europäische Parlament, der Europäische Rat, die Kommission, die EZB sowie weitere Einrichtungen und sonstige Stellen der Union **passiv parteifähig** sein.

## 646.

**Das Vereinigte Königreich reichte im Mai 1996 bei der Kanzlei des Gerichtshofes eine Klageschrift ein, in der es die Nichtigerklärung der Entscheidung 96/239/EG der Kommission vom 27.3.1996 über zum Schutz gegen die bovine spongiforme Enzephalopathie (BSE) zu treffende Dringlichkeitsmaßnahmen (ABl. EG Nr. L 78, S. 47) sowie bestimmter anderer Handlungen der Kommission beantragte. Zu diesen anderen Handlungen zählten verschiedene Stellungnahmen der Kommission, u. a. eine Ankündigung vom 10.4.1996, sie beabsichtige keine Aufhebung des verhängten Embargos. War die Klage im Hinblick auf die angegriffenen *Stellungnahmen* der Kommission zulässig?**

Das Vereinigte Königreich ist als Mitgliedstaat gem. Art. 263 II AEUV aktiv parteifähig, die Kommission als Urheberin der Stellungnahmen gem. Art. 263 I AEUV passiv parteifähig. Fraglich ist aber, ob Stellungnahmen der Kommission einen im Rahmen der Nichtigkeitsklage zulässigen **Angriffs-/Klagegegenstand** darstellen. Gem. Art. 263 I AEUV sind im Rahmen einer Nichtigkeitsklage neben Gesetzgebungsakten auch andere Rechtshandlungen der in Art. 263 I AEUV genannten Unionsorgane, u. a. der Kommission, möglicher Angriffsgegenstand. Ausgenommen sind gem. Art. 263 I 1 AEUV aber Empfehlungen und Stellungnahmen. Im Hinblick auf die angegriffenen *Stellungnahmen* der Kommission war die Klage daher unzulässig (vgl. EuGH, Rs. C-180/96, Slg. 1998, S. I-2265 Rn. 29 f. – *Vereinigtes Königreich/Kommission*).

## 647.

**Was kann im Rahmen einer Nichtigkeitsklage Angriffs-/Klagegegenstand sein?**

Wie oben schon vorweggenommen (Nr. 641, 646) neben Gesetzgebungsakten (dazu oben Nr. 406) letztlich jede Rechtshandlung eines der in Art. 263 I AEUV genannten Unionsorgane sowie einer Einrichtung oder sonstigen Stelle der Union, mit Ausnahme von Empfehlungen oder Stellungnahmen.

### 648.

**Gegen wen ist die Nichtigkeitsklage zu richten/wer ist richtiger Beklagter?**

Gegen das Organ, die Einrichtung oder Stelle, das/die den Rechtsakt, der den Klagegegenstand bildet, erlassen hat.

### 649.

**Im Rahmen ihrer Tätigkeit fällt Mitarbeitern des Rechnungshofs auf, dass verschiedene Regelungen einer Verordnung des Rates nicht mit dem Subsidiaritätsgrundsatz aus Art. 5 III EUV vereinbar sind. Wäre eine Nichtigkeitsklage des Rechnungshofs in Bezug auf diese Regelungen zulässig?**

Der Rechnungshof ist gem. Art. 263 III AEUV aktiv, der Rat als Beklagter gem. Art. 263 I AEUV passiv prozessfähig. Eine Verordnung i. S. v. Art. 288 II AEUV ist auch zulässiger Angriffs-/Klagegegenstand. Die Klage ist gegen den Rat als richtigen Beklagten zu richten, da es sich um eine Verordnung des Rates handelt (vgl. etwa EuGH, Rs. C-50/00 P, Slg. 2002, S. I-6719 – *Unión de Pequeños Agricultores*). Fraglich ist, ob der Rechnungshof auch **klageberechtigt** ist. Anders als Klagen von Mitgliedstaaten und den in Art. 263 II AEUV genannten Organen (Europäisches Parlament, Rat, Kommission) ist der Rechnungshof (ebenso wie die EZB und der Ausschuss der Regionen) gem. Art. 263 III AEUV nur klageberechtigt, wenn die Klage auf die Wahrung seiner Rechte abzielt. Das vom Rechnungshof geltend gemachte Subsidiaritätsprinzip gem. Art. 5 III EUV dient als Kompetenzausübungsregel der Abgrenzung der Kompetenzsphäre der EU von derjenigen der Mitgliedstaaten und damit letztlich dem Schutz der Kompetenzsphäre der Mitgliedstaaten (oben Nr. 483 ff.). Da die Klage des Rechnungshofs somit nicht auf die Wahrung seiner eigenen Rechte abzielt, ist er hier nicht klageberechtigt. Die Klage ist unzulässig.

### 650.

**Die Europäische Kommission kam in einem am 12.10.2011 den Konzernen *Chiquita* (C) und *Pacific Fruit* (P) als Adressaten mitgeteilten Beschluss zu dem Ergebnis, dass die beiden Konzerne von Juli 2004 bis April 2005 im Rahmen eines Kartells, das sich auf Südeuropa erstreckte, Preisabsprachen getroffen und damit gegen das Verbot von Kartellen und wettbewerbsbeschränkenden Geschäftspraktiken des EU-Kartellrechts verstoßen hatten. Da die europäischen Verbraucher aufgrund dieses Preiskartells fast ein Jahr lang die Vorteile eines unverfälschten Wettbewerbs nicht nutzen konnten, belegte die Kommission P wegen dieser Zuwiderhandlung gegen EU-Recht,**

namentlich Art. 101 AEUV, mit einer Geldbuße i. H. v. 8.919.000 €. C wurde die Geldbuße erlassen, weil er die Kommission über das Kartell in Kenntnis gesetzt hatte. Angenommen, P erhob am 12.1.2012 Nichtigkeitsklage vor dem Gerichtshof der EU im Hinblick auf den Beschluss, da die verhängte Geldbuße unverhältnismäßig sei, wäre diese Klage zulässig?

Zu prüfen ist die Zulässigkeit der Nichtigkeitsklage von P. **Sachlich zuständig** ist für Nichtigkeitsklagen von Individuen wie vorliegend dem Unternehmen P gem. Art. 256 I AEUV i. V. m. Art. 51 Satzung des Gerichtshofs der EU das Gericht (EuG). P ist als juristische Person gem. Art. 263 IV AEUV **aktiv** parteifähig, die Kommission als Urheberin des Beschlusses gem. Art. 263 I AEUV **passiv parteifähig**. Ein an den Kläger gerichteter Beschluss i. S. d. Art. 288 IV AEUV kann gem. Art. 263 IV AEUV **Angriffs-/Klagegegenstand** einer Individualnichtigkeitsklage sein. **Richtige Beklagte** ist die Kommission als Urheberin des Beschlusses. Juristische Personen, die Adressaten eines Beschlusses sind, sind im Hinblick auf diesen an sie gerichteten Beschluss gem. Art. 263 IV 1. Var. AEUV ohne Weiteres **klageberechtigt**. Der Nichtigkeitsgrund, hier der behauptete Verstoß gegen den Verhältnismäßigkeitsgrundsatz aus Art. 5 IV EUV, muss von P **schlüssig dargelegt** werden. In der Klageerhebung müssen die **Form**erfordernisse des Art. 21 I 2 Satzung des Gerichtshofs der EU, Art. 44 VerfO-EuGH beachtet worden sein. Ferner muss die Klage gem. Art. 263 VI AEUV binnen einer **Frist** von zwei Monaten nach Mitteilung des Beschlusses an den Kläger erhoben worden sein. Hier wurde der Beschluss P am 12.10.2011 mitgeteilt. P hat aber erst am 12.1.2012 und damit drei Monate nach Bekanntgabe des Beschlusses Klage erhoben. Da die Frist des Art. 263 VI AEUV nicht gewahrt wurde, ist die Klage unzulässig.

**651.**

Das Bundeswirtschaftsministerium gewährt dem insolvenzbedrohten Motorenbauunternehmen M eine bei der Europäischen Kommission anmeldepflichtige Subvention in Millionenhöhe und kehrt sie an M aus, ohne dass die Europäische Kommission gem. Art. 108 III 1 AEUV von der beabsichtigten Subvention unterrichtet worden wäre. Als die Kommission davon erfährt, stellt sie nach eingehender Prüfung schriftlich fest, dass die Subvention gegen Art. 107 I AEUV verstößt, und fordert das Ministerium mit Schreiben, zugegangen am 1.2.2013, auf, die Subvention zurückzufordern. Auch M wird am selben Tag hierüber informiert. M erhebt am 8.3.2013 Nichtigkeitsklage vor dem Gerichtshof der EU gegen das Schreiben der Kommission, da dieses gegen den Vertrauensschutzgrundsatz verstoße, was M näher begründet. Ist die Klage zulässig?

Für die Individualnichtigkeitsklage des Unternehmens M ist das EuG sachlich zuständig (Art. 256 I AEUV i. V. m. Art. 51 Satzung des Gerichtshofs der EU). M ist als juristische Person gem. Art. 263 IV AEUV aktiv parteifähig, die Kommission als Urheberin des Beschlusses gem. Art. 263 I AEUV passiv parteifähig. Bei dem an das Bundeswirtschaftsministerium gerichteten Schreiben mit der Aufforderung, die

Subvention zurückzufordern, handelt es sich um einen Beschluss i. S. v. Art. 288 IV AEUV. Ein Beschluss i. S. d. Art. 288 IV AEUV kann gem. Art. 263 I, IV AEUV Angriffs-/Klagegegenstand einer Individualnichtigkeitsklage sein. Richtige Beklagte ist die Kommission als Urheberin des Beschlusses.

Fraglich ist, ob M auch **klageberechtigt** ist. Hier könnte ein Problem darin liegen, dass das Ministerium und nicht M i. S. v. Art. 263 IV 1. Var. AEUV Adressat des Beschlusses ist. M könnte jedoch gem. Art. 263 IV 2. Var. AEUV klageberechtigt sein, wenn das Unternehmen von dem Beschluss unmittelbar und individuell betroffen ist. **Unmittelbare Betroffenheit** ist gegeben, wenn der angegriffene Rechtsakt in den Interessenkreis des Klägers eingreift, ohne dass es dafür weiterer Durchführungsmaßnahmen bedarf (*Ehricke,* in: Streinz, EUV/AEUV, Art. 263 AEUV Rn. 59). Vorliegend könnten daran Zweifel bestehen, da die Pflicht zur Rückzahlung für M unmittelbar erst dadurch entsteht, dass das Bundeswirtschaftsministerium dem Beschluss der Kommission nachkommt und Verwaltungsakte an M richtet, die den Subventionsbescheid aufheben und die Subvention zurückfordern (zu diesen Fällen näher: *Will,* Allgemeines Verwaltungsrecht, 2012, Nr. 401 ff.). Fehlt es daher an einer sog. formellen unmittelbaren Betroffenheit von M, könnte aber eine sog. materielle unmittelbare Betroffenheit gegeben sein. Diese liegt u. a. dann vor, wenn zwar ein nationaler Durchführungsakt erforderlich ist, dieser aber aufgrund unionsrechtlicher Vorgaben zwingend ergehen muss oder inhaltlich determiniert ist (*Haratsch/Koenig/Pechstein,* Rn. 519). Aufgrund des Beihilferückforderungsbescheids der Kommission ist das Bundeswirtschaftsministerium gem. Art. 288 IV AEUV als Adressat desselben gezwungen, den Aufhebungs- und Rückforderungsbescheid gegenüber M zu erlassen. Da die Durchführungsakte folglich zwingend ergehen müssen, ist M bereits durch den Beschluss der Kommission (materiell) unmittelbar betroffen. M muss auch **individuell betroffen** sein. Dies ist vorliegend unproblematisch der Fall, da der Beschluss darauf abzielt, dass das Bundeswirtschaftsministerium die Subvention gerade von M zurückfordert. M ist daher gem. Art. 263 IV 2. Var. AEUV klageberechtigt.

Den Nichtigkeitsgrund, hier den behaupteten Verstoß gegen den Vertrauensschutzgrundsatz als allgemeinen Rechtsgrundsatz, muss P schlüssig darlegen. Die Klageerhebung muss die Formerfordernisse des Art. 21 I 2 Satzung des Gerichtshofs der EU, Art. 44 VerfO-EuGH beachten. Ferner muss die Klage gem. Art. 263 VI AEUV in einer Frist von zwei Monaten nach Mitteilung des Beschlusses an den Kläger erhoben worden sein. Hier wurde der Beschluss M am 1.2.2013 mitgeteilt. P hat am 8.3.2013 und damit innerhalb der Zwei-Monats-Frist Klage erhoben. Da auch keine Zweifel hinsichtlich des Vorliegens des Rechtsschutzbedürfnisses von M bestehen, ist die Klage folglich zulässig.

**652.**

Eine im Wege des ordentlichen Gesetzgebungsverfahrens gem. Art. 294 AEUV erlassene Verordnung sieht vor, dass Produzenten von Schinken, der nicht die Ursprungsbezeichnung „Parmaschinken" tragen darf, nicht Bezug auf die Herstellungsmethode nach Parmeser Art nehmen dürfen. Gegen die entsprechende Vorschrift der Verordnung klagt form- und fristgemäß der deutsche Schinkenproduzent S, der seit Jahrzehnten mit großem Erfolg in Deutschland Schinken nach Parmeser Art hergestellt und vertrieben hat. S trägt in seiner Klageschrift vor, schon aus dem Grund klageberechtigt zu sein, dass es überhaupt nur wenige, im Übrigen gut bekannte Hersteller gebe, die Schinken nach Parmeser Art produzierten. Ist S gem. Art. 263 AEUV klageberechtigt?

Da es sich um eine Individualnichtigkeitsklage einer juristischen Person handelt, richtet sich die Klageberechtigung nach Art. 263 IV AEUV. Da S nicht Adressat der Verordnung i. S. v. Art. 263 IV 1. Var. AEUV ist („an sie gerichteten"), kann sich seine Klageberechtigung entweder aus Art. 263 IV 2. oder 3. Var. AEUV ergeben.

## 653.

**Worin unterscheiden sich die 2. und die 3. Variante von Art. 263 IV AEUV?**

Art. 263 IV 2. Var. AEUV bezieht sich prinzipiell auf alle Handlungen, verlangt aber eine unmittelbare und individuelle Betroffenheit des Klägers. Art. 263 IV 3. Var. AEUV bezieht sich hingegen nur auf „Rechtsakte mit Verordnungscharakter", die keine Durchführungsmaßnahmen nach sich ziehen, verlangt aber nur eine unmittelbare Betroffenheit des Klägers.

## 654.

**Warum wurde mit dem Vertrag von Lissabon die 3. Variante von Art. 263 IV AEUV eingeführt?**

Dadurch sollte eine Rechtsschutzlücke für Fälle geschlossen werden, in denen es an der nach den Kriterien des EuGH oft nur schwer nachweisbaren individuellen Betroffenheit fehlt und der relevante Rechtsakt mangels nationaler Durchführungsmaßnahmen auch nicht mittelbar durch eine Klage vor den nationalen Gerichten mit anschließender Gültigkeitsvorlage im Vorabentscheidungsverfahren gem. Art. 267 I lit. b AEUV angegriffen werden kann.

## 655.

**Was ist ein Rechtsakt mit Verordnungscharakter i. S. v. Art. 263 IV 3. Var. AEUV?**

Der Begriff des Rechtsakts mit Verordnungscharakter, der aus dem gescheiterten Verfassungsentwurf übernommen worden ist, wird in den Verträgen ansonsten nicht verwendet und fügt sich daher nicht ohne Weiteres in die Rechtsquellenkategorien des Unionsrechts ein. Nicht zuletzt aus diesem Grund ist umstritten, worum es sich dabei handelt. Vor allem ist umstritten, ob auch Gesetzgebungsakte, also Rechtsakte, die gemäß einem Gesetzgebungsverfahren angenommen worden sind (Art. 289 III AEUV), Rechtsakte mit Verordnungscharakter sein können. Das EuG hat in seinem Beschluss vom 6.9.2011 in der Rs. T-18/10 – *Inuit Tapiriit Kanatami,* in dem es um die Zulässigkeit eines Antrags auf Nichtigerklärung der VO (EG) Nr. 1007/2009 vom 16.9.2009 über den Handel mit Robbenerzeugnissen (ABl. Nr. L 286, S. 36) ging, auf der Grundlage einer ausführlichen grammatikalischen, historischen und teleologischen Auslegung von Art. 263 IV 3. Var. AEUV festgestellt, dass *„der Begriff ‚Rechtsakt mit Verordnungscharakter' im Sinne von Art. 263 Abs. 4 AEUV dahin zu verstehen ist, dass er mit Ausnahme der Gesetzgebungsakte jede Handlung mit allgemeiner Geltung erfasst"* (Rs. T-18/10, Beschluss vom 6.9.2011, Rn. 56). Im Ergebnis können danach Gesetzgebungsakte mit einer Individualnichtigkeitsklage weiterhin nur unter den erschwerten Bedingungen der 2. Variante von Art. 263 IV AEUV angegriffen werden. Generalanwältin *Kokott* hat sich in ihren Schlussanträgen vom 17.1.2013 im Rechtsmittelverfahren derselben Rechtssache (GA Kokott, Rs. C-583/11 P – *Inuit Tapiriit Kanatami* Rn. 25 ff.) aufgrund einer eingehenden Auslegung der Auffassung des Gerichts angeschlossen: *„Insgesamt hat also das Gericht völlig zu Recht den Ausdruck ‚Rechtsakte mit Verordnungscharakter' dahin ausgelegt, dass davon alle Unionsrechtsakte mit allgemeiner Geltung unter Ausschluss der Gesetzgebungsakte erfasst sind"* (GA Kokott, a. a. O., Rn. 47).

---

**656.**

**Kann sich danach im vorliegenden Fall, in dem es um eine Verordnung geht, die vorsieht, dass Produzenten von Schinken, der nicht die Ursprungsbezeichnung „Parmaschinken" tragen darf, nicht Bezug auf die Herstellungsmethode nach Parmeser Art nehmen dürfen, die Klageberechtigung von S aus Art. 263 IV 3. Var. AEUV ergeben?**

Die relevante Verordnung wurde im Wege des ordentlichen Gesetzgebungsverfahrens gem. Art. 294 AEUV erlassen. Es handelt sich also gem. Art. 289 III AEUV um einen Gesetzgebungsakt, der nach der Rechtsprechung des Gerichtshofs der EU nicht dem Begriff des Rechtsakts mit Verordnungscharakter gem. Art. 263 IV 3. Var. AEUV unterfällt. Danach kann sich die Klageberechtigung von S nicht aus Art. 263 IV 3. Var. AEUV, sondern nur aus Art. 263 IV 2. Var. AEUV ergeben.

---

**657.**

**Ist S gem. Art. 263 IV 2. Var. AEUV klageberechtigt?**

Dies ist der Fall, wenn S gem. Art. 263 IV 2. Var. AEUV unmittelbar und individuell von der entsprechenden Regelung der von ihm angegriffenen VO betroffen ist. **Unmittelbare Betroffenheit** ist gegeben, wenn der angegriffene Rechtsakt in den Interessenkreis des Klägers eingreift, ohne dass es dafür weiterer Durchführungsmaßnahmen bedarf. Verordnungen gelten gem. Art. 288 II AEUV grds. unmittelbar in jedem Mitgliedstaat. Es liegen auch keine Indizien dafür vor, dass die Regelung der Verordnung, nach der Produzenten von Schinken, der nicht die Ursprungsbezeichnung „Parmaschinken" tragen darf, nicht Bezug auf die Herstellungsmethode nach Parmeser Art nehmen dürfen, nicht in dem Sinne „self executing" ist, dass sie für ihre Anwendung noch weiterer Durchführungsmaßnahmen bedürfte. Da die Regelung der VO daher in den Interessenkreis des Schinkenproduzenten S eingreift, ohne dass es dafür weiterer Durchführungsmaßnahmen bedarf, ist S von ihr unmittelbar betroffen.

**Individuelle Betroffenheit** des Klägers nimmt der EuGH nach der sog. ***Plaumann-Formel*** an, wenn die relevante Vorschrift den Kläger *„wegen bestimmter persönlicher Eigenschaften oder besonderer, ihn aus dem Kreis aller übrigen Personen heraushebender Umstände berührt und ihn daher in ähnlicher Weise individualisiert wie den Adressaten"* eines Beschlusses (EuGH, Rs. 25/62, Slg. 1963, S. 217/238 – *Plaumann*).

---

**658.**

**Ist S danach im vorliegenden Fall individuell betroffen?**

---

Dafür könnte sprechen, dass es – wie S zur Begründung seiner Klageberechtigung vorträgt – überhaupt nur wenige, im Übrigen gut bekannte Hersteller gibt, die Schinken nach Parmeser Art produzieren. Da S zu den wenigen Herstellern von Schinken nach Parmeser Art gehört, könnte ihn die Regelung der VO daher in ähnlicher Weise individualisiert betreffen wie den Adressaten eines Beschlusses. Wird – wie hier – im Rahmen einer Individualnichtigkeitsklage die Regelung einer Verordnung oder Richtlinie angegriffen, bejaht der EuGH die Klageberechtigung, wenn Anzahl und Identität der betroffenen Personen bereits zum Zeitpunkt des Erlasses der Verordnung oder Richtlinie feststehen. Da es nur wenige, gut bekannte Hersteller von Schinken nach Parmeser Art gibt, könnte dies auf den ersten Blick dafür sprechen, vorliegend die individuelle Betroffenheit zu bejahen. Der Gerichtshof hält es allerdings für eine individuelle Betroffenheit nicht für ausreichend, wenn Zahl oder Identität der Personen, auf welche die Maßnahme zu einem bestimmten Zeitpunkt anwendbar ist, lediglich nach Maßgabe des Tatbestands der Regelung objektiv *bestimmbar* sind (EuGH, Rs. 307/81, Slg. 1982, S. 3463 Rn. 11 – *Alusuisse*; EuGH, Rs. 26/86, Slg. 1987, S. 941 Rn. 8 – *Deutz und Geldermann*). Vorliegend ergeben sich Zahl und Identität der Personen, auf welche die relevante Regelung der VO Anwendung findet, erst aus der Anwendung des Tatbestands der einschlägigen Regelung, die alle Produzenten von Schinken nach Parmeser Art erfasst. Damit sind Zahl und Identität der Personen, auf welche die Regelung zu einem bestimmten Zeitpunkt anwendbar ist, lediglich nach Maßgabe des Tatbestands der Regelung objektiv *bestimmbar,* so dass es nach der Rechtsprechung des Gerichtshofs an der individuellen Betroffenheit fehlt (vgl. EuGH, Rs. 26/86, Slg. 1987, S. 941 Rn. 11 f. – *Deutz und Geldermann*).

---

**659.**

**Wie begründet der EuGH die engen Voraussetzungen einer individuellen Betroffenheit gem. Art. 294 IV 2. Var. AEUV?**

---

Der EuGH begründet diese teleologisch: *„Wie der Gerichtshof insbesondere in seinem Urteil vom 6. Oktober 1982 in der Rechtssache 307/81 (Alusuisse, Slg. 1982, 3463) bereits festgestellt hat, macht [ist] die Zulässigkeit einer von einem einzelnen erhobenen Nichtigkeitsklage davon abhängig, daß die angefochtene Maßnahme, obwohl sie als Verordnung ergangen ist, in Wirklichkeit eine Entscheidung darstellt, die den Kläger unmittelbar und individuell betrifft. Der Zweck dieser Vorschrift besteht insbesondere darin zu verhindern, daß die Gemeinschaftsorgane, indem sie einfach die Form einer Verordnung wählen, die Klage eines einzelnen gegen eine Entscheidung, die ihn unmittelbar und individuell betrifft, ausschließen können, und damit klarzustellen, daß die Wahl der Form die Rechtsnatur einer Maßnahme nicht ändern kann."* (EuGH, Rs. 26/86, Slg. 1987, S. 941 Rn. 6 – *Deutz und Geldermann*).

---

**660.**

**Unter welchen Voraussetzungen wäre dann im vorliegenden Fall eine individuelle Betroffenheit zu bejahen gewesen?**

Eine individuelle Betroffenheit wäre insbes. dann zu bejahen gewesen, wenn die einschlägige Regelung den betroffenen Personenkreis nicht lediglich durch allgemeine Merkmale („Produzenten von Schinken, der nicht die Ursprungsbezeichnung ‚Parmaschinken' tragen darf") bezeichnet hätte, sondern durch Merkmale, die an konkret-individuelle Lebensumstände anknüpfen, z. B. „Produzenten von Schinken, der nicht die Ursprungsbezeichnung ‚Parmaschinken' tragen darf, die bis zum 31.12.2012 einen Einfuhrlizenzantrag gestellt haben" (vgl. die Vorbemerkung zum *Deutz und Geldermann*-Urteil des EuGH in *Pechstein*, Entscheidungen, S. 318 f.).

---

**661.**

**Die *VW-AG* erhielt nach Herstellung der deutschen Wirtschafts- und Währungsunion im Jahr 1990 staatliche Subventionen in erheblichem Umfang für verschiedene Projekte infolge der einbrechenden Nachfrage nach Pkw vom Typ „Trabant". Dies betraf u. a. die Errichtung einer Beschäftigungsgesellschaft. Nachdem die Kommission mit der an die Bundesrepublik Deutschland gerichteten Entscheidung [jetzt: Beschluss] 96/666/EG einen Teil der Subventionen für unvereinbar mit u. a. Art. 87 III lit. c EGV [jetzt: Art. 107 III lit. c AEUV] erklärt hatte, klagte der Freistaat Sachsen vor dem EuG mit dem Antrag, die entsprechenden Teile der Entscheidung für nichtig zu erklären. Käme nach heutigem Recht eine Klageberechtigung des Freistaates gem. Art. 263 II AEUV in Betracht? (Angelehnt an: EuG, verb. Rs. T-132/96 und T-143/96, Slg. 1999, S. II-3663 – *Freistaat Sachsen*)**

Gem. Art. 263 II AEUV sind Mitgliedstaaten klageberechtigt. Da der Freistaat Sachsen als Bundesland kein Mitgliedstaat der EU ist, scheidet eine Klageberechtigung nach dieser Vorschrift aus.

## 662.

### Woraus könnte sich dann eine Klageberechtigung des Freistaates ergeben?

Der Freistaat Sachsen könnte gem. Art. 263 IV AEUV klageberechtigt sein, da es sich bei ihm um eine Körperschaft des öffentlichen Rechts und damit um eine juristische Person handelt (vgl. EuG, verb. Rs. T-132/96 und T-143/96, Slg. 1999, S. II-3663 Rn. 81 – *Freistaat Sachsen*). Der Freistaat Sachsen muss also, da die Bundesrepublik Deutschland und nicht er Adressat der Entscheidung [des Beschlusses] ist, gem. Art. 263 IV 2. Var. AEUV unmittelbar und individuell betroffen sein.

## 663.

### Warum kommt nicht eine Klageberechtigung gem. Art. 263 IV 3. Var. AEUV in Betracht?

Schon aus dem Grund, dass die Entscheidung der Kommission als konkret-individuelle Maßnahme keine allgemeine Geltung hat. Dies ist aber – wie oben gesehen (Nr. 655 ff.) – nach der Rechtsprechung Voraussetzung eines „Rechtsakts mit Verordnungscharakter" i. S. d. Art. 263 IV 3. Var. AEUV.

## 664.

### In der dem vorliegenden Fall zugrunde liegenden *Freistaat-Sachsen*-Entscheidung hat das EuG erstmals eine Klageberechtigung eines deutschen Bundeslandes gem. Art. 263 IV AEUV anerkannt. Wann ist ein Bundesland (oder eine sonstige mitgliedstaatliche Gebietskörperschaft) nach der Rechtsprechung des EuG in einem Beihilfeverfahren individuell betroffen?

Wenn es (EuG, verb. Rs. T-132/96 und T-143/96, Slg. 1999, S. II-3663 Rn. 82 ff. – *Freistaat Sachsen; Haratsch/Koenig/Pechstein*, Rn. 523)

– in finanzieller Hinsicht an der Beihilfe beteiligt ist oder
– ihm Befugnisse bei der Vergabe oder
– ihm Befugnisse bei der Rückforderung der Beihilfe zustehen.

## 665.

### Wann ist das Bundesland (oder die sonstige mitgliedstaatliche Gebietskörperschaft) in diesen Fällen unmittelbar betroffen?

Wenn dem Mitgliedstaat bei der Umsetzung der Kommissionsentscheidung kein Ermessen gegenüber dem Bundesland (oder der sonstigen mitgliedstaatlichen Gebietskörperschaft) zukommt (vgl. EuG, verb. Rs. T-132/96 und T-143/96, Slg. 1999, S. II-3663 Rn. 89 f.).

**666.**

**Unter welchen Voraussetzungen ist eine Nichtigkeitsklage begründet?**

Wenn der angegriffene Rechtsakt mit einem der in Art. 263 II AEUV genannten Nichtigkeitsgründe behaftet ist und dieser Verstoß Kläger geltend gemacht oder vom Gerichtshof *ex officio* aufgegriffen wird:

– Unzuständigkeit
– Verletzung wesentlicher Formvorschriften
– Verletzung der Verträge oder einer bei ihrer Durchführung anzuwendenden Rechtsnorm
– Ermessensmissbrauch

**667.**

**Prüft der Gerichtshof der EU in der Praxis alle Nichtigkeitsgründe *ex officio* oder müssen diese vom Kläger geltend gemacht werden?**

Der Gerichtshof der EU prüft die Nichtigkeitsgründe der Unzuständigkeit (vgl. EuGH, Rs. 110/81, Slg. 1982, S. 3159 Rn. 34 – *Roquette Frères*) sowie der Verletzung wesentlicher Formvorschriften (vgl. EuGH, Rs. C-304/89, Slg. 1991, S. I-2283 Rn. 18 – *Oliveira*) regelmäßig von Amts wegen (*Haratsch/Koenig/Pechstein*, Rn. 530). Andere Nichtigkeitsgründe überprüft er (nur) gelegentlich *ex officio*. Es empfiehlt sich also, sie ausdrücklich geltend zu machen.

**668.**

**Wann greift der Nichtigkeitsgrund der Unzuständigkeit?**

Wenn die für die Maßnahme erforderliche Verbandskompetenz der EU oder die Organkompetenz des handelnden Organs/der handelnden sonstigen Einrichtung gefehlt hat (*Schwarze*, in: Schwarze, EU-Kommentar, Art. 263 AEUV Rn. 73 ff.).

**669.**

**Wann liegt der Nichtigkeitsgrund der Verletzung wesentlicher Formvorschriften vor?**

Wenn Verfahrens- oder Formvorschriften verletzt wurden, bei deren Beachtung ein anderes Entscheidungsergebnis möglich gewesen wäre (*Haratsch/Koenig/Pechstein*, Rn. 531).

**670.**

Wozu dient der Nichtigkeitsgrund der „Verletzung der Verträge oder einer bei seiner [korrekt: ihrer] Durchführung anzuwendenden Rechtsnorm", wann liegt er vor?

Dieser Nichtigkeitsgrund umfasst tatbestandlich eigentlich alle anderen speziellen Nichtigkeitsgründe und dient letztlich als Auffangtatbestand für alle von den speziellen Nichtigkeitsgründen nicht erfassten Fälle. Ihm unterfallen alle Verstöße gegen geschriebenes und ungeschriebenes, primäres und sekundäres Unionsrecht (*Schwarze,* in: Schwarze, EU-Kommentar, Art. 263 AEUV Rn. 80). In der Praxis handelt es sich um den wichtigsten Nichtigkeitsgrund.

**671.**

Ist der Begriff des Ermessens im verbleibenden Nichtigkeitsgrund des „Ermessensmissbrauchs" mit demjenigen des deutschen Verwaltungsrechts identisch?

Nein, er lehnt sich wie die gesamte Nichtigkeitsklage an das französische Verwaltungsrecht (dort: „détournement de pouvoir") an (*Schwarze,* in: Schwarze, EU-Kommentar, Art. 263 AEUV Rn. 81). Er umfasst daher Entscheidungs-, Beurteilungs- und sonstige Gestaltungsspielräume. Ein Ermessensmissbrauch i. S. d. Art. 263 II AEUV liegt danach vor, wenn ein Unionsorgan oder eine sonstige Einrichtung der Union von seinen/ihren Kompetenzen ausschließlich oder zumindest überwiegend zu anderen als den angegebenen Zwecken oder mit dem Ziel der Umgehung eines in den Verträgen vorgesehenen Verfahrens Gebrauch macht (vgl. etwa EuGH, Rs. C-48/96 P, Slg. 1998, S. I-2873 Rn. 52 – *Windpark Groothusen*).

**672.**

Was ist die Folge einer zulässigen und begründeten Nichtigkeitsklage?

Der Gerichtshof der EU erklärt die angefochtene Handlung gem. Art. 264 I AEUV für nichtig. Die Nichtigkeit wirkt grds. *erga omnes* sowie *ex tunc.*

**673.**

Angenommen, die Nichtigkeitsklage wird abgewiesen. Wirkt auch dies erga omnes in dem Sinne, dass die Vorschrift nicht mehr mittels der Nichtigkeitsklage angegriffen werden könnte?

Nein, die Klageabweisung gilt nur *inter partes.* Dies ergibt sich schon daraus, dass die Abweisung nur auf der Grundlage der vorgetragenen und *ex officio* geprüften Nichtigkeitsgründe erfolgt.

## 5. Untätigkeitsklage (Art. 265 f. AEUV)

### 674.

**Worum geht es bei der Untätigkeitsklage gem. Art. 265 f. AEUV?**

Die Untätigkeitsklage gem. Art. 265 f. AEUV bietet die Möglichkeit, gerichtlich gegen bestimmte Organe (das Europäische Parlament, den Europäischen Rat, den Rat, die Kommission und die EZB) bzw. eine Einrichtung oder sonstige Stelle der EU vorzugehen, wenn diese es unter Verletzung der Verträge unterlassen haben, einen Beschluss (Organe) oder einen anderen Akt als eine Empfehlung oder Stellungnahme (Einrichtungen und sonstige Stellen) zu fassen. Was die objektive Legalitätskontrolle angeht, ergänzt die Untätigkeitsklage, in der es um ein **EU-rechtswidriges Unterlassen** der genannten Organe geht, damit die Nichtigkeitsklage gem. Art. 263 f. AEUV (oben Nr. 641 ff.), in der es um EU-rechtswidrige Handlungen bestimmter Organe und sonstiger Einrichtungen geht.

### 675.

**Welche Ebene innerhalb des Gerichtshofs der EU entscheidet über Untätigkeitsklagen?**

Es kommt wie bei der Nichtigkeitsklage darauf an, wer die Klage erhebt: Für Untätigkeitsklagen, die von einem Mitgliedstaat oder einem EU-Organ erhoben werden, ist gem. Art. 256 I UA 1 AEUV i. V. m. Art. 51 I, II Satzung des Gerichtshofs der EU der EuGH zuständig. Für alle anderen Untätigkeitsklagen, insbes. solche, die von natürlichen und juristischen Personen erhoben werden, ist hingegen gem. Art. 256 I AEUV i. V. m. Art. 51 I, II Satzung des Gerichtshofs der EU das EuG zuständig.

### 676.

**Wer ist im Rahmen einer Untätigkeitsklage aktiv parteifähig, kann also eine solche Klage erheben?**

Aktiv parteifähig sind gem. Art. 265 I AEUV die Mitgliedstaaten und die Organe der EU (Europäisches Parlament, Europäischer Rat, Rat, Kommission, Rechnungshof, EZB) sowie gem. Art. 265 III AEUV jede natürliche oder juristische Person.

### 677.

**Wer ist passiv parteifähig?**

Passiv parteifähig sind gem. Art. 265 I AEUV das Europäische Parlament, der Europäische Rat, der Rat, die Kommission und die EZB sowie gem. Art. 265 III AEUV Einrichtungen und sonstige Stellen der EU.

**678.**

Die sieben spanischen öffentlich-rechtlichen Fernsehveranstalter erhielten seit der Aufnahme ihrer Tätigkeit Mittelzuweisungen von ihren jeweiligen Gebietskörperschaften (Comunidades Autónomas). Die Gesellschaft spanischen Rechts *Gestevisión Telecinco SA* (GT) reichte als einer der drei privaten Fernsehveranstalter in Spanien am 2.3.1992 bei der Kommission eine Beschwerde und später eine weitere Beschwerde mit dem Antrag ein, die Unvereinbarkeit der den regionalen Fernsehveranstaltern von ihren jeweiligen Comunidades Autónomas gewährten Mittelzuweisungen mit dem Gemeinsamen Markt i. S. v. Art. 92 EGV [a. F.] festzustellen. Als die Kommission Anfang Februar 1996 noch immer nicht über GTs Beschwerden entschieden hat, will GT die Kommission verklagen. Wäre eine Untätigkeitsklage gegen die Kommission zulässig? (Angelehnt an: EuG, Rs. T-95/96, Slg. 1998, S. II-3407 – *Gestevisión Telecinco*)

Sachlich zuständig ist für Untätigkeitsklagen juristischer Personen gem. Art. 256 I AEUV i. V. m. Art. 51 I, II Satzung des Gerichtshofs der EU das Gericht (EuG). GT ist als juristische Person gem. Art. 265 III AEUV aktiv parteifähig, die Kommission gem. Art. 265 I AEUV passiv parteifähig. Fraglich ist, ob GT unmittelbar Untätigkeitsklage beim EuG erheben kann. Gem. Art. 265 II AEUV, auf den Art. 265 III AEUV verweist, ist die Klage nur zulässig, wenn das in Art. 265 II AEUV geregelte Vorverfahren durchgeführt worden ist. Da dies bislang noch nicht erfolgt ist, wäre eine Untätigkeitsklage unzulässig.

**679.**

Woraus besteht das **Vorverfahren** der Untätigkeitsklage?

Gem. Art. 265 II 1 AEUV muss zunächst das in Frage stehende Organ, die in Frage stehende Einrichtung oder sonstige Stelle mittels eines Mahnschreibens aufgefordert werden, tätig zu werden. Das in Frage stehende Organ etc. hat daraufhin gem. Art. 265 II 2 AEUV eine Frist von zwei Monaten, dazu Stellung zu nehmen. GT müsste also die Kommission auffordern, das Verfahren gem. Art. 108 AEUV einzuleiten.

**680.**

Wozu dient das Vorverfahren?

Ähnlich wie im Vertragsverletzungsverfahren soll es eine einvernehmliche Beseitigung des beanstandeten unionsrechtswidrigen Unterlassens ermöglichen. Zugleich dient es der Eingrenzung des späteren gerichtlichen Streitgegenstands auf das, was bereits Gegenstand des Vorverfahrens war.

**681.**

**Kann, wenn es um die Untätigkeit eines Organs i. S. v. Art. 265 I AEUV geht, Klagegegenstand nur ein unterlassener Beschluss i. S. v. Art. 288 IV AEUV sein?**

Nein, „Beschluss" i. S. v. Art. 265 I AEUV ist untechnisch gemeint und umfasst nicht nur Beschlüsse gem. Art. 288 IV AEUV, sondern jeden Rechtsakt einschließlich hinreichend konkretisierter Empfehlungen und Stellungnahmen (vgl. *Schroeder,* Grundkurs Europarecht, 2. Aufl., § 9 Rn. 53).

**682.**

**Das Unternehmen *Granaria* (G) bezog seit 1972 bei der Erzeugung von Quellmehl Erstattungen auf der Grundlage einer EWG-Verordnung, bis die einschlägige Regelung zum 1.8.1974 aufgehoben wurde. G trat daraufhin zunächst im Rahmen des Vorverfahrens an Rat und Kommission mit dem Antrag heran, G auch weiterhin Erstattungen zu zahlen. Nachdem Rat und Kommission insofern untätig geblieben waren, erhob G Untätigkeitsklage vor dem EuGH gegen Rat und Kommission mit dem Antrag festzustellen, „daß der Rat und/oder die Kommission es trotz rechtzeitiger Aufforderung durch die Klägerin unter Verletzung des Vertrages beziehungsweise einer sich aus dem Vertrag oder einem allgemeingültigen Rechtsgrundsatz ergebenden Verpflichtung unterlassen haben/hat, einen Bescheid zu erlassen oder in anderer Weise (als durch Empfehlung oder Stellungnahme) tätig zu werden" (EuGH, Rs. 90/78, Slg. 1979, S. 1082/1084 – Granaria). Angenommen, der EuGH kommt zum Ergebnis, dass Gs Begehren nur durch Erlass einer neuen Verordnungsregelung erfüllt werden könnte, läge dann ein zulässiger Klagegegenstand vor?**

Gem. Art. 265 III AEUV kann jede natürliche oder juristische Person nach Maßgabe von Art. 265 I, II AEUV vor dem Gerichtshof Beschwerde darüber führen, dass ein Organ oder eine Einrichtung oder sonstige Stelle der Union es unterlassen hat, einen anderen Akt als eine Empfehlung oder eine Stellungnahme an sie zu richten. Aus der Formulierung „an sie zu richten" hat der Gerichtshof der EU abgeleitet, dass sich der Kläger in der Rechtsstellung eines potenziellen Adressaten des begehrten Rechtsakts befinden muss, von diesem also letztlich individuell betroffen sein müsste (vgl. EuG, Rs. T-3/90, Slg. 1991, S. II-1 Rn. 35 – *Prodifarma*). Maßnahmen, die – wie in der Regel Verordnungen und Richtlinien – ihrer Form oder ihrer Rechtsnatur nach nicht an Einzelne gerichtet sind, sind damit von Art. 265 III AEUV ausgenommen (vgl. EuGH, Rs. 90/78, Slg. 1979, S. 1081 Rn. 14 – *Granaria*). Da die von G begehrte Begünstigung nur durch Erlass einer neuen Verordnungsregelung erfüllt werden konnte und Verordnungen regelmäßig nicht an Einzelne gerichtet sind, läge somit im vorliegenden Fall kein zulässiger Klagegegenstand vor (vgl. EuGH, a. a. O.). Die Klage wäre daher insoweit unzulässig.

**683.**

Im oben bereits eingeführten *Gestevisión Telecinco*-Fall (Nr. 678) forderte GT, als die Kommission Anfang Februar 1996 noch immer nicht über GTs Beschwerden entschieden hatte, diese am 8.2.1996 auf, gem. Art. 175 EGV [Art. 265 AEUV] über die beiden Beschwerden zu entscheiden und das Verfahren nach Art. 93 II EGV [vgl. Art. 108 II AEUV] einzuleiten. In der Folgezeit erließ die Kommission keine Entscheidung über GTs Beschwerden, worauf GT fristgemäß Untätigkeitsklage vor dem EuG erhob. Ist der unterlassene Beschluss im Rahmen eines Beihilfeverfahrens gem. Art. 108 II AEUV zulässiger Klagegegenstand einer Untätigkeitsklage, obwohl er nicht an GT, sondern an den Staat bzw. die Gebietskörperschaft, der/die die Beihilfe geleistet hat, gerichtet wäre?

Wie oben festgestellt wurde, folgt aus der Formulierung „an sie zu richten" in Art. 265 III AEUV, dass sich eine juristische oder natürliche Person in der Rechtsstellung eines potenziellen Adressaten des begehrten Rechtsakts befinden muss, von diesem also letztlich individuell betroffen sein müsste. Kommt die Kommission im Rahmen des Beihilfeverfahrens gem. Art 108 II AEUV zum Ergebnis, dass die von der Gebietskörperschaft gewährte Beihilfe mit dem Binnenmarkt nach Art. 107 AEUV materiell unvereinbar ist, so beschließt sie gem. Art. 108 II UA 1 AEUV, dass der betreffende Staat die Beihilfe binnen einer von ihr bestimmten Frist aufzuheben oder umzugestalten hat. Adressat eines entsprechenden Beschlusses gem. Art. 288 IV AEUV wäre also der Staat/die Gebietskörperschaft und nicht GT. Das EuG hat dessen ungeachtet in dem dem vorliegenden Fall zugrunde liegenden Urteil entschieden, dass im Falle einer solchen Konkurrentenuntätigkeitsklage die Klage zulässig ist, wenn der Kläger durch den individualgerichteten Beschluss i. S. d. Art. 288 IV AEUV unmittelbar und individuell betroffen ist. Die insoweit problematische individuelle Betroffenheit ergab sich in diesem Fall aus der Beteiligteneigenschaft des Klägers als Konkurrent des Beihilfenempfängers im förmlichen Beihilfenprüfverfahren gem. Art. 108 II AEUV (EuG, Rs. T-95/96, Slg. 1998, S. II-3407 Rn. 63 ff. – *Gestevisión Telecinco*). Es handelte sich daher um einen zulässigen Klagegegenstand und die Klage war insgesamt zulässig (EuG, a. a. O., Rn. 69 f.).

**684.**

Gilt für die Untätigkeitsklage eine **Klagefrist?**

Die Klagefrist knüpft an das Vorverfahren an: Gem. Art. 265 II 2 AEUV kann die Klage innerhalb einer weiteren Frist von zwei Monaten erhoben werden, wenn das in Frage stehende Organ etc. nicht binnen zwei Monaten nach dem Mahnschreiben (der Aufforderung) Stellung genommen hat. Für die Einleitung des Vorverfahrens gilt hingegen anders als für die Klageerhebung keine Frist.

**685.**

**Unter welchen Voraussetzungen ist die Untätigkeitsklage begründet?**

Wenn es das beklagte Organ unter Verletzung einer Pflicht aus dem primären oder sekundären Unionsrecht unterlassen hat, einen Rechtsakt („Beschluss") zu fassen, oder wenn die beklagte Einrichtung oder sonstige Stelle der EU es unter Verletzung einer Pflicht aus dem primären oder sekundären Unionsrecht unterlassen hat, einen Rechtsakt an den Kläger (oder einen Dritten) zu richten.

**686.**

**Wie entscheidet der Gerichtshof der EU, wenn die Untätigkeitsklage zulässig und begründet ist?**

Er trifft gem. Art. 265 I AEUV die „Feststellung", dass es das beklagte Organ etc. unter Verletzung des Vertrags unterlassen hat, die unionsrechtlich gebotene Handlung vorzunehmen. Es handelt sich also um ein Feststellungsurteil.

**687.**

**Entsteht aus einem stattgebenden Urteil eine Handlungsverpflichtung des betroffenen Organs etc.?**

Ja, gem. Art. 266 I AEUV hat das Organ etc., dessen Unterlassen für vertragswidrig erklärt worden ist, die sich aus dem Urteil des Gerichtshofs der EU ergebenden Maßnahmen zu ergreifen.

## 6. Weitere Verfahrensarten

**688.**

**Worum geht es bei der Amtshaftungsklage gem. Art. 268 AEUV?**

Im Wege der Amtshaftungsklage gem. Art. 268 AEUV können Schadensersatzansprüche gegen die EU oder die EZB geltend gemacht werden.

**689.**

**Welche Arten von Ansprüchen können mittels der Amtshaftungsklage gem. Art. 268 AEUV geltend gemacht werden?**

Ansprüche aus außervertraglicher Amtshaftung gegen die EU gem. Art. 340 II AEUV und Amtshaftungsansprüche gegen die EZB aus Art. 340 III AEUV.

**690.**

**Woraus ergeben sich die einzelnen Voraussetzungen eines außervertraglichen Amtshaftungsanspruchs gegenüber der EU?**

Gem. Art. 340 II AEUV aus den allgemeinen Rechtsgrundsätzen, die den Rechtsordnungen der Mitgliedstaaten gemeinsam sind. Voraussetzungen einer außervertraglichen Haftung der EU gem. Art. 340 II AEUV sind nach der Rechtsprechung des EuGH danach, dass 1. eine Amtshandlung eines Unionsorgans- oder -bediensteten vorliegt, die 2. rechtswidrig ist, 3. eine Rechtsvorschrift des EU-Rechts, die den Schutz der Interessen des Geschädigten bezweckt, verletzt, und zwar 4. in hinreichend qualifizierter Weise, wodurch 5. ein Schaden 6. unmittelbar (adäquat kausal) verursacht wird (vgl z. B. EuGH, Rs. 153/73, Slg. 1974, S. 676 Rn. 7 – *Holtz & Willemsem*; EuG, Rs. T-351/03, Slg. 2007, S. II-2237 Rn. 113 ff. – *Schneider III*).

**691.**

**Welche Ebene des Gerichtshofs der EU entscheidet über Amtshaftungsklagen?**

Für Amtshaftungsklagen natürlicher und juristischer Personen ist das EuG zuständig (Art. 256 AEUV i. V. m. Art. 51 Satzung des Gerichtshofs der EU). Für Amtshaftungsklagen von Mitgliedstaaten wäre nach diesen Vorschriften der EuGH zuständig, wobei strittig ist und bislang noch nicht entschieden wurde, ob Mitgliedstaaten überhaupt Amtshaftungsklagen gegen die EU erheben können.

**692.**

**Ist der Gerichtshof der EU auch für auf Schadensersatz gerichtete Klagen gegen Mitgliedstaaten wegen Verletzung von EU-Recht zuständig?**

Nein, Schadensersatzklagen gegen Mitgliedstaaten aufgrund des unionsrechtlichen Staatshaftungsanspruchs sind vor den mitgliedstaatlichen Gerichten geltend zu machen (oben Nr. 579).

**693.**

**Kennen Sie weitere Verfahren vor dem Gerichtshof der EU?**

Weitere Verfahren vor dem Gerichtshof der EU betreffen (näher dazu z. B.: *Haratsch/Koenig/Pechstein*, Rn. 587 ff.):

– die Erstellung eines Gutachtens über die Vereinbarkeit eines geplanten völkerrechtlichen Vertrags mit den Verträgen gem. Art. 218 XI AEUV (vgl. dazu bereits oben Nr. 382);

– Verfahren aufgrund einer Schiedsklausel gem. Art. 272 AEUV, die in einem von der Union oder für ihre Rechnung abgeschlossenen öffentlich-rechtlichen oder privatrechtlichen Vertrag enthalten ist;

– Verfahren, die gem. Art. 273 AEUV aufgrund eines Schiedsvertrags bei dem Gerichtshof anhängig gemacht werden und bei denen es um eine mit dem Gegenstand der Verträge in Zusammenhang stehende Streitigkeit zwischen Mitgliedstaaten geht (vgl. oben Nr. 597);

– sog. Inzidentrügen gem. Art. 277 AEUV, bei denen im Rahmen eines anderen vor dem Gerichtshof der EU anhängigen Verfahrens die Unanwendbarkeit eines Rechtsakts mit allgemeiner Geltung geltend gemacht und diese daraufhin vom Gerichtshof der EU inzident überprüft werden kann. Mögliches Ergebnis ist aber nicht die Nichtigerklärung des Rechtsakts, sondern nur dessen Unanwendbarkeit im konkreten Fall.

## 7. Rechtsmittel

### 694.

**Gegen welche Entscheidungen des Gerichts (EuG) kann Rechtsmittel beim Gerichtshof (EuGH) eingelegt werden?**

Nur gegen verfahrensbeendende Entscheidungen des EuG (Art. 256 I UA 2 AEUV, Art. 56 I Satzung des Gerichtshofs der EU). Dies sind Urteile und Beschlüsse des EuG, welche das erstinstanzliche Verfahren vor dem EuG ganz oder teilweise beenden, nicht aber verfahrensleitende Verfügungen wie z. B. Beweiserhebungen.

### 695.

**Wer kann Rechtsmittel gegen verfahrensbeendende Entscheidungen des EuG einlegen?**

Gem. Art. 56 II 1 Satzung des Gerichtshofs der EU kann das Rechtsmittel von einer Partei eingelegt werden, die mit ihren Anträgen ganz oder teilweise unterlegen ist. Streithelfer können das Rechtsmittel gem. Art. 56 II 2 der Satzung nur dann einlegen, wenn die Entscheidung des Gerichts sie unmittelbar berührt. Mitgliedstaaten und Organe der EU schließlich können gem. Art. 56 III der Satzung Rechtsmittel gegen verfahrensbeendende Entscheidungen des EuG auch dann einlegen, wenn sie selbst nicht am erstinstanzlichen Verfahren beteiligt waren.

### 696.

**Innerhalb welcher Frist muss das Rechtsmittel eingelegt werden?**

Gem. Art. 56 I 2. HS Satzung des Gerichtshofs der EU innerhalb von zwei Monaten ab Zustellung der angefochtenen Entscheidung.

**697.**

**Kann das Rechtsmittel auch auf rein tatsächliche Aspekte gestützt werden?**

Nein, gem. Art. 256 I UA 2 AEUV i. V. m. Art. 58 I 1 Satzung des Gerichtshofs der EU kann nur ein auf Rechtsfragen beschränktes Rechtsmittel eingelegt werden.

**698.**

**Auf welche Rechtsfragen kann das Rechtsmittel danach gestützt werden?**

Gem. Art. 58 I 2 Satzung des Gerichtshofs der EU kann das Rechtsmittel nur auf die Unzuständigkeit des Gerichts, auf einen Verfahrensfehler, durch den die Interessen des Rechtsmittelführers beeinträchtigt werden, sowie auf eine Verletzung des Unionsrechts durch das Gericht gestützt werden.

**699.**

**Hat die Einlegung eines Rechtsmittels aufschiebende Wirkung, was die Vollziehung der Entscheidung des EuG angeht?**

Nein, gem. Art. 60 I Satzung des Gerichtshofs der EU hat die Einlegung eines Rechtsmittels **grds. keine aufschiebende Wirkung.**

**700.**

**Unter welchen Voraussetzungen ist das Rechtsmittel begründet?**

Wenn die angefochtene Entscheidung mit einem der in Art. 58 I 2 Satzung des Gerichtshofs der EU genannten Rechtsfehler behaftet ist, der sich zu Lasten des Rechtsmittelführers ausgewirkt hat.

**701.**

**Wie verfährt der EuGH, wenn er das Rechtsmittel für begründet erachtet?**

Er hebt gem. Art. 61 I 1 Satzung des Gerichtshofs der EU die Entscheidung des EuG auf. Er kann sodann den Rechtsstreit selbst endgültig entscheiden, wenn dieser zur Entscheidung reif ist, oder aber die Sache zur Entscheidung an das EuG zurückverweisen (Art. 61 I 2 Satzung des Gerichtshofs der EU).

**702.**

Wie schon angesprochen wurde, kann auch gegen die Entscheidungen der Fachgerichte vor dem Gericht (EuG) ein auf Rechtsfragen beschränktes Rechtsmittel oder, wenn die einschlägige VO über die Bildung des Fachgerichts dies vorsieht, ein auch Sachfragen betreffendes Rechtsmittel eingelegt werden (Art. 257 III i. V. m. Art. 256 II UA 1 AEUV). Unter welchen Voraussetzungen kann die daraus resultierende Rechtsmittelentscheidung des Gerichts (EuG) ihrerseits vom Gerichtshof (EuGH) überprüft werden, so dass in diesen Fällen ein dreistufiger Rechtszug besteht?

Gem. Art. 256 II UA 2 AEUV nach Maßgabe der Bedingungen und innerhalb der Grenzen, die in der Satzung vorgesehen sind, in Ausnahmefällen, wenn die ernste Gefahr besteht, dass die Einheit oder Kohärenz des Unionsrechts berührt wird.

## 8. Einstweiliger Rechtsschutz

**703.**

Warum besitzt der einstweilige Rechtsschutz im EU-Recht eine besondere Bedeutung?

Nicht nur Rechtsmittel (oben Nr. 699), sondern generell alle Klagen vor dem Gerichtshof der EU haben **keine aufschiebende Wirkung** (Art. 278 S. 1 AEUV). Von Rechtsakten der EU nachteilig Betroffene können ihrer Verpflichtung zur Befolgung des Rechtsakts daher nur entgehen, wenn sie einstweiligen Rechtsschutz erlangen, der zur Hemmung der Durchführbarkeit des Rechtsakts führt.

**704.**

Welche drei Formen einstweiligen Rechtsschutzes kennt das EU-Prozessrecht?

Erstens die **Aussetzung der Durchführung angefochtener Handlungen** (Art. 278 S. 2 AEUV), zweitens den **Erlass einstweiliger Anordnungen** (Art. 279 AEUV) und drittens die **Aussetzung der Zwangsvollstreckung** eines Rechtsakts des Rates, der Kommission oder der EZB, der eine Zahlung auferlegt (Art. 299 IV AEUV), bzw. eines Urteils des Gerichtshofs der EU (Art. 280 i. V. m. Art. 299 IV AEUV).

**705.**

Nachdem die Kommission in einem Beschluss die *Macrosoft-AG* (M) zur Zahlung von 531 Mio. € verpflichtet hat, erwägt M die Erhebung einer Nichtigkeitsklage vor dem EuG. Auf jeden Fall möchte sie aber sofort einstweiligen Rechtsschutz beim EuG gem. Art. 278 S. 2 AEUV beantragen, um die Durchführung des Beschlusses zu verhindern. Wäre dies möglich?

Gem. Art. 160 I VerfO-EuGH (ABl. EU 2012 Nr. L 265, S. 1), Art. 104 § 1 VerfO-EuG sind Anträge auf Aussetzung der Vollziehung von Handlungen oder Maßnahmen eines Organs i. S. d. Art. 278 S. 2 AEUV und 157 S. 2 EAGV nur zulässig, wenn der Antragsteller die betreffende Handlung durch Klage beim Gerichtshof oder Gericht angefochten hat. M kann den Antrag auf Aussetzung der Durchführung des Beschlusses der Kommission also nicht isoliert beim EuG stellen. Dies ist vielmehr nur im unmittelbaren Zusammenhang mit einem beim EuGH oder EuG anhängigen Rechtsstreit zulässig.

**706.**

**Welche Ebene innerhalb des Gerichtshofs der EU ist für ein Verfahren des einstweiligen Rechtsschutzes sachlich zuständig?**

Die Ebene, die auch für die Entscheidung in der Hauptsache zuständig ist.

**707.**

**Wer kann Antrag auf einstweiligen Rechtsschutz stellen?**

Jeder, der in der Hauptsache klageberechtigt ist. Das Antragsrecht natürlicher und juristischer Personen ist dabei auf den Schutz eigener Interessen beschränkt, während Mitgliedstaaten und Unionsorgane auch zum Schutz fremder Interessen antragsberechtigt sind (vgl. zu letzterem etwa EuGH, Rs. C-195/90 R, Slg. 1990, S. I-2715 Rn. 20 – *Kommission/Deutschland*).

**708.**

**Wann ist ein Antrag auf einstweiligen Rechtsschutz begründet?**

Wenn der Antragsteller glaubhaft machen kann, dass zum einen der einstweilige Rechtsschutz zur Vermeidung eines schweren und nicht wiedergutzumachenden Schadens unter Abwägung der beteiligten Rechte dringend erforderlich ist und dass zum anderen die anhängige Klage – nach summarischer Prüfung – hinreichende Aussicht auf Erfolg hat (*Haratsch/Koenig/Pechstein*, Rn. 584).

**709.**

Nachdem die Kommission mit der oben (Nr. 646) erwähnten Entscheidung 96/239/EG Dringlichkeitsmaßnahmen zum Schutz gegen die bovine spongiforme Enzephalopathie (BSE) erlassen hatte, die u. a. ein Verbot der Ausfuhr von Rindern und Rinderprodukten aus Großbritannien umfassten, erhob das Vereinigte Königreich Nichtigkeitsklage gegen die Entscheidung. Zugleich beantragte es im Verfahren des einstweiligen Rechtsschutzes Aussetzung der

Durchführung der Entscheidung und berief sich hierfür auf die durch die Entscheidung drohenden wirtschaftlichen und sozialen Schäden, die teilweise nur schwer wieder zu beheben seien. Angenommen, das Vereinigte Königreich konnte glaubhaft machen, dass der Vollzug der Entscheidung zu gravierenden, nicht wiedergutzumachenden Schäden führen würde: War der EuGH verpflichtet, die Durchführung der Entscheidung auszusetzen? (Angelehnt an: EuGH, Rs. C-180/96 R, Slg. 1996, S. I-3903 R – *Vereinigtes Königreich/ Kommission)*

Nach dem soeben Gesagten (Nr. 708) genügt es für die Begründetheit eines Antrags gem. Art. 278 AEUV nicht, dass der Antragsteller glaubhaft macht, dass der Vollzug des angegriffenen Rechtsakts zu schweren und nicht wiedergutzumachenden Schäden führt. Dies ist notwendige, aber nicht hinreichende Voraussetzung der Begründetheit eines solchen Antrags. So ist bereits erforderlich, dass der Antragsteller glaubhaft machen kann, dass der einstweilige Rechtsschutz zur Vermeidung eines schweren und nicht wiedergutzumachenden Schadens *unter Abwägung der beteiligten Rechte* dringend erforderlich ist. Der Gerichtshof nimmt daher eine Interessenabwägung vor (EuGH, a. a. O., Rn. 44). Danach war im vorliegenden Fall das Interesse des Antragstellers an der Aussetzung des Ausfuhrverbots für Rinder und Rinderprodukte gegen das Interesse anderer an der Aufrechterhaltung dieses Verbots abzuwägen (EuGH, a. a. O., Rn. 89). Der EuGH stellte im Rahmen der Abwägung fest, dass der zu erwartende, teilweise nur schwer wiedergutzumachende wirtschaftliche und soziale Schaden aufgrund der Aufrechterhaltung des Ausfuhrverbots eher in Kauf zu nehmen sei als der schwere Schaden für die Gesundheit der Bevölkerung, den die Aussetzung der streitigen Entscheidung nach sich ziehen könne und der bei Klageabweisung nicht mehr behoben werden könnte. Danach war der Antrag des Vereinigten Königreichs unbegründet und die Durchführung der Entscheidung nicht auszusetzen.

## 710.

**Ergeht die Entscheidung im Verfahren des einstweiligen Rechtsschutzes durch Urteil?**

Nein, durch Beschluss (Art. 162 I VerfO-EuGH, Art. 107 § 1 VerfO-EuG).

## 711.

**Woraus besteht der Inhalt eines stattgebenden Beschlusses im Verfahren gem. Art. 278 S. 2 AEUV?**

Die Durchführung (der Vollzug) der in der Hauptsache angegriffenen Handlung wird gem. Art. 278 S. 2 AEUV vorläufig außer Kraft gesetzt.

**712.**

**Was kann im Verfahren gem. Art. 279 AEUV angeordnet werden?**

Grds. jede Maßnahme, die dem Gerichtshof der EU zur vorläufigen Sicherung des Interessenausgleichs geboten erscheint.

## VII. Unionsbürgerschaft und Diskriminierungsverbot

### 1. Unionsbürgerschaft

#### a) Allgemeines

**713.**

**Ist die Unionsbürgerschaft durch den Vertrag von Lissabon eingeführt worden?**

Nein, die Unionsbürgerschaft ist mit Gründung der EU durch den Vertrag von Maastricht zum 1.11.1993 in Art. 17 ff. EGV a. F. eingeführt worden (oben Nr. 65).

**714.**

**Hat die Unionsbürgerschaft die nationale Staatsbürgerschaft ersetzt?**

Nein, die Unionsbürgerschaft tritt zur nationalen Staatsbürgerschaft hinzu, ersetzt sie aber nicht (Art. 20 I 3 AEUV).

**715.**

**Wer besitzt Unionsbürgerschaft?**

Jeder, der die Staatsangehörigkeit eines Mitgliedstaates besitzt (Art. 20 I 2 AEUV).

**716.**

**Lässt sich deshalb davon sprechen, dass alle Deutschen eine doppelte Staatsangehörigkeit besitzen?**

Nein, dies wäre schon aus dem Grund unzutreffend, dass die EU kein Staat ist. Die Unionsbürgerschaft ist trotz der offensichtlichen terminologischen Anknüpfung wesensverschieden von einer Staatsangehörigkeit. Sie beinhaltet keine vergleichbar enge Rechte- und Pflichtenbeziehung zwischen dem Einzelnen und dem Gemeinwesen, wie dies bei einer Staatsangehörigkeit der Fall ist (näher dazu: *Herdegen*, § 12 Rn. 2).

**717.**

**Welche Rechte ergeben sich aus der Unionsbürgerschaft?**

Gem. Art. 20 II 1 AEUV haben die Unionsbürgerinnen und Unionsbürger die in den Verträgen vorgesehenen Rechte und Pflichten. Dies umfasst z. B. die Grundrechte aus den in Art. 6 EUV genannten Grundrechtsquellen. Art. 20 II 2 AEUV nennt daneben speziell das Recht der **Freizügigkeit** im Hoheitsgebiet der Mitgliedstaaten, das aktive und passive **Wahlrecht im Wohnsitzstaat** bei Wahlen zum Europäischen Parlament und bei Kommunalwahlen, das Recht auf **diplomatischen und konsularischen Schutz** in Drittstaaten, in dem der Heimatstaat nicht vertreten ist, und das Recht, **Petitionen** an das Europäische Parlament zu richten und sich an den **Europäischen Bürgerbeauftragten** zu wenden, sowie das Recht, sich **in einer der Vertragssprachen** an die EU zu wenden und eine Antwort in derselben Sprache zu erhalten.

### b) Freizügigkeit (Art. 21 AEUV)

**718.**

Die deutsche Staatsangehörige D will in das Vereinigte Königreich einreisen, um in London für eine Investmentbank zu arbeiten. Das Vereinigte Königreich hindert D jedoch wegen ihrer Zugehörigkeit zu einer bestimmten Religionsgemeinschaft an der Einreise. Kann sich D auf die Freizügigkeit aus Art. 21 I AEUV berufen?

D ist als deutsche Staatsangehörige gem. Art. 20 I 2 AEUV Unionsbürgerin, so dass ihr aus Art. 21 I AEUV das Recht zustehen könnte, sich im Hoheitsgebiet des Vereinigten Königreichs, als Mitgliedstaat der EU, frei zu bewegen und aufzuhalten. Art. 21 I AEUV ist jedoch subsidiär gegenüber den Grundfreiheiten des AEUV. Da D im Vereinigten Königreich eine Tätigkeit als Arbeitnehmerin i. S. d. Art. 45 I AEUV aufnehmen will, kann sie sich auf die dort geregelte Arbeitnehmerfreizügigkeit berufen (unten Nr. 856 ff.). Eine Berufung auf Art. 21 I AEUV scheidet daher aus.

**719.**

Nachdem der deutsche Staatsangehörige B zunächst als Arbeitnehmer und Selbstständiger im Vereinigten Königreich tätig gewesen war und in diesem Zusammenhang eine befristete Aufenthaltserlaubnis erhalten hatte, wurde sein Unternehmen insolvent. B, der daraufhin für verschiedene deutsche Unternehmen in anderen Staaten tätig wurde und währenddessen seinen Wohnsitz im Vereinigten Königreich beibehielt, beantragte dort schließlich eine unbefristete Aufenthaltserlaubnis. Diese wurde ihm jedoch mit Hinweis darauf verwehrt, dass er weder als Arbeitnehmer im Vereinigten Königreich tätig sei, noch aus Sekundärrecht eine unbefristete Aufenthaltserlaubnis ableiten könne. Stattdessen wurde B lediglich im Zusammenhang mit der sekundärrechtlich begründeten Aufenthaltsberechtigung seiner Kinder ein abgeleitetes befristetes Aufenthaltsrecht eingeräumt. B klagte daraufhin vor einem Gericht gegen die Ablehnung seines Antrags auf unbefristete Aufenthaltserlaubnis (Angelehnt an EuGH, Rs. C-413/99, Slg. 2002, S. I-7091 – *Baumbast und R*). Ist Art. 21 I AEUV unmittelbar anwendbar, so dass ein Unionsbürger unmittelbar aus diesem ein Aufenthaltsrecht ableiten kann?

Nach den Grundsätzen, die der EuGH in *van Gend & Loos* (oben Nr. 384) entwickelt hat, ist eine Vorschrift des Primärrechts unmittelbar anwendbar, wenn sie unbedingt und hinreichend bestimmt ist, um im Einzelfall angewendet werden zu können. Der EuGH hat in der *Baumbast*-Entscheidung festgestellt, dass das Recht zum Aufenthalt im Hoheitsgebiet gem. Art. 21 I AEUV [damals Art. 18 I EGV a. F.] jedem Unionsbürger „durch eine klare und präzise Vorschrift" unmittelbar zuerkannt werde (EuGH, Rs. C-413/99, Slg. 2002, S. I-7091 Rn. 84). Art. 21 I AEUV ist somit hinreichend bestimmt, um im konkreten Einzelfall angewendet werden zu können. Zweifel bestanden jedoch hinsichtlich der Unbedingtheit von Art. 21 I AEUV, wird das Recht, sich im Hoheitsgebiet der Mitgliedstaaten frei zu bewegen und aufzuhalten, doch „vorbehaltlich der in den Verträgen und in den Durchführungsvorschriften vorgesehenen Beschränkungen und Bedingungen" einge-räumt. Entsprechend war bis zur *Baumbast*-Entscheidung umstritten, ob Art. 21 I AEUV unmittelbar anwendbar sei. Der EuGH hat in dieser Entscheidung jedoch klargestellt, dass die in Art. 21 I AEUV angesprochenen Beschränkungen und Bedingungen einer unmittelbaren Anwendbarkeit von Art. 21 I AEUV auf Einzelne nicht entgegenstünden, da die Anwendung der Beschränkungen und Bedingungen der gerichtlichen Kontrolle unterliege (EuGH, a. a. O., Rn. 86). Im Ergebnis ist Art. 21 I AEUV daher unmittelbar anwendbar und ein Unionsbürger kann folglich unmittelbar aus dieser Regelung ein Aufenthaltsrecht ableiten (EuGH, a. a. O., Rn. 94).

---

**720.**

Im *Baumbast*-Fall hatte das Vereinigte Königreich B das Aufenthaltsrecht u. a. mit der Begründung versagt, dass seine Krankenversicherung eine Notversor-gung im Aufnahmestaat nicht abdecke. Gem. Art. 1 I der damals einschlägi-gen RL 90/364 konnten die Mitgliedstaaten von Angehörigen eines Mitglied-staates, die das Recht zum Aufenthalt in ihrem Hoheitsgebiet wahrnehmen wollen, verlangen, dass sie für sich und ihre Familienangehörigen über eine Krankenversicherung verfügten, die im Aufnahmemitgliedstaat alle Risiken abdeckte. Ergibt sich aus der *Baumbast*-Entscheidung des EuGH, dass solche und andere in Art. 21 I AEUV in Bezug genommene, in den Verträgen und in den Durchführungsvorschriften vorgesehene Beschränkungen und Bedingun-gen im Lichte des unmittelbar anwendbaren Art. 21 I AEUV irrelevant wären?

---

Nein! Der EuGH bestätigt in der Entscheidung die Einschlägigkeit der Vorausset-zungen von Art. 1 I RL 90/364, stellt aber – wie oben schon angedeutet – gleich-zeitig fest, dass solche Beschränkungen und Bedingungen der gerichtlichen Kontrolle unterlägen. Konkret seien diese Beschränkungen und Bedingungen unter Einhaltung der einschlägigen unionsrechtlichen Grenzen und im Einklang mit den allgemeinen Grundsätzen des Unionsrechts, insbes. dem Grundsatz der Verhältnismäßigkeit, anzuwenden (EuGH, Rs. C-413/99, Slg. 2002, S. I-7091 Rn. 91 – *Baumbast und R*). Konkret stellte der EuGH dann fest, dass es einen unverhältnismäßigen Eingriff in das Aufenthaltsrecht aus Art. 21 I AEUV darstelle, wenn Bs Aufenthaltsrecht in Anwendung der RL 90/364 mit der Begründung versagt würde, dass dessen Krankenversicherung eine Notversorgung im Aufnahmemitgliedstaat nicht abdecke (EuGH, a. a. O., Rn. 93).

**721.**

Die von ihrer schwanger in das Vereinigte Königreich eingereisten Mutter, der Chinesin *Chen* (C), in Belfast geborene *Catherine Zhu* (Z) erwarb nach irischem Recht aufgrund ihrer Geburt in Nordirland auch die irische Staatsangehörigkeit. Nachdem C mit ihrer Tochter nach Wales gereist war und dort eine Berufstätigkeit aufgenommen hatte, welche beiden die finanzielle Unabhängigkeit sicherte, beantragte sie für sich und ihr Kind eine dauerhafte Aufenthaltserlaubnis im Vereinigten Königreich. Dies wurde jedoch abgelehnt. Ein Aufenthaltsrecht der Tochter (Z) aus Art. 21 I AEUV scheide schon aus dem Grund aus, dass kein grenzüberschreitender Vorgang vorliege, da Z das Vereinigte Königreich nie verlassen habe. Ferner könne sie als Kleinkind nicht selbst Träger des Freizügigkeitsrechts aus Art. 21 I AEUV sein. Schließlich verfüge nicht sie selbst, sondern lediglich ihre Mutter über die nach dem Recht des Vereinigten Königreichs im Einklang mit Art. 1 I RL 90/364 verlangte Krankenversicherung und ausreichende Existenzmittel. Schließen diese Aspekte tatsächlich ein Aufenthaltsrecht der Tochter (Z) aus Art. 21 I AEUV im Vereinigten Königreich aus? (Angelehnt an EuGH, Rs. C-200/02, Slg. 2004, S. I-9925 – *Zhu und Chen*)

Als irische Staatsangehörige und damit Unionsbürgerin (Art. 20 I 2 AEUV) erfüllte Z die Kernvoraussetzung des unmittelbar anwendbaren Art. 21 I AEUV [Art. 18 I EGV a. F.] (EuGH, a. a. O., Rn. 26). In seinem *Zhu und Chen*-Urteil hat der EuGH klargestellt, dass eine Anwendbarkeit von Art. 21 I AEUV auch nicht daran scheitere, dass Z nie grenzüberschreitend von einem Mitgliedstaat in einen anderen gereist sei. Die Situation des Angehörigen eines Mitgliedstaates, der im Aufnahmemitgliedstaat geboren wurde und vom Recht auf Freizügigkeit keinen Gebrauch gemacht habe, könne nicht allein aufgrund dieser Tatsache einer rein internen Situation gleichgestellt werden (EuGH, a. a. O., Rn. 19). Sodann stellte der EuGH fest, dass sich auch ein Kleinkind auf Art. 21 I AEUV berufen könne. Die Fähigkeit des Angehörigen eines Mitgliedstaates, Inhaber der durch den Vertrag und das abgeleitete Recht auf dem Gebiet der Freizügigkeit gewährleisteten Rechte zu sein, könne nicht von der Bedingung abhängen, dass der Betreffende das Alter erreicht habe, ab dem er rechtlich in der Lage sei, diese Rechte selbst auszuüben (EuGH, a. a. O., Rn. 20). Ein Mindestalter für die Berufung auf Art. 21 I AEUV ergebe sich zudem weder positiv aus dem Wortlaut noch aus den Zielen des einschlägigen Primär- und Sekundärrechts. Schließlich scheitere ein Aufenthaltsrecht der Tochter (Z) auch nicht aus dem Grund, dass ihre Mutter (C) und nicht sie selbst über die nach dem Recht des Vereinigten Königreichs im Einklang mit Art. 1 I RL 90/364 verlangte Krankenversicherung sowie ausreichende Existenzmittel, die sicherstellten, dass sie während ihres Aufenthalts nicht die Sozialhilfe des Aufnahmemitgliedstaates in Anspruch nehmen müsse, verfüge. Nach dem Wortlaut von Art. 1 I RL 90/364 genüge es nämlich, dass die Angehörigen der Mitgliedstaaten über die erforderlichen Mittel verfügten; irgendwelche Anforderungen in Bezug auf die Herkunft dieser

Mittel enthalte diese Bestimmung nicht (EuGH, a. a. O., Rn. 30). Diese Auslegung sei umso mehr geboten, als Bestimmungen, in denen ein fundamentaler Grundsatz wie die Freizügigkeit verankert sei, weit ausgelegt werden müssten (EuGH, a. a. O., Rn. 31). Die drei angeführten Aspekte schlossen daher ein Aufenthaltsrecht der Z im Vereinigten Königreich aus Art. 21 I AEUV nicht aus.

**722.**

**Art. 1 II der damals einschlägigen, inzwischen von der Freizügigkeitsrichtlinie 2004/38/EG abgelösten RL 90/364/EWG des Rates vom 28.6.1990 über das Aufenthaltsrecht lautete:**
*„(2) Bei dem Aufenthaltsberechtigten dürfen folgende Personen ungeachtet ihrer Staatsangehörigkeit in einem anderen Mitgliedstaat Wohnung nehmen: a) sein Ehegatte sowie die Verwandten in absteigender Linie, denen Unterhalt gewährt wird; b) seine Verwandten und die Verwandten seines Ehegatten in aufsteigender Linie, denen er Unterhalt gewährt."*
**Angenommen, diese Vorschrift wäre unmittelbar wirksam gewesen, konnte C dann daraus im Hinblick auf das Aufenthaltsrecht ihrer Tochter Z aus Art. 21 I AEUV ein eigenes Aufenthaltsrecht ableiten?**

Ein Aufenthaltsrecht von Drittstaatenangehörigen wie der Chinesin C kann sich grds. nicht direkt aus Art. 21 I AEUV, sondern nur aus dem einschlägigen Sekundärrecht ergeben. Da C als Zs Mutter deren Verwandte in aufsteigender Linie ist, könnte hier Art. 1 II lit. b RL 90/364 tatbestandlich einschlägig sein. Allerdings verlangt der Tatbestand von Art. 1 II lit. b RL 90/364 auch, dass der Aufenthaltsberechtigte dem Verwandten in aufsteigender Linie Unterhalt gewährt. Hier war die Situation aber genau umgekehrt, die Verwandte in aufsteigender Linie (C) gewährte ihrer aufenthaltsberechtigten Tochter (Z) Unterhalt. Damit konnte sich aus Art. 1 II lit. b RL 90/364 kein Aufenthaltsrecht der C ergeben (EuGH, Rs. C-200/02, Slg. 2004, S. I-9925 Rn. 42–44 – *Zhu und Chen*).

**723.**

**Kann ein Aufenthaltsrecht der Mutter C, da auch sonst keine sekundärrechtliche Regelung einschlägig war, möglicherweise direkt aus Art. 21 I AEUV abgeleitet werden?**

Da C chinesische Staatsbürgerin und keine Unionsbürgerin ist, ist Art. 21 I AEUV tatbestandlich eigentlich nicht einschlägig. Der EuGH hat ein Aufenthaltsrecht der C aber dennoch mit folgender Argumentation aus Art. 21 I AEUV hergeleitet: Das Aufenthaltsrecht ihrer Tochter (Z) aus Art. 21 I AEUV würde seiner praktischen Wirksamkeit beraubt, wenn dem Elternteil mit Staatsangehörigkeit eines Drittstaates wie C nicht erlaubt würde, sich mit diesem Kind im Aufnahmemitgliedstaat aufzuhalten (EuGH, Rs. C-200/02, Slg. 2004, S. I-9925 Rn. 45 – *Zhu und Chen*). Offenkundig setze nämlich der Genuss des Aufenthaltsrechts durch ein Kleinkind voraus, dass sich die für dieses sorgende Person bei diesem aufhalten dürfe und dass es demgemäß dieser Person ermöglicht werde, während des Aufenthalts zusammen mit dem Kind im Aufnahmemitgliedstaat zu wohnen. Daher stand C aus Art. 21 I AEUV ein Aufenthaltsrecht im Vereinigten Königreich zu (vgl. EuGH, a. a. O., Rn. 46).

---

**724.**

Der Vorbehalt „der in den Verträgen und in den Durchführungsvorschriften vorgesehenen Beschränkungen und Bedingungen" in Art. 21 I AEUV umfasst auch mögliche Rechtfertigungsgründe für Eingriffe in Art. 21 I AEUV (vgl. etwa EuGH, Rs. C-33/07, Slg. 2008, S. I-5157 Rn. 21 ff. – *Jipa*). Wo sind Rechtfertigungsgründe für einen Eingriff in das Aufenthalts- und Freizügigkeitsrecht aus Art. 21 I AEUV in erster Linie geregelt?

---

In Art. 27 ff. der Freizügigkeitsrichtlinie 2004/38/EG (Richtlinie 2004/38/EG des Europäischen Parlaments und des Rates vom 29. April 2004 über das Recht der Unionsbürger und ihrer Familienangehörigen, sich im Hoheitsgebiet der Mitgliedstaaten frei zu bewegen und aufzuhalten, zur Änderung der Verordnung EWG Nr. 1612/68 und zur Aufhebung der Richtlinien 64/221/EWG, 68/360/EWG, 72/194/EWG, 73/148/EWG, 75/34/EWG, 75/35/EWG, 90/364/EWG, 90/365/EWG und 93/96/EWG). Dort werden die primärrechtlich in Art. 45 III, 52 I, 62 AEUV geregelten Rechtfertigungsgründe der öffentlichen Sicherheit, Ordnung und Gesundheit konkretisiert.

---

**725.**

Herr *Jipa* (J) verließ Rumänien am 10.9.2006, um sich in das Hoheitsgebiet des Königreichs Belgien zu begeben. Am 26.11.2006 wurde er wegen „unbefugten Aufenthalts" in diesem Mitgliedstaat gemäß dem Rückübernahme-Übereinkommen nach Rumänien zurückgeführt. Am 11.1.2007 reichte das rumänische Ministerium für Verwaltung und Inneres beim zuständigen nationalen Gericht eine Klage ein, mit der gem. Art. 38 und 39 des rumänischen Gesetzes Nr. 248/2005 eine Verfügung erwirkt werden sollte, durch die es J für einen Zeitraum von bis zu drei Jahren untersagt würde, sich nach Belgien zu begeben. Gestützt wurde die Klage allein auf den vom Königreich Belgien festgestellten „unbefugten Aufenthalt" in Belgien. Konnte sich J vor dem rumänischen Gericht auf Art. 21 I AEUV berufen, um das von Rumänien beantragte Ausreiseverbot nach Belgien zu verhindern? (Angelehnt an EuGH, Rs. C-33/07, Slg. 2008, S. I-5157 – *Jipa*)

---

Art. 21 I AEUV verpflichtet nicht nur den Zielstaat des Unionsbürgers, sondern auch dessen Heimatstaat (EuGH, a. a. O., Rn. 17). Inhaltlich umfasst das Recht auf Freizügigkeit für die Unionsbürger sowohl das Recht, *„sich in einen anderen Mitgliedstaat als ihren Herkunftsmitgliedstaat zu begeben, als auch das Recht, ihren Herkunftsmitgliedstaat zu verlassen. Wie der Gerichtshof bereits entschieden hat, wären die durch den EG-Vertrag garantierten Grundfreiheiten nämlich ihrer Substanz beraubt, wenn der*

*Herkunftsmitgliedstaat seinen eigenen Staatsangehörigen ohne stichhaltige Rechtfertigung verbieten könnte, sein Hoheitsgebiet zu verlassen, um sich in das eines anderen Mitgliedstaates zu begeben"* (EuGH, a. a. O., Rn. 18). Damit konnte sich J vor dem rumänischen Gericht gegenüber seinem Heimatstaat Rumänien grds. auf Art. 21 I AEUV berufen.

**726.**

**Könnte das vom rumänischen Staat beantragte, allein auf den vom Königreich Belgien festgestellten „unbefugten Aufenthalt" Js in Belgien gestützte Ausreiseverbot für J nach Belgien von einem Rechtfertigungsgrund gedeckt sein?**

In Betracht kommt eine Rechtfertigung aus Gründen der öffentlichen Ordnung oder Sicherheit gem. Art. 27 I RL 2004/38. Gem. Art. 27 II UA 1 S. 1 RL 2004/38 ist bei Maßnahmen aus Gründen der öffentlichen Ordnung oder Sicherheit der Grundsatz der Verhältnismäßigkeit zu wahren und darf ausschließlich das persönliche Verhalten des Betroffenen ausschlaggebend sein. Gem. Art. 27 II UA 2 RL 2004/38 muss das persönliche Verhalten eine tatsächliche, gegenwärtige und erhebliche Gefahr darstellen, die ein Grundinteresse der Gesellschaft berührt. Zudem sind vom Einzelfall losgelöste oder auf Generalprävention verweisende Begründungen nicht zulässig. Fraglich ist, ob der vom rumänischen Staat gestellte Antrag diesen Anforderungen gerecht wird.

Rumänien hat die Klage allein auf den vom Königreich Belgien festgestellten „unbefugten Aufenthalt" in Belgien gestützt. Da aber nicht feststeht, aus welchem Grund Belgien Js Aufenthalt für unbefugt erachtet hat, ist bereits unklar, ob tatsächlich ein Grund der öffentlichen Ordnung oder Sicherheit einschlägig ist. Ferner muss, wie der EuGH festgestellt hat, eine die Freizügigkeit beschränkende Maßnahme im Lichte von Erwägungen erlassen werden, *„die sich auf den Schutz der öffentlichen Ordnung oder Sicherheit des Mitgliedstaates beziehen, der die Maßnahme erlässt. Eine solche Maßnahme darf deshalb nicht ausschließlich auf Gründe gestützt sein, die ein anderer Mitgliedstaat geltend macht, um, wie im Ausgangsfall, die Entscheidung über die Entfernung eines Gemeinschaftsangehörigen aus seinem Hoheitsgebiet zu rechtfertigen, was es allerdings nicht ausschließt, dass solche Gründe im Rahmen der Beurteilung durch die nationale Behörde, die für den Erlass der die Freizügigkeit beschränkenden Maßnahme zuständig ist, berücksichtigt werden"* (EuGH, Rs. C-33/07, Slg. 2008, S. I-5157 Rn. 25 – *Jipa*). Der Umstand, dass ein Unionsbürger einer Maßnahme der Rückführung aus dem Hoheitsgebiet eines anderen Mitgliedstaates unterworfen wurde, in dem er sich unbefugt aufgehalten hatte, darf *„von seinem Herkunftsmitgliedstaat nur dann berücksichtigt werden, um sein Recht auf Freizügigkeit zu beschränken, wenn sein persönliches Verhalten eine tatsächliche, gegenwärtige und erhebliche Gefahr darstellt, die ein Grundinteresse der Gesellschaft berührt"* (EuGH, a. a. O., Rn. 26). Ein pauschales Abstellen auf den vom belgischen Staat festgestellten unbefugten Aufenthalt in Belgien ohne spezielle Beurteilung des persönlichen Verhaltens des J war daher nicht geeignet, eine in Js persönlichem Verhalten begründete tatsächliche, gegenwärtige und erhebliche Gefahr herzuleiten, die ein Grundinteresse der Gesellschaft berührt (vgl. EuGH, a. a. O., Rn. 27). Schon weil es an der erforderlichen individuellen Prüfung fehlte, war das vom rumänischen Staat beantragte Ausreise-verbot nach Belgien nicht aus Gründen der öffentlichen Ordnung oder Sicherheit gem. Art. 27 RL 2004/38 gerechtfertigt.

---

**727.**

Der deutsche Staatsangehörige *Uwe Rüffler* (R) hatte nach der Beendigung seines aktiven Erwerbslebens seinen ständigen Wohnsitz im Jahr 2005 nach Polen verlegt, wo er mit seinen beiden aus Deutschland bezogenen Renten, einer Betriebs- und einer Erwerbsminderungsrente, unbeschränkt einkommen-steuerpflichtig war. Allerdings konnte R seine auf eine der Renten in Deutsch-land gezahlten Krankenversicherungsbeiträge im Rahmen der Einkommensteu-er nicht steuerreduzierend geltend machen, da dies nach polnischem Recht nur für Beiträge an einen polnischen Krankenversicherungsträger möglich war. Beeinträchtigte diese Regelung R in seinen Rechten aus Art. 21 I AEUV? (Angelehnt an EuGH, Rs. C-544/07, Slg. 2009, S. I-3389 – *Rüffler*)

---

Die polnische Regelung beeinträchtigt R, dem die Rechte aus Art. 21 I AEUV als deutschem Staatsbürger und damit Unionsbürger (Art. 20 I 2 AEUV) zustehen, unmittelbar weder in seiner Freizügigkeit noch in seinem Aufenthaltsrecht. Im Lichte des *effet utile* von Art. 21 I AEUV erfasst diese Regelung jedoch nicht nur unmittelbare (offensichtliche) Beeinträchtigungen von Freizügigkeit und Aufenthaltsrecht, sondern alle nationalen Regelungen, die sich auf die Freizügigkeit auswirken oder zumindest potenziell auswirken können. Eine solche liegt jedenfalls dann vor, wenn eine Un-gleichbehandlung gegeben ist, die an die Nutzung der Möglichkeiten des Art. 21 I AEUV anknüpft. Die Erleichterungen des Art. 21 I AEUV „*könnten nämlich ihre volle Wirkung nicht entfalten, wenn ein Staatsangehöriger eines Mitgliedstaates von ihrer Wahrnehmung durch Hindernisse abgehalten werden könnte, die seinem Aufenthalt im Aufnahmemitgliedstaat infolge einer nationalen Regelung entgegenstehen, die Nachteile daran knüpft, dass er von ihnen Gebrauch gemacht hat [...]*" (EuGH, Rs. C-544/07, Slg. 2009, S. I-3389 Rn. 65 – *Rüffler*). Die polnische Regelung, die die Gewährung einer Steuervergünstigung aufgrund der Krankenversicherungsbeiträge an die Bedingung knüpft, dass diese an einen polnischen Versicherungsträger gezahlt worden sind, führt dazu, dass die Vergünstigung Steuerpflichtigen, die Beiträge an einen Träger eines anderen Mitgliedstaates entrichtet haben, verwehrt wird. Sie benachteiligt somit Steuerpflichtige, die wie R ihr Recht auf Freizügigkeit wahrgenommen haben, indem sie den Mitgliedstaat, in dem sie ihr Berufsleben verbracht haben, verlassen haben, um sich in Polen niederzulassen (EuGH, a. a. O., Rn. 72). Sie ist damit geeignet, sich auf die Freizügigkeit auszuwirken und unterfällt folglich Art. 21 I AEUV. Die polnische Regelung beeinträchtigt R daher in seinen Rechten aus Art. 21 I AEUV.

---

**728.**

Das vorlegende Gericht hatte dem EuGH in diesem Fall u. a. die Frage gestellt, „*ob der Umstand, dass Steuerpflichtige, die ihre Beiträge zur gesetzli-chen Krankenversicherung bei ausländischen Trägern entrichten, nicht zur*

> *Finanzierung des polnischen Krankenversicherungssystems beitragen, da der ausländische Träger dem Nationalen Gesundheitsfonds der Republik Polen nur die Kosten für Leistungen erstattet, d. h. übernimmt, die diesen Steuerpflichtigen in Polen tatsächlich erbracht worden sind, möglicherweise eine hinreichende objektive Rechtfertigung für die steuerliche Ungleichbehandlung darstellt"* (EuGH, Rs. C-544/07, Slg. 2009, S. I-3389 Rn. 77 – *Rüffler).* Welche dogmatische Frage hat das vorlegende Gericht hier angesprochen?

Eine mögliche Rechtfertigung des Eingriffs in Art. 21 I AEUV aus „objektiven Erwägungen". Im Bereich der nicht unmittelbaren, sonstigen Beeinträchtigungen der Freizügigkeit lässt der Gerichtshof der EU eine **Rechtfertigung aus „objektiven Erwägungen" zu, soweit eine Ungleichbehandlung vorliegt,** also Personen, welche die Freizügigkeit ausgeübt haben oder dies tun wollen, schlechter gestellt werden als Bürger, die diese Rechte nicht ausgeübt haben. Die Rechtfertigung muss auf objektiven, von der Staatsangehörigkeit der Betroffenen unabhängigen Erwägungen beruhen, die in einem angemessenen Verhältnis zu dem mit dem nationalen Recht verfolgten berechtigten Zweck stehen (vgl. etwa EuGH, Rs. C-224/02, Slg. 2004, S. I-5763 Rn. 20 – *Pusa).* Handelt es sich hingegen um einen Fall, in dem **keine Ungleichbehandlung** vorliegt, also lediglich das Beschränkungsverbot greift, stützt der Gerichtshof die Rechtfertigung auf **„Erwägungen des Gemeinwohls".** In beiden Fällen handelt es sich um einen offenen, auch die öffentliche Ordnung umfassenden Katalog an Rechtfertigungsgründen (näher dazu: *Haratsch/Koenig/Pechstein,* Rn. 753). Da die polnische Regelung Personen, welche wie R die Freizügigkeit ausgeübt haben, schlechterstellt als Bürger, die diese Rechte nicht ausgeübt haben, lag eine Ungleichbehandlung vor, so dass im vorliegenden Fall eine Rechtfertigung aus objektiven Erwägungen in Betracht kam. Im Ergebnis lehnte der EuGH das Eingreifen dieses Rechtfertigungsgrundes allerdings ab (vgl. EuGH, Rs. C-544/07, Slg. 2009, S. I-3389 Rn. 78 ff. – *Rüffler).*

**729.**

Die Belgierin *Marie-Nathalie D'Hoop* (D) kehrte, nachdem sie in Frankreich das Abitur abgelegt hatte, nach Belgien zurück und begann dort mit dem Studium. Nach dessen Abschluss beantragte sie ein „Überbrückungsgeld" für Schulabgänger, die sich um eine erste Anstellung bewerben. Das Überbrückungsgeld wurde D allerdings verwehrt, da es nach der gesetzlichen Regelung nur Personen zustand, die ihr Abitur in Belgien erworben hatten. Greift dies in Art. 21 I AEUV ein? (Angelehnt an EuGH, Rs. C-224/98, Slg. 2002, S. I-6191 – *D'Hoop*)

Als Belgierin ist D gem. Art. 20 I 2 AEUV Unionsbürgerin, so dass der persönliche Anwendungsbereich von Art. 21 I AEUV eröffnet ist. In sachlicher Hinsicht betrifft die belgische Regelung, nach der das Überbrückungsgeld nur Personen gewährt wird, die ihr Abitur in Belgien erworben haben, die Freizügigkeit und das Aufenthaltsrecht aus Art. 21 I AEUV nicht unmittelbar. Allerdings erfasst Art. 21 I AEUV nach dem oben Gesagten im Lichte des *effet utile* über die unmittelbaren Beeinträchtigungen hinaus alle nationalen Regelungen, die sich auf die Freizügigkeit auswirken oder zumindest potenziell auswirken können. Mit dem Recht auf Freizügigkeit ist danach jedenfalls eine Ungleichbehandlung in dem Sinne unvereinbar, dass ein Unions-bürger von einem Mitgliedstaat weniger günstig behandelt wird, weil er von den Möglichkeiten des Art. 21 I AEUV Gebrauch gemacht hat (vgl. EuGH, a. a. O., Rn. 30). Vorliegend führt die belgische Regelung zu *„einer Ungleichbehandlung von belgischen Staatsangehörigen nach Maßgabe dessen, ob sie ihre gesamte Schulbildung in Belgien erhalten oder von ihrem Recht auf Freizügigkeit Gebrauch gemacht und ihr Schulabschlusszeugnis in einem anderen Mitgliedstaat erworben haben"* (EuGH, a. a. O., Rn. 33). Damit liegt ein Eingriff in Art. 21 I AEUV vor.

## 730.

### War der Eingriff gerechtfertigt?

Da hier eine Ungleichbehandlung aufgrund der Nutzung der Möglichkeiten des Art. 21 I AEUV vorliegt, ist der Eingriff in Art. 21 I AEUV nach dem oben Gesagten gerechtfertigt, wenn er *„auf objektiven, von der Staatsangehörigkeit der Betroffenen unabhängigen Erwägungen beruhte und in einem angemessenen Verhältnis zu einem legitimen Zweck stünde, der mit den nationalen Rechtsvorschriften verfolgt würde"* (vgl. EuGH, Rs. C-224/98, Slg. 2002, S. I-6191 Rn. 36 – *D'Hoop*). Als einen solchen legitimen Zweck hat der EuGH im Lichte des Zwecks des Über-brückungsgeldes anerkannt, *„sich eines tatsächlichen Zusammenhangs zwischen demjenigen, der Überbrückungsgeld beantragt, und dem betroffenen räumlichen Arbeitsmarkt vergewissern zu wollen"* (EuGH, a. a. O., Rn. 38). Zwar war damit eine objektive Erwägung, wie sie der EuGH verlangt, grds. einschlägig. Jedoch scheiterte eine Rechtfertigung – wie dies oft der Fall ist – an der Verhältnismäßigkeit: *„Ausschließlich auf den Ort der Erlangung des Schulabgangszeugnisses abzustellen, ist jedoch zu allgemein und einseitig. Eine solche Bedingung misst nämlich einem Gesichtspunkt unangemessen hohe Bedeutung bei, der nicht zwangsläufig für den tatsächlichen und effektiven Grad der Verbundenheit des Antragstellers mit dem räumlichen Arbeitsmarkt repräsentativ ist, und schließt jeden anderen repräsentativen Gesichtspunkt aus. Sie geht damit über das zur Erreichung des verfolgten Ziels Erforderliche hinaus"* (EuGH, a. a. O., Rn. 39). Der Eingriff in Art. 21 I AEUV war daher nicht gerechtfertigt.

## 731.

Nachdem die deutsche Staatsangehörige *Rhiannon Morgan* (M) nach ihrem Abitur in Deutschland ein Au-pair-Jahr im Vereinigten Königreich verbracht hatte, begann sie in Bristol ein Studium der Genetik. Dafür beantragte sie bei der Bezirksregierung Köln BAföG und wies dabei darauf hin, dass in Deutsch-land das Studienfach Genetik nicht angeboten werde. Ms Antrag wurde jedoch mit Hinweis darauf abgelehnt, dass § 5 II BAföG a. F. Auslands-BAföG u. a. nur dann vorsah, wenn zuvor mindestens ein Jahr in Deutschland studiert worden war. Verstieß die Ablehnung gegen Art. 21 I AEUV? (Ange-

lehnt an EuGH, verb. Rs. C-11/06 und C-12/06, Slg. 2007, S. I-9161 –
*Morgan)*

Für die deutsche Staatsangehörige und damit Unionsbürgerin M (Art. 20 I 2 AEUV)
war der persönliche Anwendungsbereich von Art. 21 I AEUV eröffnet. Fraglich war,
ob auch der sachliche Anwendungsbereich eröffnet war, lag doch kein unmittelbarer
Eingriff in die Freizügigkeit oder das Aufenthaltsrecht vor. Allerdings erfasst Art. 21
I AEUV im Lichte des *effet utile* – wie gesehen – alle nationalen Regelungen, die sich
auf die Freizügigkeit gem. Art. 21 I AEUV auswirken oder zumindest potenziell
auswirken können.

### 732.

**Lag im *Morgan*-Fall ähnlich wie im *D'Hoop*-Fall eine Ungleichbehandlung
aus dem Grund vor, dass M sich der Möglichkeiten des Art. 21 I AEUV
bedient hatte?**

Auf den ersten Blick scheint dies nahezuliegen, da man argumentieren könnte, dass
M hier aus dem Grund, dass sie besonders früh mit dem Studium im EU-Ausland
begonnen hat, also nicht zunächst mindestens ein Jahr in Deutschland studiert
hatte, kein Auslands-BAföG erhielt. Tatsächlich war eine Ungleichbehandlung aber
sehr fraglich, da als Vergleichsmaßstab nur das Inlands-BAföG in Betracht kam, die
Vergleichbarkeit der Leistung aber grds. zweifelhaft war (instruktiv: *Pechstein*, Entscheidungen, Nr. 137, S. 395). Dies mag dazu beigetragen haben, dass der EuGH
vorliegend keine Ungleichbehandlung geprüft hat, sondern vielmehr eine gleich-
heitsneutrale Beeinträchtigung der Freizügigkeit im Sinne eines Beschränkungsverbots.

### 733.

**Lag ein Verstoß gegen das Beschränkungsverbot vor?**

Der EuGH hat insoweit ausgeführt, dass ein Mitgliedstaat, *„wenn er ein Ausbildungs-
förderungssystem vorsieht, wonach Auszubildende bei einer Ausbildung in einem anderen
Mitgliedstaat eine Ausbildungsförderung in Anspruch nehmen können, dafür Sorge zu
tragen [hat], dass die Modalitäten der Bewilligung dieser Förderung das Recht, sich im
Hoheitsgebiet der Mitgliedstaaten frei zu bewegen und aufzuhalten, nicht ungerechtfertigt
beschränken"* (EuGH, verb. Rs. C-11/06 und C-12/06, Slg. 2007, S. I-9161 Rn. 28
– *Morgan*). Sodann stellte der EuGH fest, dass die Regelung in § 5 II BAföG a. F.
*„wegen der persönlichen Unannehmlichkeiten, zusätzlichen Kosten und etwaigen Ver-
zögerungen, die sie mit sich bringt, geeignet [war], Unionsbürger davon abzuhalten, die
Bundesrepublik Deutschland zu verlassen, um einer Ausbildung in einem anderen Mitgliedstaat nachzugehen und damit von ihrem durch Art. 18 Abs. 1 EG [Art. 21 I
AEUV] verliehenen Recht Gebrauch zu machen, sich in diesem Mitgliedstaat frei zu
bewegen und aufzuhalten"* (EuGH, a. a. O., Rn. 30). Insbes. sei die Voraussetzung,

dass ein Auszubildender ein Jahr lang eine Ausbildungsstätte in Deutschland be-suchen müsse, bevor er Ausbildungsförderung für eine Ausbildung in einem anderen Mitgliedstaat erhalten könne, geeignet, ihn davon abzuhalten, sich dann in einen anderen Mitgliedstaat zu begeben, um seine Ausbildung fortzusetzen (EuGH, a. a. O., Rn. 31). Danach verstieß die Regelung des § 5 II BAföG a. F. gegen das Beschränkungsverbot.

**734.**

Sodann prüfte der EuGH eine Rechtfertigung des Eingriffs. Dabei verwendete er damals noch die Formel, die er heute (nur) noch für Fälle der Ungleichbe-handlung heranzieht: Danach sei die Regelung gerechtfertigt, wenn sie auf objektiven, von der Staatsangehörigkeit der Betroffenen unabhängigen Erwä-gungen des Allgemeininteresses beruhe und in angemessenem Verhältnis zu dem mit dem nationalen Recht legitimerweise verfolgten Zweck stehe. Heute würde der EuGH – wie oben ausgeführt – in Fällen, in denen keine Ungleich-behandlung vorliegt, statt auf objektive Erwägungen auf „Erwägungen des Gemeinwohls" abstellen. Auf welche objektiven Erwägungen oder Erwägun-gen des Gemeinwohls könnte der deutsche Staat die Regelung des § 5 II BAföG a. F. möglicherweise gestützt haben?

Zum Ersten darauf, dass die Regelung bezwecke, es den Auszubildenden zu ermögli-chen, ihren Willen unter Beweis zu stellen, ihre Ausbildung erfolgreich und zügig zu absolvieren und zum Abschluss zu bringen (vgl. EuGH, verb. Rs. C-11/06 und C-12/06, Slg. 2007, S. I-9161 Rn. 35 – *Morgan).*

**735.**

Der EuGH hat in diesem Zusammenhang „*das Bestreben, sicherzustellen, dass die Studierenden ihr Studium rasch abschließen, was u. a. zum finanziellen Gleichgewicht des Bildungssystems des betreffenden Mitgliedstaates beiträgt",* grds. als legitimen Zweck im Rahmen der Organisation eines solchen Systems und damit als objektive Erwägung akzeptiert (EuGH, verb. Rs. C-11/06 und C-12/06, Slg. 2007, S. I-9161 Rn. 36 – *Morgan).* War die Regelung des § 5 II BAföG a. F. insoweit auch verhältnismäßig?

Verhältnismäßigkeit setzt zunächst Geeignetheit der Regelung zur Verfolgung des legitimen Zwecks voraus (vgl. EuGH, a. a. O., Rn. 33). Wie der EuGH festgestellt hat, war die Regelung des § 5 II BAföG a. F. schon nicht geeignet, sicherzustellen, dass Studierende ihr Studium rasch abschließen (vgl. EuGH, a. a. O., Rn. 36). So hätte sie bspw. im vorliegenden Fall M im Gegenteil dazu gezwungen, zunächst zusätzlich mindestens ein Jahr in Deutschland zu studieren, um dann Auslands-BAföG erhalten zu können.

**736.**

Zweitens führte die deutsche Regierung aus, das Erfordernis einer ersten Ausbildungsphase solle die Studierenden in die Lage versetzen, zu prüfen, ob sie für ihr Studium „die richtige Wahl" getroffen hätten (EuGH, verb. Rs. C-11/06 und C-12/06, Slg. 2007, S. I-9161 Rn. 37 – *Morgan).* Ließ sich der Eingriff in Art. 21 I AEUV mit dieser Begründung rechtfertigen?

Der EuGH hat im Rahmen der Verhältnismäßigkeitsprüfung insofern wiederum bereits die Eignung der Regelung zur Erreichung des genannten Zwecks in Frage gestellt: So sei das Erfordernis einer mindestens einjährigen Ausbildungszeit in Deutschland im Gegenteil sogar geeignet, Studierende davon abzuhalten, *„von der ursprünglich gewählten Ausbildung Abstand zu nehmen, wenn sie die einmal getroffene Wahl nicht mehr für die richtige halten und sie ihre Ausbildung in einem anderen Mitgliedstaat als der Bundesrepublik Deutschland absolvieren möchten"* (EuGH, a. a. O., Rn. 38). Zudem würden in Fällen, in denen es um Ausbildungsgänge gehe, für die es – wie im Falle von M – in Deutschland keine Entsprechung gebe, die betroffenen Studierenden durch das Fortsetzungserfordernis gezwungen, *„zwischen dem völligen Verzicht auf die Ausbildung, der sie in einem anderen Mitgliedstaat nachgehen wollten, und dem völligen Verlust der Ausbildungsförderung zu wählen. Dieses Erfordernis kann somit nicht als dem Ziel **angemessen** angesehen werden, den betroffenen Studierenden eine wohlerwogene Wahl der Ausbildung zu erleichtern, die sie absolvieren möchten"* (EuGH, a. a. O., Rn. 39). Auch für die Verfolgung dieses Zwecks war die Regelung also unverhältnismäßig. Der Eingriff ließ sich nicht mit dieser Begründung rechtfertigen.

**737.**

Schließlich wurde vor dem EuGH argumentiert, dass eine Beschränkung, wie sie sich aus der Erfüllung des Erfordernisses einer ersten Ausbildungsphase ergebe, durch das Interesse daran gerechtfertigt sein könne, *„zu verhindern, dass die Ausbildungsförderung, die für ein vollständig in einem anderen Mitgliedstaat als dem Herkunftsmitgliedstaat absolviertes Studium geleistet werde, zu einer übermäßigen Belastung werde, die zu einer generellen Herabsetzung des Gesamtniveaus der im Herkunftsmitgliedstaat als Ausbildungsförderung gewährten Leistungen führen könnte"* (EuGH, verb. Rs. C-11/06 und C-12/06, Slg. 2007, S. I-9161 Rn. 42 – *Morgan).* In diesem Zusammenhang wurde a. a. O. auch darauf hingewiesen, dass es legitim sei, *„dass ein Mitgliedstaat auf dem Gebiet der Gewährung von Ausbildungsförderung sicherstelle, dass die betreffenden Studierenden sowohl seiner Gesellschaft im Allgemeinen als auch seinem Bildungssystem angehörten."* Können diese Aspekte den Eingriff in Art. 21 I AEUV rechtfertigen?

Der EuGH hat es grds. als legitim anerkannt, dass ein Mitgliedstaat, *„um zu verhindern, dass die Gewährung von Beihilfen zur Deckung des Unterhalts von Studenten aus anderen Mitgliedstaaten zu einer übermäßigen Belastung wird, die Auswirkungen* *auf das gesamte Niveau der Beihilfe haben könnte, die dieser Staat gewähren kann, solche Beihilfen nur Studenten gewährt, die nachgewiesen haben, dass sie sich bis zu einem gewissen Grad in die Gesellschaft dieses Staates integriert haben"* (EuGH, a. a. O., Rn. 43). Das konkrete Erfordernis aus § 5 II BAföG a. F. hält der EuGH im Rahmen der Verhältnismäßigkeitsprüfung dann aber für nicht erforderlich, um den Zweck zu erreichen: So sei *„ein ausreichender Grad gesellschaftlicher Integration, den ein Mitgliedstaat legitimerweise verlangen kann"*, im vorliegenden Fall bereits deshalb als nachgewiesen anzusehen, weil M in Deutschland aufgewachsen sei und dort ihre Schulzeit verbracht habe (EuGH, a. a. O., Rn. 45). Daher sei das Erfordernis, nach dem zunächst ein mindestens einjähriger Studienabschnitt im Herkunftsmitgliedstaat zurückgelegt worden sein muss, insoweit zu allgemein und einseitig. Es messe nämlich einem Gesichtspunkt unangemessen hohe Bedeutung bei, der nicht notwendig für den Grad der Integration in die Gesellschaft dieses Mitgliedstaates zum Zeitpunkt der BAföG-Beantragung repräsentativ sei. Dieses Erfordernis gehe damit über das zur Erreichung des verfolgten Ziels Erforderliche hinaus und könne nicht als verhältnismäßig angesehen werden (EuGH, a. a. O., Rn. 46). Auch diese Aspekte können den Eingriff in Art. 21 I AEUV daher nicht rechtfertigen.

### c) Kommunalwahlrecht (Art. 22 I AEUV)

**738.**

Der liechtensteinische Staatsbürger L hat seit sieben Jahren seinen Wohnsitz in Frankfurt a. M., wo er für eine Bank arbeitet. Hat L einen Anspruch aus Art. 22 I AEUV, an der Wahl des Frankfurter Oberbürgermeisters teilzunehmen?

Art. 22 I AEUV räumt jedem Unionsbürger mit Wohnsitz in einem Mitgliedstaat, dessen Staatsangehörigkeit er nicht besitzt, das aktive und passive Wahlrecht bei Kommunalwahlen ein. Zwar möchte L hier in einem Mitgliedstaat, dessen Staatsangehörigkeit er nicht besitzt, das aktive Wahlrecht bei einer Kommunalwahl ausüben. Jedoch müsste er auch Unionsbürger sein. Unionsbürger ist gem. Art. 20 I 2 AEUV, wer die Staatsangehörigkeit eines Mitgliedstaates besitzt. Da Liechtenstein nicht Mitglied der EU ist und keine Informationen vorliegen, dass L eine weitere Staatsangehörigkeit besitzt, ist er kein Unionsbürger und kann daher nicht aus Art. 22 I AEUV einen Anspruch auf Teilnahme an der Oberbürgermeisterwahl in Frankfurt a. M. ableiten.

**739.**

Der deutsche Rechtswissenschaftler R hat seinen Wohnsitz seit Längerem in Helsinki. Da R stets mit dem Fahrrad zur Arbeit fährt, möchte er gerne an einem kommunalen Referendum teilnehmen, in dessen Rahmen darüber entschieden werden soll, ob bestimmte Straßen in der Innenstadt von Helsinki in Fahrradstraßen umgewandelt werden. Hat R einen Anspruch aus Art. 22 I AEUV auf Teilnahme am Referendum?

Zwar ist R als Deutscher gem. Art. 20 I 2 AEUV Unionsbürger und hat seinen Wohnsitz in Helsinki und damit in Finnland, als einem Mitgliedstaat, dessen Staatsangehörigkeit er nicht besitzt. Jedoch gewährt Art. 22 I AEUV nur das aktive und passive „Wahlrecht" bei „Kommunalwahlen". Abstimmungen über Sachfragen sind davon nach h. M. nicht erfasst (*Magiera,* in: Streinz, EUV/AEUV, Art. 22 AEUV Rn. 18 m. w. Nw.). Ob Unionsbürger an kommunalen Abstimmungen über Sachfragen teilnehmen dürfen, bleibt damit dem innerstaatlichen Recht überlassen. Aus Art. 22 I AEUV ergibt sich kein entsprechender Anspruch.

**740.**

**Das Kommunalwahlrecht aus Art. 22 I 1 AEUV wird gem. Art. 22 I 2 AEUV vorbehaltlich der Einzelheiten ausgeübt, die vom Rat einstimmig gemäß einem besonderen Gesetzgebungsverfahren und nach Anhörung des Europäischen Parlaments festgelegt werden. Wo finden sich diese Einzelheiten?**

In der Kommunalwahl-Richtlinie 94/80/EG des Rates vom 19.12.1994 über die Einzelheiten der Ausübung des aktiven und passiven Wahlrechts bei den Kommunalwahlen für Unionsbürger mit Wohnsitz in einem Mitgliedstaat, dessen Staatsangehörigkeit sie nicht besitzen (ABl. EG 1994 Nr. L 368, S. 38, zuletzt geändert durch Durchführungsbeschluss der Kommission 2012/412/EU, ABl. EU 2012 Nr. L 192, S. 29). Kern der Kommunalwahl-Richtlinie ist das Kapitel über die Ausübung des aktiven und passiven Wahlrechts (Art. 7 ff.).

**741.**

**Ist das Kommunalwahlrecht von Unionsbürgern in Deutschland nicht im Lichte von Art. 20 II 1 GG problematisch, nach dem alle Staatsgewalt vom Volke ausgeht?**

Da auch auf kommunaler Ebene Hoheitsgewalt ausgeübt wird und nach dem Homogenitätsgebot aus Art. 28 I 1 und 2 GG die verfassungsmäßige Ordnung in den Ländern, in welche die Kommunen eingegliedert sind, den Grundsätzen des demokratischen Rechtsstaates i. S. d. Grundgesetzes entsprechen muss, könnte die Teilnahme von Unionsbürgern an Kommunalwahlen in Deutschland in der Tat im Lichte von Art. 28 I 1 und 2, Art. 20 II 2 GG problematisch sein. Auch die von den Kommunen in den Ländern ausgeübte Hoheitsgewalt muss grds. vom Staatsvolk der Bundesrepublik Deutschland ausgehen (BVerfGE 83, 37/53). Dieses wird von den deutschen Staatsangehörigen und den ihnen nach Art. 116 I GG gleichgestellten Personen gebildet (BVerfGE 83, 37/51). Um das hieraus resultierende verfassungsrechtliche Problem zu lösen, wurde daher die Spezialregelung des Art. 28 I 3 GG in das Grundgesetz eingefügt, nach der bei Wahlen in Kreisen und Gemeinden auch Personen, die die Staatsangehörigkeit eines Mitgliedstaates der EG (jetzt EU) besitzen, „nach Maßgabe von Recht der EG wahlberechtigt und wählbar" sind.

**d) Wahlrecht zum Europäischen Parlament (Art. 22 II AEUV)**

**742.**

Der aus Fall Nr. 739 bekannte deutsche Rechtswissenschaftler R befindet sich auch während der nächsten Wahlen zum Europäischen Parlament in Helsinki. Darf R in Helsinki an der Wahl teilnehmen?

Ja, als Unionsbürger mit Wohnsitz in Finnland, als einem Mitgliedstaat, dessen Staatsangehörigkeit er nicht besitzt, hat R in Finnland, als dem Mitgliedstaat, in dem er seinen Wohnsitz hat, gem. Art. 22 II AEUV das aktive und passive Wahlrecht bei den Wahlen zum Europäischen Parlament.

**743.**

Wählt R in diesem Fall auf das deutsche oder das finnische „Kontingent" an Abgeordneten?

Die Anwendung des Art. 22 II AEUV führt dazu, dass D als deutscher Staatsangehöriger auf das finnische „Kontingent" an Abgeordneten des Europäischen Parlaments wählt.

**744.**

Auch das Wahlrecht zum Europäischen Parlament gem. Art. 22 II AEUV steht unter dem Vorbehalt eines vom Rat einstimmig gemäß einem besonderen Gesetzgebungsverfahren und nach Anhörung des Europäischen Parlaments zu erlassenden Sekundärrechtsakts. Welcher Sekundärrechtsakt enthält die entsprechenden Regelungen?

Die Modalitäten und Einzelheiten der Ausübung des aktiven und passiven Wahlrechts bei den Wahlen zum Europäischen Parlament für Unionsbürger mit Wohnsitz in einem Mitgliedstaat, dessen Staatsangehörigkeit sie nicht besitzen, sind in Richtlinie 93/109/EG des Rates vom 6.12.1993 (ABl. EG 1993, Nr. L 329, S. 34) geregelt.

**e) Diplomatischer und konsularischer Schutz (Art. 23 AEUV)**

**745.**

Dem deutschen Ethnologiestudierenden E, der die kürzlich eingetretene politische Öffnung Myanmars für eine erste Reise in dieses ihn seit Langem faszinierende Land nutzt, wird am 3.10.2013 in Rangun die Brieftasche mit Ausweisen, Bank- und Kreditkarten sowie sämtlichem Bargeld entwendet. Da die deutsche Botschaft wegen des Tags der Deutschen Einheit bis zum 4. Oktober geschlossen ist, wendet sich E mit der Bitte um Hilfe an die am

**3. Oktober geöffnete Botschaft des Vereinigten Königreichs. Steht E ein Anspruch aus Art. 23 I AEUV auf konsularischen Schutz durch die Botschaft des Vereinigten Königreichs zu?**

Aufgrund seiner deutschen Staatsangehörigkeit ist E gem. Art. 20 I 2 AEUV Unionsbürger. Er genießt daher gem. Art. 23 I 1 AEUV im Hoheitsgebiet eines dritten Landes, in dem der Mitgliedstaat, dessen Staatsangehörigkeit er besitzt, nicht vertreten ist, den diplomatischen und konsularischen Schutz eines jeden Mitgliedstaates unter denselben Bedingungen wie Staatsangehörige dieses Staats. Fraglich ist, ob Myanmar ein Land ist, in dem der Mitgliedstaat, dessen Staatsangehörigkeit E besitzt, nicht vertreten ist. Die Bundesrepublik Deutschland, als der Mitgliedstaat, dessen Staatsangehörigkeit E besitzt, ist mit einer Botschaft in Rangun vertreten. Fraglich ist, ob der Anspruch aus Art. 23 I 1 AEUV vorliegend dessen ungeachtet aus dem Grund eingreift, dass die deutsche Botschaft wegen des Nationalfeiertags geschlossen ist. Im Lichte des Regelungszwecks von Art. 23 I 1 AEUV lässt sich eine Anwendbarkeit der Norm auch dann bejahen, wenn der Heimatstaat des Hilfesuchenden zwar grds. in dem Drittstaat vertreten ist, er den diplomatischen oder konsularischen Schutz aber nicht wirksam ausüben kann, weil seine Vertretung nicht funktionsfähig oder nicht rechtzeitig erreichbar ist (vgl. *Magiera*, in: Streinz, EUV/AEUV, Art. 23 AEUV Rn. 9). Bei einer temporären Nichterreichbarkeit der Vertretung des Heimatstaates muss der Hilfeanspruch dann allerdings grds. auf dasjenige begrenzt sein, was zur Überbrückung des Zeitraums erforderlich ist, bis die Vertretung des Heimatstaates wieder erreichbar ist. E steht daher ein Anspruch aus Art. 23 I AEUV auf konsularischen Schutz durch die Botschaft des Vereinigten Königreichs zu, der aber inhaltlich auf dasjenige begrenzt ist, was nötig ist, um den Zeitraum bis zur Öffnung der deutschen Botschaft am 4. Oktober zu überbrücken.

**746.**

**Angenommen, in einem Drittstaat, in dem der Heimatstaat des Hilfesuchenden nicht vertreten ist, besteht eine Vertretung der EU. Hat der Hilfesuchende aus Art. 23 I AEUV einen Anspruch auf diplomatischen und konsularischen Schutz in dem Drittstaat durch die Vertretung der EU?**

Nein, nach dem eindeutigen Wortlaut des Art. 23 I 1 AEUV richtet sich der Anspruch nur gegen die Mitgliedstaaten, nicht gegen die EU (vgl. *Hatje*, in: Schwarze, EU-Kommentar, Art. 23 AEUV Rn. 6 m. w. Nw.).

**747.**

**Welchen Hintergrund hat die Regelung des Art. 23 I 2 AEUV?**

Art. 23 I 1 AEUV regelt nur den Anspruch des Unionsbürgers auf diplomatischen und konsularischen Schutz durch einen anderen Mitgliedstaat. Damit ist noch nicht geklärt, dass der andere Mitgliedstaat auch völkerrechtlich befugt ist, dem hilfesuchenden Staatsangehörigen eines anderen Mitgliedstaates diplomatischen und konsularischen Schutz im Aufenthaltsstaat zu gewähren. Wie der IGH im *Nottebohm*-Fall festgestellt hat (ICJ Reports 1955, S. 4/23), hat ein Staat nach allgemeinem Völkerrecht kein Recht, auch Angehörige eines anderen Staates diplomatisch und konsularisch gegenüber dem Aufenthaltsstaat zu schützen. Art. 23 I 2 AEUV verpflichtet die Mitgliedstaaten vor diesem Hintergrund, die erforderlichen Verhandlungen einzuleiten, um z. B. auf völkervertraglichem Wege von Drittstaaten, als Aufenthaltsstaaten, das Einverständnis zur Wahrnehmung des konsularischen und diplomatischen Schutzes auch für die Angehörigen anderer Mitgliedstaaten zu erlangen.

### f) Bürgerinitiative (Art. 11 IV EUV, Art. 24 I AEUV)

**748.**

**Wie viele Unionsbürger müssen mindestens zusammenwirken, um eine Bürgerinitiative gem. Art. 11 IV EUV, Art. 24 I AEUV zu ergreifen?**

Gem. Art. 11 IV UA 1 EUV mindestens eine Million.

**749.**

**Können eine Million Deutsche eine Bürgerinitiative gem. Art. 11 IV EUV, Art. 24 I AEUV einleiten?**

Nein, es muss sich gem. Art. 11 IV UA 1 S. 1 um Staatsangehörige „einer erheblichen Anzahl von Mitgliedstaaten handeln".

**750.**

**Wo ist geregelt, was eine „erhebliche Anzahl von Mitgliedstaaten" ist?**

Die Details der europäischen Bürgerinitiative sind in VO Nr. 211/2011 des Europäischen Parlaments und des Rates vom 16.2.2011 (ABl. EU 2011 Nr. L 65, S. 1) geregelt. Gem. Art. 7 I VO Nr. 211/2011 müssen die Unterzeichner einer Bürgerinitiative aus mindestens einem Viertel der Mitgliedstaaten stammen.

**751.**

**Die eine Million Deutsche, die eine Bürgerinitiative gem. Art. 11 IV EUV, Art. 24 I AEUV einleiten möchten, suchen sich einen Franzosen, einen Spanier, einen Niederländer, einen Finnen, einen Polen, einen Luxemburger und einen Malteser, die gerade in Deutschland studieren, und überzeugen sie, die Bürgerinitiative ebenfalls zu unterzeichnen. Handelt es sich jetzt um Staatsangehörige „einer erheblichen Anzahl von Mitgliedstaaten"?**

Nein, zwar ist jetzt auf den ersten Blick ein Viertel der derzeit 28 Mitgliedstaaten vertreten. Allerdings muss eine Mindestzahl von Staatsangehörigen eines Mitgliedstaates mitwirken, damit dieser Mitgliedstaat i. S. d. Art. 11 IV EUV zählt. Gem. Art. 7 II S. 1 VO Nr. 211/2011 müssen in mindestens einem Viertel der Mitgliedstaaten die Unterzeichner zumindest die zum Zeitpunkt der Registrierung der geplanten Bürgerinitiative in Anhang I zu VO Nr. 211/2011 genannte Mindestzahl an Bürgern umfassen. Diese Mindestzahlen entsprechen gem. Art. 7 II S. 2 VO Nr. 211/2011 der Anzahl der im jeweiligen Mitgliedstaat gewählten Mitglieder des Europäischen Parlaments, multipliziert mit 750. Wenn an der Bürgerinitiative daher neben einer Million Deutscher lediglich jeweils ein Franzose, Spanier, Niederländer, Finne, Pole, Luxemburger und Malteser mitwirken, wird dies den Anforderungen des Art. 7 II VO Nr. 211/2011 nicht gerecht. Es wirken nicht Staatsangehörige „einer erheblichen Anzahl von Mitgliedstaaten" i. S. d. Art. 11 IV UA 1 EUV an der Bürgerinitiative mit.

## 752.

### Welche Wirkung hat eine erfolgreiche Bürgerinitiative?

Sie wirkt als Aufforderung an die Kommission, im Rahmen ihrer Befugnisse geeignete Vorschläge zu Themen zu unterbreiten, zu denen es nach Ansicht der beteiligten Unionsbürgerinnen und -bürger eines Rechtsakts der Union bedarf, um die Verträge umzusetzen (Art. 11 IV UA 1 EUV).

## 753.

### Wie kann die Kommission auf eine erfolgreiche Bürgerinitiative reagieren?

Die Kommission kann ähnlich wie bei einer Aufforderung durch das Europäische Parlament, die Initiative zur Rechtsetzung zu ergreifen, entweder der Bürgerinitiative folgen und einen entsprechenden Rechtsetzungsvorschlag vorlegen oder sich entschließen, der Initiative nicht zu folgen und keinen entsprechenden Rechtsetzungsvorschlag vorzulegen. Die Kommission hat gem. Art. 10 I lit. c VO Nr. 211/2011 innerhalb von drei Monaten in einer Mitteilung ihre rechtlichen und politischen Schlussfolgerungen zu der Bürgerinitiative sowie ihr weiteres Vorgehen bzw. den Verzicht auf ein weiteres Vorgehen und die Gründe hierfür darzulegen.

### g) Petitionsrecht, Bürgerbeauftragter, Korrespondenzrecht (Art. 24 II-IV AEUV)

## 754.

Im Rahmen einer Rettungsmaßnahme für den finanziell angeschlagenen Eurostaat Zypern, an der u. a. die Kommission, der Rat der Finanzminister, die EZB und der Internationale Währungsfonds (IWF) mitwirken, wird am 24.3.2013 beschlossen, dass ein bestimmter Anteil des 100.000 € überschreitenden Teils von Guthaben auf Bankkonten zyprischer Banken als Sonderabgabe für das Rettungspaket eingezogen wird. Davon betroffene Zyprer möchten sich u. a. mittels einer **Petition an das Europäische Parlament** gegen diese Maßnahme wenden. Steht ihnen dieses Recht zu? Welchen Inhalt, welche Folge hat das Petitionsrecht?

Als Unionsbürgern (Art. 20 I 2 AEUV) steht den Zyprern das Petitionsrecht beim Europäischen Parlament gem. Art. 24 II i. V. m. Art. 227 AEUV zu, wenn es um eine Angelegenheit geht, die in die Tätigkeitsbereiche der Union fällt und die sie als Unionsbürger unmittelbar betrifft. Die von der Sonderabgabe betroffenen Zyprer sind hier von der Angelegenheit unmittelbar betroffen. Fraglich ist aber, ob diese in die Tätigkeitsbereiche der Union fällt. Dagegen könnte sprechen, dass an dem Rettungspaket auch der IWF beteiligt ist. Allerdings stehen das Rettungspaket und die in dessen Zusammenhang angeordnete Sonderabgabe in engem Zusammenhang mit der Wirtschafts- und Währungsunion (Art. 119 ff. AEUV) und fallen damit jedenfalls auch in die Tätigkeitsbereiche der Union (vgl. auch Art. 3 I lit. c AEUV). Damit steht den betroffenen Zyprern das Petitionsrecht beim Europäischen Parlament aus Art. 24 II i. V. m. Art. 227 AEUV zu. Das Petitionsrecht räumt nicht nur das Recht ein, sich unmittelbar und ohne besondere Formerfordernisse an das Europäische Parlament wenden zu dürfen. Dem korrespondiert vielmehr auch ein Anspruch auf eine Antwort durch das Europäische Parlament (*Haratsch/Koenig/Pechstein*, Rn. 771).

**755.**

Stünde ein entsprechendes Petitionsrecht auch einem von der Zwangsabgabe betroffenen russischen Staatsangehörigen zu, der auf Zypern wohnt?

Ja, natürlichen oder juristischen Personen mit Wohnort oder satzungsmäßigem Sitz in einem Mitgliedstaat, die keine Unionsbürger sind, steht das Petitionsrecht ebenfalls zu – allerdings nicht aus Art. 24 II i. V. m. 227 AEUV, sondern nur aus Art. 227 AEUV.

**756.**

Ist das Recht, **Beschwerden** über Missstände bei der Tätigkeit der Organe, Einrichtungen oder sonstigen Stellen der Union, mit Ausnahme des Gerichtshofs der EU in Ausübung seiner Rechtsprechungsbefugnisse, **beim Europäischen Bürgerbeauftragten** einzureichen, auf Unionsbürger beschränkt?

Nein, ähnlich wie das Petitionsrecht beim Europäischen Parlament, steht das Beschwerderecht beim Europäischen Bürgerbeauftragten gem. Art. 24 III i. V. m. Art. 228 AEUV Unionsbürgern offen, zugleich aber gem. Art. 228 AEUV auch anderen natürlichen oder juristischen Personen, die ihren Wohnort oder satzungsmäßigen Sitz in einem Mitgliedstaat haben.

**757.**

**Wo außer in Art. 228 AEUV sind Einzelheiten über die Ausübung der Aufgaben des Bürgerbeauftragten geregelt?**

Im Beschluss 94/262/EGKS, EG, Euratom des Europäischen Parlaments vom 9.3.1994 über die Regelungen und allgemeinen Bedingungen für die Ausübung der Aufgaben des Bürgerbeauftragten (ABl. 1994 Nr. L 113, S. 15), geändert durch Beschluss vom 18.6.2008 (ABl. 2008 Nr. L 189, S. 25).

**758.**

**Was kann der Bürgerbeauftragte tun, wenn er z. B. durch die Beschwerde eines Unionsbürgers auf einen Missstand aufmerksam geworden ist?**

Er kann gem. Art. 228 I UA 2 S. 1 AEUV zunächst die Untersuchungen durchführen, die er für gerechtfertigt hält. Stellt er einen Missstand fest, befasst er sodann gem. Art. 228 I UA 2 S. 2 AEUV das betreffende Organ/die betreffende Einrichtung/sonstige Stelle mit der Angelegenheit. Anschließend legt der Bürgerbeauftragte dem Europäischen Parlament und dem betreffenden Organ/der betreffenden Einrichtung/sonstigen Stelle einen Bericht vor, wobei auch der Beschwerdeführer über das Ergebnis der Untersuchung unterrichtet wird (Art. 228 I UA 2 S. 3 und 4 AEUV).

**759.**

**Wann liegt ein Missstand i. S. d. Art. 228 AEUV vor?**

Nicht nur, wenn Organe etc. der Union gegen geltendes Recht oder vom Gerichtshof der EU festgelegte Rechtsgrundsätze verstoßen, sondern z. B. auch bei Verstößen gegen Grundsätze der guten Verwaltungspraxis (vgl. Art. 26 Beschluss über einen Kodex für gute Verwaltungspraxis, ABl. EU 2011, Nr. C 285, S. 3), Unregelmäßigkeiten und Versäumnissen in der Verwaltung, Machtmissbrauch, Diskriminierungen sowie bei der Verweigerung von Informationen (vgl z. B. *Schoo*, in: Schwarze, EU-Kommentar, Art. 228 AEUV Rn. 15).

**760.**

**Wozu berechtigt das Korrespondenzrecht aus Art. 24 IV AEUV?**

Es gibt jedem Unionsbürger das Recht, sich schriftlich in einer der in Art. 55 I EUV genannten Sprachen an jedes der in Art. 13 EUV, Art. 24 AEUV genannten Organe und Einrichtungen zu wenden und eine Antwort in derselben Sprache zu erhalten. Art. 55 I EUV nennt alle Vertragssprachen der Union bis auf Luxemburgisch.

## 2. Allgemeines Diskriminierungsverbot (Art. 18 AEUV)

**761.**

**Worauf zielt das allgemeine Diskriminierungsverbot aus Gründen der Staatsangehörigkeit gem. Art. 18 AEUV ab?**

Auf eine Gleichbehandlung von EU-Ausländern mit Inländern in allen unionsrechtlich geregelten Situationen.

**762.**

**Was bedeutet es, dass Art. 18 I AEUV jede Diskriminierung aus Gründen der Staatsangehörigkeit „unbeschadet besonderer Bestimmungen der Verträge" verbietet?**

Die speziellen Diskriminierungsverbote namentlich aus den Personenverkehrsfreiheiten (z. B. Art. 45 II AEUV) gehen dem allgemeinen Diskriminierungsverbot vor. Der EuGH hat den Vorrang auch auf die Kapital- und die Zahlungsverkehrsfreiheit gem. Art. 63 I AEUV erweitert, obwohl diese im Gegensatz zu den Personenverkehrsfreiheiten auf einem einheitlichen Beschränkungsverbot basieren (EuGH, Rs. C-222/04, Slg. 2006, S. I-289 Rn. 99 – *Cassa die Risparmio di Firenze)*. Dies lässt sich auch auf die Warenverkehrsfreiheit gem. Art. 28 ff. AEUV übertragen.

**763.**

**Skizzieren Sie die wesentlichen Voraussetzungen von Art. 18 AEUV!**

I. **Schutzbereich**
 1. **Nichteingreifen eines speziellen Diskriminierungsverbots**
 2. **Persönlicher Schutzbereich** (alle Unionsbürger)
 3. **Sachlicher Schutzbereich** (Anwendungsbereich der Verträge)
 4. **Grenzüberschreitender Bezug** (insbes. kein rein innerstaatlicher Sachverhalt; ein solcher ist aber in Bezug auf eigene Staatsangehörige dann nicht gegeben, wenn eine grenzüberschreitende Situation vorliegt, etwa weil eigene Staatsangehörige im EU-Ausland einen Bildungsabschluss erworben haben)
II. **Diskriminierung** (als Eingriff in den Schutzbereich)
 5. **Staatliche Maßnahme**
 6. **Offene (unmittelbare) oder versteckte (mittelbare) Diskriminierung aus Gründen der Staatsangehörigkeit** (kann auch im Falle einer Gleichbehandlung ungleicher Sachverhalte gegeben sein; fehlt jedoch bei einer Benachteiligung eigener Staatsangehöriger in einer grenzüberschreitenden Situation)
III. **Rechtfertigung**
 7. **Rechtfertigungsgrund** Diskriminierung gerechtfertigt, wenn sie auf objektiven, von der Staatsangehörigkeit der Betroffenen unabhängigen Erwägungen beruht [...]
 8. **Verhältnismäßigkeit** [...] und sie verhältnismäßig ist.

**764.**

> Gem. § 110 I ZPO a. F. waren zur Leistung von Sicherheit für Prozesskosten vor deutschen Gerichten nur Kläger verpflichtet, die Angehörige fremder Staaten waren. Die britischen Eheleute *Hayes,* Gesellschafter einer Gesellschaft englischen bürgerlichen Rechts, klagten vor einem deutschen Gericht gegen die Kronenberger GmbH in Liquidation, eine Gesellschaft deutschen Rechts, wegen der Bezahlung gelieferter Waren. Als die Beklagte von den Eheleuten *Hayes* Sicherheit für ihre Prozesskosten gem. § 110 I ZPO a. F. verlangte, stellte sich dem Gericht die Frage, ob § 110 I ZPO a. F. gegen das Diskriminierungsverbot aus Art. 12 EGV [Art. 18 AEUV] verstieß (EuGH, Rs. C-323/95, Slg. 1997, S. I-1711 – *Hayes).* Ist der Schutzbereich von Art. 18 I AEUV eröffnet?

Zu prüfen ist, ob der Schutzbereich von Art. 18 I AEUV eröffnet ist. Ein vorrangiges spezielles Diskriminierungsverbot ist nicht einschlägig. Fraglich ist, ob der **persönliche Schutzbereich** eröffnet ist. Zwar bestimmt Art. 18 I AEUV den persönlichen Schutzbereich nicht näher. Nach dem Wortlaut könnten auch bloße Drittstaaten-(Nicht-EU-Staaten-)angehörige erfasst sein. Aus dem Gesamtzusammenhang der Regelung insbes. mit der Unionsbürgerschaft und den Grundfreiheiten ergibt sich jedoch, dass der persönliche Schutzbereich von Art. 18 I AEUV auf Unionsbürger, also Staatsangehörige von Mitgliedstaaten (Art. 20 I 2 AEUV), beschränkt ist (*Haratsch/Koenig/Pechstein,* Rn. 702). Die Eheleute Hayes sind Briten und damit gem. Art. 20 I 2 AEUV Unionsbürger. Der persönliche Schutzbereich ist daher eröffnet.

Fraglich ist, ob der **sachliche Schutzbereich** eröffnet ist. Sachlich ist der Schutzbereich von Art. 18 I AEUV im Anwendungsbereich der Verträge, also des EUV und des AEUV, eröffnet. Der Gerichtshof hat dieses Merkmal in Urteilen zum früheren EG-Vertrag sehr weit ausgelegt und sein Vorliegen schon dann bejaht, wenn der Sachverhalt *„nicht außerhalb des Gemeinschaftsrechts"* lag (EuGH, Rs. 293/83, Slg. 1985, S. 593 Rn. 19 – *Gravier).* Im Anwendungsbereich des AEUV liegt eine Materie jedenfalls dann, wenn sich die relevante Vorschrift des nationalen Rechts zumindest mittelbar auf die Wahrnehmung einer Grundfreiheit auswirkt (vgl. etwa EuGH, verb. Rs. C-92/92 und C-326/92, Slg. 1993, S. I-5145 Rn. 27 f. – *Phil Collins).* Eine Regelung wie § 110 I ZPO a. F., die nur Angehörige fremder Staaten zur Leistung von Sicherheit für Prozesskosten verpflichtet, wirkt sich zwar nicht unmittelbar/direkt auf die wirtschaftliche Tätigkeit in Deutschland aus, ist aber doch geeignet, den Zugang zu deutschen Gerichten für Unionsbürger zu erschweren, die von ihren Grundfreiheiten aus dem AEUV Gebrauch machen (EuGH, Rs. C-323/95, Slg. 1997, S. I-1711 Rn. 13 f. – *Hayes).* Damit liegt die Regelung des § 110 I ZPO a. F. im Anwendungsbereich des AEUV. Auch der sachliche Schutzbereich des Art. 18 I AEUV ist daher eröffnet.

Schließlich liegt, da es um eine Situation geht, in der zwei britische Staatsangehörige von einem deutschen Gericht zur Leistung einer Sicherheit verpflichtet werden könnten, auch der erforderliche **grenzüberschreitende Bezug** vor. Der Schutzbereich von Art. 18 I AEUV ist daher eröffnet.

**765.**

Nachdem der französische Staatsangehörige *Grzelczyk* (G) seine höhere Schulbildung in Frankreich abgeschlossen hatte, zog er nach Belgien, um dort Sport
zu studieren. Zunächst finanzierte er sich dort selbst, beantragte dann aber, zu
Beginn des vierten Studienjahres, Sozialhilfe zur Sicherung seines Existenz-
minimums. Sein Antrag wurde jedoch von den belgischen Behörden mit der
Begründung abgelehnt, dass er nicht Arbeitnehmer sei (EuGH, Rs. C-184/99,
Slg. 2001, S. I-6193 – *Grzelczyk).* Ist der Schutzbereich von Art. 18 I AEUV
eröffnet?

Ein vorrangiges spezielles Diskriminierungsverbot ist nicht einschlägig. Da G als
Franzose gem. Art. 20 I 2 AEUV Unionsbürger ist, ist der persönliche Schutzbereich
von Art. 18 I AEUV eröffnet. Fraglich ist, ob auch der sachliche Schutzbereich
eröffnet ist. Dies ist der Fall, wenn der Sachverhalt im Anwendungsbereich der
Verträge, also des EUV und des AEUV, liegt. In der diesem Fall zugrunde liegenden
*Grzelczyk*-Entscheidung hat der EuGH erstmals festgestellt, dass der sachliche
Schutzbereich des Diskriminierungsverbots in Fällen eröffnet ist, in denen sich eine
mitgliedstaatliche Regelung **nachteilig auf die Wahrnehmung des unionsbürgerli-
chen Freizügigkeitsrechts** (jetzt: Art. 21 AEUV) auswirken kann (EuGH, Rs. C-
184/99, Slg. 2001, S. I-6193 Rn. 30 ff. – *Grzelczyk).* Eine Regelung, welche die
Gewährung von Sozialhilfe an EU-Bürger davon abhängig macht, dass diese Arbeitnehmer sind, ist geeignet, EU-Bürger von der Wahrnehmung ihres unionsrechtlichen Freizügigkeitsrechts aus Art. 21 AEUV abzuhalten. Der Sachverhalt liegt
daher im Anwendungsbereich von Art. 21 AEUV. Damit ist der sachliche Schutzbereich von Art. 18 I AEUV eröffnet.

Angemerkt sei, dass das unionsbürgerliche Freizügigkeitsrecht aus Art. 21 AEUV in
der Rechtsprechung des Gerichtshofs heute den wichtigsten Bezugspunkt für eine
Eröffnung des Anwendungsbereichs der Verträge gem. Art. 18 I AEUV darstellt.
Art. 21 AEUV ist daher der wichtigste „Türöffner" für die Anwendung von Art. 18 I
AEUV.

Schließlich liegt, da es um eine Situation geht, in der ein Franzose in Belgien von
einer Sozialleistung ausgeschlossen worden ist, auch der erforderliche grenzüberschreitende Bezug vor. Der Schutzbereich von Art. 18 I AEUV ist eröffnet.

**766.**

Stellt in Fall Nr. 764 die Regelung des § 110 I ZPO a. F., nach der zur
Leistung von Sicherheit für Prozesskosten nur Kläger aus fremden Staaten
verpflichtet waren, die vor deutschen Gerichten als Kläger auftraten, eine
Diskriminierung der britischen Eheleute *Hayes* aus Gründen der Staatsangehörigkeit i. S. v. Art. 18 I AEUV dar?

Eine Diskriminierung aus Gründen der Staatsangehörigkeit i. S. d. Art. 18 I AEUV
ist jedenfalls jede **offene (unmittelbare/direkte) Diskriminierung,** in der eine

Regelung eine Benachteiligung von Unionsbürgern tatbestandlich an die Staatsangehörigkeit anknüpft. Da § 110 I ZPO a. F. nur Angehörige fremder Staaten zur Leistung von Sicherheit für Prozesskosten verpflichtete, knüpfte hier eine Regelung, die Unionsbürger im Vergleich zu Einheimischen benachteiligte, unmittelbar an die Staatsangehörigkeit an. Es handelt sich daher um eine offene (unmittelbare/direkte) Diskriminierung aus Gründen der Staatsangehörigkeit und damit unproblematisch um eine Diskriminierung aus Gründen der Staatsangehörigkeit i. S. v. Art. 18 I AEUV (vgl. EuGH, Rs. C-323/95, Slg. 1997, S. I-1711 Rn. 18 f. – *Hayes)*.

---

**767.**

Nachdem der französische Staatsangehörige *Bidar* (B) im Vereinigten Königreich einen Schulabschluss erlangt hatte, begann er in London ein Studium. Während die britischen Behörden ihm eine Unterstützung für seine Studiengebühren gewährten, lehnten sie seinen Antrag auf finanzielle Unterstützung zur Deckung seiner Unterhaltskosten in Form eines Studentendarlehens mit der Begründung ab, dass er im Vereinigten Königreich nicht auf Dauer ansässig sei. Die einschlägige Regelung der Student Support Regulations verlangte für die Gewährung einer Beihilfe zur Deckung der Unterhaltskosten an Studenten, dass die betreffende Person i. S. d. innerstaatlichen Rechts im Vereinigten Königreich ansässig ist und dass sie bestimmte Wohnsitzvoraussetzungen erfüllt, nämlich, dass sie am ersten Tag des ersten Studienjahres ihren Wohnsitz in England oder Wales hat und dass sie ihren Wohnsitz in den drei Jahren vor diesem Tag im Vereinigten Königreich oder auf den Inseln hatte. Stellt diese Regelung eine Diskriminierung i. S. v. Art. 18 I AEUV dar? (Angelehnt an: EuGH, Rs. C-209/03, Slg. 2005, S. I-2119 – *Bidar)*

---

Da die einschlägige Regelung der Student Support Regulations tatbestandlich nicht an die Staatsangehörigkeit anknüpft, sondern an die Ansässigkeit und den Wohnsitz, handelt es sich nicht um eine offene (unmittelbare) Diskriminierung aus Gründen der Staatsangehörigkeit. Das Diskriminierungsverbot des Art. 18 I AEUV untersagt allerdings nicht nur solche offenen Diskriminierungen, *„sondern auch alle **versteckten Formen der Diskriminierung,** die durch die Anwendung anderer Unterscheidungsmerkmale tatsächlich zu dem gleichen Ergebnis führen"* (EuGH, a. a. O., Rn. 51). Eine Regelung, welche die Gewährung einer finanziellen Unterstützung zur Deckung von Unterhaltskosten davon abhängig macht, dass der Antragsteller auf Dauer im Inland ansässig ist und bestimmte Wohnsitzerfordernisse erfüllt, kann von eigenen Staatsangehörigen regelmäßig leichter erfüllt werden als von EU-Ausländern. Diese Erfordernisse sind daher geeignet, Unionsbürger aus Gründen der Staatsangehörigkeit gegenüber Inländern zu benachteiligen (vgl. EuGH, a. a. O., Rn. 52 f.). Es handelt sich um eine (versteckte) Diskriminierung aus Gründen der Staatsangehörigkeit gem. Art. 18 I AEUV.

**768.**

Nach belgischem Namensrecht konnten Personen, die sowohl die belgische als auch die spanische Staatsangehörigkeit besaßen, ihren Nachnamen nicht im Einklang mit der spanischen Tradition aus dem ersten Nachnamen des Vaters und dem ersten Nachnamen der Mutter zusammensetzen. Das zuständige belgische Standesamt trug daher im Einklang mit belgischem Recht den Nachnamen von *Garcia Avello* (G), der als spanischer Staatsangehöriger mit seiner belgischen Frau in Belgien lebte, als Nachnamen der gemeinsamen Kinder ein. Ein Antrag Gs, die Nachnamen der gemeinsamen Kinder entsprechend der spanischen Tradition zu korrigieren, wurde von den belgischen Behörden mit Hinweis auf das einschlägige belgische Recht abgelehnt. Stellte die belgische Regelung eine Diskriminierung aus Gründen der Staatsangehörigkeit i. S. v. Art. 18 I AEUV dar? (Angelehnt an EuGH, Rs. C-148/02, Slg. 2003, S. I-11613 – *Garcia Avello*)

Die Besonderheit des vorliegenden Falls liegt darin, dass keine Ungleichbehandlung vergleichbarer Sachverhalte aufgrund der Staatsangehörigkeit vorliegt, sondern vielmehr eine **Gleichbehandlung möglicherweise nicht vergleichbarer Sachverhalte.** Das Diskriminierungsverbot verlangt nach der Rechtsprechung des Gerichtshofs der EU nicht nur, dass gleiche Sachverhalte nicht ungleich behandelt werden, sondern auch, dass ungleiche Sachverhalte nicht gleichbehandelt werden (EuGH, a. a. O., Rn. 31). Eine Diskriminierung i. S. d. Art. 18 I AEUV kann daher in einer Gleichbehandlungssituation dann vorliegen, wenn sich gerade aus der Staatsangehörigkeit wesentliche Unterschiede unterschiedlicher Sachverhalte bzw. Personengruppen ergeben. Vorliegend ergibt sich aus der unterschiedlichen Namensbildungstradition, die wiederum mit der Staatsangehörigkeit verknüpft ist, und den gravierenden Folgen, die eine Namensbildung, die nicht im Einklang mit der eigenen Namensbildungstradition erfolgt, für die Betroffenen nach sich ziehen kann (vgl. EuGH, a. a. O., Rn. 36), dass sich die Gruppe der Personen mit mindestens einem spanischen Elternteil wesentlich von der Gruppe der Personen mit nur belgischen Eltern unterschied. In der Gleichbehandlung beider Personengruppen liegt daher eine Diskriminierung aus Gründen der Staatsangehörigkeit i. S. v. Art. 18 I AEUV (vgl. EuGH, a. a. O., Rn. 30 ff.).

**769.**

Art. 18 I AEUV nennt keine **Rechtfertigungsgründe.** Kann eine Diskriminierung dennoch gerechtfertigt sein?

Ja, nach der Rechtsprechung des Gerichtshofs der EU kann eine Diskriminierung gerechtfertigt sein, wenn sie auf objektiven, von der Staatsangehörigkeit der Betroffenen unabhängigen Erwägungen beruht und in einem angemessenen Verhältnis zu einem legitimen Zweck steht (EuGH, Rs. C-148/02, Slg. 2003, S. I-11613 Rn. 31 – *Garcia Avello)*. Mit der Angemessenheit ist hier – *pars pro toto* – die Verhältnismäßigkeit angesprochen.

**770.**

**Besteht die Möglichkeit der Rechtfertigung nur bei versteckten Diskriminierungen oder auch bei offenen?**

Nachdem der Gerichtshof der EU eine Rechtfertigung früher nur bei versteckten Diskriminierungen geprüft hat, hat er inzwischen in mehreren Fällen auch bei einer offenen Diskriminierung die Möglichkeit einer Rechtfertigung in Erwägung gezogen (vgl z. B. EuGH, Rs. C-524/06, Slg 2008, S. I-9705 – *Huber)*. Obwohl die Möglichkeit einer Rechtfertigung offener Diskriminierungen in der Literatur teilweise abgelehnt wird, ist daher davon auszugehen, dass auch bei offenen Diskriminierungen eine Rechtfertigung grds. in Betracht kommen kann (näher dazu: *Epiney*, in: Calliess/Ruffert, EUV/AEUV, Art. 18 AEUV Rn. 39 ff.). Allerdings wird sich eine offene Diskriminierung im Lichte der Verhältnismäßigkeit regelmäßig schwerer rechtfertigen lassen als eine versteckte Diskriminierung.

**771.**

**Zur Rechtfertigung der Pflicht zur Sicherheitsleistung für Ausländer gem. § 110 I ZPO a. F. wurde in Fall Nr. 764 vorgetragen, dass die Sicherheitsleistung verhindern solle, dass ein ausländischer Kläger vor Gericht Klage erheben könne, ohne für den Fall des Unterliegens ein finanzielles Risiko (im Hinblick auf die Erstattung von Prozesskosten) einzugehen. Es fehlten nämlich umfassende Regelungen zur Vollstreckung gerichtlicher Entscheidungen eines Mitgliedstaates in einem anderen Mitgliedstaat (EuGH, Rs. C-323/95, Slg. 1997, S. I-1711 Rn. 20 f. – *Hayes*). War die Regelung aus diesem Grund gerechtfertigt?**

Eine Diskriminierung gem. Art. 18 I AEUV ist gerechtfertigt, wenn sie auf objektiven, von der Staatsangehörigkeit der Betroffenen unabhängigen Erwägungen beruht und in einem angemessenen Verhältnis zu einem legitimen Zweck steht. Die Sicherstellung der Erstattung der Prozesskosten in allen grenzüberschreitenden Rechtsstreitigkeiten kommt grds. als objektive, von der Staatsangehörigkeit der Betroffenen unabhängige Erwägung in Betracht (EuGH, a. a. O., Rn. 23 f.). Die Regelung muss aber auch in einem angemessenen Verhältnis zu dem legitimen Zweck stehen, also verhältnismäßig sein. Hier ist bereits fraglich, ob die Regelung **geeignet** ist, den legitimen Zweck zu erreichen. Aufgrund der Regelung des § 110 I ZPO a. F. konnte einerseits von einem deutschen Kläger, der nicht in Deutschland wohnte und dort auch kein Vermögen besaß, keine Sicherheitsleistung verlangt werden, während ein nichtdeutscher Kläger, der in Deutschland wohnte und dort Vermögen besaß, danach zur Leistung einer Sicherheit verpflichtet werden konnte. Die Regelung war daher schon nicht geeignet, den legitimen Zweck, die Erstattung der Prozesskosten in allen grenzüberschreitenden Rechtsstreitigkeiten sicherzustellen, zu gewährleisten (EuGH, a. a. O., Rn. 24). Somit war sie nicht verhältnismäßig. Eine Rechtfertigung aus diesem Grund schied aus.

**772.**

Im *Garcia Avello*-Fall (Nr. 768) wurde zur Rechtfertigung der belgischen Regelung, nach der eine Nachnamensbildung nach spanischer Tradition ausschied, u. a. vorgetragen, dass der Grundsatz der Unveränderlichkeit von Familiennamen als „Grundprinzip der gesellschaftlichen Ordnung" der Gefahr von Verwechslungen hinsichtlich der Identität oder der Abstammung von Personen vorbeuge (EuGH, Rs. C-148/02, Slg. 2003, S. I-11613 Rn. 40, 42 – *Garcia Avello)*. Ließ sich die Regelung mit diesem Argument rechtfertigen?

Der EuGH schloss zwar nicht aus, dass es sich dabei um einen auf objektiven, von der Staatsangehörigkeit der Betroffenen unabhängigen Grund i. S. d. Rechtfertigungsformel handelte. Er verneinte jedoch im Ergebnis die Erforderlichkeit und damit die Verhältnismäßigkeit der Regelung u. a. mit folgenden Erwägungen: *„Außerdem steht fest, dass in ein und demselben Mitgliedstaat insbesondere wegen des Umfangs der Wanderungsströme innerhalb der Union verschiedene Namensbildungssysteme nebeneinander bestehen, so dass im gesellschaftlichen Leben eines Mitgliedstaates die Abstammung nicht notwendig nach dem für die Staatsangehörigen dieses Mitgliedstaates geltenden System allein beurteilt werden kann. Hinzu kommt, dass ein System, das die Übertragung von Bestandteilen der Familiennamen beider Elternteile zulässt, keineswegs zu Verwechslungen hinsichtlich des Abstammungsbezugs der Kinder Anlass gibt, sondern im Gegenteil zur Erkennung dieses Bezuges zu beiden Elternteilen beitragen kann"* (EuGH, a. a. O., Rn. 42).

**773.**

Da die Französische Gemeinschaft in Belgien der Auffassung war, dass zu viele EU-ausländische Studierende in medizinischen und paramedizinischen Studiengängen an französischsprachigen Universitäten in Belgien studierten, erließ sie im Jahr 2006 ein Dekret, das den Anteil der Einschreibungen von nichtansässigen Studierenden in den betroffenen Studiengängen auf 30 % aller Einschreibungen des vorangegangenen akademischen Jahres begrenzte. Zur Rechtfertigung wurde insbes. auf eine Gefährdung der öffentlichen Gesundheit aufgrund eines drohenden Mangels an medizinischem Personal verwiesen. Ist Studienbewerber S aus Deutschland, der aufgrund der Regelung keinen Studienplatz in Belgien erhält, in Art. 18 I AEUV verletzt? (Angelehnt an EuGH, Rs. C-73/08, Slg. 2010, S. I-2735 – *Bressol)*

Zu prüfen ist, ob S in Art. 18 I AEUV verletzt ist. Dazu muss zunächst der **Schutzbereich** von Art. 18 I AEUV eröffnet sein. Ein vorrangiges spezielles Diskriminierungsverbot ist nicht einschlägig. Da S als Deutscher gem. Art. 20 I 2 AEUV Unionsbürger ist, ist der persönliche Schutzbereich eröffnet. S möchte hier von seiner Freizügigkeit aus Art. 21 AEUV Gebrauch machen. Da der Sachverhalt somit im Anwendungsbereich des AEUV liegt, ist auch der sachliche Schutzbereich eröffnet (vgl. EuGH, a. a. O., Rn. 31). Da der deutsche Staatsbürger S in Belgien studieren möchte, handelt es sich schließlich auch um einen grenzüberschreitenden Vorgang. Der Schutzbereich von Art. 18 I AEUV ist somit eröffnet.

Das relevante Dekret ist eine staatliche Maßnahme. Fraglich ist, ob eine **Diskriminierung** i. S. d. Art. 18 I AEUV vorliegt. Da die einschlägige Regelung des Dekrets tatbestandlich nicht an die Staatsangehörigkeit (sondern an die Ansässigkeit) anknüpft, handelt es sich nicht um eine offene (unmittelbare/direkte) Diskriminierung aus Gründen der Staatsangehörigkeit. Das Diskriminierungsverbot des Art. 18 I AEUV untersagt aber auch versteckte Diskriminierungen, die durch die Anwendung anderer Unterscheidungsmerkmale tatsächlich zu dem gleichen Ergebnis führen. *„Ein Erfordernis der Ansässigkeit wie das nach dieser Regelung geltende wird [...] von Inländern, die meist in Belgien ansässig sind, leichter erfüllt als von Angehörigen anderer Mitgliedstaaten, die in der Regel in einem anderen Mitgliedstaat als Belgien wohnen"* (EuGH, a. a. O., Rn. 45). Folglich wirkt sich die nationale Regelung *„ihrem Wesen nach auf Angehörige anderer Mitgliedstaaten als des Königreichs Belgien eher aus als auf Inländer und benachteiligt somit die Erstgenannten besonders"* (EuGH, a. a. O., Rn. 46). Damit liegt eine (versteckte/mittelbare) Diskriminierung gem. Art. 18 I AEUV vor.

Fraglich ist, ob die Regelung **gerechtfertigt** ist. Eine Diskriminierung gem. Art. 18 I AEUV ist gerechtfertigt, wenn sie auf objektiven, von der Staatsangehörigkeit der Betroffenen unabhängigen Erwägungen beruht und in einem angemessenen Verhältnis zu einem legitimen Zweck steht. Der EuGH hat *„das Ziel der Aufrechterhaltung einer qualitativ hochwertigen, ausgewogenen und allgemein zugänglichen medizinischen Versorgung [...], wenn es zur Erreichung eines hohen Niveaus des Gesundheitsschutzes beiträgt"*, als objektiven, von der Staatsangehörigkeit der Betroffen unabhängigen Rechtfertigungsgrund anerkannt (EuGH, a. a. O., Rn. 62). Allerdings müsse die Regelung geeignet sein, die Erreichung dieses Ziels zu gewährleisten, und dürfe nicht über das hinausgehen, was zu dessen Erreichung erforderlich sei (EuGH, a. a. O., Rn. 63). Eine pauschale Behauptung, dass durch eine zu hohe Zahl ausländischer Studierender der Schutz der öffentlichen Gesundheit gefährdet sei, lässt der EuGH in der Folge dafür nicht genügen (EuGH, a. a. O., Rn. 64 ff.). Vielmehr müsse das vorlegende Gericht insbes. prüfen, ob der Schutz der öffentlichen Gesundheit wirklich gefährdet sei (vgl. EuGH, a. a. O., Rn. 66 ff.). Eine Rechtfertigung hängt danach insbes. davon ab, ob eine entsprechend hohe Zahl ausländischer Studierender in den einschlägigen Studiengängen die öffentliche Gesundheit tatsächlich gefährdet. Dies war im Einzelnen – vor dem vorlegenden Gericht – nachzuweisen.

# VIII. Grundrechtsschutz

## 1. Allgemeines

### 774.

In allen Mitgliedstaaten der EU gibt es nationale Grundrechtsschutzsysteme. Warum ist ein Grundrechtsschutz auf der Ebene der EU dann überhaupt erforderlich?

Da die Mitgliedstaaten Hoheitsgewalt auf die EU übertragen haben, kann diese Rechtsakte setzen, die in die Grundrechte der Betroffenen eingreifen können. Eine Kontrolle dieser EU-Rechtsakte im Lichte der jeweiligen nationalen Grundrechte scheidet – wie auch das BVerfG seit *Solange-II* (oben Nr. 561) grds. anerkennt – als Option zur Gewährleistung des Grundrechtsschutzes grds. aus, da diese die Effektivität und den Anwendungsvorrang des Unionsrechts bedrohen würde und damit konkret dazu führen könnte, dass die einheitliche Anwendung des Unionsrechts im gesamten Unionsgebiet gefährdet wäre.

### 775.

Aus welchen Rechtsquellen ergeben sich die EU-Grundrechte?

Seit dem Inkrafttreten des Vertrags von Lissabon am 1.12.2009 gem. Art. 6 I EUV zunächst aus der Charta der Grundrechte der Europäischen Union (EU-Grundrechtecharta, abgedruckt z. B. in Basistexte Öffentliches Recht, Nr. 17). Gem. Art. 6 III EUV sind daneben die Grundrechte, wie sie in der EMRK (oben Nr. 13 ff.) gewährleistet sind und wie sie sich aus den gemeinsamen Verfassungsüberlieferungen der Mitgliedstaaten ergeben, als allgemeine Grundsätze Teil des Unionsrechts. Der in Art. 6 II EUV angesprochene EMRK-Beitritt der EU ist bislang noch nicht vollzogen worden. Die EMRK-Grundrechte gelten daher bislang noch nicht unmittelbar (sondern nur als allgemeine Rechtsgrundsätze gem. Art. 6 III EUV).

### 776.

Finden sich auch im EUV und AEUV Regelungen, die zumindest mit Grundrechten verwandt sind?

Grundrechten ähnlich sind jedenfalls die verschiedenen Grundfreiheiten gem. Art. 28 ff. AEUV, welche die Grundlage des EU-Binnenmarktes bilden und den Unionsbürgern entsprechende subjektive öffentliche Rechte einräumen (dazu im Einzelnen unten Nr. 810 ff.), das allgemeine Diskriminierungsverbot aus Gründen der Staatsangehörigkeit gem. Art. 18 AEUV (oben Nr. 761 ff.) als spezielle Ausprägung des allgemeinen Gleichheitssatzes und das unionsbürgerliche Freizügigkeitsrecht aus Art. 21 AEUV (oben Nr. 718 ff.). Echten Grundrechtscharakter besitzt Art. 157 AEUV mit dem Grundsatz der Lohngleichheit für Männer und Frauen.

Dabei handelt es sich sogar um ein Menschenrecht, da es nicht nur Unionsbürger und Unionsbürgerinnen, sondern auch Drittstaatenangehörige schützt und keinen grenzüberschreitenden Sachverhalt voraussetzt, also auch in rein mitgliedstaatsinternen Sachverhalten (z. B. Deutsche gegenüber deutschem Arbeitgeber in Deutschland) gilt (*Haratsch/Koenig/Pechstein,* Rn. 657).

---

**777.**

**Arbeitsverträge des weiblichen Bordpersonals der belgischen Fluggesellschaft Sabena endeten mit Vollendung des 40. Lebensjahres. Konnte sich die ehemalige Bordstewardess *Gabrielle Defrenne* (D) demgegenüber auf Art. 157 AEUV [Art. 119 EGV a. F.] berufen? (Angelehnt an: EuGH, Rs. 149/77, Slg. 1978, S. 1365 – *Defrenne III*)**

Dazu muss der Schutzbereich von Art. 157 I AEUV [Art. 119 EGV a. F.] eröffnet sein. In persönlicher Hinsicht können sich grds. alle Männer und Frauen unabhängig von der Staatsangehörigkeit auf Art. 157 I AEUV berufen. D kann sich somit in persönlicher Hinsicht auf Art. 157 I AEUV berufen. In sachlicher Hinsicht verbietet Art. 157 I AEUV jede Diskriminierung aufgrund des Geschlechts beim Entgelt (*Rebhahn*, in: Schwarze, EU-Kommentar, Art. 157 AEUV Rn. 3, 7 ff.). Vorliegend geht es jedoch nicht um das Entgelt, sondern um andere Aspekte des Beschäftigungsverhältnisses, namentlich den Zeitpunkt des Ausscheidens aus dem Anstellungsverhältnis. Art. 157 I AEUV ist daher sachlich nicht einschlägig (vgl. EuGH, a. a. O., Rn. 19/23). D konnte sich nicht auf Art. 157 AEUV [Art. 119 EGV a. F.] berufen.

## 2. EU-Grundrechtecharta

**778.**

**Seit wann ist die EU-Grundrechtecharta (GRCh) rechtsverbindlich?**

Seit Inkrafttreten des Vertrags von Lissabon am 1.12.2009 gem. Art. 6 I UA 1 EUV (zur Entstehung oben Nr. 74 f.).

---

**779.**

**In welchem Rangverhältnis stehen EUV, AEUV und die Grundrechtecharta?**

Sie besitzen gem. Art. 6 I UA 1 2. HS EUV denselben Rang (oben Nr. 380).

---

**780.**

**„Gilt" die Grundrechtecharta uneingeschränkt „für" alle EU-Mitgliedstaaten?**

Nein, im Protokoll über die Anwendung der Charta der Grundrechte der Europäischen Union auf **Polen** und das **Vereinigte Königreich** zum Lissaboner Vertrag (ABl. EU 2007 Nr. C 306, S. 156) haben sich diese Staaten bestimmte Einschränkungen der Anwendbarkeit der Grundrechtecharta vorbehalten. So bewirkt die Charta gem. Art. 1 I des Protokolls keine Ausweitung der Befugnis des Gerichtshofs der EU oder eines Gerichts Polens oder des Vereinigten Königreichs zu der Feststellung, dass die Rechts- und Verwaltungsvorschriften, die Verwaltungspraxis oder Maßnahmen Polens oder des Vereinigten Königreichs nicht mit den durch die Charta bekräftigten Grundrechten, Freiheiten und Grundsätzen im Einklang stehen (näher dazu: *Hobe,* § 14 Rn. 46).

Im Zusammenhang mit den Schwierigkeiten, welche die **Tschechische Republik** mit der Ratifizierung des Lissaboner Vertrags hatte, hat der Europäische Rat diesem Staat auf dem EU-Gipfel Ende Oktober 2009 zugesagt, dass der Inhalt des Protokolls über die Anwendung der Charta der Grundrechte der Europäischen Union auf Polen und das Vereinigte Königreich durch ein Zusatzprotokoll auf die Tschechische Republik ausgedehnt werden wird (sog. „Tschechisches Protokoll"). Nicht zuletzt aus dem Grund, dass diese Ausdehnung inzwischen in der Tschechischen Republik selbst sehr umstritten ist, wurde in der EU bislang allerdings von der Ausdehnung des Protokolls auf die Tschechische Republik abgesehen.

---

**781.**

**Aus welchen Quellen wurde bei der Formulierung der Grundrechtecharta geschöpft?**

Eine wichtige Rechtsinhaltsquelle war die EMRK (*Grabenwarter/Pabel,* § 4 Rn. 8 f.). Insoweit ordnet Art. 52 III GRCh an, dass soweit die Charta Rechte enthält, die den durch die EMRK garantierten Rechten entsprechen, sie die gleiche Bedeutung und Tragweite haben, wie sie ihnen in der EMRK verliehen werden. Dies steht allerdings nicht dem entgegen, dass das Recht der Union einen weiter gehenden Schutz gewährt.

Eine weitere wichtige Inhaltsquelle waren die gemeinsamen Verfassungsüberlieferungen der Mitgliedstaaten. Insoweit ordnet Art. 52 IV GRCh an, dass soweit in der Charta Grundrechte anerkannt werden, wie sie sich aus den gemeinsamen Verfassungsüberlieferungen der Mitgliedstaaten ergeben, sie im Einklang mit diesen Überlieferungen ausgelegt werden.

Schließlich haben auch einzelne Verfassungen, bspw. das Grundgesetz für die Bundesrepublik Deutschland (vgl z. B. Art. 1 GRCh), als Inhaltsquelle gedient (*Herdegen,* § 8 Rn. 24).

---

**782.**

**In welche Titel sind die materiellen Gewährleistungen der EU-Grundrechtecharta untergliedert? Was findet sich in den einzelnen Titeln?**

1. **Titel I. Würde des Menschen (Art. 1–5)** enthält neben der Menschenwürde (Art. 1) menschenwürdenahe Einzelrechte wie das Recht auf Leben (Art. 2 I) und das Recht auf körperliche und geistige Unversehrtheit (Art. 3);

2. **Titel II. Freiheiten (Art. 6–19)** enthält überwiegend klassische und moderne Freiheitsrechte wie z. B.: Recht auf Freiheit und Sicherheit (Art. 6), Recht auf Achtung des Privat- und Familienlebens, der Wohnung sowie der Kommunikation (Art. 7), Schutz personenbezogener Daten (Art. 8), Gedanken-, Gewissens- und Religionsfreiheit (Art. 10), Meinungsäußerungs- und Informationsfreiheit (Art. 11), Versammlungs- und Vereinigungsfreiheit (Art. 12), Kunst- und Wissenschaftsfreiheit (Art. 13), Berufsfreiheit (Art. 15 I 2. und 3. Var.) und unternehmerische Freiheit (Art. 16), aber auch Rechte mit Leistungsdimension wie das Recht auf Bildung (Art. 14) und das Recht zu arbeiten (Art. 15 I 1. Var.);

3. **Titel III. Gleichheit (Art. 20–26)** enthält allgemeine (Art. 20) und spezielle Gleichheitsrechte wie die Nichtdiskriminierung (Art. 21), aber auch Leistungsrechte wie die Rechte des Kindes auf Schutz und Fürsorge (Art. 24 I 1);

4. **Titel IV. Solidarität (Art. 27–38)** enthält soziale und wirtschaftliche, insbes. arbeitsbezogene Grundrechte wie das Recht auf Unterrichtung und Anhörung der Arbeitnehmerinnen und Arbeitnehmer im Unternehmen (Art. 27), das Recht auf Kollektivverhandlungen und Kollektivmaßnahmen (Art. 28), das Recht auf gesunde, sichere und würdige Arbeitsbedingungen (Art. 31 I), das Verbot der Kinderarbeit (Art. 32 I 1) und das Recht auf Zugang zur Gesundheitsvorsorge sowie auf ärztliche Versorgung nach Maßgabe der einzelstaatlichen Rechtsvorschriften und Gepflogenheiten (Art. 35);

5. **Titel V. Bürgerrechte (Art. 39–46)** enthält überwiegend politische Teilhaberechte wie das aktive und passive Wahlrecht bei Wahlen zum Europäischen Parlament im Wohnsitzstaat (Art. 39 I), das Recht auf eine gute Verwaltung (Art. 41) und das Recht auf Zugang zu Dokumenten der Organe etc. der EU (Art. 42), aber auch ein Freiheitsrecht wie das Freizügigkeits- und Aufenthaltsrecht im Hoheitsgebiet der Mitgliedstaaten (Art. 45);

6. **Titel VI. Justizielle Rechte (Art. 47–50)** enthält justizielle Grundrechte wie das Recht auf wirksamen Rechtsbehelf und ein unparteiisches Gericht (Art. 47), die Unschuldsvermutung (Art. 48 I), den *nulla-poena*-Grundsatz (Art. 49 I) und den Grundsatz *ne bis in idem* (Art. 50).

---

**783.**

**Wen verpflichten die Grundrechte der EU-Grundrechtecharta?**

Gem. Art. 51 I 1 GRCh zum einen die Organe, Einrichtungen und sonstigen Stellen der Union und zum anderen die Mitgliedstaaten, diese allerdings „ausschließlich bei der Durchführung des Rechts der Union" (dazu etwa *Schonard*, in: Lenz/Borchardt, Art. 51 GRCh Rn. 6 f.).

## 784.

**Räumen alle Grundrechte der EU-Grundrechtecharta subjektive öffentliche Rechte ein?**

Nein, **Grundrechte,** die betroffenen Grundrechtsträgern subjektive öffentliche Rechte einräumen, wie etwa Art. 1 GRCh, sind von bloßen **Grundsätzen** zu unterscheiden, die gem. Art. 52 V 1 GRCh erst durch Akte der Gesetzgebung und der Ausführung der Union sowie durch Akte der Mitgliedstaaten zur Durchführung des Rechts der Union in Ausübung ihrer jeweiligen Zuständigkeit umgesetzt werden müssen. Gerichtlich können Grundsätze als solche daher nur bei der Auslegung dieser (Umsetzungs-)Akte und bei Entscheidungen über deren Rechtmäßigkeit herangezogen werden (Art. 52 V 2 GRCh). Grundsätze begründen auch keine direkten Ansprüche auf den Erlass positiver Maßnahmen durch die Organe der Union oder die Behörden der Mitgliedstaaten (Erläuterungen zur Charta der Grundrechte, ABl. EU 2007 Nr. C 303, S. 17/35).

Anhand des Wortlauts der Grundrechtcharta ist nicht eindeutig erkennbar, wann es sich im Einzelfall nur um einen Grundsatz handelt. Zu den in der Charta anerkannten Grundsätzen gehören bspw. Art. 25, 26 und 37 GRCh (Erläuterungen zur Charta der Grundrechte, ABl. EU 2007 Nr. C 303, S. 17/35). Manche Artikel der Charta wie bspw. Art. 23, 33 und 34 enthalten sowohl Elemente eines subjektiven Rechts als auch solche eines Grundsatzes (Erläuterungen, a. a. O.).

## 3. Allgemeine Rechtsgrundsätze

## 785.

**Angenommen, Art. 6 III EUV existierte nicht, gäbe es dann dennoch EU-Grundrechte aus allgemeinen Rechtsgrundsätzen?**

Ja, Art. 6 III EUV bestätigt lediglich die Ableitung von EU-Grundrechten aus der Rechtsquelle des allgemeinen Rechtsgrundsatzes durch den Gerichtshof der EU seit den späten 60er-Jahren des 20. Jh. (oben Nr. 378 f.).

## 786.

**In welchem Urteil hat der EuGH erstmals die Existenz von EU-(EWG-)-Grundrechten in Form allgemeiner Rechtsgrundsätze jedenfalls grds. anerkannt?**

Im *Stauder*-Urteil vom 12.11.1969: *„Bei dieser Auslegung enthält die streitige Vorschrift nichts, was die in den allgemeinen Grundsätzen der Gemeinschaftsrechtsordnung, deren Wahrung der Gerichtshof zu sichern hat, enthaltenen Grundrechte der Person in Frage stellen könnte"* (EuGH, Rs. 29/69, Slg. 1969, S. 419 Rn. 7).

**787.**

**Worin liegen die Rechtsinhaltsquellen der allgemeinen Rechtsgrundsätze für den Bereich der Grundrechte?**

Wie auch Art. 6 III EUV bestätigt, in erster Linie in den gemeinsamen Verfassungsüberlieferungen der Mitgliedstaaten und in der EMRK. Gemeinsame Verfassungsüberlieferungen der Mitgliedstaaten meint letztlich die den Verfassungen der Mitgliedstaaten gemeinsamen Regelungen. Auf die EMRK kann als Rechtsinhaltsquelle der allgemeinen Rechtsgrundsätze rekurriert werden, da alle Mitgliedstaaten der EU auch die EMRK ratifiziert haben, diese also in und für alle Mitgliedstaaten gilt. Neben den Verfassungsordnungen und der EMRK können auch die Inhalte sonstiger völkerrechtlicher (Menschenrechts-)Verträge, die von allen EU-Mitgliedstaaten ratifiziert worden sind, als Rechtsinhaltsquelle allgemeiner Rechtsgrundsätze herangezogen werden.

**788.**

**Muss in einem konkreten Fall, in dem ein Grundrecht als allgemeiner Rechtsgrundsatz eine Rolle spielen könnte, dieses aus einem umfassenden Rechtsvergleich der Rechtsordnungen aller Mitgliedstaaten abgeleitet werden (vgl. oben Nr. 379)?**

In der Regel nein. In einer Fallbearbeitung kann vielmehr auf die differenzierte Rechtsprechung des Gerichtshofs der EU zurückgegriffen werden, der im Laufe der Jahrzehnte eine Fülle von Grundrechten im Wege einer solchen Rechtsvergleichung abgeleitet und näher definiert hat. Nur wenn keine entsprechenden Grundlagen in der Rechtsprechung des Gerichtshofs der EU existieren, müsste prinzipiell ein Rechtsvergleich erfolgen, um grundständig ermitteln zu können, ob ein entsprechender allgemeiner Rechtsgrundsatz existiert.

**789.**

**Sind die Grundrechte in Form allgemeiner Rechtsgrundsätze nach Inkrafttreten der EU-Grundrechtecharta noch von Bedeutung?**

Der Gerichtshof der EU geht seit Inkrafttreten der Charta bei der Prüfung einer Grundrechtsverletzung grds. von den Grundrechten der Charta aus. Dies empfiehlt sich daher auch in Prüfungsarbeiten. Die allgemeinen Rechtsgrundsätze sind aber dennoch weiter von Bedeutung. Zum einen sind bestimmte Grundrechte in der Charta nicht enthalten, gelten aber als allgemeine Rechtsgrundsätze. Ein wichtiges Beispiel ist die allgemeine Handlungsfreiheit (vgl z. B. EuGH, Rs. C-94/00, Slg. 2002, S. I-9011 Rn. 27 – *Roquette Frères*). Zum anderen kann die Rechtsprechung zu den Grundrechten aus allgemeinen Rechtsgrundsätzen auch bei der Auslegung von Charta-Grundrechten nutzbar gemacht werden. Soweit in der Charta Grundrechte anerkannt werden, wie sie sich (auch) aus den gemeinsamen Verfassungsüberlieferungen der Mitgliedstaaten ergeben, sind sie nämlich – wie ausgeführt – gem. Art. 52 IV GRCh im Einklang mit diesen Überlieferungen auszulegen.

## 4. Europäische Menschenrechtskonvention (EMRK)

### 790.

Die EMRK im Allgemeinen wurde bereits oben ausführlich behandelt (Nr. 13 ff.). Für die EU-Grundrechte hat sie derzeit noch primär als Rechtsinhaltsquelle der Grundrechte auf der Basis allgemeiner Rechtsgrundsätze (vgl. Art. 6 III EUV) Bedeutung. Zum anderen finden derzeit die Verhandlungen für den Beitritt der EU zur EMRK gem. Art. 6 II EUV statt. Sobald dieser erfolgt ist, wird es möglich sein, Akte der EU, d. h. insbes. auch Urteile des EuGH, im Lichte der EMRK-Grundrechte durch den Europäischen Gerichtshof für Menschenrechte (EGMR) überprüfen zu lassen (oben Nr. 17). Hat der EGMR Akte der EU bislang überhaupt nicht zur Überprüfung angenommen?

Der EGMR hat eine Überprüfung von Akten der EU/EG im Lichte der EMRK-Grundrechte bislang grds. abgelehnt, da die EU/EG nicht Mitglied der EMRK ist/war. Lediglich mittelbar hat er EU-/EG-Recht in einzelnen Fällen im Lichte der EMRK überprüft. Dahinter stand die Erwägung, dass es nicht mit der EMRK vereinbar wäre, wenn sich die Vertragsstaaten durch eine Übertragung bestimmter Tätigkeitsbereiche auf die EU in den entsprechenden Bereichen ihrer Verantwortung zum Schutz der Rechte der EMRK entziehen könnten (dazu näher *Haratsch/Koenig/Pechstein*, Rn. 692 m. w. Nw.).

### 791.

Welche Besonderheit besteht, wenn dem EGMR ein Gesetz (oder eine andere Maßnahme) eines Mitgliedstaates, das der Umsetzung von Unionsrecht dient, welches den Mitgliedstaaten keinen Gestaltungsspielraum lässt, zur Überprüfung vorgelegt wird?

Umsetzungsakte der Mitgliedstaaten der EU, die zugleich alle Vertragsstaaten der EMRK sind, kann der EGMR grds. überprüfen. Allerdings hat er in seiner *Bosphorus Airways*-Entscheidung eine eigene Solange-Rechtsprechung begründet: Danach besteht bei Maßnahmen von EU-Mitgliedstaaten, die der Umsetzung von Unionsrecht dienen, das den Mitgliedstaaten keinen Gestaltungsspielraum lässt, eine Vermutung, dass daraus resultierende Grundrechtseingriffe durch die Maßnahmen der Mitgliedstaaten gerechtfertigt sind, „solange" die EU über einen Grundrechtsschutz verfügt, der in der verfahrensmäßigen Ausgestaltung und im materiellen Schutzniveau dem Niveau der EMRK mindestens gleichwertig ist (EGMR, Beschwerde Nr. 45036/98, Rn. 155, NJW 2006, 197 – *Bosphorus Airways;* dazu auch die Falllösung von *Ehlers,* in: Ehlers, Europäische Grundrechte, § 2 Rn. 39, 47).

**792.**

Überprüft der EGMR danach entsprechende Maßnahmen von EU-Mitgliedstaaten – ähnlich wie das BVerfG – nur dann wieder, wenn der Beschwerdeführer ein strukturelles Grundrechtsgewährleistungsdefizit oder dergleichen
auf der Ebene der EU nachweisen kann?

Nein, nach der Rechtsprechung des EGMR genügt es, wenn im konkreten Einzelfall
nachgewiesen wird, dass der Schutz der EMRK-Rechte durch die EU offensichtlich
ungenügend war (EGMR, Beschwerde Nr. 45036/98, Rn. 156, NJW 2006, 197 –
*Bosphorus Airways*).

## 5. Grundrechtsdogmatik, Grundrechtsprüfung

**793.**

Welche Funktionen besitzen EU-Grundrechte?

EU-Grundrechte sind überwiegend **Freiheitsrechte** und dienen damit i. S. d. klassischen liberalen Grundrechtsfunktion der Abwehr von Eingriffen in die Freiheit der
Personen, die dem Unionsrecht unterworfen sind, durch die Union, aber auch die
Mitgliedstaaten, soweit diese Unionsrecht vollziehen. Daneben gibt es einen großen
Bestand an allgemeinen und speziellen **Gleichheitsrechten,** die auf eine Gleichbehandlung der dem Unionsrecht Unterworfenen abzielen. Gleichheitsrechte können
dogmatisch auch als Abwehrrechte verstanden werden, die vor einem Eingriff in den
gleichheitsgewährenden Schutzbereich schützen. Eine zunehmende Bedeutung besitzen **Leistungsrechte,** die aber oft – wie oben beschrieben – als bloße Grundsätze
ausgestaltet sind, welche der Konkretisierung in unionsrechtlichen oder mitgliedstaatlichen Vorschriften bedürfen. Daneben sind **politische Teilhaberechte** wie das
aktive und passive Wahlrecht bei Wahlen zum Europäischen Parlament und die in
der Praxis besonders bedeutsamen **Verfahrensrechte** wie das Recht auf Gewährung
effektiven Rechtsschutzes oder das Recht auf rechtliches Gehör zu nennen.

Neben diesen subjektiv-rechtlichen Funktionen haben EU-Grundrechte zugleich die
Funktion **objektiver Rechtssätze,** deren Gehalt bspw. bei der Setzung und dem
Vollzug sekundären Unionsrechts zu beachten ist (*Ehlers*, in: Ehlers, Europäische
Grundrechte, § 14 Rn. 39). Sind sog. Grundsätze nach dem oben Ausgeführten per
se objektive Rechtssätze, hat der EuGH auch subjektiven Rechten eine objektivrecht-
liche Dimension beigemessen. So hat er etwa die Medienvielfalt als vom Grundrecht
der Meinungsfreiheit geschützt angesehen: *„Die Aufrechterhaltung der Medienvielfalt
kann ein zwingendes Erfordernis darstellen, das eine Beschränkung des freien Waren-
verkehrs rechtfertigt. Diese Vielfalt trägt nämlich zur Wahrung des Rechts der freien
Meinungsäußerung bei, das durch Artikel 10 [EMRK] geschützt ist und zu den von der
Gemeinschaftsrechtsordnung geschützten Grundrechten gehört"* (EuGH, Rs. C-368/95,
Slg. 1997, S. I-3689 Rn. 18 – *Familiapress*). In diesem Zitat aus der *Familiapress*-
Entscheidung des EuGH klingt auch eine weitere, spezielle Funktion von EU-
Grundrechten an, nämlich die Möglichkeit, diese zur **Rechtfertigung von Eingrif-**

**fen in Grundfreiheiten** aus Art. 28 ff. AEUV heranzuziehen (EuGH, Rs. C-112/00, Slg. 2003, S. I-5659 Rn. 74 – *Schmidberger;* dazu unten Nr. 854 f.).

## 794.

**Welche Folgen hat es, wenn eine Maßnahme der EU oder eines Mitgliedstaates gegen EU-Grundrechte verstößt?**

Die Maßnahme der EU oder des Mitgliedstaates ist rechtswidrig. Bei offensichtlichem und schwerwiegendem Rechtsverstoß kommt auch Nichtigkeit in Betracht (vgl. *Ehlers,* in: Ehlers, Europäische Grundrechte, § 14 Rn. 40). Verstößt die Maßnahme gegen eine drittschützende Norm des EU-Rechts, ist bei Maßnahmen der EU sowie der EZB eine Haftung gem. Art. 340 II, III AEUV und bei Maßnahmen der Mitgliedstaaten eine Haftung aus dem unionsrechtlichen Staatshaftungsanspruch (oben Nr. 569 ff.) möglich.

## 795.

**Wer kann sich auf EU-Grundrechte berufen?**

Träger der EU-Grundrechte sind nicht nur Unionsbürgerinnen und Unionsbürger, sondern **grds. alle Menschen** (*Ehlers,* in: Ehlers, Europäische Grundrechte, § 14 Rn. 42). Z. T. kommt dies ausdrücklich im Wortlaut zum Ausdruck (z. B. Art. 2 I GRCh: *„Jeder Mensch* hat das Recht auf Leben"; Art. 5 I GRCh: *„Niemand* darf in Sklaverei oder Leibeigenschaft gehalten werden"; Art. 15 I GRCh: *„Jede Person* hat das Recht zu arbeiten [...].") Umgekehrt stehen bestimmte Rechte aber ausdrücklich nur Unionsbürgerinnen und Unionsbürgern zu (z. B. Art. 39 I, 40 GRCh).

## 796.

**Können sich auch juristische Personen auf EU-Grundrechte berufen?**

Der Gerichtshof der EU hat von Beginn seiner Grundrechtsrechtsprechung an juristische Personen des Privatrechts als Träger von EU-Grundrechten behandelt, soweit diese auf sie passen (vgl z. B. bereits EuGH, Rs. 11/70, Slg. 1970, S. 1125 Rn. 4 ff. – *Internationale Handelsgesellschaft).*

## 797.

**Ist eine deutsche Gemeinde Trägerin von EU-Grundrechten?**

Eine deutsche Gemeinde ist eine Körperschaft des öffentlichen Rechts, also eine juristische Person des öffentlichen Rechts (vgl. dazu *Will,* Allgemeines Verwaltungsrecht, 2012, Nr. 87 f.). Staatliche Organisationseinheiten und Personengruppen sind ebenso wie Organe, Einrichtungen und sonstige Stellen der EU grds. nicht Träger von EU-Grundrechten (vgl. *Ehlers,* in: Ehlers, Europäische Grundrechte, § 14 Rn. 44). Eine grds. Ausnahme gilt insofern – ähnlich wie im deutschen Recht – allerdings für Verfahrensgrundrechte, auf die sich auch juristische Personen des öffentlichen Rechts etc. berufen können.

## 798.

**Kann die mögliche Verletzung eines EU-Grundrechts in den aus dem deutschen Recht gewohnten Prüfungsschritten der Schutzbereichseröffnung, des Eingriffs und der Rechtfertigung geprüft werden?**

Die drei Ebenen der Schutzbereichseröffnung, des Eingriffs und der Rechtfertigung sind grds. auch bei EU-Grundrechten zielführend und können daher der Prüfung einer möglichen Verletzung von EU-Grundrechten zugrunde gelegt werden. Zu beachten ist, dass der Gerichtshof der EU eine uneinheitliche Terminologie verwendet (vgl. näher *Ehlers,* in: Ehlers, Europäische Grundrechte, § 14 Rn. 60 ff.). Zudem ist die Argumentation des Gerichtshofs der EU auch im Bereich der Grundrechte oft eher ergebnisorientiert als systematisch, so dass die einzelnen Prüfungsstufen nicht selten vermengt werden.

## 799.

Die *Volker und Markus Schecke GbR* (S-GbR), die in Hessen einen landwirtschaftlichen Betrieb unterhielt, und der in Hessen wohnhafte *Hartmut Eifert* (E) hatten für das Wirtschaftsjahr 2008 bei der zuständigen lokalen Behörde Anträge auf Agrarbeihilfen aus dem Europäischen Garantiefonds für die Landwirtschaft (EGFL) oder dem Europäischen Landwirtschaftsfonds für die Entwicklung des ländlichen Raums (ELER) gestellt, denen mit Bescheiden vom 5.12.2008 und 31.12.2008 entsprochen wurde. In beiden Fällen enthielt das Antragsformular den Hinweis: *„Mir ist bekannt, dass nach Art. 44a VO Nr. 1290/2005 vorgeschrieben ist, Informationen über die Empfänger von EGFL- und ELER-Mitteln sowie die Beträge, die jeder Begünstigte erhalten hat, zu veröffentlichen. Die Veröffentlichung betrifft alle Maßnahmen, die im Zusammenhang mit dem gemeinsamen Antrag [...] beantragt werden und erfolgt alljährlich bis spätestens zum 31. März des Folgejahres."* Nach den einschlägigen Verordnungen 1290/2005/EG und 259/2008/EG waren u. a. Name, Wohnort und Postleitzahl sowie die Höhe der Subvention im Internet zu veröffentlichen. Aus dem 14. Erwägungsgrund von VO 1437/2007 zur Änderung der VO 1290/2005 und aus dem 6. Erwägungsgrund der VO 259/2008 ging hervor, dass die Veröffentlichung der Namen der Empfänger von EGFL- und ELER-Mitteln sowie der erhaltenen Beträge darauf abzielt, die Transparenz in Bezug auf die Verwendung der Gemeinschaftsmittel in der Gemeinsamen Agrarpolitik (GAP) zu erhöhen und insbes. durch eine stärkere öffentliche Kontrolle der verwendeten Mittel die Wirtschaftlichkeit der Haushaltsführung dieser Fonds zu verbessern.

Die S-GbR und E klagten im September bzw. Dezember 2008 vor dem VG Wiesbaden gegen das Land Hessen mit dem Ziel, die Veröffentlichung ihrer Daten zu verhindern. Die Veröffentlichung der ihnen aus dem EGFL oder dem ELER gewährten Beträge greife in ihre Grundrechte ein und sei nicht durch überwiegende Allgemeininteressen gerechtfertigt. Sie beantragten, das Land Hessen zu verpflichten, die Weitergabe oder Veröffentlichung dieser Daten zu unterlassen bzw. zu untersagen. Ist durch die einschlägigen Regelungen der Verordnungen 1290/2005/EG und 259/2008/EG der **persönliche Schutzbereich** des Grundrechts aus Art. 8 I (und Art. 7) GRCh für die S-GbR und E eröffnet? (Angelehnt an: EuGH, verb. Rs. C-92/09 und C-93/09, Slg. 2010, S. I-11063 – *Schecke GbR und Eifert*)

Zu prüfen ist, ob der **persönliche Schutzbereich** von Art. 8 I GRCh für die S-GbR und E eröffnet ist. Dies ist der Fall, wenn die S-GbR und E Träger dieses Grundrechts sind. Der EuGH stellt in seinen Vorbemerkungen im Urteil in dieser Rechtssache fest, dass Art. 8 I GRCh, nach dem jede Person das Recht auf Schutz der sie betreffenden personenbezogenen Daten hat, in engem Zusammenhang mit dem in Art. 7 GRCh verankerten Recht auf Achtung des Privatlebens steht, und prüft daher in der Folge beide Grundrechte zusammen (EuGH, a. a. O., Rn. 47). Art. 8 I, Art. 7 GRCh räumen jeder Person das Recht auf Schutz der sie betreffenden personenbezogenen Daten ein. E als natürliche Person ist ohne Weiteres Träger dieser Grundrechte. Bei der S-GbR als Gesellschaft bürgerlichen Rechts ist hingegen fraglich, ob sie sich auf den Schutz „personenbezogener" Daten bzw. auf die Achtung ihres „Privatlebens" berufen kann. Wäre dies bei einer juristischen Person grds. fraglich, ist vorliegend zu bedenken, dass hinter der S-GbR als Personengesellschaft zwei natürliche Personen stehen, deren personenbezogene Daten schon aus dem Grund betroffen sein können, dass sie im Namen der S-GbR genannt werden. Der EuGH hat insofern allgemeiner formuliert, dass sich eine juristische Person (nur) dann auf den durch die Art. 7 und 8 GRCh verliehenen Schutz berufen kann, *„soweit der Name der juristischen Person eine oder mehrere natürliche Personen bestimmt"* (EuGH, a. a. O., Rn. 52 f.). Da dies bei der S-GbR der Fall ist, ist sie Trägerin der Grundrechte aus Art. 7, Art. 8 I GRCh. Der persönliche Schutzbereich dieser Grundrechte ist somit für die S-GbR und für E eröffnet.

---

**800.**

Ist auch der sachliche Schutzbereich eröffnet?

---

Auch der **sachliche Schutzbereich** müsste eröffnet sein. In sachlicher Hinsicht umfasst der Schutz nach Art. 8 I i. V. m. 7 I GRCh die Achtung des Privatlebens bei der Verarbeitung personenbezogener Daten bzgl. jeder Information, die eine bestimmte oder bestimmbare natürliche Person betrifft (vgl. EuGH, a. a. O., Rn. 52). Hier bestand eine Pflicht aus den einschlägigen Verordnungen 1290/2005/EG und 259/2008/EG zur Veröffentlichung u. a. des Namens und des Wohnortes von Subventionsempfängern sowie der Höhe der Subvention. Name und Wohnort sind grds. personenbezogene Daten. Die Höhe der einer bestimmten, identifizierbaren Person gewährten Subvention, die zu deren Lebensunterhalt beiträgt, ist ebenfalls ein persönliches Datum. Der Umstand, dass sich die veröffentlichten Daten auf berufliche Tätigkeiten beziehen, ändert daran nichts. Der EuGH verweist insoweit auf die Auslegung von Art. 8 EMRK durch den EGMR, nach welcher der Begriff „Privatleben" nicht eng ausgelegt werden dürfe und es grds. nicht in Betracht komme, berufliche Tätigkeiten vom Begriff des Privatlebens auszunehmen (EuGH, a. a. O., Rn. 59). Der sachliche Schutzbereich von Art. 8 I i. V. m. Art. 7 I GRCh ist daher durch die Regelungen der einschlägigen Verordnungen 1290/2005/EG und 259/2008/EG eröffnet.

**801.**

**Greifen die einschlägigen Regelungen der Verordnungen 1290/2005/EG und 259/2008/EG in den Schutzbereich der Grundrechte aus Art. 8 I i. V. m. 7 I GRCh ein?**

Zu prüfen ist, ob ein **Eingriff** in den Schutzbereich der Grundrechte aus Art. 8 I i. V. m. 7 I GRCh vorliegt. Ein Eingriff ist jede Verkürzung des Schutzbereichs durch eine Maßnahme der EU oder eine staatliche Maßnahme. Hier liegt in der Verpflichtung zur Veröffentlichung personenbezogener Daten wie des Namens und der Adresse sowie der Höhe der Subvention, die einen erheblichen Teil des Einkommens eines Landwirts ausmachen kann, durch die Verordnungen 1290/2005/EG und 259/2008/EG, als Rechtsakten der EG/EU, eine Beeinträchtigung und damit Verkürzung des Schutzbereichs der Rechte der S-GbR und des E auf den Schutz ihrer personenbezogenen Daten sowie die Achtung ihres Privatlebens aus Art. 8 I i. V. m. 7 I GRCh (vgl. EuGH, a. a. O., Rn. 58). Damit ist ein Eingriff in diese Grundrechte gegeben.

**802.**

**Können Eingriffe in Grundrechte der EU-Grundrechtecharta gerechtfertigt sein?**

Ja, aus Art. 52 I GRCh ergibt sich, dass Eingriffe in Grundrechte der Charta grds. gerechtfertigt sein können (vgl. EuGH, verb. Rs. C-92/09 und C-93/09, Slg. 2010, S. I-11063 Rn. 50 – *Schecke GbR und Eifert; Jarass*, Art. 52 Rn. 21). Dies schließt allerdings nicht aus, dass es auch in der Charta vorbehaltlos gewährte Grundrechte geben kann wie etwa die Menschenwürde aus Art. 1 GRCh (*Ehlers*, in: Ehlers, Europäische Grundrechte, § 14 Rn. 65 f.).

**803.**

**Welche Anforderungen stellt die Grundrechtecharta an eine Rechtfertigung?**

Nach der allgemeinen Schrankenregelung des Art. 52 I GRCh muss die „Einschränkung" **gesetzlich vorgesehen** sein, *„den* **Wesensgehalt** *dieser Rechte und Freiheiten achten und unter Wahrung des Grundsatzes der* **Verhältnismäßigkeit** *erforderlich [sein] und den von der Union anerkannten* **dem Gemeinwohl dienenden Zielsetzungen** *oder den Erfordernissen des Schutzes der Rechte und Freiheiten anderer tatsächlich entsprechen"* (EuGH, verb. Rs. C-92/09 und C-93/09, Slg. 2010, S. I-11063 Rn. 50, 65 – *Schecke GbR und Eifert*).

## 804.

**Ist die Einschränkung der Grundrechte aus Art. 8 I i. V. m. 7 I GRCh im vorliegenden Fall „gesetzlich vorgesehen"?**

Die Veröffentlichung der relevanten Daten ist in (Art. 1 I und Art. 2) VO Nr. 259/ 2008 geregelt. Als Gesetz i. S. d. Art. 52 I GRCh sind jedenfalls Verordnungen und Richtlinien der EU sowie Regelungen des Primärrechts anzusehen. Die Einschränkung der Grundrechte ist hier in einer Verordnung der EG/EU, mithin gesetzlich vorgesehen (EuGH, verb. Rs. C-92/09 und C-93/09, Slg. 2010, S. I-11063 Rn. 66 – *Schecke GbR und Eifert*).

## 805.

**Entspricht der Eingriff einer von der Union anerkannten dem Gemeinwohl dienenden Zielsetzung i. S. d. Art. 52 I GRCh?**

Hier kommt als solche von der Union anerkannte dem Gemeinwohl dienende Zielsetzung i. S. d. Art. 52 I GRCh u. a. der **Transparenzgrundsatz** in Betracht, der in Art. 1 II und Art. 10 III EUV sowie in Art. 15 AEUV verankert ist. Er ermöglicht eine bessere Beteiligung der Bürger am Entscheidungsprozess und gewährleistet eine größere Legitimität, Effizienz und Verantwortung der Verwaltung gegenüber dem Bürger in einem demokratischen System (vgl. EuGH, verb. Rs. C-92/09 und C-93/ 09, Slg. 2010, S. I-11063 Rn. 68 – *Schecke GbR und Eifert*). Er ist damit grds. als von der Union anerkannte dem Gemeinwohl dienende Zielsetzung i. S. d. Art. 52 I GRCh anzusehen. Wie sich aus dem 14. Erwägungsgrund von VO 1437/2007 zur Änderung der VO 1290/2005 und aus dem 6. Erwägungsgrund der VO 259/2008 ergibt, zielte die Pflicht zur Veröffentlichung der Namen der Empfänger von EGFL- und ELER-Mitteln sowie der Beträge, die sie aus diesen Fonds erhalten, darauf ab, die Transparenz bei der Verwendung der Gemeinschaftsmittel in der Gemeinsamen Agrarpolitik zu erhöhen und insbes. durch eine stärkere öffentliche Kontrolle der verwendeten Mittel die Wirtschaftlichkeit der Haushaltsführung dieser Fonds zu verbessern. Somit diente der Eingriff vorliegend der Förderung der Transparenz und damit eng verbunden einer angemessenen bzw. bestmöglichen Mittelverwendung, die ebenfalls eine von der Union anerkannte dem Gemeinwohl dienende Zielsetzung i. S. d. Art. 52 I GRCh ist (vgl. EuGH, a. a. O., Rn. 69 ff.).

**806.**

**Ist der Eingriff auch verhältnismäßig?**

Der Grundsatz der Verhältnismäßigkeit, der zu den allgemeinen Grundsätzen des Unionsrechts gehört, verlangt zunächst, dass die von einem Unionsrechtsakt eingesetzten Mittel zur Erreichung des verfolgten Ziels geeignet sind und nicht über das dazu Erforderliche hinausgehen (EuGH, verb. Rs. C-92/09 und C-93/09, Slg. 2010, S. I-11063 Rn. 68 – *Schecke GbR und Eifert).* Fraglich ist also, ob die Pflicht zur Veröffentlichung der relevanten Daten **geeignet** ist, die Transparenz und die angemessene Verwendung öffentlicher Mittel zu fördern. Die Pflicht zur Veröffentlichung der Daten der Empfänger und der genauen Beträge, die sie aus dem EGFL und dem ELER erhalten haben, im Internet stärkt die öffentliche Kontrolle der Verwendung der betreffenden Beträge und leistet einen Beitrag zur bestmöglichen Verwendung öffentlicher Mittel (EuGH, a. a. O., Rn. 75). Sie ist damit geeignet, diese Zwecke zu fördern.

Zu prüfen ist, ob sie auch zur Zweckverfolgung **erforderlich** ist. Dies ist der Fall, wenn es kein weniger in die Grundrechte der Betroffenen eingreifendes Mittel gibt, das die angestrebten Zwecke genauso effektiv fördert. Zu denken wäre hier an eine Veröffentlichungspflicht, die auf Empfänger beschränkt wäre, die einen bestimmten Schwellenwert überschreitende Beihilfen erhalten. Zwar griffe dies weniger in die Grundrechte von Kleinempfängern ein, jedoch würde dies dem Steuerzahler kein wirklichkeitsgetreues Bild der Gemeinsamen Agrarpolitik vermitteln. *„Dieser hätte nämlich den Eindruck, dass es nur ‚Großempfänger‘ von Beihilfen aus den betreffenden Landwirtschaftsfonds gebe, während doch die ‚Kleinempfänger‘ sehr zahlreich seien"* (EuGH, a. a. O., Rn. 78). Möglich wäre auch, die Pflicht zur Veröffentlichung auf juristische Personen zu beschränken. Doch würde dies wiederum kein wirklichkeitsgetreues Bild vermitteln, da zu den größten Empfängern von Agrarbeihilfen auch natürliche Personen zählen (vgl. EuGH, a. a. O., Rn. 78). Auch dabei handelt es sich daher nicht um eine Alternativmaßnahme, die weniger in die betroffenen Grundrechte aus Art. 8 I i. V. m. 7 I GRCh eingriffe, aber die Zwecke der Transparenz und der angemessenen bzw. bestmöglichen Mittelverwendung genauso effektiv fördern würde.

**807.**

**Wie wäre die mögliche Alternative einer** *„Beschränkung der Veröffentlichung von Daten unter namentlicher Nennung der Empfänger nach Maßgabe der Zeiträume, während deren sie Beihilfen erhalten haben, der Häufigkeit oder auch von Art und Umfang dieser Beihilfen"* **im Licht der Verhältnismäßigkeit zu beurteilen (vgl. EuGH, verb. Rs. C-92/09 und C-93/09, Slg. 2010, S. I-11063 Rn. 81 –** *Schecke GbR und Eifert)?*

Der EuGH hat die Verhältnismäßigkeit der Veröffentlichungspflicht letztlich genau aus dem Grund verneint, dass die Organe der EU/EG beim Erlass der Verordnungen *„im Rahmen einer ausgewogenen Gewichtung der verschiedenen beteiligten Interessen* *[hätten] prüfen müssen, ob eine eingeschränkte namentliche Veröffentlichung wie die [genannte] nicht ausreichend gewesen wäre, um die Ziele der in den Ausgangsverfahren in Rede stehenden Unionsrechtsvorschriften zu erreichen. Es ist insbesondere nicht ersichtlich, dass eine solche Beschränkung, die einige der betroffenen Empfänger vor einem Eingriff in ihr Privatleben bewahren würde, dem Bürger nicht ein hinreichend wirklichkeitsgetreues Bild der aus dem EGFL und dem ELER gezahlten Beihilfen vermitteln und zugleich die Erreichung der Ziele der in Rede stehenden Vorschriften ermöglichen würde"* (EuGH, a. a. O., Rn 83).

## 808.

**Bei welchem der verschiedenen Elemente des Verhältnismäßigkeitsgrundsatzes verortet der EuGH dieses Argument?**

Bei der **Angemessenheit:** Maßnahmen, die zur Zweckverfolgung geeignet und erforderlich sind, müssen auch angemessen sein, um dem Grundsatz der Verhältnismäßigkeit zu genügen. Dies ist vorliegend der Fall, wenn das Interesse der Union, die Transparenz ihrer Handlungen und eine bestmögliche Verwendung öffentlicher Mittel zu gewährleisten, auf der einen und die Verletzung des Rechts der betroffenen Empfänger auf Achtung ihres Privatlebens im Allgemeinen und auf Schutz ihrer personenbezogenen Daten im Besonderen auf der anderen Seite ausgewogen gewichtet worden sind (vgl. EuGH, a. a. O., Rn. 77). Bei der danach gebotenen Abwägung stellt der EuGH vorliegend darauf ab, dass die Organe der EU diesen Aspekt *„im Rahmen einer ausgewogenen Gewichtung der verschiedenen beteiligten Interessen [hätten] prüfen müssen"* (EuGH, a. a. O., Rn. 83). Dogmatisch hätte indes viel dafür gesprochen, die mildere Alternativregelung, um die es hier geht, bereits bei der Erforderlichkeit zu berücksichtigen. Dies erklärt vielleicht auch, warum der EuGH vorliegend nicht klar zwischen Erforderlichkeit und Angemessenheit trennt (vgl. EuGH, a. a. O., Rn. 77 ff.). Insgesamt ist die Verpflichtung zur Veröffentlichung der relevanten Daten damit jedenfalls unverhältnismäßig.

## 809.

**Waren die relevanten Vorschriften der Verordnungen 1290/2005 und 259/2008 damit insgesamt unangemessen und unverhältnismäßig und folglich insgesamt für ungültig zu erklären?**

Nein, der EuGH hat danach differenziert, ob natürliche oder juristische Personen betroffen sind. Soweit natürliche Personen betroffen seien, sei die Regelung unverhältnismäßig. Soweit juristische Personen betroffen seien, sei die Regelung hingegen verhältnismäßig: *„Die Verletzung des Rechts auf Schutz der personenbezogenen Daten hat nämlich bei juristischen Personen ein anderes Gewicht als bei natürlichen Personen. Juristische Personen unterliegen insoweit bereits einer erweiterten Verpflichtung zur Veröffentlichung ihrer Daten. Im Übrigen würde die Verpflichtung der zuständigen nationalen Behörden, vor der Veröffentlichung der in Rede stehenden Daten bei jeder juristischen Person, die Empfänger von EGFL- und ELER-Mitteln ist, zu prüfen, ob deren Name* *natürliche Personen bestimmt, diesen Behörden eine unverhältnismäßige Verwaltungslast aufbürden"* (EuGH, a. a. O., Rn. 87). Die relevanten Vorschriften der VOen 1290/2005 und 259/2008 waren daher im Ergebnis für ungültig zu erklären, *„soweit diese Bestimmungen bei natürlichen Personen, die Empfänger von EGFL- und ELER-Mitteln sind, die Veröffentlichung personenbezogener Daten hinsichtlich aller Empfänger vorschreiben, ohne nach einschlägigen Kriterien wie den Zeiträumen, während deren sie solche Beihilfen erhalten haben, der Häufigkeit oder auch Art und Umfang dieser Beihilfen zu unterscheiden"* (EuGH, a. a. O., Rn. 89).

## IX. Grundfreiheiten

### 1. Allgemeines

**810.**

Welche fünf Grundfreiheiten bilden das „Rückgrat" des EU-Binnenmarktes, so dass sie auch als Marktfreiheiten bezeichnet werden?

Die Warenverkehrsfreiheit (Art. 28 ff. AEUV), die Arbeitnehmerfreizügigkeit (Art. 45 ff. AEUV), die Niederlassungsfreiheit für Selbstständige (Art. 49 ff. AEUV), die Dienstleistungsfreiheit für die grenzüberschreitende Erbringung von Dienstleistungen (Art. 56 ff. AEUV) und die Kapital- sowie Zahlungsverkehrsfreiheit (Art. 63 ff. AEUV).

**811.**

Welches ökonomische Ziel verfolgen die Grundfreiheiten?

Indem die Grundfreiheiten für die von ihnen erfassten wesentlichen Markt- und Produktionsfaktoren Hindernisse eines grenzüberschreitenden Verkehrs zwischen den Mitgliedstaaten beseitigen sollen, zielen sie auf die Verwirklichung eines Marktes ohne Grenzen zwischen den Mitgliedstaaten ab. Dieser soll nach der ökonomischen Theorie durch optimale Allokation von Ressourcen eine Optimierung des Wohlstands für alle EU-Bürgerinnen und EU-Bürger herbeiführen.

**812.**

Genügt es für die Herstellung des Binnenmarktes, mittels der Grundfreiheiten alle Hemmnisse eines grenzüberschreitenden Austauschs der relevanten Faktoren (Waren etc.) zwischen den Mitgliedstaaten aufzuheben?

Nein, einem optimalen Binnenmarkt, in dem die jeweiligen Markt- und Produktionsfaktoren tatsächlich dahin fließen, wo sie im Sinne der ökonomischen Theorie den größten Nutzen stiften, stehen neben den Hemmnissen, welche die Grundfreiheiten ausschließen sollen, viele weitere Hindernisse entgegen. So behindern bspw. auch unterschiedliche technische Standards (bspw. Fernsehsysteme) oder unterschiedliche rechtliche Regeln (z. B. Anforderungen an die Ausübung eines bestimmten Berufs im Bereich der Arbeitnehmerfreizügigkeit oder Widerrufsrechte für Versicherungsverträge im Bereich der Dienstleistungsfreiheit) in den verschiedenen Mitgliedstaaten die Verwirklichung des Binnenmarktes.

**813.**

**Auf welche Weise werden solche Hemmnisse für den EU-Binnenmarkt beseitigt?**

In erster Linie durch Harmonisierung des Rechts der Mitgliedstaaten mittels EU-Richtlinien. Insofern lässt sich von einer positiven Integration im Gegensatz zu der durch die Grundfreiheiten bewirkten negativen Integration sprechen.

**814.**

**Bedeutet dies, dass die positive Integration durch Rechtsharmonisierung selbstständig neben der negativen Integration durch die Grundfreiheiten steht?**

Nein, Rechtsharmonisierung steht oft in engem Zusammenhang mit den Grundfreiheiten und zielt insofern wie diese auf die vollständige Beseitigung entsprechender Binnenmarkthemmnisse ab. Dies ist z. B. schon aus dem Grund erforderlich, dass die Grundfreiheiten selbst nicht alle Hemmnisse beseitigen, da bestimmte in sie eingreifende Regelungen der Mitgliedstaaten gerechtfertigt sein können. Insofern können Richtlinien daher z. B. die in die Grundfreiheiten eingreifenden, aber aus Gemeinwohlerwägungen gerechtfertigten Regelungen standardisieren, welche die Staaten ansonsten individuell erlassen dürften. Oft knüpfen Harmonisierungsrichtlinien eng an die Grundfreiheiten an und wiederholen z. T. sogar deklaratorisch deren Regelungen. Daneben enthalten sie aber auch selbstständige Vorschriften wie die soeben erwähnten.

**815.**

**Weisen alle Grundfreiheiten, so wie sie im AEU-Vertrag formuliert sind, eine vergleichbare dogmatische Struktur auf oder gibt es hier wesentliche Unterschiede?**

Ein Blick auf die Regelungen im AEUV macht deutlich, dass die Mitgliedstaaten die Grundfreiheiten z. T. sehr unterschiedlich konzipiert haben (*Herdegen*, § 14 Rn. 3). So besitzt nach dem Vertragstext etwa bei der Arbeitnehmerfreizügigkeit das Diskriminierungsverbot Bedeutung (Art. 45 II AEUV), während es z. B. bei der Warenverkehrsfreiheit (Art. 28 ff. AEUV) keine Erwähnung findet und hier schon vom Wortlaut her ein Verbot aller sachlich nicht gerechtfertigten Beschränkungen intendiert ist (Art. 30, 34 f. AEUV). Insofern wird daher von einem Beschränkungsverbot gesprochen.

**816.**

**Bedeutet dies, dass die einzelnen Grundfreiheiten dogmatisch völlig unterschiedliche Strukturen aufweisen und daher auch in einer Fallbearbeitung in stark voneinander abweichenden Schemata zu prüfen sind?**

War dies ursprünglich durchaus der Fall, hat der Gerichtshof der EU in einer Reihe von Entscheidungen die v. a. anhand des weit gefassten Beschränkungsverbots der Warenverkehrsfreiheit entwickelten Strukturen nach und nach auch auf die anderen Grundfreiheiten übertragen. Heute lässt sich daher von einer gemeinsamen Grundstruktur bzw. einer Konkordanz der Grundfreiheiten sprechen (vgl. dazu etwa *Haratsch/Koenig/Pechstein*, Rn. 788 ff.).

### 817.

**Skizzieren Sie die wesentlichen Schritte einer Prüfung, ob eine Grundfreiheit verletzt worden ist!**

**Schutzbereich**

1. **Keine abschließende Harmonisierung durch Sekundärrecht**
2. **Sachlicher Schutzbereich** (der jeweiligen Grundfreiheit)
3. **Persönlicher Schutzbereich** (der jeweiligen Grundfreiheit)
4. **Grenzüberschreitender Bezug**

**Eingriff**

5. **Maßnahme eines Verpflichtungsadressaten** (v. a. Mitgliedstaaten, ggf. auch EU, z. T. auch Private)
6. **Offene (unmittelbare) oder versteckte (mittelbare) Diskriminierung aus Gründen der Staatsangehörigkeit**
7. **Beschränkung des Marktzugangs** (Beeinträchtigungsverbot) – ggf. ausgeschlossen, wenn es sich um eine marktzugangsneutrale Regelung handelt *(Keck)*

**Rechtfertigung**

8. **Eingreifen eines Rechtfertigungsgrundes** (und deren spezifische Voraussetzungen)
   a) **Vertragliche Rechtfertigungsgründe** (z. B. Art. 36 AEUV)
   b) **Ungeschriebene Rechtfertigungsgründe** *(Cassis/Gebhard):* Zwingende Gründe des Allgemeininteresses/Allgemeinwohls (grds. nicht bei offenen Diskriminierungen)
   c) **Rechtfertigung wegen unionsrechtlichen Grundrechtsschutzes Dritter** *(Schmidberger)*
9. jeweils: **Verhältnismäßigkeit**

### 818.

**Warum ist zunächst zu prüfen, ob der fragliche Sachbereich bereits abschließend durch EU-Sekundärrecht harmonisiert wurde?**

Ist der relevante Sachbereich bereits abschließend, d. h. vollständig, durch Sekundärrecht harmonisiert worden, ergibt sich die Zulässigkeit einer (insbes. staatlichen)

Maßnahme aus der Anwendung des einschlägigen Sekundärrechts. Der Gerichtshof der EU überprüft daher eine Maßnahme nicht im Lichte der primärrechtlichen Grundfreiheiten, wenn der Bereich abschließend harmonisiert wurde (vgl. etwa EuGH, Rs. C-470/03, Slg. 2007, S. I-2749 Rn. 50 – *A. G. M.-COS.MET).*

**819.**

**Wie sollte bei der Prüfung dieses Merkmals vorgegangen werden?**

Von Prüflingen z. B. einer juristischen (Staats-)Prüfung kann nicht verlangt werden, dass sie umfassend über den Stand der Harmonisierung durch EU-Recht informiert sind. Ergeben sich daher aus dem Sachverhalt keine Indizien, die für eine umfassende Harmonisierung sprechen, kann unterstellt werden, dass der relevante Bereich noch nicht umfassend durch Sekundärrecht harmonisiert worden ist.

**820.**

**Z. T. wird im Anschluss an die Eröffnung des sachlichen Schutzbereichs auch geprüft, ob der räumliche und der zeitliche Schutzbereich eröffnet sind (so etwa *Haratsch/Koenig/Pechstein,* Rn. 791, 809). Worum geht es dabei?**

Der räumliche Schutzbereich erfasst grds. jedenfalls das Staatsgebiet der Mitgliedstaaten, kann aber in Einzelfällen auch darüber hinausgehen. Der zeitliche Schutzbereich ist etwa bei dem Beitritt eines neuen Mitgliedstaates relevant, u. a. da hierbei mitunter Übergangsfristen für die Anwendung z. B. der Arbeitnehmerfreizügigkeit vereinbart werden (vgl. oben Nr. 108). Sowohl der räumliche als auch der zeitliche Aspekt können aber auch im Rahmen des sachlichen Schutzbereichs geprüft werden. Jedenfalls ist auf diese Aspekte nur einzugehen, wenn sie im konkreten Fall problematisch sind.

## 2. Warenverkehrsfreiheit

**821.**

**Welche beiden wesentlichen Elemente prägen die Warenverkehrsfreiheit gem. Art. 28 ff. AEUV?**

Die Zollunion gem. Art. 30 ff. AEUV und das Verbot mengenmäßiger Beschränkungen zwischen den Mitgliedstaaten gem. Art. 34 ff. AEUV.

### a) Zollunion

**822.**

**Welche beiden Elemente weist wiederum die Zollunion auf?**

Gem. Art. 28 I 2. HS AEUV zum einen das Verbot, zwischen den Mitgliedstaaten Ein- und Ausfuhrzölle und Abgaben gleicher Wirkung zu erheben, und zum anderen die Einführung eines gemeinsamen Zolltarifs gegenüber Drittstaaten.

**823.**

**Art. 28 I 2. HS AEUV spricht von der „Einführung eines Gemeinsamen Zolltarifs" gegenüber Drittstaaten. Existiert der Gemeinsame Zolltarif bereits?**

Ja, der Gemeinsame Zolltarif der Union besteht seit 1. Juli 1968. Seitdem hat die Gemeinschaft/Union eine gemeinsame Zollaußengrenze gegenüber Drittstaaten. Die Sätze des Gemeinsamen Zolltarifs werden gem. Art. 31 AEUV vom Rat auf Vorschlag der Kommission festgelegt. Dies geschieht oft im Rahmen von Assoziierungsabkommen mit Drittstaaten oder Internationalen Organisationen (Art. 217 AEUV) oder im Rahmen von Handelsabkommen mit Drittstaaten (Art. 207 AEUV).

**824.**

**Umfasst das Zollgebiet der Union das Staatsgebiet aller Mitgliedstaaten?**

Gem. Art. 3 I Zollkodex (VO EG Nr. 450/2008, ABl. Nr. L 145, S. 1) umfasst das Zollgebiet der Union grds. das Staatsgebiet der dort im Einzelnen aufgelisteten Mitgliedstaaten der Union. Allerdings sind bestimmte Gebiete einzelner Mitgliedstaaten ausgenommen. So sind etwa gem. Art. 3 I 5. Spiegelstrich Zollkodex, was die Bundesrepublik Deutschland angeht, die Insel Helgoland und das Gebiet von Büsingen (Vertrag vom 23.11.1964 zwischen der Bundesrepublik Deutschland und der Schweizerischen Eidgenossenschaft) nicht Teil des EU-Zollgebiets. Das Gebiet z. B. der Republik Österreich ist hingegen gem. Art. 3 I 19. Spiegelstrich Zollkodex vollständig Teil des EU-Zollgebiets.

**825.**

**Art. 30 S. 1 AEUV enthält ein striktes Verbot von Ein- und Ausfuhrzöllen. Was ist ein Zoll?**

Im EU-Recht gibt es keine Definition des Begriffs Zoll. Auch in der Rechtsprechung des Gerichtshofs der EU findet sich keine eindeutige Definition. Einschlägigen Entscheidungen lässt sich allerdings entnehmen, dass es sich bei einem Zoll um eine **hoheitliche Abgabe handelt, die wegen der Ein- oder Ausfuhr von Waren erhoben wird, ohne dass eine entsprechende Abgabe für gleichartige inländische Erzeugnisse besteht** (vgl. etwa EuGH, Rs. 87/75, Slg. 1976, S. 129 Rn. 8/9 – *Bresciani*; EuGH, Rs. 2 und 3/69, Slg. 1969, S. 211 Rn. 11 ff. – *Diamantarbeiders*). Zölle sind danach Abgaben, denen es quasi auf die Stirn geschrieben steht, dass es sich um einen Zoll handelt. Oft wird daher nur das als Zoll anerkannt, was ausdrücklich als solcher bezeichnet wird (vgl. etwa *Khan/Eisenhut*, in: Vedder/Heintschel von

Heinegg, Art. 30 AEUV Rn. 3 f.). Insofern lässt sich auch definieren, dass Zoll eine Abgabe ist, die bei der Ein- oder Ausfuhr einer Ware erhoben und als Zoll bezeichnet wird (*Pechstein*, Entscheidungen, S. 424).

**826.**

**Was ist eine gem. Art. 30 S. 1 AEUV ebenfalls verbotene Abgabe gleicher Wirkung?**

Eine Abgabe gleicher Wirkung ist jede von einem Mitgliedstaat bestimmten Waren wegen des Überschreitens der Grenze einseitig auferlegte finanzielle Belastung, wenn sie kein Zoll im eigentlichen Sinn ist, unabhängig von ihrer Bezeichnung und der Art ihrer Erhebung (vgl. etwa EuGH, Rs. 39/82, Slg. 1983, S. 19 Rn. 7 – *Donner).*

**827.**

**In Belgien wurde ein selbstständig organisierter Fonds für die Arbeiter der diamantverarbeitenden Industrie errichtet, der dazu diente, den Arbeitern zusätzliche soziale Leistungen zu gewähren. Zwecks Finanzierung des Fonds mussten alle Personen, die Rohdiamanten nach Belgien einführten, einen bestimmten am Wert der Diamanten ausgerichteten Betrag bezahlen, der dem Fonds zugutekam (EuGH, Rs. 2 und 3/69, Slg. 1969, S. 211 – *Diamantarbeiders).* Handelte es sich um eine Abgabe gleicher Wirkung i. S. d. Art. 30 S. 1 AEUV?**

Eine Abgabe gleicher Wirkung ist jede von einem Mitgliedstaat bestimmten Waren wegen des Überschreitens der Grenze einseitig auferlegte finanzielle Belastung, wenn sie kein Zoll im eigentlichen Sinn ist, unabhängig von ihrer Bezeichnung und der Art ihrer Erhebung. Die an den Fonds zu zahlende Abgabe erfüllt die Merkmale der Definition. Insbes. ist es dafür unschädlich, dass die Abgabe nicht direkt dem Staat zufließt, sondern einer selbstständigen Organisation, und dass sie nicht allgemein der Staatsfinanzierung, sondern einem speziellen sozialen Zweck dient (EuGH, a. a. O., Rn. 11 ff.). Es spielt auch keine Rolle, dass die Abgabe insofern keine diskriminierende oder protektionistische Wirkung hat, als sie mangels belgischer Rohdiamanten nicht mit inländischen Erzeugnissen in Wettbewerb steht (EuGH, a. a. O., Rn. 15/ 18). Es handelte sich daher um eine Abgabe gleicher Wirkung i. S. d. Art. 30 S. 1 AEUV.

**828.**

**Welche Bedeutung hat Art. 30 S. 2 AEUV?**

Im Bereich der Zölle werden Wirtschafts- bzw. Schutzzölle, die z. B. dem Schutz inländischer Industrien oder des Arbeitsmarkts dienen können, von Finanzzöllen unterschieden, die der Erzielung von Einnahmen dienen (*Herrmann,* in: Grabitz/

Hilf/Nettesheim, Bd. 1, Art. 30 AEUV Rn. 9). Art. 30 S. 2 AEUV dient daher lediglich der Klarstellung, dass alle Arten von Zöllen, auch reine Finanzzölle, verboten sind.

## 829.

### Kann ein Zoll oder eine Abgabe gleicher Wirkung gerechtfertigt sein?

Nein, anders als für mengenmäßige Beschränkungen und Maßnahmen gleicher Wirkung gem. Art. 36 AEUV gibt es für das Verbot von Zöllen und Abgaben gleicher Wirkung keine Ausnahmen (*Khan/Eisenhut,* in: Vedder/Heintschel von Heinegg, Art. 30 AEUV Rn. 1).

### b) Mengenmäßige Ein- und Ausfuhrbeschränkungen

## 830.

### Skizzieren Sie die wesentlichen Prüfungsschritte einer Verletzung der Art. 34 ff. AEUV!

**Schutzbereich**

1. **Keine abschließende Harmonisierung durch Sekundärrecht**
2. **Sachlicher Schutzbereich: Ware i. S. d. Art. 28 II, 29 AEUV**
3. **Persönlicher Schutzbereich** (nicht auf EU-Bürger etc. beschränkt, nur ansprechen, wenn problematisch)
4. **Grenzüberschreitender Bezug**

**Eingriff**

5. **Maßnahme eines Verpflichtungsadressaten** (v. a. Mitgliedstaaten, ggf. auch EU, z. T. auch Private)
6. **Mengenmäßige Ein-** (Art. 34 AEUV) **oder Ausfuhrbeschränkung** (Art. 35 AEUV)
   oder
7. **Maßnahme gleicher Wirkung** (Art. 34, 35 AEUV)
   a) *Dassonville*-Formel
   b) *Keck*-Formel
   (Anmerkung: ggf. kann vor 6. auch das Vorliegen einer offenen oder versteckten Diskriminierung aus Gründen der Staatsangehörigkeit geprüft werden. Allerdings ist Art. 34 f. AEUV als Beschränkungsverbot konzipiert, was auch Diskriminierungen umfasst. Es spricht daher viel dafür, nur eine Beschränkung zu prüfen und auf Aspekte einer Diskriminierung (nur) dort einzugehen, wo diese – wie z. B. im Rahmen der *Keck*- oder der *Cassis*-Formel – unmittelbar relevant sind.)

**Rechtfertigung**

8. **Rechtfertigungsgründe**
   a) **Art. 36 AEUV**

b) *Cassis*-**Formel** (Zwingende Gründe des Allgemeinwohls/Allgemeininteresses; grds. nicht bei offenen Diskriminierungen)

c) **Rechtfertigung wegen unionsrechtlichen Grundrechtsschutzes Dritter** *(Schmidberger)*

9. jeweils: **Verhältnismäßigkeit**

### aa) Schutzbereich

**831.**

Ist der persönliche Schutzbereich der Warenverkehrsfreiheit auf Staatsangehörige der Mitgliedstaaten beschränkt?

Nein, eine solche Beschränkung ergibt sich weder aus dem Vertrag noch aus der Rechtsprechung des Gerichtshofs der EU. Der Aspekt des persönlichen Schutzbereichs sollte überhaupt nur angesprochen werden, wenn er im konkreten Fall relevant ist, wenn sich also z. B. eine Argentinierin für das auf ihrer Estancia produzierte Rindfleisch auf die Warenverkehrsfreiheit beruft. Angemerkt sei, dass es sich in diesem Fall bei dem Rindfleisch evtl. nicht um eine Ware i. S. v. 28, 29 II AEUV handelt (zu diesen Voraussetzungen sogleich).

**832.**

Die Kommission beanstandete §§ 8 I und 9 II der deutschen VerpackV, da diese Pfand- und Rücknahmepflichten für Einwegverpackungen entsprechend dem Anteil der Mehrwegverpackungen auf dem deutschen Markt einführten und damit nach Auffassung der Kommission den Herstellern von natürlichen Mineralwässern aus anderen Mitgliedstaaten eine besondere Belastung auferlegten. Die Benutzung von Mehrwegverpackungen führte nach Ansicht der Kommission zu zusätzlichen Kosten für die in anderen Mitgliedstaaten ansässigen Hersteller natürlicher Mineralwässer. §§ 8 I und 9 II VerpackV dienten der Umsetzung der RL 94/62/EG über Verpackungen und Verpackungsabfälle (ABl. EG 1994 Nr. L 365 S. 10). Die Organisation von Systemen zur Förderung von wiederverwendbaren Verpackungen gem. Art. 5 RL 94/62/EG war in RL 94/62/EG – abgesehen von einzelnen Aspekten wie der Definition des Begriffs „Wiederverwendung" der Verpackungen in Art. 3 Nr. 5, bestimmten allgemeinen Vorschriften über Maßnahmen zur Vermeidung von Verpackungsabfällen in Art. 4 und Vorschriften über Rücknahme-, Sammel- und Verwertungssysteme in Art. 7 – nicht geregelt. War im Hinblick auf die in §§ 8 I und 9 II VerpackV geregelte Organisation des deutschen Systems, mit dem die Wiederverwendung von Verpackungen gefördert werden sollte, der Schutzbereich der Warenverkehrsfreiheit eröffnet? (Angelehnt an: EuGH, Rs. C-463/01, Slg. 2004, S. I-11705 – *Dosenpfand).*

Zu prüfen ist, ob der Schutzbereich der Warenverkehrsfreiheit gem. Art. 28 ff. AEUV durch die Regelungen der §§ 8 I und 9 II VerpackV eröffnet ist. Voraussetzung für die Eröffnung des Schutzbereichs der primärrechtlichen Regelungen der Art. 28 ff. AEUV ist zunächst, dass der entsprechende Bereich **nicht abschließend durch Sekundärrecht harmonisiert** ist. Hier dient die RL 94/62/EG u. a. der Regelung von Systemen, mit denen die Wiederverwendung von Verpackungen gefördert werden sollte. Damit war eine Harmonisierung dieses Bereichs angestrebt. Allerdings ist fraglich, ob es sich um eine abschließende, d. h. vollständige Harmonisierung handelte. In RL 94/62/EG waren nur einzelne Aspekte solcher Systeme wie die Definition des Begriffs „Wiederverwendung" der Verpackungen in Art. 3 Nr. 5, bestimmte allgemeine Vorschriften über Maßnahmen zur Vermeidung von Verpackungsabfällen in Art. 4 und Vorschriften über Rücknahme-, Sammel- und Verwertungssysteme in Art. 7 geregelt. Folglich fehlte es an einer vollständigen und damit abschließenden Harmonisierung dieses Bereichs (EuGH, a. a. O., Rn. 43 f.). Die Eröffnung des Schutzbereichs der Art. 28 ff. AEUV ist also nicht aus dem Grund ausgeschlossen, dass eine abschließende Harmonisierung des relevanten Bereichs durch Sekundärrecht gegeben wäre.

Zweite Voraussetzung der Schutzbereichseröffnung der Warenverkehrsfreiheit ist, dass es sachlich um eine **Ware i. S. v. Art. 28 II, 29 AEUV** geht. Waren sind bewegliche Sachen, die einen Geldwert haben und Gegenstand von Handelsgeschäften sein können (EuGH, Rs. 7/68, Slg. 1968, S. 635/642 – *Kommission/Italien*). Vorliegend geht es um Mineralwasser. Dabei handelt es sich um eine bewegliche Sache, die einen Geldwert hat und Gegenstand von Handelsgeschäften sein kann, und damit um eine Ware. Gem. Art. 28 II AEUV muss es sich um eine aus einem Mitgliedstaat stammende Ware oder eine Ware aus einem Drittstaat handeln, die sich in den Mitgliedstaaten im freien Verkehr befindet. Die Regelungen der §§ 8 I und 9 II VerpackV betreffen alle Mineralwässer, die in Deutschland vertrieben werden, also auch solche aus anderen Mitgliedstaaten. Die Voraussetzung des Art. 28 II AEUV ist folglich ebenfalls erfüllt. Somit sind Waren i. S. d. Art. 28 II, 29 AEUV betroffen, der sachliche Schutzbereich ist eröffnet.

Schließlich muss es um einen **grenzüberschreitenden Vorgang** zwischen Mitgliedstaaten gehen. Von den Regelungen der §§ 8 I und 9 II VerpackV sind auch Mineralwässer betroffen, die aus anderen Mitgliedstaaten nach Deutschland importiert werden. Damit ist auch ein grenzüberschreitender Vorgang gegeben. Der Schutzbereich von Art. 28 ff. AEUV ist folglich eröffnet.

**833.**

Ein regionales Stromversorgungsunternehmen in den Niederlanden verwendete in seinen Allgemeinen Geschäftsbedingungen (AGB) eine Klausel über die ausschließliche Abnahme, die es lokalen Versorgungsunternehmen verbot, für die öffentliche Stromversorgung bestimmte Elektrizität zu importieren. Dem EuGH wurde u. a. die Frage vorgelegt, ob diese Klausel gegen die Warenverkehrsfreiheit verstieß (EuGH, Rs. C-393/92, Slg. 1994, S. I-1477 – *Almelo*). Ist der Schutzbereich der Warenverkehrsfreiheit gem. Art. 28 ff. AEUV eröffnet?

Indizien für eine abschließende Harmonisierung der Verteilung von Elektrizität durch Sekundärrecht liegen nicht vor. Zu prüfen ist daher, ob es um eine **Ware i. S. v. Art. 28 II, 29 AEUV** geht. Problematisch ist dabei, ob Elektrizität überhaupt eine Ware ist, also eine bewegliche Sache, die einen Geldwert haben und Gegenstand von Handelsgeschäften sein kann. Fraglich könnte nämlich sein, ob es sich bei Elektrizität als physikalischem Phänomen um eine bewegliche Sache handelt. Der EuGH hat im vorliegenden Urteil ohne Diskussion physikalischer Aspekte pragmatisch festgestellt, dass weder im Gemeinschaftsrecht noch in den nationalen Rechtssystemen bestritten werde, dass Elektrizität eine Ware i. S. v. Art. 28 ff. AEUV sei (EuGH, a. a. O., Rn. 28). Dabei verwies er auch auf sein grundlegendes Urteil vom 15.7.1964 in der Rs. *Costa/ENEL* (Rs. 6/64, Slg. 1964, S. 1259; dazu oben Nr. 390 ff.), in dem er bereits entschieden hatte, dass Elektrizität in den Anwendungsbereich der Warenverkehrsfreiheit fallen könne. Elektrizität ist daher als Ware anzusehen (vgl. auch die Definition bei *Hobe,* § 15 Rn. 127). Da es um den Import von Elektrizität aus anderen Staaten und damit auch aus anderen Mitgliedstaaten geht, sind auch die Voraussetzungen der Art. 28 II, 29 AEUV erfüllt. Es handelt sich daher um eine Ware i. S. d. Art. 28 II, 29 AEUV. Schließlich ist, da in der Klausel ein Verbot des Importes bestimmter Elektrizität enthalten ist, auch ein **grenzüberschreitender Vorgang** betroffen. Der Schutzbereich der Warenverkehrsfreiheit gem. Art. 28 ff. AEUV ist daher eröffnet.

> **834.**
>
> Eine Verordnung des wallonischen Regionalrats untersagte es, Abfälle aus anderen Mitgliedstaaten oder aus einer anderen Region als der belgischen Region Wallonien in Wallonien zwischenzulagern, abzulagern oder abzuleiten. Betraf die VO Waren i. S. d. Art. 28 II, 29 AEUV? (Angelehnt an: EuGH, Rs. C-2/90, Slg. 1993, S. I-4431 – *Kommission/Belgien*)

Dazu müssen Abfälle bewegliche Sachen sein, die einen Geldwert haben und Gegenstand von Handelsgeschäften sein können. Abfälle sind unproblematisch bewegliche Sachen. Abfälle haben, soweit sie rückführbar oder wiederverwendbar sind, auch einen Geldwert und können Gegenstand von Handelsgeschäften sein. Rückführbare oder wiederverwendbare Abfälle sind daher ohne Weiteres Waren (EuGH, a. a. O., Rn. 23). Hier waren gerade Abfälle aus anderen Mitgliedstaaten betroffen, so dass die Voraussetzungen der Art. 28 II, 29 AEUV erfüllt sind.

> **835.**
>
> Angenommen, die Regelung hätte nur nicht rückführbare und nicht wiederverwendbare Abfälle betroffen. Wären dies auch Waren i. S. d. Art. 28 II, 29 AEUV?

Der EuGH setzte sich in seinem Urteil mit dieser Frage auseinander, war die Eigenschaft als Ware doch von der belgischen Regierung mit dem Argument verneint worden, dass solche Abfälle keinen Wert besäßen und daher nicht Gegenstand von

Handelsgeschäften sein könnten (EuGH, Rs. C-2/90, Slg. 2993, S. I-4431 Rn. 25 – *Kommission/Belgien).* Der EuGH stellte demgegenüber fest, dass auch nicht rückführbare oder wiederverwendbare Abfälle Waren seien. Dies stützte er zum einen auf das pragmatische Argument, *„daß Gegenstände, die im Hinblick auf Handelsgeschäfte über eine Grenze verbracht werden, unabhängig von der Natur dieser Geschäfte [der Warenverkehrsfreiheit] unterliegen"* (EuGH, a. a. O., Rn. 26). Zum anderen sei *„die Unterscheidung zwischen rückführbaren und nicht rückführbaren Abfällen aus praktischer Sicht sehr schwierig, insbesondere was die Kontrollen an der Grenze angeht. Eine solche Unterscheidung stützt sich nämlich auf ungewisse Kriterien, die sich im Laufe der Zeit nach Maßgabe des technischen Fortschritts ändern können. Zudem hängt die Rückführbarkeit von Abfall auch von den Kosten der Rückführung und damit von der Rentabilität der beabsichtigten Wiederverwendung ab, so daß die Beurteilung dieser Frage notwendig subjektiv ist und von veränderlichen Faktoren abhängt"* (EuGH, a. a. O., Rn. 27). Abfälle sind daher unabhängig von ihrer Rückführbarkeit oder Wiederverwendbarkeit Waren (vgl. EuGH, a. a. O., Rn. 28).

## bb) Eingriff

**836.**

**Griff in Fall Nr. 833 die Klausel über die ausschließliche Abnahme in den AGB des privaten niederländischen Stromversorgungsunternehmens, die es lokalen Versorgungsunternehmen verbot, für die öffentliche Stromversorgung bestimmte Elektrizität zu importieren, in die Warenverkehrsfreiheit aus Art. 28 ff. AEUV ein? (EuGH, Rs. C-393/92, Slg. 1994, S. I-1477 – *Almelo*)**

Ein Eingriff in Art. 28 ff. AEUV setzt eine staatliche Maßnahme, also eine Maßnahme eines Hoheitsträgers voraus, wobei diese auch in einem Unterlassen bestehen kann. Die Warenverkehrsfreiheit entfaltet also keine unmittelbare Drittwirkung für Private. Vorliegend geht es um eine Regelung in AGB, die von einem privaten Stromversorgungsunternehmen verwendet wurden. Damit fehlt es an einer Maßnahme eines Hoheitsträgers. Ein Eingriff in Art. 28 ff. AEUV scheidet aus (vgl. EuGH, a. a. O., Rn. 31 f.).

**837.**

**Vor allem in den 80er- und 90er-Jahren des 20. Jh. machten in Europa Bilder von Protesten französischer Landwirte gegen Importe von Agrarprodukten, insbes. aus Spanien, Furore. Dabei wurden Transport-LKW mitunter tagelang an der Grenze blockiert, bis die Produkte verdorben waren. Teilweise wurden Produkte auch aktiv vernichtet, bspw. indem sie auf die Straße geworfen wurden, und die Fahrer angegriffen. Nachdem ein Mahnschreiben der Kommission an die französische Regierung keine wesentliche Veränderung herbeigeführt hatte, verklagte die Kommission Frankreich einige Jahre später in einem Vertragsverletzungsverfahren (oben Nr. 623 ff.). Indem die französischen Behörden bei solchen Protesten untätig geblieben seien, hätten sie die Warenverkehrsfreiheit verletzt (EuGH, Rs. C-265/95, Slg. 1997, S. I-6959 –**

*Kommission/Frankreich).* **Liegt hier eine Maßnahme eines Verpflichtungs-adressaten der Warenverkehrsfreiheit vor?**

Die französischen Landwirte, welche die Blockadeaktionen durchführten, sind als Privatpersonen nicht Verpflichtungsadressaten der Warenverkehrsfreiheit. Diese besitzt keine unmittelbare Drittwirkung. Lediglich der französische Staat kommt als Verpflichtungsadressat in Betracht. In seinem Urteil im vorliegenden Fall hat der EuGH vor dem Hintergrund der zentralen Bedeutung von Art. 34 AEUV für die Verwirklichung des EU-Binnenmarktes i. V. m. der Loyalitätspflicht bzw. der Unionstreue gem. Art. 4 III EUV eine Pflicht der Mitgliedstaaten abgeleitet, *„alle erforderlichen und geeigneten Maßnahmen zu ergreifen, um in ihrem Gebiet die Beachtung dieser Grundsätze [des Art. 34 AEUV] sicherzustellen"* (EuGH, a. a. O., Rn. 32). Damit hat der EuGH der Pflicht der Mitgliedstaaten, selbst alles zu unterlassen, was Art. 34 f. AEUV verletzen könnte, eine **Schutzpflicht** zum aktiven Tätigwerden zur Seite gestellt. Eine Maßnahme eines Verpflichtungsadressaten kann also auch in einem Unterlassen bestehen, wenn eine Pflicht zum Handeln bestand. Hier könnte aufgrund der tagelangen Blockaden, der aktiven Vernichtung der Agrarprodukte und der Angriffe auf die Fahrer eine Pflicht zum Handeln bestanden haben (EuGH, a. a. O., Rn. 38 ff.). Im Unterlassen der französischen Behörden liegt daher eine Maßnahme eines Mitgliedstaates als Verpflichtungsadressat des Art. 34 AEUV.

---

**838.**

**Was sind mengenmäßige Ein- oder Ausfuhrbeschränkungen i. S. d. Art. 34 f. AEUV?**

**Mengenmäßige Ein- oder Ausfuhrbeschränkungen sind alle staatlichen Maßnahmen, die die Ein-, Aus- oder Durchfuhr von Waren ganz oder teilweise untersagen** (EuGH, Rs. C-2/73, Slg. 1973, S. 865 Rn. 7 – Geddo). Sie werden oft in Verbringungsverbote und Kontingentierungen unterteilt. Während **Verbringungsverbote** die Ein-, Aus- oder Durchfuhr bestimmter Waren ganz untersagen, begrenzen **Kontingentierungen** die Ein-, Aus- oder Durchfuhr z. B. der Menge oder dem Wert nach teilweise.

---

**839.**

Geht es in einer Falllösung um einen Verstoß gegen Art. 34 f. AEUV, sollte im Rahmen des Eingriffs stets kurz geprüft werden, ob eine mengenmäßige Ein- oder Ausfuhrbeschränkung vorliegt. Meist ist dies zu verneinen, da in der Praxis nur noch selten mengenmäßige Ein- oder Ausfuhrbeschränkungen vorkommen. Ist keine mengenmäßige Ein- oder Ausfuhrbeschränkung gegeben, ist zu prüfen, ob eine Maßnahme gleicher Wirkung i. S. d. Art. 34 f. AEUV vorliegt. Was ist darunter zu verstehen?

Nach der *Dassonville*-Formel des EuGH sind **Maßnahmen gleicher Wirkung alle staatlichen Maßnahmen, die geeignet sind, unmittelbar oder mittelbar tatsächlich oder potenziell den Handel zwischen den Mitgliedstaaten zu behindern** (EuGH, Rs. C-8/74, Slg.1974, S. 837 Rn. 5 – *Dassonville).*

---

**840.**

In Belgien wurde ein Strafverfahren gegen Vater und Sohn *Dassonville* eingeleitet, da diese einen in Frankreich im freien Verkehr befindlichen Posten Scotch Whisky zwar ordnungsgemäß erworben, aber unter Verletzung belgischen Rechts nach Belgien eingeführt hatten. Dieses verlangte für einen solchen Import nämlich den Besitz einer Ursprungsbescheinigung, worüber Vater und Sohn *Dassonville* nicht verfügten. Ein Händler, der in Frankreich bereits im freien Verkehr befindlichen Whisky nach Belgien einzuführen wünscht, konnte sich eine solche Bescheinigung, im Gegensatz zu einem Importeur, der unmittelbar aus dem Erzeugerland einführte, nur unter erheblichen Schwierigkeiten beschaffen. Greift die belgische Rechtsvorschrift, die den Besitz der Ursprungsbescheinigung verlangte, in Art. 34 AEUV [Art. 30 EWGV a. F.] ein?

---

Die belgische Rechtsvorschrift ist eine staatliche Maßnahme und damit eine **Maßnahme eines Verpflichtungsadressaten** des Art. 34 AEUV. Fraglich ist, ob es sich bei der Regelung um eine **mengenmäßige Einfuhrbeschränkung** gem. Art. 34 AEUV handelt. Dies sind alle staatlichen Maßnahmen, die die Ein- oder Durchfuhr von Waren ganz oder teilweise untersagen. Hier durfte Scotch Whisky prinzipiell frei nach Belgien importiert werden, wenn man über die entsprechende Bescheinigung verfügte. Es handelte sich also nicht um eine Maßnahme, die die Einfuhr von Scotch Whisky ganz oder teilweise untersagte und damit nicht um eine mengenmäßige Einfuhrbeschränkung. Es könnte sich aber um eine Maßnahme gleicher Wirkung gem. Art. 34 AEUV handeln. Nach der *Dassonville*-Formel des EuGH sind dies alle staatlichen Maßnahmen, die geeignet sind, unmittelbar oder mittelbar tatsächlich oder potenziell den Handel zwischen den Mitgliedstaaten zu behindern. Das Erfordernis des Besitzes einer Ursprungsbescheinigung, die sich Händler, die das Produkt nicht direkt im Ursprungsland erworben haben, nur unter Schwierigkeiten beschaffen können, ist geeignet, den innergemeinschaftlichen Handel mit dem betroffenen Produkt zu erschweren und damit zu behindern. Es handelt sich daher um eine Maßnahme gleicher Wirkung wie eine mengenmäßige Einfuhrbeschränkung i. S. d. *Dassonville*-Formel (EuGH, Rs. C-8/74, Slg. 1974, S. 837 Rn. 2 ff. – *Dassonville).*

---

**841.**

Ist, wenn – wie hier – die *Dassonville*-Formel erfüllt ist, immer eine Maßnahme gleicher Wirkung gegeben?

---

Als der EuGH im Jahr 1974 sein grundlegendes *Dassonville*-Urteil erließ, war die Erfüllung der darin geprägten *Dassonville*-Formel in der Tat notwendige, aber auch hinreichende Voraussetzung dafür, dass eine Maßnahme gleicher Wirkung vorlag. Da die *Dassonville*-Formel jedoch extrem weit ist, wurden dem EuGH in der Folge immer öfter mitgliedstaatliche Regelungen zur Überprüfung vorgelegt, welche die *Dassonville*-Formel erfüllten, sich aber eigentlich gar nicht gegen den Handel zwischen den Mitgliedstaaten richteten (vgl. EuGH, Rs. C-267/91, Slg.1993, S. I-6097 Rn. 14 ff. – *Keck)*. Der EuGH hat daher 1993 in seinem *Keck*-Urteil für lediglich vertriebsbezogene, Verkaufsmodalitäten betreffende (im Gegensatz zu produktbezogenen) Maßnahmen eine Korrektur seiner bisherigen Rechtsprechung vorgenommen. Seitdem ist eine Maßnahme, welche die *Dassonville*-Formel erfüllt, ausnahmsweise doch keine Maßnahme gleicher Wirkung, wenn die *Keck*-Kriterien erfüllt sind (EuGH, a. a. O., Rn. 16 f.). Für die Falllösung bedeutet dies, dass bei der Prüfung des Vorliegens einer Maßnahme gleicher Wirkung zunächst die *Dassonville*-Formel anzuwenden ist. Ist diese nicht einschlägig, liegt bereits aus diesem Grund keine Maßnahme gleicher Wirkung vor. Ist sie hingegen erfüllt, ist in einem zweiten Schritt zu prüfen, ob die *Keck*-Kriterien eingreifen. Ist dies der Fall, handelt es sich trotz Erfüllung der *Dassonville*-Formel nicht um eine Maßnahme gleicher Wirkung.

**842.**

**Im Einzelhandel in Frankreich war der Verkauf von Waren unter dem Einkaufspreis gesetzlich verboten. *Keck* und *Mithouard* hatten dennoch in ihren Geschäften unter dem Einkaufspreis verkauft und wurden deshalb strafrechtlich verfolgt. Vor dem Strafgericht argumentierten sie, dass Billigangebote den Umsatz förderten. Ein Verbot des Verkaufs unter dem Einkaufspreis beeinträchtige daher den freien Warenverkehr innerhalb der Gemeinschaft. Griff die gesetzliche Regelung tatsächlich in Art. 34 AEUV (Art. 30 EWGV) ein? (Angelehnt an: EuGH, Rs. C-267/91, Slg.1993, S. I-6097 – *Keck)***

Die französische gesetzliche Regelung war eine Maßnahme eines Mitgliedstaates und damit eines Verpflichtungsadressaten der Warenverkehrsfreiheit. Fraglich ist, ob hier eine mengenmäßige Einfuhrbeschränkung gem. Art. 34 AEUV vorliegt. Dies ist jede staatliche Maßnahme, die die Ein- oder Durchfuhr von Waren ganz oder teilweise untersagt. Die gesetzliche Regelung, nach der Waren nicht unter dem Einkaufspreis verkauft werden durften, führte nicht dazu, dass diese Waren nicht nach Frankreich importiert werden durften. Es handelt sich daher nicht um eine mengenmäßige Einfuhrbeschränkung.

Es könnte sich aber um eine Maßnahme gleicher Wirkung gem. Art. 34 AEUV handeln. Nach der *Dassonville*-Formel sind dies alle staatlichen Maßnahmen, die geeignet sind, unmittelbar oder mittelbar tatsächlich oder potenziell den Handel zwischen den Mitgliedstaaten zu behindern. Waren werden meist unter dem Einkaufspreis verkauft, um Kunden in die Geschäfte zu locken, damit sie dort auch noch andere Waren erwerben. Ein Verbot dieser Vermarktungsstrategie kann daher dazu führen, dass insgesamt weniger Produkte verkauft werden, darunter auch EU-ausländische Waren. Dies kann wiederum dazu führen, dass auch weniger EU-ausländische Waren in den entsprechenden Mitgliedstaat importiert werden. Ein Dumping-Verbot ist daher jedenfalls potenziell geeignet, den Handel zwischen den Mitgliedstaaten zu behindern. Die *Dassonville*-Formel ist somit erfüllt.

Zu prüfen ist, ob die **Keck-Kriterien** vorliegen. Ist dies der Fall, handelt es sich trotz Erfüllung der *Dassonville*-Formel nicht um eine Maßnahme gleicher Wirkung. Erste Voraussetzung ist, dass es sich lediglich um die Regelung bestimmter **Verkaufs- oder Absatzmodalitäten** und nicht um eine produktbezogene Regelung handelt (EuGH, Rs. C-267/91, Slg.1993, S. I-6097 Rn. 16 – *Keck*). Das Verbot des Verkaufs unter dem Einkaufspreis betrifft eine Verkaufsmodalität. Das erste *Keck*-Kriterium ist daher erfüllt. Zweitens muss die Regelung **für alle Wirtschaftsteilnehmer, die ihre Tätigkeit im Inland ausüben, unterschiedslos gelten.** Hier galt die französische Regelung allgemein im Einzelhandel in Frankreich, unabhängig von der Staatsangehörigkeit des jeweiligen Händlers. Auch die zweite Voraussetzung ist daher erfüllt. Drittens muss der **Absatz inländischer Erzeugnisse und der Erzeugnisse aus anderen Mitgliedstaaten rechtlich wie tatsächlich in gleicher Weise geregelt sein.** Die relevante Regelung betraf französische Waren und Waren aus anderen Mitgliedstaaten rechtlich wie tatsächlich in gleicher Weise. Da auch die dritte Voraussetzung erfüllt ist, liegen die *Keck*-Kriterien vor. Die französische Regelung, die den Verkauf von Waren unter dem Einkaufspreis im Einzelhandel verbot, war daher – trotz Erfüllung der *Dassonville*-Formel – keine Maßnahme gleicher Wirkung gem. Art. 34 AEUV (vgl. EuGH, a. a. O., Rn. 18). Die französische Regelung griff daher nicht in Art. 34 AEUV ein.

---

**843.**

Die *Mars GmbH* (M) vertrieb einen in Frankreich hergestellten Eiskremriegel mit einheitlicher Verpackung in ganz Europa. Auf der Verpackung war in einem farblich abgesetzten Querstreifen „+10 %" gedruckt. In Deutschland wurde M auf Unterlassung verklagt, da der Aufdruck gegen § 3 UWG verstoße. Die 10-%-Werbung sei irreführend, da der Verbraucher meinen könne, der Riegel sei um den mit dem Streifen gekennzeichneten Teil der Verpackung vergrößert worden, was nicht der Fall war (angelehnt an: EuGH, Rs. C-470/93, Slg. 1995, S. I-1923 – *Mars*). Griffe ein auf § 3 UWG gestütztes Vertriebsverbot in Art. 34 AEUV ein?

---

Ein auf § 3 UWG gestütztes, richterlich angeordnetes Vertriebsverbot wäre eine Maßnahme eines Mitgliedstaates und damit eines Verpflichtungsadressaten der Warenverkehrsfreiheit. Fraglich ist, ob dies eine mengenmäßige Einfuhrbeschränkung gem. Art. 34 AEUV wäre. Dies ist jede staatliche Maßnahme, die die Ein- oder Durchfuhr von Waren ganz oder teilweise untersagt. Ein Vertriebsverbot in Deutschland würde nicht dazu führen, dass die Eiskremriegel nicht mehr nach Deutschland importiert werden dürften. Es handelt sich daher nicht um eine mengenmäßige Einfuhrbeschränkung.

Es könnte sich aber um eine Maßnahme gleicher Wirkung gem. Art. 34 AEUV handeln. Nach der *Dassonville*-Formel sind dies alle staatlichen Maßnahmen, die geeignet sind, unmittelbar oder mittelbar tatsächlich oder potenziell den Handel zwischen den Mitgliedstaaten zu behindern. Dürften die auf diese Weise verpackten

Eiskremriegel nicht mehr in Deutschland vertrieben werden, würde es auch keinen Sinn mehr machen, sie nach Deutschland zu importieren. Ein Vertriebsverbot wäre daher geeignet, den Handel zwischen den Mitgliedstaaten zu behindern. Die *Dassonville*-Formel ist erfüllt.

Zu prüfen ist, ob die *Keck*-Formel eingreift. Ist dies der Fall, handelt es sich trotz Erfüllung der *Dassonville*-Formel nicht um eine Maßnahme gleicher Wirkung. Erste Voraussetzung dafür ist, dass es sich lediglich um die Regelung bestimmter Verkaufs- oder Absatzmodalitäten und nicht um eine produktbezogene Regelung handelt. Dies war im vorliegenden Fall problematisch. Einerseits ist ein Aufdruck auf der Verpackung wie „+ 10 %" eine Marketingmaßnahme, die einen absatzfördernden und damit vertriebsbezogenen Charakter haben könnte. Andererseits ist zu bedenken, dass sich diese Information vorliegend nicht etwa in der Werbung, bspw. auch auf einem neben der Ware platzierten Aufsteller, befand, sondern auf der unmittelbaren Verpackung des Eiskremriegels. Die unmittelbare Verpackung ist aber so eng mit dem Produkt als solchem verbunden, dass es sich nicht um eine bloße Verkaufsmodalität handelt. Dagegen spricht auch, dass ein Vertriebsverbot in Deutschland wegen des Aufdrucks die Mars GmbH zwingen würde, den Eiskremriegel für den deutschen Markt mit einer speziellen Verpackung herzustellen, was wiederum die Kosten erhöhen würde (vgl. EuGH, a. a. O., Rn. 13). Im Ergebnis würde der Handel zwischen den Mitgliedstaaten behindert. Es handelt sich daher nicht um eine lediglich verkaufsmodalitätenbezogene, sondern vielmehr um eine produktbezogene Regelung. Damit läge eine Maßnahme gleicher Wirkung wie eine mengenmäßige Einfuhrbeschränkung gem. Art. 34 AEUV vor. Folglich griffe ein auf § 3 UWG gestütztes Vertriebsverbot in Art. 34 AEUV ein (vgl. EuGH, a. a. O., Rn. 13 f.).

---

**844.**

Die *TK-Heimdienst Sass GmbH* (T) lieferte im Rahmen ihres Kleinhandelsgewerbes u. a. Tiefkühllebensmittel an Endverbraucher. Das Feilbieten von Lebensmitteln im Umherziehen durch Bäcker, Fleischer und Lebensmittelhändler war nach § 53a II a. F. der österreichischen GewO (GewO-Ö) nur zulässig, wenn das Lebensmittelhandelsgewerbe in dem entsprechenden Verwaltungsbezirk oder einer an diesen angrenzenden Gemeinde auch in einer ortsfesten Betriebsstätte ausgeübt wurde, in der die im Umherziehen angebotenen Lebensmittel ebenfalls feilgeboten wurden. Da T diese Voraussetzung nicht erfüllte, beantragte der „Schutzverband gegen unlauteren Wettbewerb" gerichtlich, der T zu untersagen, Lebensmittel in dem von dieser belieferten österreichischen Verwaltungsbezirk im Umherziehen feilzubieten. Vor Gericht stellte sich die Frage, ob § 53a II GewO-Ö a. F. eine Maßnahme gleicher Wirkung gem. Art. 34 AEUV sei. (Angelehnt an: EuGH, C-254/98, Slg. 2000, S. I-151 – *TK-Heimdienst*)

---

§ 53a II GewO-Ö a. F. führt dazu, dass Händler aus anderen Mitgliedstaaten, die nicht in dem entsprechenden österreichischen Verwaltungsbezirk oder einer an ihn angrenzenden (auch ausländischen) Gemeinde eine entsprechende ortsfeste Betriebsstätte haben, Lebensmittel nicht im Umherziehen feilbieten dürfen. Da damit auch weniger EU-ausländische Produkte auf diese Weise in Österreich verkauft werden dürfen, ist § 53a II GewO-Ö a. F. geeignet, den Handel zwischen den Mitgliedstaaten zu behindern. Es handelt sich daher um eine Maßnahme gleicher Wirkung i. S. d. *Dassonville*-Formel.

Fraglich ist, ob die *Keck*-Kriterien eingreifen, mit der Folge, dass es sich nicht um eine Maßnahme gleicher Wirkung i. S. d. Art. 34 AEUV handelt. Dazu muss zunächst § 53a II GewO-Ö a. F. eine Regelung bestimmter Verkaufs- oder Absatzmodalitäten und keine produktbezogene Regelung sein. § 53a II GewO-Ö a. F. regelt, wo und auf welche Weise bestimmte Arten von Produkten verkauft werden dürfen. Er regelt daher eine Verkaufsmodalität, so dass die erste *Keck*-Voraussetzung erfüllt ist (vgl. EuGH, a. a. O., Rn. 24). Zweitens muss die Regelung für alle Wirtschaftsteilnehmer, die ihre Tätigkeit im Inland ausüben, unterschiedslos gelten. § 53a II GewO-Ö a. F. gilt gleichermaßen für Österreicher wie für EU-Ausländer. Die Regelung gilt daher unterschiedslos für alle Wirtschaftsteilnehmer, die ihre Tätigkeit in Österreich ausüben (vgl. EuGH, a. a. O., Rn. 29). Drittens muss der Absatz inländischer Erzeugnisse und der Erzeugnisse aus anderen Mitgliedstaaten rechtlich wie tatsächlich in gleicher Weise geregelt sein. Diese Voraussetzung hat der EuGH verneint: „*Eine derartige Regelung verpflichtet nämlich Bäcker, Fleischer und Lebensmittelhändler, die bereits eine ortsfeste Betriebsstätte in einem anderen Mitgliedstaat haben und die ihre Waren in einem bestimmten Verwaltungsgebiet, wie etwa einem österreichischen Verwaltungsbezirk, im Umherziehen feilbieten wollen, in diesem Verwaltungsgebiet oder einer angrenzenden Gemeinde eine andere ortsfeste Betriebsstätte zu errichten oder zu erwerben, während die örtlichen Wirtschaftsteilnehmer die Voraussetzung der ortsfesten Betriebsstätte bereits erfüllen. Somit haben Waren aus anderen Mitgliedstaaten gleichen Zugang zum Markt des Einfuhrmitgliedstaates wie inländische Waren nur, nachdem sie mit zusätzlichen Kosten belastet worden sind [...]*" (EuGH, a. a. O., Rn. 26). § 53a II GewO-Ö a. F. führt also zwar nicht zu einer rechtlichen, aber doch zu einer tatsächlichen (faktischen) Ungleichbehandlung (Diskriminierung) EU-ausländischer Waren. Da somit nicht alle *Keck*-Kriterien erfüllt sind, handelt es sich bei § 53a II GewO-Ö a. F. um eine Maßnahme gleicher Wirkung i. S. v. Art. 34 AEUV.

**845.**

**Aber sind österreichische Händler, die keine ortsfeste Betriebsstätte in dem Verwaltungsbezirk, in dem sie tätig werden wollen, oder in einer angrenzenden Gemeinde haben, nicht im gleichen Maße nachteilig von der Regelung betroffen wie EU-Ausländer?**

Selbst wenn dies so wäre, änderte dieses Argument, das auch der Kläger des Ausgangsverfahrens vorgebracht hatte, nichts daran, dass die Regelung den Marktzugang für EU-ausländische Produkte nach Österreich erschwert (vgl. EuGH, C-254/98, Slg. 2000, S. I-151 Rn. 28 f. – *TK-Heimdienst*).

**846.**

Könnte die Nichtanwendbarkeit der Regelung des § 53a II GewO-Ö a. F. auf EU-Ausländer im Ergebnis dann nicht dazu führen, dass Österreicher sogar benachteiligt werden?

Ja, dies wäre ein Fall der sog. **Inländerdiskriminierung,** die nach EU-Recht allerdings irrelevant ist. Ob sie rechtlich zulässig ist, ist eine Frage der jeweiligen nationalen Rechtsordnung. Fraglich wäre insbes., ob sie mit dem Gleichheitsgrundrecht des österreichischen Verfassungsrechts zu vereinbaren wäre.

**847.**

§ 2 des schwedischen Gesetzes über das Inverkehrbringen alkoholischer Getränke (Alkoholreklamlag/ARL) enthielt u. a. die Regelung: *„Bei der Förderung des Absatzes von Spirituosen, Wein oder Starkbier ist es verboten, gewerbliche Anzeigen in Zeitungen oder Zeitschriften oder sonstigen Druckschriften aufzugeben [...]. Dies gilt jedoch nicht für Schriften, die ausschließlich an den Verkaufsstätten für diese Getränke verbreitet werden"*. Auch andere an Endverbraucher gerichtete Werbung für alkoholische Getränke war fast völlig verboten. Die *Gourmet International Products AB* (GIP) gab eine Zeitschrift mit dem Titel „Gourmet" heraus. Die Ausgabe für Abonnenten Nr. 4/1997 enthielt eine Seite Werbung für Rotwein und zwei Seiten für Whisky. Daraufhin erhob der Verbraucherbeauftragte in Stockholm Klage mit dem Antrag, GIP unter Androhung eines Ordnungsgeldes zu untersagen, durch derartige gegen § 2 ARL verstoßende Anzeigen zum Inverkehrbringen alkoholischer Getränke beizutragen. Vor Gericht stellte sich u. a. die Frage, ob eine nationale Regelung, die ein nahezu vollständiges Verbot bestimmter kommerzieller Anzeigen umfasst, als Maßnahme mit gleicher Wirkung wie mengenmäßige Beschränkungen i. S. v. Art. 34 AEUV [Art. 30 EGV a. F.] anzusehen ist. (Angelehnt an: EuGH, C-405/98, Slg. 2001, S. I-1795 – *Gourmet International Products*)

§ 2 ARL führt dazu, dass für die erfassten alkoholischen Produkte in den genannten Zeitungen oder Zeitschriften nicht mehr geworben werden darf. Die fehlende Werbemöglichkeit führt jedenfalls potenziell zu weniger Absatz der erfassten Produkte und damit auch zu weniger Import dieser Produkte aus dem EU-Ausland. § 2 ARL ist daher geeignet, den Handel zwischen den Mitgliedstaaten zu behindern. Es handelt sich um eine Maßnahme gleicher Wirkung i. S. d. *Dassonville*-Formel.

Fraglich ist aber, ob die *Keck*-Kriterien eingreifen. Dazu muss zunächst § 2 ARL eine Regelung bestimmter Verkaufs- oder Absatzmodalitäten und keine produktbezogene Regelung sein. Werbeverbote betreffen grds. eine Verkaufs- oder Absatzmodalität, so dass das erste Kriterium erfüllt ist. Zweitens muss die Regelung für alle Wirtschaftsteilnehmer, die ihre Tätigkeit im Inland ausüben, unterschiedslos gelten. § 2 ARL gilt unterschiedslos für Inländer wie EU-Ausländer, so dass auch das zweite *Keck*-Kriterium erfüllt ist. Drittens muss der Absatz inländischer Erzeugnisse und der

Erzeugnisse aus anderen Mitgliedstaaten rechtlich wie tatsächlich in gleicher Weise geregelt sein. Rechtlich regelt § 2 ARL die Werbung für inländische und EU-ausländische Produkte in gleicher Weise. Fraglich ist, ob diese auch tatsächlich (faktisch) in gleicher Weise betroffen sind. Insofern ist zu beachten, dass ein nahezu vollständiges Werbeverbot wie das vorliegende vor allem den Marktzutritt neuer Produkte erschwert. Damit sind aber die Produkte EU-ausländischer Produzenten, die statistisch seltener auf dem schwedischen Markt vertreten sind als diejenigen schwedischer Produzenten, stärker von der Regelung betroffen als schwedische Produkte (vgl. EuGH, a. a. O., Rn. 21 ff.). § 2 ARL führt also zu einer tatsächlichen (faktischen) Ungleichbehandlung (Diskriminierung) EU-ausländischer Waren. Da somit nicht alle *Keck*-Kriterien erfüllt sind, ist § 2 ARL eine Maßnahme gleicher Wirkung i. S. v. Art. 34 AEUV (EuGH, a. a. O., Rn. 25).

## cc) Rechtfertigung

**848.**

Kam in dem soeben behandelten *Gourmet International Products*-Fall (Nr. 847) eine Rechtfertigung des fast vollständigen Werbeverbots für alkoholische Getränke in Betracht?

Da Werbeverbote für alkoholische Getränke wie dasjenige aus § 2 ARL gegen Alkoholismus gerichtet sind und daher dem **Gesundheitsschutz** dienen, kam eine Rechtfertigung aus **Art. 36 AEUV** [Art. 36 EGV a. F.] in Betracht (EuGH, C-405/98, Slg. 2001, S. I-1795 Rn. 26 ff. – *Gourmet International Products*). Neben der Einschlägigkeit eines der in Art. 36 AEUV genannten Gründe des Allgemeininteresses ist weitere Voraussetzung einer Rechtfertigung gem. Art. 36 S. 2 AEUV, dass die Maßnahme **keine willkürliche Diskriminierung** und **keine verschleierte Beschränkung des Handels** zwischen den Mitgliedstaaten darstellt. Zudem muss der Eingriff **verhältnismäßig** sein (der EuGH spricht meist davon, dass die Maßnahme in einem angemessenen Verhältnis zu dem zu erreichenden Ziel stehen muss, vgl. EuGH, a. a. O., Rn. 28). Das Werbeverbot war vorliegend weder eine willkürliche Diskriminierung noch eine verschleierte Beschränkung des Handels zwischen den Mitgliedstaaten (vgl. EuGH, a. a. O., Rn. 32).

Was die **Verhältnismäßigkeit** angeht, ist ein Werbeverbot grds. **geeignet,** den Absatz von Alkohol zu hemmen und damit auch zum Gesundheitsschutz beizutragen. Dafür spricht schon, dass jedenfalls eingeführte Marken keine Werbung durchführen würden, wenn sie sich davon nicht eine Stabilisierung oder sogar Ausweitung ihres Absatzes versprächen. Fraglich war vorliegend, ob die Maßnahme auch **erforderlich** ist, ob es also nicht ein weniger in die Warenverkehrsfreiheit eingreifendes Alternativmittel gibt, das den Gesundheitsschutz ebenso effektiv fördert. Insofern hatte *GIP* vor dem EuGH geltend gemacht, *„der angestrebte Schutz könne durch weniger beschränkende Maßnahmen, beispielsweise ein Verbot der Werbung an bestimmten öffentlichen Orten oder in der für Kinder und Heranwachsende bestimmten Presse, erzielt werden. Es müsse nämlich berücksichtigt werden, dass die schwedische Politik in Bezug auf den Alkoholismus bereits durch das Bestehen des Monopols für den Einzelhandelsverkauf, das Verbot des Verkaufs an Personen, die weniger als 20 Jahre alt seien,* *und durch Aufklärungskampagnen gewährleistet werde"* (EuGH, a. a. O., Rn. 30). Im Ergebnis verwies der im Rahmen eines Vorabentscheidungsverfahrens angerufene EuGH die Prüfung der Frage, ob ein milderes Alternativmittel zur Verfügung stehe, an das dazu besser berufene nationale Gericht, das ihn angerufen hatte, zurück und entschied konsequenterweise, dass Art. 34, 36 AEUV [Art. 30, 36 EGV a. F.] einem Verbot von Werbeanzeigen für alkoholische Getränke wie demjenigen aus § 2 ARL nicht entgegenstehen, *„es sei denn, dass sich erweist, dass der Schutz der Gesundheit gegen schädliche Auswirkungen des Alkohols unter den rechtlichen und tatsächlichen Umständen, die die Lage in dem betroffenen Mitgliedstaat kennzeichnen, durch Maßnahmen gewährleistet werden kann, die den innergemeinschaftlichen Handelsverkehr weniger beeinträchtigen"* (EuGH, a. a. O., Rn. 34).

---

**849.**

Gibt es neben Art. 36 AEUV auch einen ungeschriebenen Rechtfertigungsgrund für Eingriffe in Art. 34 f. AEUV? Falls ja, was sind dessen Voraussetzungen?

---

Neben Art. 36 AEUV kommt eine Rechtfertigung nach der sog. *Cassis*-Formel in Betracht, die der EuGH im *Cassis de Dijon*-Urteil aus dem Jahr 1979 entwickelt hat (EuGH, Rs. 120/78, Slg. 1979, S. 649 Rn. 8). Kernvoraussetzungen des Eingreifens der *Cassis*-Formel sind:

1. **Vorliegen eines zwingenden Erfordernisses des Gemeinwohls/Gemeininteresses** (insbes. Verbraucherschutz, wirksame steuerliche Kontrolle, Lauterkeit des Handelsverkehrs, Kulturpolitik, Medienvielfalt, Schutz der Arbeitsumwelt und Umweltschutz)
2. **Verhältnismäßigkeit**
3. **Unterschiedslose Geltung für in- und EU-ausländische Waren**

---

**850.**

Die *Rewe-Zentral-AG* beantragte bei der Bundesmonopolverwaltung für Branntwein eine Genehmigung, verschiedene Trinkbranntweine, darunter den französischen Likör Cassis de Dijon mit 20 % Alkoholgehalt, der in Frankreich frei verkäuflich ist, nach Deutschland zu importieren und dort in Verkehr bringen zu dürfen. Gem. § 100 III Branntweinmonopolgesetz (BMG) a. F. durften Trinkbranntweine in Deutschland jedoch nur mit einem Mindestweingeistgehalt von 32 % in den Verkehr gebracht werden. Der Antrag von Rewe wurde daher abgelehnt (EuGH, Rs. 120/78, Slg. 1979, S. 649 – *Cassis de Dijon*). Angenommen, die Regelung des § 100 III BMG a. F. ist eine Maßnahme gleicher Wirkung i. S. v. Art. 34 AEUV. Ist diese nach der *Cassis*-Formel gerechtfertigt?

---

Eine Rechtfertigung nach der *Cassis*-Formel setzt zunächst voraus, dass die in Art. 34 AEUV eingreifende Maßnahme gleicher Wirkung ein **zwingendes Erfordernis des**

**Gemeinwohls** verfolgt. Die Liste dessen, was der Gerichtshof der EU als zwingendes Erfordernis des Gemeinwohls anerkennt, ist offen und nach und nach erweitert worden. Solche zwingenden Erfordernisse sind insbes. der Verbraucherschutz, eine wirksame steuerliche Kontrolle, die Lauterkeit des Handelsverkehrs, die Kulturpolitik, die Medienvielfalt, der Schutz der Arbeitsumwelt und der Umweltschutz. Vorliegend hatte die deutsche Regierung vorgetragen, *„die Festsetzung eines Mindestweingeistgehalts bei bestimmten Likören solle den Verbraucher vor unlauterem Wettbewerb der Hersteller oder Händler alkoholischer Getränke schützen. Diese Argumentation stützt sich darauf, daß eine Verringerung des Alkoholgehalts bei bestimmten Getränken diesen einen Wettbewerbsvorteil gegenüber Getränken mit höherem Alkoholgehalt verschaffen würde, da Weingeist aufgrund seiner erheblichen Abgabenbelastung bei weitem der teuerste Bestandteil der Getränke sei"* (EuGH, Rs. 120/78, Slg. 1979, S. 649 Rn. 12 – *Cassis de Dijon*). Die Kommission hatte argumentiert, die Festsetzung von Grenzwerten beim Weingeistgehalt von Getränken könne der Standardisierung von Erzeugnissen und ihrer Kennzeichnung im Interesse einer größeren Transparenz des Handels und der Angebote an die Verbraucher dienen (EuGH, a. a. O., Rn. 13). Der damit angesprochene **Verbraucherschutz** ist grds. ein vom EuGH anerkanntes zwingendes Erfordernis des Gemeinwohls.

Fraglich ist aber, ob die Regelung des § 100 III BMG a. F. insoweit auch **verhältnismäßig** ist. Dazu muss sie zunächst **geeignet** sein, den Zweck zu fördern. Es lässt sich argumentieren, dass das Erfordernis eines Mindestweingeistgehaltes in der Tat durch Produktstandardisierung Transparenz herbeiführt und dadurch geeignet ist, den Interessen des Verbraucherschutzes zu dienen. Problematisch ist aber, ob das Erfordernis des Mindestweingeistgehaltes dazu auch **erforderlich** ist. Dies ist der Fall, wenn es keine weniger in die Warenverkehrsfreiheit eingreifende Alternative gibt, welche den Zweck genauso effektiv fördert. Hier ist darauf hinzuweisen, dass sich die Transparenz über den Weingeistgehalt des jeweiligen Branntweins auch durch eine entsprechende Deklarationspflicht auf der Verpackung erzielen lässt (EuGH, a. a. O., Rn. 13). Dies ist eine weniger in die Warenverkehrsfreiheit eingreifende Maßnahme, die den Verbraucherschutz aber genauso effektiv fördert (sog. **Labelling-Doktrin** des EuGH). Damit ist die Regelung des § 100 III BMG a. F. im Hinblick auf den Verbraucherschutz nicht erforderlich und folglich **unverhältnismäßig**. Der Eingriff in Art. 34 AEUV ist daher insoweit nicht nach der *Cassis*-Formel gerechtfertigt.

---

**851.**

Die deutsche Regierung hatte zur Rechtfertigung von § 100 III BMG a. F. auch mit dem Schutz der öffentlichen Gesundheit argumentiert. Die Festsetzung eines Mindestweingeistgehaltes *„solle die Überschwemmung des nationalen Marktes mit alkoholischen Getränken, insbesondere mit solchen mäßigen Weingeistgehalts verhindern, denn derartige Erzeugnisse könnten leichter zu einer Gewöhnung führen als Getränke mit höherem Weingeistgehalt"* (EuGH, Rs. 120/78, Slg. 1979, S. 649 Rn. 10 – *Cassis de Dijon*). Führte dieses Argument zur Rechtfertigung nach der *Cassis*-Formel?

Zwar rechnete der EuGH den **Gesundheitsschutz** damals noch zu den **zwingenden Erfordernissen des Gemeinwohls** i. S. d. *Cassis*-Formel, während er ihn heute nur noch im Rahmen von Art. 36 AEUV prüft. Dass Getränke mit hohem Alkoholgehalt den Einstieg in das Alkoholtrinken erschweren und damit mittelbar zum Gesundheitsschutz beitragen könnten, war auf den ersten Blick auch nicht völlig fernliegend. Der EuGH wies demgegenüber allerdings treffend darauf hin, dass dem Verbraucher auch auf dem deutschen Markt ein umfangreiches Angebot unterschiedlicher Erzeugnisse mit geringem oder mittlerem Alkoholgehalt zur Verfügung stehe (z. B. Bier und Wein) und überdies ein erheblicher Teil der auf dem deutschen Markt frei gehandelten Getränke mit hohem Weingeistgehalt üblicherweise verdünnt genossen werde. Die Regelung des § 100 III BMG a. F. war daher schon nicht geeignet, den Gesundheitsschutz zu fördern. Folglich kam auch aus Gründen des Gesundheitsschutzes keine Rechtfertigung nach der *Cassis*-Formel in Betracht. Noch einmal sei darauf hingewiesen, dass Fragen des Gesundheitsschutzes heute im Einklang mit der Rechtsprechung des EuGH nur noch im Rahmen von Art. 36 AEUV geprüft werden sollten.

**852.**

Stand nach Ergehen des *Cassis de Dijon*-Urteils fest, dass die *Cassis*-Formel dogmatisch als Rechtfertigungsgrund einzustufen ist?

Nein, die ergebnisorientierten Formulierungen des EuGH ließen sich auch so interpretieren, dass es sich um eine Art negatives Tatbestandsmerkmal handelt, bei dessen Vorliegen davon auszugehen ist, dass keine Maßnahme gleicher Wirkung gegeben ist (vgl. etwa die Formulierung des Ergebnisses der Prüfung in: EuGH, Rs. 120/78, Slg. 1979, S. 649 Rn. 15 – *Cassis de Dijon)*. Heute ist es jedoch zu Recht herrschende Ansicht, dass es sich dogmatisch um einen Rechtfertigungsgrund handelt, der neben Art. 36 AEUV zu prüfen ist.

**853.**

Wäre im oben behandelten *Mars*-Fall (Nr. 843) ein auf § 3 UWG gestütztes Vertriebsverbot für Eiskremriegel aus dem Grund gerechtfertigt, dass der Verbraucher meinen könnte, der Riegel sei um den mit dem Streifen gekennzeichneten Teil der Verpackung (der mehr als 10 % umfasste) vergrößert worden, was nicht der Fall war? Der Eiskremriegel war tatsächlich um 10 % vergrößert worden.

Eine Rechtfertigung des Eingriffs in Art. 34 AEUV gem. Art. 36 AEUV setzt voraus, dass die Maßnahme einem der dort aufgeführten zwingenden Erfordernisse des Gemeinwohls dient. Von den in Art. 36 S. 1 AEUV abschließend aufgeführten Erfordernissen ist jedoch vorliegend keines einschlägig, so dass eine Rechtfertigung gem. Art. 36 AEUV ausscheidet.

In Betracht kommt jedoch eine Rechtfertigung nach der *Cassis*-Formel. Der Verbraucherschutz gehört zu den vom EuGH im Rahmen der *Cassis*-Formel anerkannten zwingenden Gründen des Gemeinwohls (EuGH, Rs. C-470/93, Slg. 1995, S. I-1923 Rn. 15 – *Mars)*. Der Eingriff muss aber auch verhältnismäßig sein. Dies setzt zunächst voraus, dass ein Vertriebsverbot geeignet ist, den Verbraucherschutz zu fördern. Dies setzt wiederum voraus, dass Verbraucher tatsächlich annehmen könnten, der Riegel sei um den mit dem Streifen gekennzeichneten Teil der Verpackung vergrößert worden. Insofern hat der EuGH in Anwendung seiner **Doktrin des mündigen Verbrauchers** ausgeführt, dass von verständigen Verbrauchern erwartet werden könne, *„daß sie wissen, daß zwischen der Größe von Werbeaufdrucken, die auf eine Erhöhung der Menge des Erzeugnisses hinweisen, und dem Ausmaß dieser Erhöhung nicht notwendig ein Zusammenhang besteht"* (EuGH, a. a. O., Rn. 24). Ein auf § 3 UWG gestütztes Vertriebsverbot war daher schon nicht geeignet, aber jedenfalls nicht erforderlich, um den Verbraucherschutz zu fördern. Ein solches Vertriebsverbot war somit auch nicht nach der *Cassis*-Formel gerechtfertigt. Im Ergebnis verletzte es daher Art. 34 AEUV [Art. 30 EGV a. F.] (vgl. EuGH, a. a. O., Rn. 25).

---

**854.**

Eine vom österreichischen Verein zum „Schutz des Lebensraumes in der Alpenregion" angekündigte Versammlung mit Blockade der Brenner-Autobahn für 28 Stunden im Mai 1998 wurde von den österreichischen Behörden im Einklang mit dem einschlägigen österreichischen Versammlungs- und Straßenverkehrsrecht nicht verboten, um das Versammlungsgrundrecht der Demonstranten zu respektieren. Infolge der Blockade der Brenner-Autobahn konnte das Transportunternehmen *Eugen Schmidberger* mit Sitz in Deutschland mehrere Holztransporte zwischen Deutschland und Italien nicht durchführen. Dies führte zu einem erheblichen Schaden, auf dessen Ersatz es die Republik Österreich verklagte. Das Oberlandesgericht Innsbruck legte dem EuGH u. a. die Frage vor, ob Österreich durch die Nichtuntersagung der Demonstration die Warenverkehrsfreiheit verletzt hatte (EuGH, Rs. C-112/00, Slg. 2003, S. I-5659 – *Schmidberger)*.

---

I. Eine Verletzung der Warenverkehrsfreiheit setzt zunächst die **Eröffnung des Schutzbereichs** der Warenverkehrsfreiheit gem. Art. 28 ff. AEUV voraus. Indizien für eine vollständige und damit abschließende Harmonisierung des vorliegend betroffenen Bereichs durch Sekundärrecht liegen nicht vor. Die Eröffnung des sachlichen Schutzbereichs der Warenverkehrsfreiheit setzt voraus, dass es um Waren i. S. v. Art. 28 II, 29 AEUV geht. Waren sind bewegliche Sachen, die einen Geldwert haben und Gegenstand von Handelsgeschäften sein können. Vorliegend waren durch die Blockade vermutlich verschiedenste Arten von Waren, konkret aber auf jeden Fall die Holztransporte der Fa. *Schmidberger* betroffen. Holz ist eine bewegliche Sache, die einen Geldwert hat und Gegenstand von Handelsgeschäften sein kann, und damit eine Ware. Gem. Art. 28 II AEUV muss es sich um eine aus einem Mitgliedstaat stammende Ware oder um eine Ware aus einem Drittstaat handeln, die sich in den Mitgliedstaaten im freien Verkehr befindet. Die Holztransporte fanden zwischen Deutschland und Italien statt. Es ist davon auszugehen, dass es sich um Holz aus einem Mitgliedstaat oder um Holz aus einem Drittstaat handelte, das sich in den Mitgliedstaaten im freien Verkehr befand. Die Voraussetzungen der Art. 28 II, 29 AEUV sind folglich ebenfalls erfüllt. Somit sind Waren i. S. d. Art. 28 II, 29 AEUV betroffen. Da das Holz zwischen Deutschland und Italien transportiert werden sollte, liegt auch ein grenzüberschreitender Vorgang zwischen Mitgliedstaaten vor. Der Schutzbereich von Art. 28 ff. AEUV ist folglich eröffnet.

II. Zu prüfen ist, ob hier ein **Eingriff** in Art. 34 AEUV vorliegt. Dies setzt zunächst eine Maßnahme eines Verpflichtungsadressaten der Warenverkehrsfreiheit voraus. Der privatrechtliche Verein, der die Versammlung mit Blockade angekündigt hat, ist als Privatrechtssubjekt ebenso wie die Teilnehmer der Versammlung nicht Verpflichtungsadressat der Warenverkehrsfreiheit, die keine unmittelbare Drittwirkung besitzt. Als Verpflichtungsadressat kommt hier nur die Republik Österreich in Betracht, die nicht gegen die Blockade eingeschritten ist. Fraglich ist, ob dieses Unterlassen für eine Eröffnung des Schutzbereichs von Art. 34 AEUV ausreichend ist. Der EuGH hat aus Art. 34 AEUV i. V. m. der Loyalitätspflicht bzw. der Unionstreue gem. Art. 4 III EUV eine Pflicht der Mitgliedstaaten abgeleitet, alle erforderlichen und geeigneten Maßnahmen zu ergreifen, um in ihrem Gebiet die Beachtung der Warenverkehrsfreiheit sicherzustellen (oben Nr. 837). Die Blockade der Brenner-Autobahn für einen Zeitraum von 28 Stunden könnte eine schwerwiegende Beeinträchtigung der Warenverkehrsfreiheit darstellen, die prinzipiell eine entsprechende Pflicht des Staates ausgelöst haben könnte. Das Nichteinschreiten der österreichischen Behörden ist daher jedenfalls eine Maßnahme eines Mitgliedstaates als Verpflichtungsadressat von Art. 34 AEUV (vgl. EuGH, Rs. C-112/00, Slg. 2003, S. I-5659 Rn. 57 ff. – *Schmidberger*).

Im Nichteinschreiten gegen die Blockade liegt zwar keine mengenmäßige Einfuhrbeschränkung, es könnte sich aber um eine Maßnahme gleicher Wirkung gem. Art. 34 AEUV handeln. Da das Nichteinschreiten gegen die Blockade geeignet ist, den Handel zwischen den Mitgliedstaaten, worunter auch die Durchfuhr von Waren durch einen Staat fällt, zu behindern, handelt es sich um eine Maßnahme gleicher Wirkung i. S. d. *Dassonville*-Formel. Da hier keine bestimmte Verkaufsmodalität in Rede steht, ist die *Keck*-Formel nicht einschlägig, so dass das Nichteinschreiten insgesamt eine Maßnahme gleicher Wirkung i. S. d. Art. 34 AEUV ist.

III. Fraglich ist, ob die Maßnahme gleicher Wirkung **gerechtfertigt** ist. Von den in **Art. 36 S. 1 AEUV** genannten Zwecken könnte hier der Gesundheitsschutz der Bevölkerung einschlägig sein. Insofern ist allerdings zu beachten, dass zwar die Blockade möglicherweise dem Schutz der Gesundheit der Bevölkerung vor den Folgen des Verkehrs dienen soll. Das Nichteinschreiten der österreichischen Behörden ist hingegen im Einklang mit dem einschlägigen Versammlungsrecht erfolgt, um das Versammlungsgrundrecht der Demonstranten zu schützen. Da hier nur auf das relevante Verhalten des Staates, als Verpflichtungsadressat, abgestellt werden kann, scheidet eine Rechtfertigung gem. Art. 36 AEUV im Lichte des Gesundheitsschutzes folglich aus (vgl. EuGH, a. a. O., Rn. 66 ff.). In Betracht könnte aber eine Rechtfertigung nach der **Cassis-Formel** kommen. Von den anerkannten zwingenden Erfordernissen des Gemeinwohls i. S. d. *Cassis*-Formel könnte hier der Schutz der

Umwelt einschlägig sein (EuGH, a. a. O., Rn. 66). Doch gilt auch insofern das oben Gesagte: Das Nichteinschreiten der Behörden sollte das Versammlungsgrundrecht der Demonstranten schützen, es war also nicht vom Umweltschutz motiviert. Auch eine Rechtfertigung nach der *Cassis*-Formel scheidet daher aus.

Schließlich könnte eine **Rechtfertigung aus Gründen des unionsrechtlichen Grundrechtsschutzes** in Betracht kommen. Im *Schmidberger*-Urteil hat der EuGH grundlegend festgestellt, dass der Schutz der Grundrechte ein berechtigtes Interesse darstellt, *„das grundsätzlich geeignet ist, eine Beschränkung von Verpflichtungen zu rechtfertigen, die nach dem Gemeinschaftsrecht, auch kraft einer durch den Vertrag gewährleisteten Grundfreiheit wie dem freien Warenverkehr, bestehen"* (EuGH, a. a. O., Rn. 74). Hier diente das Nichteinschreiten der österreichischen Behörden dem Schutz der Grundrechte der Versammlungs- und der Meinungsfreiheit, wie sie sich europarechtlich damals als allgemeine Rechtsgrundsätze u. a. aus Art. 10 f. EMRK ergaben (EuGH, a. a. O., Rn. 77), heute aber auch unmittelbar durch Art. 11 f. GRCh gewährleistet werden. Da die Grundrechte der Versammlungs- und Meinungsfreiheit, als primäres Unionsrecht, ihrerseits einschränkbar sind, muss eine Abwägung zwischen diesen Grundrechten und der durch ihren Schutz beeinträchtigten Warenverkehrsfreiheit erfolgen (vgl. EuGH, a. a. O., Rn. 80 ff.). *„In dieser Hinsicht verfügen die zuständigen Stellen über ein weites Ermessen. Dennoch ist zu prüfen, ob die Beschränkungen, denen der innergemeinschaftliche Handel unterworfen wurde, in einem angemessenen Verhältnis zu dem berechtigten Ziel stehen, das mit ihnen verfolgt wird, hier dem Schutz der Grundrechte"* (EuGH, a. a. O., Rn. 82). Der EuGH hat die Angemessenheit und damit Verhältnismäßigkeit des Eingriffs in die Warenverkehrsfreiheit aufgrund einer umfangreichen Abwägung bejaht, bei der u. a. eine Rolle spielte, dass es um den Schutz wesentlicher Grundrechte ging, die Blockadeaktion eine einmalige Maßnahme von begrenzter Dauer war, sie sich nicht gegen den Import oder die Durchfuhr bestimmter Produkte richtete und die Behörden verschiedene Begleitmaßnahmen ergriffen hatten, um die Folgen für die Betroffenen abzumildern (EuGH, a. a. O., Rn. 82 ff.). Insgesamt war das Nichteinschreiten der Behörden daher aus Gründen des unionalen Grundrechtsschutzes gerechtfertigt (vgl. EuGH, a. a. O., Rn. 94).

---

**855.**

**Ist die Rechtfertigung aus Gründen des unionsrechtlichen Grundrechtsschutzes ein Unterfall der *Cassis*-Formel?**

In diese Richtung hatte im *Schmidberger*-Fall Generalanwalt *Jacobs* in seinen Schlussanträgen argumentiert (Schlussanträge GA *Jacobs* zu Rs. C-112/00, Slg. 2003, S. I-5659 Rn. 85 ff. – *Schmidberger*). Der EuGH hat sich dem jedoch nicht angeschlossen und die Rechtfertigung aus Gründen des Grundrechtsschutzes als eigenständigen Rechtfertigungsgrund für Eingriffe in Grundfreiheiten konstruiert. Dieser Rechtfertigungsgrund steht daher neben einer möglichen Rechtfertigung aus Art. 36 AEUV und einer Rechtfertigung gem. der *Cassis*-Rechtsprechung.

### 3. Arbeitnehmerfreizügigkeit

#### a) Allgemeines

**856.**

Wen berechtigt die Arbeitnehmerfreizügigkeit gem. Art. 45 I-III AEUV – zusammengefasst – wozu?

Sie berechtigt Staatsangehörige der Mitgliedstaaten dazu, eine unselbstständige Erwerbstätigkeit in einem anderen Mitgliedstaat aufzunehmen sowie auszuüben und sich zu diesem Zweck auch tatsächlich um angebotene Stellen zu bewerben (Art. 45 III lit. a AEUV).

**857.**

Skizzieren Sie die wesentlichen Prüfungsschritte einer Verletzung der Arbeitnehmerfreizügigkeit gem. Art. 45 ff. AEUV!

**Schutzbereich**

1. **Keine abschließende Harmonisierung durch Sekundärrecht**
2. **Sachlicher Schutzbereich: Arbeitnehmer i. S. d. Art. 45 AEUV**
3. **Persönlicher Schutzbereich** (Staatsangehörige von EU-Mitgliedstaaten)
4. **Grenzüberschreitender Bezug**

**Eingriff**

5. **Maßnahme eines Verpflichtungsadressaten** (Mitgliedstaaten, die EU, bestimmte Private)
6. **Offene oder versteckte Diskriminierung** (Art. 45 II AEUV)
   oder
7. **Beschränkung**
   a) Vorliegen einer Beschränkung
   b) Nichteinschlägigkeit der *Keck*-Kriterien

**Rechtfertigung**

8. **Rechtfertigungsgründe**
   a) **Art. 45 III AEUV**
   b) *Gebhard*-**Formel** (Zwingende Gründe des Allgemeininteresses; nicht bei offenen Diskriminierungen)
   c) **Rechtfertigung wegen EU-Grundrechtsschutzes Dritter** *(Schmidberger)*
9. jeweils: **Verhältnismäßigkeit**

#### b) Schutzbereich

**858.**

**Die Eröffnung des sachlichen Schutzbereichs** setzt gem. Art. 45 I-III AEUV voraus, dass es um einen **Arbeitnehmer** geht. Was ist darunter zu verstehen?

**Kann auf den Arbeitnehmerbegriff des einschlägigen nationalen Rechts zurückgegriffen werden?**

Nein, der Begriff des Arbeitnehmers i. S. d. Art. 45 AEUV ist ein selbstständiger unionsrechtlicher Begriff, der vom EuGH wegen der Bedeutung der Arbeitnehmerfreizügigkeit weit ausgelegt wird (EuGH, Rs. 66/85, Slg. 1986, S. 2121 Rn. 16 – *Lawrie-Blum*). **Arbeitnehmer i. S. d. Art. 45 AEUV ist, wer für eine bestimmte Zeit für einen anderen nach dessen Weisung Leistungen erbringt, für die er als Gegenleistung eine Vergütung erhält** (EuGH, a. a. O., Rn. 17).

**859.**

Die Britin *Deborah Lawrie-Blum* (L) hatte an der Universität Freiburg ein Lehramtsstudium erfolgreich mit dem ersten Staatsexamen abgeschlossen. Sie wurde jedoch vom Oberschulamt Stuttgart nicht zum Vorbereitungs(referendar-)dienst für Lehrer zugelassen, da dies eine Verbeamtung voraussetzte und in das Beamtenverhältnis nur Deutsche berufen werden durften (EuGH, Rs. 66/85, Slg. 1986, S. 2121 – *Lawrie-Blum*). Ist der Schutzbereich der Arbeitnehmerfreizügigkeit gem. Art. 45 AEUV eröffnet?

Indizien für eine abschließende Harmonisierung dieses Bereichs durch Sekundärrecht liegen nicht vor. Fraglich ist, ob der sachliche Schutzbereich eröffnet ist. Dies setzt voraus, dass L Arbeitnehmerin i. S. d. Art. 45 AEUV ist, bzw. als Referendarin wäre. Arbeitnehmerin i. S. d. Art. 45 AEUV ist wer für eine bestimmte Zeit für einen anderen nach dessen Weisung Leistungen erbringt, für die er als Gegenleistung eine Vergütung erhält (EuGH, a. a. O., Rn. 17). Studienreferendare unterstehen während der Dauer des Vorbereitungsdienstes der Weisung und der Aufsicht der Schule, der sie zugewiesen sind. Sie haben den Schülern Unterricht zu erteilen und erbringen damit zugunsten der Schule Dienstleistungen, die einen gewissen wirtschaftlichen Wert haben. Die Beträge, die sie erhalten, können als Vergütung angesehen werden, die eine Gegenleistung für die Dienstleistungen und die Verpflichtungen, die der Vorbereitungsdienst mit sich bringt, darstellt (EuGH, a. a. O., Rn. 18). Damit sind die Kriterien für das Bestehen eines Arbeitsverhältnisses erfüllt.

**860.**

Steht einer Arbeitnehmereigenschaft der L entgegen, dass das Referendarverhältnis nur der Vorbereitung auf die eigentliche Tätigkeit als Lehrerin dient?

Nein, dass der pädagogische Vorbereitungsdienst, ähnlich den Lehrzeiten bei anderen Berufen, eine Art praktischer Vorbereitungszeit ist, verhindert nach der Rechtsprechung des EuGH die Anwendung von Art. 45 AEUV nicht, *„wenn dieser Dienst unter den Bedingungen einer Tätigkeit im Lohn- oder Gehaltsverhältnis abgeleistet wird"* (EuGH, Rs. 66/85, Slg. 1986, S. 2121 Rn. 19 – *Lawrie-Blum*). Dass dies bei der Referendartätigkeit grds. der Fall ist, wurde oben bereits festgestellt.

**861.**

Schließt die Tatsache, dass das Referendarverhältnis eine Verbeamtung voraussetzte, die vom EuGH für eine Arbeitnehmereigenschaft verlangte **wirtschaftliche Natur der Tätigkeit aus?**

Nein, der EuGH hat festgestellt, dass die wirtschaftliche Natur der Tätigkeit nicht aus dem Grund verneint werden könne, dass diese in einem öffentlich-rechtlichen Status ausgeübt werde. Die Art des Rechtsverhältnisses zwischen Arbeitnehmer und Arbeitgeber – öffentlich-rechtlich oder privatrechtlich – sei für die Anwendung von Art. 45 AEUV [Art. 48 EWGV a. F.] unerheblich (EuGH, Rs. 66/85, Slg. 1986, S. 2121 Rn. 20 – *Lawrie-Blum*). L ist daher im Hinblick auf die angestrebte Tätigkeit als Referendarin Arbeitnehmerin i. S. d. Art. 45 AEUV. Der sachliche Schutzbereich ist eröffnet. Für L als Britin und damit Angehörige eines EU-Mitgliedstaates ist auch der persönliche Schutzbereich von Art. 45 AEUV eröffnet. Da L als Britin in Deutschland ihren Referendardienst antreten will, liegt auch ein grenzüberschreitender Bezug zwischen EU-Mitgliedstaaten vor. Der Schutzbereich der Arbeitnehmerfreizügigkeit gem. Art. 45 AEUV ist folglich eröffnet.

**862.**

Der deutsche Staatsangehörige *R. H. Kempf* (K) reiste am 1.9.1981 in die Niederlande ein, wo er teilzeit als Musiklehrer arbeitete. Vom 26.10.1981 bis zum 14.7.1982 unterrichtete er zwölf Stunden wöchentlich und bezog ein Monatsgehalt von 984 HFL brutto. Auf seinen Antrag hin erhielt er während dieses Zeitraums eine zusätzliche Unterstützung nach dem niederländischen Gesetz zur Regelung staatlicher Leistungen für arbeitslose Arbeitnehmer. Später bezog er noch weitere Sozialleistungen. Im Rahmen eines Rechtsstreits um einen am 30.11.1981 gestellten Antrag auf Aufenthaltserlaubnis in den Niederlanden stellte sich dem Gericht die Frage: *„Führt der Umstand, daß ein Angehöriger eines Mitgliedstaats, der im Hoheitsgebiet eines anderen Mitgliedstaates eine Tätigkeit ausübt, die für sich genommen eine tatsächliche und echte Erwerbstätigkeit [...] ist, zur Ergänzung seiner Einkünfte aus dieser Tätigkeit eine finanzielle Unterstützung aus öffentlichen Mitteln dieses Mitgliedstaates in Anspruch nimmt, dazu, daß die Vorschriften des Gemeinschaftsrechts über die Freizügigkeit der Arbeitnehmer für ihn nicht gelten?"* (EuGH, Rs. 139/85, Slg. 1986, S. 1741 Rn. 5 – *Kempf*).

Der EuGH verneinte dies, stellte also im Ergebnis fest, dass dieser Umstand Ks Arbeitnehmereigenschaft nicht entgegenstand (vgl. EuGH, a. a. O., Rn. 16). Zur Begründung verwies er zum einen auf die gebotene weite Auslegung des europarechtlichen Arbeitnehmerbegriffs (EuGH, a. a. O., Rn. 13 f.). Zum anderen verwies er unterstützend auf dessen Eigenständigkeit, die bedroht wäre, wenn die Zuerkennung der Arbeitnehmereigenschaft von der Einschlägigkeit oder Nichteinschlägigkeit nationaler sozialrechtlicher Vorschriften abhängen könnte (vgl. EuGH, a. a. O., Rn. 15).

**863.**

Hätte Ks Arbeitnehmereigenschaft aus dem Grund ausgeschlossen sein können, dass es sich nur um eine Teilzeittätigkeit handelte?

Da Teilzeitarbeit weit verbreitet ist, wäre der *effet utile* der Arbeitnehmerfreizügigkeit bedroht, wenn sie dieser nicht unterfiele (EuGH, Rs. 53/81, Slg. 1982, S. 1035 Rn. 15 – *Levin*). Eine Teilzeittätigkeit schließt die Arbeitnehmereigenschaft daher nicht aus. Im *Levin*-Urteil hat der EuGH allerdings auch festgestellt, dass unter die Arbeitnehmerfreizügigkeit *„doch nur die Ausübung tatsächlicher und echter Tätigkeiten [fällt], wobei solche Tätigkeiten außer Betracht bleiben, die einen so geringen Umfang haben, daß sie sich als völlig untergeordnet und unwesentlich darstellen"* (EuGH, a. a. O., Rn. 17). Fraglich ist also, ob Ks Teilzeittätigkeit als Musiklehrer einen **so geringen Umfang** hatte, dass sie sich als **völlig untergeordnet und unwesentlich** darstellte. Im *Kempf*-Fall hatte jedoch bereits das vorlegende niederländische Gericht festgestellt, dass Ks Tätigkeit keinen so geringen Umfang hatte, dass sie sich als untergeordnet und unwesentlich darstellte (EuGH, Rs. 139/85, Slg. 1986, S. 1741 Rn. 12 – *Kempf*). Damit war Ks Arbeitnehmereigenschaft auch nicht aus diesem Grund ausgeschlossen.

**864.**

Die österreichische *Clean Car Autoservice GmbH* (C-GmbH) meldete am 13.6.1995 beim Magistrat der Stadt Wien das Gewerbe Wartung und Pflege von Kraftfahrzeugen (Servicestation) an und teilte mit, dass sie den in Berlin wohnenden deutschen Staatsangehörigen *Henssen* (H) zum Geschäftsführer bestellt habe und sich dieser gegenwärtig bemühe, eine Wohnung in Österreich anzumieten. Am 20.7.1995 stellte der Magistrat der Stadt Wien fest, dass die Voraussetzungen zur Ausübung dieses Gewerbes nicht vorlägen, und untersagte diese mit der Begründung, nach § 39 II der österreichischen GewO (GewO-Ö) 1994 müsse der Geschäftsführer u. a. seinen Wohnsitz im Inland haben. Vor dem von der C-GmbH angerufenen Gericht stellte sich die Frage, ob der Schutzbereich der Arbeitnehmerfreizügigkeit gem. Art. 45 AEUV [Art. 48 EGV a. F.] eröffnet war. (Angelehnt an EuGH, C-350/96, Slg. 1998, S. I-2521 – *Clean Car Autoservice*)

Es gibt keine Indizien für eine abschließende Harmonisierung dieses Bereichs durch Sekundärrecht. Fraglich ist, ob der sachliche Schutzbereich eröffnet ist. Dies setzt voraus, dass H Arbeitnehmer i. S. d. Art. 45 AEUV ist. Ein Geschäftsführer einer GmbH erbringt für eine bestimmte Zeit für einen anderen nach dessen Weisungen Leistungen, für die er als Gegenleistung eine Vergütung erhält, und ist damit Arbeitnehmer i. S. d. Art. 45 AEUV. Auch in zeitlicher Hinsicht war der Schutzbereich seit dem Beitritt der Republik Österreich zur EG am 1.1.1995 (oben Nr. 67) eröffnet. Fraglich ist aber, ob auch der persönliche Schutzbereich eröffnet ist, ob also hier auch die C-GmbH als Arbeitgeberin des H von Art. 45 AEUV geschützt ist. Der EuGH hat dies bejaht und dabei v. a. auf den *effet utile* der Arbeitnehmerfreizügigkeit verwiesen: *„Diese Bestimmungen würden nämlich leicht um ihre Wirkung gebracht, wenn die Mitgliedstaaten die dort enthaltenen Verbote schon dadurch umgehen könnten, daß sie den Arbeitgebern die Einstellung eines Arbeitnehmers verböten, der gewisse Voraussetzungen nicht erfüllte, die, wenn er unmittelbar zu ihrer Erfüllung verpflichtet würde, Beschränkungen seines Rechts auf Freizügigkeit [...] darstellen würden"* (EuGH, a. a. O., Rn. 21). Damit ist hier auch der persönliche Schutzbereich der Arbeitnehmerfreizügigkeit für die C-GmbH eröffnet. Schließlich liegt, da es um die Anstellung des deutschen Staatsangehörigen H in Österreich geht, ein grenzüberschreitender Vorgang vor. Somit ist der Schutzbereich von Art. 45 AEUV [Art. 48 EGV a. F.] eröffnet.

---

**865.**

Der deutsche Staatsangehörige *Volker Steen* (S) nahm seit August 1985 als Arbeiter einen Dienstposten bestimmter Einstufung bei der Deutschen Bundespost wahr. Nachdem er im Oktober 1987 die Prüfung für den mittleren posttechnischen Dienst bestanden hatte, sollte er vereinbarungsgemäß auf derselben Stelle ins Beamtenverhältnis wechseln, was aber u. a. eine niedrigere Vergütung mit sich gebracht hätte. Ausländische Arbeitnehmer konnten hingegen anders als ihre deutschen Kollegen am Ende ihrer Ausbildung zwischen der Weiterbeschäftigung im Beamten- oder im Angestelltenverhältnis wählen. Vor dem Arbeitsgericht stellte sich die Frage, ob ein deutscher Staatsangehöriger, dem ein Dienstposten ausschließlich im Beamtenverhältnis angeboten wird, eine Verletzung der Arbeitnehmerfreizügigkeit mit der Begründung geltend machen kann, dass dieser Dienstposten einem Angehörigen eines anderen Mitgliedstaates im Angestelltenverhältnis angeboten werden müsste und dass die Beschäftigung im Beamtenverhältnis u. a. eine geringere monatliche Vergütung als eine Beschäftigung im Angestelltenverhältnis und den Ausschluss des Streikrechts mit sich bringt (angelehnt an EuGH, C-332/90, Slg. 1992, S. I-341 – *Steen*).

---

Dazu muss zunächst der Schutzbereich der Arbeitnehmerfreizügigkeit i. S. d. Art. 45 AEUV [Art. 48 EWGV a. F.] eröffnet sein. Es gibt keine Indizien für eine abschließende Harmonisierung dieses Bereichs durch Sekundärrecht. Da S Arbeitnehmer i. S. d. Art. 45 AEUV ist, ist der sachliche Schutzbereich eröffnet. Für einen deutschen Staatsangehörigen wie S ist auch der persönliche Schutzbereich der Arbeitnehmerfreizügigkeit eröffnet. Schließlich müsste ein grenzüberschreitender Vorgang zwischen Mitgliedstaaten gegeben sein. Vorliegend ging es um das Arbeitsverhältnis eines deutschen Staatsangehörigen bei der Deutschen Bundespost. Ein grenzüberschreitender Vorgang käme daher allenfalls in Betracht, wenn S bereits zuvor von der Arbeitnehmerfreizügigkeit Gebrauch gemacht hätte, wofür aber ebenfalls keine Indizien vorliegen (vgl. EuGH, a. a. O., Rn. 10). Damit handelt es sich um einen rein internen Vorgang ohne grenzüberschreitenden Bezug. Folglich ist der Schutzbereich von Art. 45 AEUV [Art. 48 EWGV a. F.] nicht eröffnet, sodass eine Verletzung der Arbeitnehmerfreizügigkeit ausscheidet.

## c) Eingriff

**866.**

Die niederländischen Staatsangehörigen *Walrave* (W) und *Koch* (K) beteiligten sich regelmäßig bei sog. „Steher"-Bahnradrennen gegen Entgelt als Schrittmacher auf Motorrädern, in deren Windschatten der Radrennfahrer fährt. Diese Leistungen wurden aufgrund von Verträgen erbracht, die mit dem Radrennfahrer (Steher), den Radsportverbänden oder auch mit Sponsoren geschlossen wurden. Zu den Rennen, an denen sie teilnahmen, gehörten die Weltmeisterschaften. Das für diese geltende, vom zuständigen Radsportverband, der Union Cycliste Internationale (UCI), aufgestellte Reglement enthielt eine neue Regelung, nach der Schrittmacher und Radrennfahrer dieselbe Staatsangehörigkeit besitzen mussten. W und K wandten sich gegen diese Regelung, da diese gegen die Arbeitnehmerfreizügigkeit verstoße. Ein Eingriff in diese setzt zunächst die Maßnahme eines Verpflichtungsadressaten der Arbeitnehmerfreizügigkeit voraus. War die Regelung der UCI eine solche? (Angelehnt an: EuGH, Rs. C-36/74, Slg. 1974, S. 1405 – *Walrave und Koch*).

Verpflichtete der Arbeitnehmerfreizügigkeit gem. Art. 45 AEUV sind jedenfalls die Mitgliedstaaten, aber auch die EU selbst. Fraglich ist, ob auch ein Sportverband wie die UCI an die Arbeitnehmerfreizügigkeit gebunden sein kann. Der EuGH hat dies im vorliegenden Urteil mit Hinweis auf den *effet utile* der Arbeitnehmerfreizügigkeit jedenfalls für nichtstaatliche Maßnahmen, die eine **kollektive Regelung im Arbeits- und Dienstleistungsbereich** enthalten, bejaht (EuGH, a. a. O., Rn. 16/19): *„Denn die Beseitigung der Hindernisse für den freien Personen- und Dienstleistungsverkehr [...] wäre gefährdet, wenn die Beseitigung der staatlichen Schranken dadurch in ihren Wirkungen wieder aufgehoben würde, daß privatrechtliche Vereinigungen oder Einrichtungen kraft ihrer rechtlichen Autonomie derartige Hindernisse aufrichteten. Da im übrigen die Arbeitsbedingungen je nach Mitgliedstaat einer Regelung durch Gesetze und Verordnungen oder durch Verträge und sonstige Rechtsgeschäfte, die von Privatpersonen geschlossen oder vorgenommen werden, unterliegen, bestünde bei einer Beschränkung auf staatliche Maßnahmen die Gefahr, daß das fragliche Verbot nicht einheitlich angewandt würde"*. Damit war die Regelung der UCI, als kollektive Regelung im Arbeitsbereich, eine Maßnahme eines Verpflichtungsadressaten der Arbeitnehmerfreizügigkeit (vgl. EuGH, a. a. O., Rn. 25).

**867.**

Nachdem *Roman Angonese* (A), ein zuvor in der Provinz Bozen wohnender italienischer Staatsangehöriger deutscher Muttersprache, von 1993 bis 1997 in Österreich studiert hatte, bewarb er sich im August 1997 auf eine in einer italienischen Tageszeitung veröffentlichte Anzeige um die Teilnahme an einem Auswahlverfahren für eine Stelle in einer privaten Bankgesellschaft in Bozen. Zu den Bedingungen für die Zulassung zum Auswahlverfahren gehörte der Besitz einer Bescheinigung Typ-B über die Zweisprachigkeit (Italienisch/

Deutsch), die von einer Behörde der Provinz Bozen nach einer Prüfung ausgestellt wurde, welche nur in dieser Provinz abgelegt werden konnte. Schließlich teilte die Bankgesellschaft dem perfekt zweisprachigen A mit, dass seine Bewerbung nicht habe berücksichtigt werden können, da er nicht über die Bescheinigung vom Typ-B verfüge. Vor Gericht stellte sich die Frage, ob eine Bedingung nach der das Recht, sich in einem Auswahlverfahren zu bewerben, von dem Besitz eines Sprachdiploms abhängig ist, das nur in einer einzigen Provinz eines Mitgliedstaates erlangt werden kann, einen Eingriff in die Arbeitnehmerfreizügigkeit darstellt. War dieses von der privaten Bankgesellschaft aufgestellte Erfordernis aber überhaupt eine Maßnahme eines Verpflichtungsadressaten der Arbeitnehmerfreizügigkeit? (Angelehnt an: EuGH, Rs. C-281/98, Slg. 2000, S. I-4139 – *Angonese*)

Dies war hier problematisch, da das Erfordernis von einer privaten Bankgesellschaft aufgestellt worden war. Anders als in der *Walrave*-Entscheidung (Nr. 866) ging es auch nicht um kollektive Regelungen, die von einem Verband oder einer anderen sog. intermediären Gewalt aufgestellt wurden, sondern um die Anbahnung eines Anstellungsvertrags mit einem einfachen privaten Arbeitgeber. In seinem *Angonese*-Urteil hat der EuGH die Bindung des Diskriminierungsverbots der Arbeitnehmerfreizügigkeit jedoch aus Gründen des *effet utile* auch auf **an Arbeitsverhältnissen beteiligte Private** ausgedehnt (vgl. EuGH, a. a. O., Rn. 36). Das von der privaten Bankgesellschaft aufgestellte Erfordernis des Besitzes der Bescheinigung war daher eine Maßnahme eines Verpflichtungsadressaten der Arbeitnehmerfreizügigkeit.

## 868.

Gilt die damit vom EuGH festgestellte unmittelbare Drittwirkung der Arbeitnehmerfreizügigkeit für alle Privatpersonen?

Nein, nur für die Beteiligten eines Arbeitsverhältnisses, also namentlich Arbeitgeber.

## 869.

Gilt die Arbeitnehmerfreizügigkeit vollumfänglich für private Arbeitgeber?

Im *Angonese*-Urteil und auch in seiner nachfolgenden Rechtsprechung hat der EuGH eine unmittelbare Drittwirkung der Arbeitnehmerfreizügigkeit im Hinblick auf das **Diskriminierungsverbot** angenommen (vgl. EuGH, Rs. C-281/98, Slg. 2000, S. I-4139 Rn. 36 – *Angonese*). Ob auch bei nicht diskriminierenden Beschränkungen der Arbeitnehmerfreizügigkeit eine unmittelbare Drittwirkung für Arbeitgeber besteht, ist hingegen noch offen (vgl. *Haratsch/Koenig/Pechstein*, Rn. 885).

**870.**

Stellte im *Angonese*-Fall (Nr. 867) die von der privaten Bankgesellschaft aufgestellte Verpflichtung, wonach der Zugang zu einem Auswahlverfahren zur Einstellung von Personal vom Besitz der Bescheinigung Typ-B abhängig war, eine Diskriminierung i. S. d. Art. 45 AEUV [Art. 48 EGV] dar?

Art. 45 II AEUV enthält ein umfassendes Diskriminierungsverbot im Bereich der abhängigen Arbeit. Unionsbürger dürfen hier nicht schlechter behandelt werden als eigene Staatsangehörige. Art. 45 II AEUV untersagt daher zunächst offene/unmittelbare Diskriminierungen, die tatbestandlich an die Staatsangehörigkeit anknüpfen. Eine solche lag hier nicht vor, da die Bescheinigung sowohl von Italienern als auch von Angehörigen anderer Mitgliedstaaten verlangt wurde. Es könnte sich aber um eine versteckte/mittelbare Diskriminierung gehandelt haben, die Art. 45 II AEUV ebenfalls untersagt. Diese knüpft zwar nicht an die Staatsangehörigkeit, sondern an andere Unterscheidungskriterien an, führt aber zum gleichen Ergebnis, indem sie EU-Ausländer besonders belastet (vgl. etwa EuGH, Rs. C-279/93, Slg. 1995, S. I-225 Rn. 26 – *Schumacker*). Vorliegend musste eine Bescheinigung vorgelegt werden, die nur durch eine Prüfung in Bozen erworben werden konnte. EU-Ausländern wird es regelmäßig schwerer fallen, in Bozen an der erforderlichen Prüfung teilzunehmen, als Einwohnern der Provinz Bozen. Damit ist es für EU-Ausländer grds. schwieriger, den ausgeschriebenen Arbeitsplatz zu erhalten. „*Da die Mehrheit der Einwohner der Provinz Bozen die italienische Staatsangehörigkeit besitzen, benachteiligt die Verpflichtung, die geforderte Bescheinigung zu erlangen, die Staatsangehörigen der anderen Mitgliedstaaten im Verhältnis zu diesen Einwohnern*" (EuGH, Rs. C-281/98, Slg. 2000, S. I-4139 Rn. 40 – *Angonese*). Das Erfordernis ist daher geeignet, EU-Ausländer in besonderem Maße zu belasten. Es handelt sich um eine versteckte/mittelbare Diskriminierung i. S. d. Art. 45 II AEUV.

**871.**

Aber werden nicht z. B. Italiener, die auf Sizilien leben, in gleicher Weise gegenüber Bewohnern der norditalienischen Provinz Bozen diskriminiert, bzw. wird ein Sizilianer nicht möglicherweise sogar stärker belastet als etwa ein Österreicher?

Dies mag zwar de facto so sein. Es ändert aber nichts daran, dass eine Benachteiligung von Unionsbürgern gegenüber Italienern vorliegt: „*Um eine Maßnahme als diskriminierend aufgrund der Staatsangehörigkeit im Sinne der Regeln über die Freizügigkeit der Arbeitnehmer qualifizieren zu können, ist es nicht erforderlich, daß diese Maßnahme bewirkt, daß alle inländischen Arbeitnehmer begünstigt werden oder daß nur Arbeitnehmer aus anderen Mitgliedstaaten und nicht die inländischen Arbeitnehmer benachteiligt werden*" (EuGH, Rs. C-281/98, Slg. 2000, S. I-4139 Rn. 41 – *Angonese*).

**872.**

Verbietet Art. 45 AEUV nur Diskriminierungen oder enthält er auch ein Verbot sonstiger Beschränkungen?

Über den Vertragswortlaut hinaus hat der EuGH die Arbeitnehmerfreizügigkeit in seiner Rechtsprechung spätestens seit dem *Bosman*-Urteil vom 15.12.1995 im Anschluss an frühere Entscheidungen zur Niederlassungsfreiheit implizit zu einem allgemeinen Beschränkungsverbot weiterentwickelt (EuGH, Rs. C-415/93, Slg. 1995, S. I-4921 Rn. 96 f. – *Bosman*). In die Arbeitnehmerfreizügigkeit gem. Art. 45 AEUV greifen daher auch nicht diskriminierende Maßnahmen ein, welche die Aufnahme oder Ausübung einer unselbstständigen Erwerbstätigkeit behindern (vgl. EuGH, a. a. O. sowie etwa auch EuGH, Rs. C-190/98, Slg. 2000, S. I-493 Rn. 23 – *Graf*).

**873.**

Wenn Art. 45 AEUV – vergleichbar mit der Warenverkehrsfreiheit – auch ein Beschränkungsverbot enthält, gelten dann in dessen Rahmen auch die *Keck*-Kriterien (vgl. oben Nr. 842)?

Ja, der EuGH hat die Anwendung der *Keck*-Kriterien im Bereich des Beschränkungsverbots der Arbeitnehmerfreizügigkeit von Anfang an in Erwägung gezogen (EuGH, Rs. C-415/93, Slg. 1995, S. I-4921 Rn. 102 f. – *Bosman*). Allerdings ist im Einzelfall genau zu prüfen, ob sie in der spezifischen Konstellation passen (näher dazu: *Haratsch/Koenig/Pechstein,* Rn. 897 f.).

**874.**

Nachdem der belgische Profifußballer *Jean Marc Bosman* (B) ein geringer dotiertes Vertragsverlängerungsangebot seines belgischen Erstligavereins abgelehnt hatte, wurde er auf die Transferliste gesetzt, wobei eine Ablösesumme („Ausbildungsentschädigung") von 11.743.000 belgischen Francs (BFR) genannt wurde. Da kein Verein Interesse an einem Transfer bekundete, nahm B mit einem französischen Zweitligaverein Kontakt auf, was zu einem Vertragsabschluss für ein Monatsgehalt von etwa 100.000 BFR führte. Der Transfer scheiterte jedoch schließlich, da Bs belgischer Verein wegen Zweifeln an der Zahlungsfähigkeit des französischen Zweitligavereins keine Freigabe durch den Verband beantragte. Vor Gericht stellte sich u. a. die Frage, ob durch Sportverbände aufgestellte Regeln, nach denen ein Berufsfußballspieler, der Staatsangehöriger eines Mitgliedstaates ist, bei Ablauf des Vertrages, der ihn an einen Verein bindet, nur dann von einem Verein eines anderen Mitgliedstaates beschäftigt werden kann, wenn dieser dem bisherigen Verein eine Transfer-, Ausbildungs- oder Förderungsentschädigung gezahlt hat, in die Arbeitnehmerfreizügigkeit eingreifen. (Angelehnt an: EuGH, Rs. C-415/93, Slg. 1995, S. I-4921 – *Bosman*)

Ein Eingriff in die Arbeitnehmerfreizügigkeit gem. Art. 45 AEUV [Art. 48 EGV] setzt zunächst eine Maßnahme eines Verpflichtungsadressaten derselben voraus. Vorliegend geht es um eine Regelung eines nichtstaatlichen Sportverbandes. Wie oben gesehen, hat der EuGH im *Walrave*-Urteil eine Bindung sog. intermediärer Gewalten jedenfalls für Maßnahmen bejaht, die eine kollektive Regelung im Arbeits- und Dienstleistungsbereich enthalten (EuGH, Rs. C-36/74, Slg. 1974, S. 1405 Rn. 16/ 19 – *Walrave und Koch*). Ein Sportverband, der eine Regel wie die vorliegende Transferregel aufstellen kann, die sich unmittelbar darauf auswirkt, ob ein Beschäftigungsverhältnis tatsächlich zustande kommt, ist als intermediäre Gewalt an die Arbeitnehmerfreizügigkeit gem. Art. 45 AEUV gebunden. Die entsprechende Regel ist daher eine Maßnahme eines Verpflichtungsadressaten des Art. 45 AEUV.

Da die Regel rechtlich wie tatsächlich gleichermaßen für in- und EU-ausländische Staatsangehörige gilt, ist sie weder unmittelbar noch mittelbar diskriminierend. Es könnte jedoch eine Beschränkung der Freizügigkeit vorliegen. *„Bestimmungen, die einen Staatsangehörigen eines Mitgliedstaates daran hindern oder davon abhalten, sein Herkunftsland zu verlassen, um von seinem Recht auf Freizügigkeit Gebrauch zu machen, stellen [...] Beeinträchtigungen dieser Freiheit dar, auch wenn sie unabhängig von der Staatsangehörigkeit der betroffenen Arbeitnehmer Anwendung finden"* (EuGH, Rs. C-415/93, Slg. 1995, S. I-4921 Rn. 96 – *Bosman*). Vorliegend war die Regel des Sportverbandes geeignet, Sportler wie B daran zu hindern, eine abhängige Tätigkeit in einem anderen Mitgliedstaat, wie hier Frankreich, aufzunehmen. Ohne Zahlung der Transfersumme war es B selbst bei Ablauf seines Anstellungsvertrags nicht möglich, zum neuen Verein zu wechseln (EuGH, a. a. O., Rn. 99 ff.). Es handelt sich daher nur dann nicht um einen Eingriff in die Arbeitnehmerfreizügigkeit, wenn die Regeln **Verkaufsmodalitäten i. S. d.** *Keck*-**Formel** des EuGH gleichgestellt werden können und auch die sonstigen Voraussetzungen der *Keck*-Rechtsprechung vorliegen (EuGH, a. a. O., Rn. 102 f.). Der EuGH hat im *Bosman*-Urteil jedoch festgestellt, dass die Transferregeln des Sportverbandes schon deshalb Verkaufsmodalitäten i. S. d. *Keck*-Formel nicht gleichgestellt werden können, weil sie *„den Zugang der Spieler zum Arbeitsmarkt in den anderen Mitgliedstaaten unmittelbar beeinflussen und somit geeignet sind, die Freizügigkeit der Arbeitnehmer zu beeinträchtigen"* (EuGH, a. a. O., Rn. 103). Die Transferregeln des Sportverbands greifen daher in die Arbeitnehmerfreizügigkeit aus Art. 45 AEUV [Art. 48 EGV] ein.

### d) Rechtfertigung

**875.**

Welche Rechtfertigungsgründe kommen bei einem Eingriff in Art. 45 AEUV in Betracht?

Eine Rechtfertigung gem. **Art. 45 III AEUV** aus Gründen der öffentlichen Ordnung, Sicherheit und Gesundheit kommt sowohl bei diskriminierenden als auch bei nicht diskriminierenden Beeinträchtigungen der Arbeitnehmerfreizügigkeit in Betracht. Bei nicht diskriminierenden Beeinträchtigungen ist auch eine Rechtfertigung aus **zwingenden Gründen des Allgemeininteresses** i. S. d. *Cassis*-Formel nachgebildeten **Gebhard-Formel** möglich. Schließlich ist die auf die Warenverkehrs-freiheit bezogene **Schmidberger-Rechtsprechung** zur Rechtfertigung wegen des Schutzes unionsrechtlicher Grundrechte Dritter grds. auch auf die Arbeitnehmer-freizügigkeit übertragbar.

---

**876.**

**Könnte die Transferregel des Sportverbandes im *Bosman*-Fall (Nr. 874) gerechtfertigt sein?**

---

Da die Transferregel nicht dem Schutz der öffentlichen Ordnung, Sicherheit oder Gesundheit dient, scheidet eine Rechtfertigung nach dem geschriebenen Rechtfertigungsgrund des Art. 45 III AEUV aus. In Betracht könnte aber eine Rechtfertigung aus zwingenden Gründen des Allgemeininteresses nach der **Gebhard-Formel** kommen (EuGH, Rs. C-415/93, Slg. 1995, S. I-4921 Rn. 104 ff. – *Bosman*). Angesichts der sozialen Bedeutung, die der sportlichen Tätigkeit und insbes. dem Fußball in der Gemeinschaft zukomme, hat der EuGH die Zwecke als berechtigt anerkannt, *„die darin bestehen, die Aufrechterhaltung eines Gleichgewichts zwischen den Vereinen unter Wahrung einer bestimmten Chancengleichheit und der Ungewißheit der Ergebnisse zu gewährleisten sowie die Einstellung und Ausbildung der jungen Spieler zu fördern"* (EuGH, a. a. O., Rn. 106).

Die Regelung muss auch **verhältnismäßig**, d. h. zunächst geeignet sein, zumindest einen dieser Zwecke zu fördern. Es ist nicht ersichtlich, dass die Transferregel, nach der die Freigabe eines Spielers letztlich von der Zahlung einer Transfersumme abhängt, geeignet wäre, die Aufrechterhaltung des finanziellen und sportlichen Gleichgewichts in der Welt des Fußballs zu gewährleisten. *„Diese Regeln verhindern weder, daß sich die reichsten Vereine die Dienste der besten Spieler sichern, noch, daß die verfügbaren finanziellen Mittel ein entscheidender Faktor beim sportlichen Wettkampf sind und daß das Gleichgewicht zwischen den Vereinen dadurch erheblich gestört wird"* (EuGH, a. a. O., Rn. 107). Was den zweiten legitimen Zweck einer Förderung der Ausbildung junger Spieler anging, verneinte der EuGH die Verhältnismäßigkeit der Transferregel im Wesentlichen mit dem Hinweis darauf, dass es kaum berechenbar sei, ob ein Engagement in der Ausbildung junger Spieler tatsächlich einmal zu einer Transfersumme führe (EuGH, a. a. O., Rn. 109).

---

**877.**

**Im *Bosman*-Verfahren (Nr. 874) war auch argumentiert worden, dass die Transferregel erforderlich sei, um die Kosten auszugleichen, die den Vereinen zuvor durch die Zahlung von Entschädigungen bei der Einstellung ihrer Spieler entstanden seien. War dieses Argument geeignet, den Eingriff zu rechtfertigen?**

---

Nein, der EuGH wies zutreffend darauf hin, dass dieses Argument darauf hinauslaufe, *„die Beibehaltung von Beeinträchtigungen der Freizügigkeit der Arbeitnehmer* durch die bloße Tatsache zu rechtfertigen, daß diese Beeinträchtigungen in der Vergangenheit möglich waren" (EuGH, Rs. C-415/93, Slg. 1995, S. I-4921 Rn. 113 – *Bosman*). Damit fehlt es bereits an einem zwingenden Grund des Allgemeininteresses, so dass eine Rechtfertigung nach der *Gebhard*-Formel auch insoweit ausscheidet. Mangels Rechtfertigungsgrundes ist die Transferregel insgesamt nicht mit der Arbeitnehmerfreizügigkeit aus Art. 45 AEUV [Art. 48 EGV a. F.] zu vereinbaren (EuGH, a. a. O., Rn. 114).

## 4. Niederlassungsfreiheit

### a) Allgemeines

**878.**

**Wozu berechtigt die Niederlassungsfreiheit gem. Art. 49 ff. AEUV?**

Sie berechtigt gem. Art. 49 II AEUV in erster Linie zur Aufnahme und Ausübung selbstständiger Erwerbstätigkeiten sowie zur Gründung und Leitung von Unternehmen in einem anderen Mitgliedstaat.

**879.**

**Wer kann sich auf die Niederlassungsfreiheit gem. Art. 49 ff. AEUV berufen?**

Neben Staatsangehörigen eines EU-Mitgliedstaates (Art. 49 I AEUV) auch juristische Personen, welche die Staatszugehörigkeit eines Mitgliedstaates besitzen (Art. 54 I AEUV).

**880.**

**In vielen Bereichen, wie z. B. der Anerkennung von Berufsqualifikationen, ist die Niederlassungsfreiheit gem. Art. 53 AEUV durch EU-Sekundärrecht näher ausgestaltet worden (Bspe. bei *Müller-Graff*, in: Streinz, EUV/AEUV, Art. 53 AEUV Rn. 11, 17 ff.). In welchem Verhältnis steht solches EU-Sekundärrecht zur primärrechtlich gewährleisteten Niederlassungsfreiheit?**

Das Sekundärrecht geht Art. 49, 54 AEUV vor (vgl. *Haratsch/Koenig/Pechstein*, Rn. 915).

**881.**

**Skizzieren Sie die wesentlichen Prüfungsschritte einer Verletzung der Niederlassungsfreiheit gem. Art. 49 ff. AEUV!**

**Schutzbereich**

1. **Keine abschließende Harmonisierung durch Sekundärrecht**
2. **Sachlicher Schutzbereich: Niederlassung i. S. d. Art. 49 AEUV**
3. **Ggf.: Nichteingreifen der Bereichsausnahme für die Ausübung öffentlicher Gewalt gem. Art. 51 AEUV**
4. **Persönlicher Schutzbereich** (Staatsangehörige von EU-Mitgliedstaaten [Art. 49 I AEUV], juristische Personen mit EU-Staatszugehörigkeit [Art. 54 AEUV])
5. **Grenzüberschreitender Bezug** (soweit nicht schon im Rahmen des sachlichen Schutzbereichs geprüft)

**Eingriff**

6. **Maßnahme eines Verpflichtungsadressaten** (Mitgliedstaaten, die EU, bestimmte Private)
7. **Offene oder versteckte Diskriminierung**
   oder
8. **Beschränkung**
   a) Vorliegen einer Beschränkung
   b) Nichteinschlägigkeit der *Keck*-Kriterien

**Rechtfertigung**

9. **Rechtfertigungsgründe**
   a) **Art. 52 AEUV**
   b) *Gebhard*-**Formel** (Zwingende Gründe des Allgemeininteresses; wird vom EuGH inzwischen auch in Fällen offener Diskriminierung geprüft)
   c) **Rechtfertigung wegen EU-Grundrechtsschutzes Dritter** *(Schmidberger)*
10. jeweils: **Verhältnismäßigkeit**

**b) Schutzbereich**

---

**882.**

Die Eröffnung des **sachlichen Schutzbereichs** der Niederlassungsfreiheit gem. Art. 49 ff. AEUV setzt voraus, dass es um eine **Niederlassung** geht. Was ist darunter zu verstehen und wie ist die Niederlassungsfreiheit von der Arbeitnehmerfreizügigkeit gem. Art. 45 ff. AEUV einerseits sowie von der Dienstleistungsfreiheit gem. Art. 56 ff. AEUV andererseits abzugrenzen?

---

**Niederlassung i. S. d. Art. 49 AEUV umfasst die tatsächliche Ausübung einer wirtschaftlichen Tätigkeit mittels einer festen Einrichtung in einem anderen Mitgliedstaat auf unbestimmte Zeit** (EuGH, Rs. C-221/89, Slg. 1991, S. I-3905 Rn. 20 – *Factortame II)*. Abgrenzungskriterium zur Arbeitnehmerfreizügigkeit ist die Selbstständigkeit der Erwerbstätigkeit bei der Niederlassungsfreiheit (vgl. Art. 49 II AEUV), die wiederum von den Aspekten der Selbstbestimmtheit der Tätigkeit sowie des unternehmerischen Risikos geprägt wird. Abgrenzungskriterium zur Dienstleistungsfreiheit ist die dauerhafte wirtschaftliche Integration des Unternehmens in das Wirtschaftsleben des Zielstaates, während die Dienstleistungsfreiheit vorübergehende wirtschaftliche Tätigkeiten im Zielstaat erfasst (vgl. *Frenz*, Europarecht, 2011, Rn. 287).

**883.**

Dem französischen Staatsangehörigen *A. Gauchard* (G), Geschäftsführer eines von einer französischen Gesellschaft betriebenen Supermarktes in Falaise (Normandie), wurde im Rahmen eines Strafverfahrens zur Last gelegt, er habe 1979 ohne die dafür nach dem französischen Gesetz über die gewerbliche Nutzungen betreffende Städteplanung („Loi Royer") erforderliche Genehmigung seine Verkaufsfläche erweitert. Vor dem Strafgericht stellte sich die Frage, ob die Regelung des Gesetzes, nach der für Handeltreibende das Erfordernis einer vorherigen Genehmigung für die Nutzung einer Verkaufsfläche von mehr als 1.000m² oder, je nach der Einwohnerzahl der Gemeinde, 1.500m² bestand, gegen die Niederlassungsfreiheit verstieß (EuGH, Rs. 20/87, Slg. 1987, S. 4879 Rn. 8 – *Gauchard).*

Eine Verletzung der Niederlassungsfreiheit setzt zunächst die Eröffnung des Schutzbereichs der Art. 49 ff. AEUV [Art. 52 ff. EWGV a. F.] voraus. Indizien für eine abschließende Harmonisierung dieses Bereichs durch Sekundärrecht liegen nicht vor. Fraglich ist daher, ob der sachliche Schutzbereich eröffnet ist, ob es also um eine Niederlassung i. S. v. Art. 49 AEUV [Art. 52 EWGV a. F.] ging. Niederlassung i. S. d. Art. 49 AEUV umfasst die tatsächliche Ausübung einer wirtschaftlichen Tätigkeit mittels einer festen Einrichtung in einem anderen Mitgliedstaat auf unbestimmte Zeit. Der Betrieb eines Supermarktes ist die tatsächliche Ausübung einer wirtschaftlichen Tätigkeit mittels einer festen Einrichtung auf unbestimmte Zeit. Fraglich ist aber, ob dies in einem anderen Mitgliedstaat erfolgte. G betrieb als französischer Staatsangehöriger einen einer französischen Gesellschaft gehörenden Supermarkt in Falaise, einer in der Normandie, also in Frankreich, gelegenen Stadt. Damit ging es hier nicht um eine Tätigkeit in einem anderen Mitgliedstaat und damit nicht um eine Niederlassung i. S. v. Art. 49 AEUV [Art. 52 EWGV a. F.] (EuGH, a. a. O., Rn. 10 ff.). Mangels Schutzbereichseröffnung scheidet eine Verletzung der Niederlassungsfreiheit daher aus.

**884.**

Hätte man die Schutzbereichseröffnung hier auch am fehlenden grenzüberschreitenden Bezug scheitern lassen können?

Letztlich ist sie am fehlenden grenzüberschreitenden Bezug gescheitert. Der EuGH integriert dieses Element allerdings grds. bereits in die Definition der Niederlassung i. S. v. Art. 49 AEUV („in einem anderen Mitgliedstaat"). Im Ergebnis läuft es auf dasselbe hinaus, ob man sich insoweit dem EuGH anschließt oder aber den grenzüberschreitenden Bezug separat prüft.

**885.**

Das belgische Steuerrecht beschränkte bei der Berechnung des steuerpflichtigen Einkommens von Gesellschaften innerstaatlichen Rechts mit Sitz im

Inland, die in Ausübung ihres Rechts auf freie Niederlassung Zweignieder-lassungen in anderen Mitgliedstaaten errichtet hatten, die Möglichkeit, die in einem früheren Steuerzeitraum im Herkunftsmitgliedstaat entstandenen Ver-luste zu übertragen, wenn die Gesellschaften im selben Steuerzeitraum in einem anderen Mitgliedstaat durch eine feste Betriebsstätte Gewinne erzielt hatten. Hingegen war die Verrechnung dieser Verluste möglich, wenn sich die Betriebsstätten dieser Gesellschaften ausschließlich im Herkunftsmitgliedstaat befanden. In Anwendung dieses Gesetzes wurde *AMID*, einer Aktiengesell-schaft belgischen Rechts mit Sitz und Steuersitz in Belgien, die eine feste Betriebsstätte im Großherzogtum Luxemburg unterhielt, durch Bescheid die Verrechnung eines in Belgien erzielten Verlustes aus dem Jahr 1981 mit in Belgien erzielten Gewinnen aus dem Jahr 1982 verweigert. Ist der Schutz-bereich der Niederlassungsfreiheit eröffnet? (Angelehnt an: EuGH, Rs. C-141/99, Slg. 2000, S. I-11619 – *AMID*)

Indizien für eine abschließende Harmonisierung dieses Bereichs durch Sekundär-recht liegen nicht vor. Zu prüfen ist daher, ob es hier um eine Niederlassung i. S. v. Art. 49 AEUV [Art. 52 EGV a. F.] ging. Das Unterhalten einer festen Be-triebsstätte in einem anderen Mitgliedstaat stellt die tatsächliche Ausübung einer wirtschaftlichen Tätigkeit mittels einer festen Einrichtung in einem anderen Mit-gliedstaat auf unbestimmte Zeit dar und unterfällt damit grds. dem Begriff der Niederlassung i. S. v. Art. 49 AEUV. Vorliegend stellt sich jedoch die Frage, ob auch Regelungen des Herkunftsstaates vom Schutzbereich der Niederlassungsfreiheit um-fasst sind. Würde die Niederlassungsfreiheit nur Maßnahmen des Zielstaates und nicht solche des Herkunftsstaates erfassen, könnte die Niederlassungsfreiheit im Extremfall leerlaufen. Im Lichte des *effet utile* der Niederlassungsfreiheit ist es daher geboten, dass grds. auch Maßnahmen des Herkunftsstaates erfasst werden, welche die Niederlassung seiner Staatsangehörigen oder der nach seinem Recht gegründeten Gesellschaften in einem anderen Mitgliedstaat behindern (EuGH, a. a. O., Rn. 21). Somit ist der sachliche Schutzbereich der Niederlassungsfreiheit vorliegend eröffnet, obwohl eine Maßnahme des Herkunftsstaates in Rede steht. *AMID* ist eine AG belgischen Rechts mit Sitz in Belgien, so dass gem. Art. 54 I AEUV auch der persönliche Schutzbereich der Niederlassungsfreiheit eröffnet ist. Da *AMID* eine feste Betriebsstätte in Luxemburg betreibt und dies nach belgischem Steuerrecht Aus-wirkungen auf die Verrechenbarkeit von Verlusten hat, ist schließlich der erforderli-che grenzüberschreitende Bezug gegeben. Der Schutzbereich von Art. 49 AEUV [Art. 52 EGV a. F.] ist somit eröffnet.

## 886.

In der Bundesrepublik Deutschland war – wie z. B. auch in Österreich, Frank-reich, Luxemburg, Belgien und Griechenland – der Beruf des Notars eigenen Staatsangehörigen vorbehalten. Die Kommission reichte daher nach Durch-führung des Vorverfahrens seit dem Jahr 2000 am 12.2.2008 eine Vertrags-verletzungsklage gegen die Bundesrepublik Deutschland beim EuGH ein. An-genommen, das einschlägige Sekundärrecht schloss einen Rückgriff auf die

Niederlassungsfreiheit nicht aus, war deren Schutzbereich eröffnet? (Angelehnt an: EuGH, Rs. C-54/08, Slg. 2011, S. I-4355 – *Kommission/Deutschland*)

Der relevante Bereich ist nicht abschließend durch Sekundärrecht harmonisiert. Zu prüfen ist daher, ob es hier um eine Niederlassung i. S. v. Art. 49 AEUV [Art. 43 EGV a. F.] ging. Die Ausübung des Berufs des Notars in einem anderen Mitgliedstaat stellt die tatsächliche Ausübung einer wirtschaftlichen Tätigkeit mittels einer festen Einrichtung in einem anderen Mitgliedstaat auf unbestimmte Zeit und damit eine Niederlassung i. S. v. Art. 49 AEUV dar. Problematisch ist im vorliegenden Fall allerdings, ob die **Bereichsausnahme des Art. 51 AEUV** [Art. 45 EGV a. F.] eingreift. Auf Tätigkeiten, die in einem Mitgliedstaat dauernd oder zeitweise mit der Ausübung öffentlicher Gewalt verbunden sind, findet die Niederlassungsfreiheit gem. Art. 51 I AEUV in dem betreffenden Staat keine Anwendung. Fraglich ist daher, ob eine Notartätigkeit in Deutschland gem. Art. 51 I AEUV mit der Ausübung öffentlicher Gewalt verbunden ist.

**887.**

**Wie legt der EuGH das Erfordernis des Art. 51 I AEUV aus, dass eine Tätigkeit mit der Ausübung öffentlicher Gewalt verbunden ist? Trifft es auf Notare zu?**

Der EuGH legt dieses Merkmal eng aus und beschränkt die Bereichsausnahme so auf Tätigkeiten, die zur Wahrung der Interessen eines Mitgliedstaates unbedingt erforderlich sind (vgl z. B. EuGH, Rs. C-114/97, Slg. 1998, S. I-6717 Rn. 34 – *Kommission/ Spanien*). Dabei untersucht der EuGH, ob die einzelnen Tätigkeiten (und nicht etwa das Berufsbild als solches) unmittelbar und spezifisch mit der Ausübung öffentlicher Gewalt verbunden sind (EuGH, Rs. C-54/08, Slg. 2011, S. I-4355 Rn. 86 – *Kommission/Deutschland*). Im vorliegenden Fall hat der EuGH geprüft, ob die Erstellung öffentlicher Urkunden als Haupttätigkeit von Notaren mit der Ausübung öffentlicher Gewalt verbunden ist (EuGH, a. a. O., Rn. 90 ff.). Im Ergebnis hat er dies u. a. mit Hinweis darauf verneint, dass Rechtsakte und Verträge beurkundet würden, denen sich die Parteien freiwillig unterwürfen, dass Notare kein Recht hätten, den zu beurkundenden Vertrag ohne Zustimmung der Parteien zu ändern (EuGH, a. a. O., Rn. 91 f.), und dass Notare aufgrund des Rechts der Parteien, einen Notar in den Grenzen der örtlichen Zuständigkeit frei zu wählen, für die Ausübung öffentlicher Gewalt untypischen Wettbewerbsbedingungen unterworfen seien (EuGH, a. a. O., Rn. 110). Die Bereichsausnahme des Art. 51 AEUV greift daher nicht ein. Da für EU-Staatsangehörige auch der persönliche Schutzbereich von Art. 49 AEUV eröffnet ist, ist der Schutzbereich der Niederlassungsfreiheit insgesamt eröffnet.

### c) Eingriff

**888.**

**Greift die soeben behandelte Regelung, nach der nur deutsche Staatsangehörige in Deutschland Notar werden dürfen, in die Niederlassungsfreiheit ein?**

Die Niederlassungsfreiheit enthält die Verpflichtung, EU-Ausländer in Fragen der Niederlassung im Vergleich zu Inländern gleichzubehandeln. Verboten sind danach **offene und versteckte Diskriminierungen** von EU-Ausländern. Eine offene Diskriminierung liegt vor, wenn in tatbestandlicher Anknüpfung an die Staatsangehörigkeit für gleichartige Situationen unterschiedliche, für EU-Ausländer nachteilige Vorschriften gelten. Wenn in Deutschland nur deutsche Staatsangehörige Notar werden dürfen, behandelt das deutsche Recht Deutsche und EU-Ausländer, die Notar werden wollen, unterschiedlich. Damit diskriminiert das deutsche Recht EU-Ausländer insoweit offen und greift folglich in die Niederlassungsfreiheit ein (vgl. EuGH, Rs. C-54/08, Slg. 2011, S. I-4355 Rn. 117 – *Kommission/Deutschland*).

---

**889.**

Nach französischem Steuerrecht waren Dividenden, die von gebietsansässigen Tochtergesellschaften an ihre gebietsfremde Muttergesellschaft ausgeschüttet wurden, der Steuer unterworfen, während gebietsansässige Muttergesellschaften hiervon fast vollständig befreit waren. Greift diese Regelung in die Niederlassungsfreiheit ein? (Angelehnt an: EuGH, Rs. C-170/05, Slg. 2006, S. I-11949 – *Denkavit*)

---

Die einschlägigen französischen steuergesetzlichen Regelungen sind Maßnahmen eines Verpflichtungsadressaten der Niederlassungsfreiheit gem. Art. 49 AEUV. Die relevante Regelung im Hinblick auf die Besteuerung von Dividenden könnte eine offene Diskriminierung EU-ausländischer Gesellschaften darstellen. Eine **offene Diskriminierung** liegt vor, wenn in tatbestandlicher Anknüpfung an die Staatsangehörigkeit für gleichartige Situationen unterschiedliche, für EU-Ausländer nachteilige Vorschriften gelten. Fraglich ist daher, ob sich inländische und ausländische Muttergesellschaften hier in einer vergleichbaren Situation befanden. *„Bei der Besteuerung der von gebietsansässigen Tochtergesellschaften ausgeschütteten Dividenden in Frankreich, um die es im vorliegenden Fall geht, befinden sich die diese Dividenden beziehenden Muttergesellschaften in einer vergleichbaren Situation, gleichgültig, ob sie die Dividenden als gebietsansässige Muttergesellschaften, als gebietsfremde Muttergesellschaften mit Betriebstätte in Frankreich oder als gebietsfremde Muttergesellschaften ohne Betriebstätte in Frankreich erhalten. Denn in all diesen Fällen besteuert die Französische Republik die von einer gebietsansässigen Gesellschaft bezogenen Dividenden"* (EuGH, a. a. O., Rn. 36). *„Indem die im Ausgangsverfahren in Rede stehenden nationalen Rechtsvorschriften den gebietsfremden Muttergesellschaften die – günstigere – Behandlung nach dem nationalen Steuerrecht, die gebietsansässigen Muttergesellschaften gewährt wird, vorenthält, stellt sie eine mit dem Vertrag unvereinbare diskriminierende Maßnahme dar, da sie vorsieht, dass von gebietsansässigen Tochtergesellschaften an niederländische Muttergesellschaften ausgeschüttete Dividenden stärker belastet werden als Dividenden gleicher Art, die an französische Muttergesellschaften ausgeschüttet werden"* (EuGH, a. a. O., Rn. 39). Da die Ungleichbehandlung an die Ansässigkeit der Muttergesellschaft anknüpft, handelt es sich um eine offene Diskriminierung. Die Regelung greift somit in die Niederlassungsfreiheit ein.

**890.**

**Aber steht nicht das Recht der direkten Steuern nach wie vor weitgehend in der Kompetenz der Mitgliedstaaten?**

Ja, das stimmt. Allerdings ändert dies nichts daran, dass die Mitgliedstaaten diese Kompetenz in einer Art und Weise ausüben müssen, die im Einklang mit den Grundfreiheiten, hier der Niederlassungsfreiheit gem. Art. 49 AEUV, steht.

**891.**

**Um die Nutzung der britischen EG-Fischfangquoten durch Ausländer zu verhindern, wurde im Vereinigten Königreich ein Register für Fischereifahrzeuge eingeführt, in das Fischereifahrzeuge nicht eingetragen wurden, die natürlichen und juristischen Personen anderer Mitgliedstaaten gehörten (angelehnt an Rs. C-221/89, Slg. 1991, S. I-3905 – *Factortame II*). Greift diese Regelung in die Niederlassungsfreiheit ein?**

Die Regeln über die Eintragung in das Register, als Voraussetzung einer Nutzung der britischen Fischfangquoten, waren Maßnahmen des Vereinigten Königreichs und damit eines Verpflichtungsadressaten der Art. 49 ff. AEUV. Es könnte sich um einen Eingriff in die Niederlassungsfreiheit in Form einer offenen Diskriminierung EU-ausländischer natürlicher und juristischer Personen handeln. Indem die Eintragung in das Register, als für Briten wie für EU-Ausländer gleichartige Situation, EU-Ausländern nicht offenstand, galten hier in tatbestandlicher Anknüpfung an die Staatsangehörigkeit für eine gleichartige Situation unterschiedliche, für EU-Ausländer nachteilige Vorschriften. Fraglich ist indes, ob dies einen Eingriff in die Niederlassungsfreiheit darstellen kann, obwohl hier weder z. B. die Gründung einer Gesellschaft untersagt wurde noch ein Betrieb EU-ausländischer Schiffe vom Vereinigten Königreich aus, sondern lediglich die Eintragung in das Register (EuGH, a. a. O., Rn. 24). Insofern ist jedoch zu bedenken, dass die Aufnahme eines Schiffes in das Register vor dem Hintergrund, dass dies die Möglichkeit eröffnete, im Rahmen der britischen Quoten zu fischen, letztlich Voraussetzung einer Niederlassung im Vereinigten Königreich sein konnte (EuGH, a. a. O., Rn. 22). Die Niederlassungsfreiheit verbietet nämlich auch Maßnahmen, die sich mittelbar auf die Niederlassung auswirken, bspw. indem sie geeignet sind, von einer solchen abzuschrecken. Indem EU-Ausländern die Möglichkeit zur Registrierung ihrer Schiffe grds. vorenthalten wurde, wurden sie offen im Hinblick auf die Niederlassungsfreiheit diskriminiert. Die Regelung greift somit in die Niederlassungsfreiheit ein (EuGH, a. a. O., Rn. 29 f.).

**892.**

**Belgisches Recht verlangte für die Verkehrszulassung von Flugzeugen in Belgien einen dort seit einem Jahr bestehenden Wohnsitz oder eine entspre-**

chende Niederlassung. Daher wurden Fluggenehmigungen, die von EU-Ausländern beantragt worden waren, welche diese Voraussetzung nicht erfüllten, nicht erteilt (EuGH, Rs. C-203/98, Slg. 1999, S. I-4899 Rn. 1 – *Kommission/ Belgien*). Liegt darin eine in Art. 49 AEUV eingreifende Diskriminierung von EU-Ausländern?

Da die Verkehrszulassung von Flugzeugen hier nicht an die Staatsangehörigkeit anknüpft, scheidet eine offene Diskriminierung aus. Art. 49 AEUV verbietet aber auch versteckte/mittelbare Diskriminierungen. Diese knüpfen an Merkmale an, die von Ausländern regelmäßig nicht erfüllt werden und führen daher zum gleichen Ergebnis wie eine offene Diskriminierung. Eine Anknüpfung an den Wohnsitz ist ein typisches Beispiel hierfür, wird dieses Erfordernis doch von EU-Ausländern, anders als von Inländern, typischerweise nicht erfüllt. Eine versteckte Diskriminierung verlangt aber wie eine offene Diskriminierung auch, dass auf gleichartige Situationen unterschiedliche Regelungen oder aber auf unterschiedliche Situationen dieselben Regelungen angewandt werden (vgl. EuGH, Rs. C-80/94, Slg. 1995, S. I-2493 Rn. 17 – *Wielockx*). Vorliegend befanden sich Belgier und EU-Ausländer, die eine Fluggenehmigung in Belgien beantragten, grds. in einer gleichartigen Situation. Da auf sie in Form des Wohnsitzerfordernisses eine Regelung zur Anwendung kam, die sich mittelbar unterschiedlich auswirkte, lag eine in Art. 49 AEUV eingreifende versteckte/mittelbare Diskriminierung von EU-Ausländern vor (vgl. EuGH, Rs. C-203/98, Slg. 1999, S. I-4899 Rn. 13 – *Kommission/Belgien*).

**893.**

Nach deutschem Steuerrecht konnten in Deutschland unbeschränkt steuerpflichtige Gesellschaften Verluste aus der Abschreibung auf Beteiligungswerte an Tochtergesellschaften im EU-Ausland nur unter bestimmten Beschränkungen geltend machen, während Abschreibungen auf Beteiligungswerte an inländischen Tochtergesellschaften ohne diese Beschränkungen möglich waren (EuGH, Rs. C-347/04, Slg. 2007, S. I-2647 – *Rewe Zentralfinanz eG*). Griff diese Regelung in die Niederlassungsfreiheit ein?

Die deutschen Steuerregeln waren als staatliche Maßnahmen eines Mitgliedstaates Maßnahmen eines Verpflichtungsadressaten der Art. 49 ff. AEUV. Da die Regelung nicht an die Staatsangehörigkeit natürlicher Personen oder die Staatszugehörigkeit von Gesellschaften anknüpft, scheidet eine offene Diskriminierung aus. Fraglich ist, ob eine versteckte Diskriminierung vorliegt. Eine solche knüpft an Merkmale an, die von Ausländern regelmäßig nicht erfüllt werden und führt damit zum gleichen Ergebnis wie eine offene Diskriminierung. Hier geht es jedoch jeweils um Muttergesellschaften, die in Deutschland unbeschränkt steuerpflichtig sind. Es liegt daher im Hinblick auf die unterschiedliche Behandlung von Verlusten aus deren Tochtergesellschaften keine Ungleichbehandlung vor, die an Kriterien anknüpfen würde, die von Ausländern regelmäßig nicht erfüllt werden. Damit scheidet auch eine versteckte Diskriminierung aus.

Art. 49 AEUV verbietet nach der Rechtsprechung des EuGH jedoch nicht nur Diskriminierungen, sondern auch sonstige Beschränkungen der Niederlassungsfreiheit. Nach diesem **Beschränkungsverbot** greifen Maßnahmen in den Schutzbereich von Art. 49 AEUV ein, welche die Ausübung einer selbstständigen Erwerbstätigkeit behindern oder weniger attraktiv machen (vgl. etwa EuGH, Rs. C-55/94, Slg. 1995, S. I-4165 Rn. 37 – *Gebhard;* EuGH, Rs. C-442/02, Slg. 2004, S. I-8961 Rn. 11 – *CaixaBank France).* Die Niederlassungsfreiheit verbietet daher insbes., dass der Herkunftsstaat die Niederlassung eines seiner Staatsangehörigen oder einer nach seinem Recht gegründeten Gesellschaft in einem anderen Mitgliedstaat behindert (EuGH, Rs. C-347/04, Slg. 2007, S. I-2647 Rn. 26 – *Rewe Zentralfinanz eG).* Die vorliegend in Rede stehende steuerrechtliche Regelung, nach der Verluste aus der Abschreibung auf Beteiligungswerte an Tochtergesellschaften im EU-Ausland anders als entsprechende Verluste in Bezug auf inländische Tochtergesellschaften nur eingeschränkt geltend gemacht werden können, könnte deutsche Gesellschaften davon abhalten, Tochtergesellschaften im EU-Ausland zu gründen, was aber von der Niederlassungsfreiheit geschützt ist (EuGH, a. a. O., Rn. 31, 36). Damit behindert die Regelung Betroffene bei der Nutzung der Niederlassungsfreiheit und greift folglich in das Beschränkungsverbot aus Art. 49 AEUV ein.

**894.**

**Sind im Rahmen des Beschränkungsverbots auch die *Keck*-Kriterien relevant?**

In den letzten Jahren hat der EuGH Argumentationsfiguren aus der *Keck*-Rechtsprechung zunehmend auch im Bereich der Niederlassungsfreiheit nutzbar gemacht. So hat er insbes. in verschiedenen Urteilen einen Eingriff in die Niederlassungsfreiheit entscheidend damit begründet, dass eine mitgliedstaatliche Maßnahme den Marktzutritt ausländischer Unternehmen erschwerte (z. B. EuGH, Rs. C-442/02, Slg. 2004, S. I-8961 Rn. 14 – *CaixaBank France).* Es ist daher davon auszugehen, dass jedenfalls die Grundgedanken der *Keck*-Rechtsprechung auch im Bereich der Niederlassungsfreiheit einschlägig sind.

## d) Rechtfertigung

**895.**

**Welche Rechtfertigungsgründe kommen bei einem Eingriff in die Niederlassungsfreiheit gem. Art. 49 AEUV in Betracht?**

Eine **Rechtfertigung gem. Art. 52 I AEUV** aus Gründen der öffentlichen Ordnung, Sicherheit oder Gesundheit kommt nach der Rechtsprechung des EuGH sowohl bei diskriminierenden als auch bei nicht diskriminierenden Beeinträchtigungen der Niederlassungsfreiheit in Betracht, obwohl die Formulierung „Sonderregelung für Ausländer" für eine Beschränkung des Anwendungsbereichs auf offene Diskriminierungen sprechen könnte. Können sogar diese gem. Art. 52 I AEUV gerechtfertigt sein, so muss dies allerdings erst recht für versteckte Diskriminierungen und sonstige Beschränkungen der Niederlassungsfreiheit gelten. Bei nicht diskriminierenden Beschränkungen der Niederlassungsfreiheit ist zudem eine **Rechtfertigung aus zwingenden Gründen des Allgemeininteresses** i. S. d. der *Cassis*-Formel nachgebildeten *Gebhard*-**Formel** möglich. Schließlich ist auch die *Schmidberger*-Rechtsprechung zur **Rechtfertigung wegen des Schutzes unionsrechtlicher Grundrechte Dritter** grds. auf die Niederlassungsfreiheit übertragbar.

---

**896.**

**Ist, wenn der Rechtfertigungsgrund aus Art. 52 I AEUV einschlägig sein könnte, zunächst an die Anwendung vorrangigen Sekundärrechts zu denken?**

Ja, die in Art. 52 I AEUV genannten Rechtfertigungsgründe sind in der bereits oben (Nr. 724 ff.) behandelten Freizügigkeitsrichtlinie 2004/38/EG konkretisiert worden. Diese Konkretisierungen sind vorrangig anzuwenden.

---

**897.**

**In Spanien galt eine Regelung, nach der alle Geschäftsführer und Direktoren von in Spanien tätigen Sicherheitsunternehmen ihren Wohnsitz in Spanien nehmen mussten. Der EuGH stellte fest, dass diese Regelung die Niederlassungsfreiheit behinderte (EuGH, Rs. C-114/97, Slg. 1998, S. I-6717 Rn. 44 – *Kommission/Spanien*). Die spanische Regierung führte vor dem EuGH aus, dass die spanischen Behörden die von den privaten Sicherheitsdiensten ausgeübten Tätigkeiten ohne die fragliche Vorschrift nicht wirksam kontrollieren könnten. Konnte dies den Eingriff in die Niederlassungsfreiheit rechtfertigen?**

In Betracht kommt eine Rechtfertigung gem. Art. 52 I AEUV aus Gründen der öffentlichen Sicherheit. Da die auf das persönliche Verhalten von Personen bezogenen Regelungen der Art. 27 ff. RL 2004/38/EG vorliegend nicht einschlägig sind, ist der Rückgriff auf den primärrechtlichen Rechtfertigungsgrund des Art. 52 I AEUV nicht ausgeschlossen. Da die spanische Regelung eine wirksame Kontrolle der von privaten Sicherheitsdiensten ausgeübten Tätigkeiten ermöglichen soll, könnte sie der öffentlichen Sicherheit i. S. d. Art. 52 I AEUV dienen. Die Rechtfertigungstatbestände des Art. 52 I AEUV werden jedoch vom EuGH eng ausgelegt. Der Rechtfertigungsgrund der öffentlichen Sicherheit greift nur ein, wenn eine tatsächliche und hinreichend schwere Gefährdung vorliegt, die ein Grundinteresse der Gesellschaft berührt (EuGH, a. a. O., Rn. 46). Dazu muss die Regelung insbes. verhältnismäßig sein. Hier ist bereits fraglich, ob eine Regelung wie die vorliegende geeignet ist, die öffentliche Sicherheit zu fördern. Zwar besteht ein Interesse des Staates, die Tätigkeit privater Sicherheitsdienste wirksam kontrollieren und überprüfen zu können. Doch ist es durchaus möglich, die Tätigkeit eines entsprechenden Unternehmens im Inland umfassend zu überprüfen und ggf. zu sanktionieren, auch wenn Geschäftsführer oder Direktoren ihren Wohnsitz nicht in Spanien haben (vgl. EuGH, a. a. O., Rn. 47). Die Regelung ist daher schon nicht geeignet bzw. zumindest nicht erforderlich, um die öffentliche Sicherheit zu gewährleisten. Sie ist daher insoweit nicht verhältnismäßig und folglich nicht aus Gründen der öffentlichen Sicherheit gem. Art. 52 I AEUV gerechtfertigt.

## 898.

Im Hinblick auf eine Rechtfertigung aus Gründen der öffentlichen Sicherheit gem. Art. 52 I AEUV war in diesem Fall auch argumentiert worden, dass das Wohnsitzerfordernis die Durchsetzbarkeit eventueller Geldstrafen gegen Geschäftsführer etc. sicherstelle. War die Regelung aus diesem Grund gerechtfertigt?

Zutreffend hat der EuGH die Erforderlichkeit des Wohnsitzerfordernisses zur Realisierung dieses Zwecks mit dem Argument verneint, dass die Verwirklichung entsprechender Geldstrafen auch durch mildere Mittel, wie z. B. Sicherheitsleistungen, gewährleistet werden könne (EuGH, Rs. C-114/97, Slg. 1998, S. I-6717 Rn. 47 – *Kommission/Spanien)*. Da auch kein anderer Rechtfertigungsgrund in Betracht kam, war die spanische Regelung insgesamt nicht gerechtfertigt und verletzte daher die Niederlassungsfreiheit (EuGH, a. a. O., Rn. 48).

## 899.

Der belgische Staat duldete die Ausübung der Prostitution durch eigene Staatsangehörige, verweigerte aber der französischen Staatsangehörigen *Adoui* (A), die in Belgien der Prostitution nachging, eine beantragte Aufenthaltserlaubnis, da Prostitution gegen die öffentliche Ordnung verstoße. Angenommen, Sekundärrecht war nicht vorrangig einschlägig; war die Ablehnung der Aufenthaltserlaubnis als Eingriff in die Niederlassungsfreiheit der A dann gem. Art. 52 I AEUV gerechtfertigt? (Angelehnt an: EuGH, verb. Rs. 115/81 und 116/81, Slg. 1982, S. 1665 – *Adoui und Cornuaille)*

In Betracht kommt eine Rechtfertigung gem. Art. 52 I AEUV aus Gründen der öffentlichen Ordnung. Der Rückgriff einer nationalen Stelle auf den Begriff der öffentlichen Ordnung setzt voraus, dass eine tatsächliche und hinreichend schwere Gefährdung besteht, die ein Grundinteresse der Gesellschaft berührt (EuGH, a. a. O., Rn. 8). *„Auch wenn das Gemeinschaftsrecht den Mitgliedstaaten hinsichtlich der Beurteilung von Verhaltensweisen, die als im Widerspruch zur öffentlichen Ordnung stehend angesehen werden können, keine einheitliche Wertskala vorschreibt, so ist doch festzustellen, daß ein Verhalten nicht als hinreichend schwerwiegend betrachtet werden kann, um im Gebiet eines Mitgliedstaates Beschränkungen der Einreise oder des Aufenthalts eines Angehörigen eines anderen Mitgliedstaates zu rechtfertigen, wenn der erstgenannte Staat gegenüber dem gleichen Verhalten, das von eigenen Staatsangehörigen ausgeht, keine Zwangsmaßnahmen oder andere tatsächliche und effektive Maßnahmen zur Bekämpfung dieses Verhaltens ergreift“* (EuGH, a. a. O., Rn. 8). Da der belgische Staat die Ausübung der Prostitution durch eigene Staatsangehörige duldete, war die Ausübung der Prostitution als solche durch A nicht dem Rechtfertigungsgrund der öffentlichen Ordnung subsumierbar. Die Ablehnung der Aufenthaltserlaubnis war folglich nicht aus Gründen der öffentlichen Ordnung gem. Art. 52 I AEUV gerechtfertigt.

**900.**

Im *Centros*-Fall des EuGH war ein Antrag auf Eintragung einer Zweigniederlassung der in England und Wales gegründeten *Centros Ltd.* (C) in das
dänische Handelsregister mit der Begründung abgelehnt worden, C habe im
Vereinigten Königreich keine Geschäftstätigkeit entfaltet und sei nur gegründet worden, um mittels einer späteren dänischen Zweigniederlassung dänische
Vorschriften z. B. über das Mindestkapital zu umgehen. Der EuGH wertete
die Verweigerung der Eintragung der Zweigniederlassung als Beschränkung
der Niederlassungsfreiheit (EuGH, C-212/97, Slg. 1999, S. I-1459 Rn. 21 f. –
*Centros)*. War der Eingriff gerechtfertigt?

Da die Verweigerung der Eintragung in das Handelsregister nicht der öffentlichen
Sicherheit, Ordnung oder Gesundheit diente, kam keine Rechtfertigung gem.
Art. 52 I AEUV in Betracht. Eine Rechtfertigung wäre jedoch nach der **Gebhard-
Formel** aus zwingenden Gründen des Allgemeininteresses möglich gewesen (grundlegend: EuGH, Rs. C-55/94, Slg. 1995, S. I-4165 Rn. 37 – *Gebhard)*. Als zwingenden Grund des Allgemeininteresses hat der EuGH auch den **Gläubigerschutz**
anerkannt (EuGH, C-212/97, Slg. 1999, S. I-1459 Rn. 32, 35 – *Centros)*. Vorliegend sollte die Verweigerung der Eintragung insbes. dazu dienen, eine Umgehung
von Mindestkapitalvorschriften auszuschließen. Sie könnte daher dem Gläubigerschutz gedient haben. Der Eingriff muss aber auch verhältnismäßig sein, was zunächst seine Geeignetheit zur Zweckverfolgung voraussetzt. Der EuGH hat die
Geeignetheit zum Gläubigerschutz verneint, *„da die Zweigniederlassung in Dänemark
eingetragen worden wäre, wenn die Gesellschaft eine Geschäftstätigkeit im Vereinigten
Königreich ausgeübt hätte, obwohl die dänischen Gläubiger in diesem Fall ebenso
gefährdet gewesen wären"* (EuGH, a. a. O., Rn. 35). Da C als Gesellschaft englischen
Rechts und nicht als Gesellschaft dänischen Rechts auftrete, sei den Gläubigern
zudem bekannt, dass sie nicht dem dänischen Recht über die Errichtung von Gesellschaften mit beschränkter Haftung unterliege (EuGH, a. a. O., Rn. 36). Schließlich
verwies der EuGH hinsichtlich der Erforderlichkeit auch darauf, dass mildere, also
weniger in die Niederlassungsfreiheit eingreifende Alternativen zur Verfügung stün-
den: *„So könnten etwa die öffentlichen Gläubiger rechtlich die Möglichkeit erhalten, sich
die erforderlichen Sicherheiten einräumen zu lassen"* (EuGH, a. a. O., Rn. 37). Der
Eingriff war daher nicht verhältnismäßig, so dass eine Rechtfertigung nach der
*Gebhard*-Formel ausschied. Die Verweigerung der Eintragung verletzte daher die
Niederlassungsfreiheit (vgl. EuGH, a. a. O., Rn. 39).

## 5. Dienstleistungsfreiheit

### a) Allgemeines

**901.**

Wozu berechtigt die Freiheit des Dienstleistungsverkehrs (Dienstleistungsfreiheit) gem. Art. 56 f. AEUV?

Sie berechtigt gem. Art. 56 f. AEUV Erbringer von Dienstleistungen dazu, diese grenzüberschreitend in einem anderen Mitgliedstaat zu erbringen. Gleichzeitig berechtigt sie über den Wortlaut von Art. 56 f. AEUV hinaus auch Empfänger von Dienstleistungen dazu, Dienstleistungen grenzüberschreitend in Empfang zu nehmen sowie sich zwecks Inanspruchnahme einer Dienstleistung in einen anderen Mitgliedstaat zu begeben.

**902.**

**Wer kann sich auf die Dienstleistungsfreiheit gem. Art. 56 ff. AEUV berufen?**

Staatsangehörige von EU-Mitgliedstaaten, soweit sie in der EU ansässig sind (*Geiger/ Khan/Kotzur*, Art. 56 AEUV Rn. 3). Daneben auch juristische Personen, welche die Staatszugehörigkeit eines Mitgliedstaates besitzen und in der EU ansässig sind (Art. 62 i. V. m. Art. 54 I AEUV).

**903.**

**Gelten für die Dienstleistungsfreiheit ähnlich wie für die Niederlassungsfreiheit Bereichsausnahmen?**

Durch den Verweis in Art. 62 AEUV (auch) auf Art. 51 AEUV gilt zunächst die Bereichsausnahme für die Ausübung öffentlicher Gewalt auch für die Dienstleistungsfreiheit. Daneben ist gem. Art. 58 I AEUV das Gebiet des Verkehrs von der Anwendung der primärrechtlichen Dienstleistungsfreiheit ausgenommen. Für diesen Bereich gelten die Spezialregelungen der gemeinsamen Verkehrspolitik (Art. 90 ff. AEUV), wobei auf Grundlage von Art. 91 AEUV umfangreiches Sekundärrecht u. a. zum Bereich des internationalen Verkehrs erlassen wurde.

**904.**

**Auch die Dienstleistungsfreiheit ist gem. Art. 62 i. V. m. Art. 53 AEUV in vielfältiger Hinsicht durch EU-Sekundärrecht ausgestaltet worden. Die meisten auf dieser Grundlage erlassenen Richtlinien gelten gleichermaßen für die Niederlassungsfreiheit wie für die Dienstleistungsfreiheit. Welche beiden Richtlinien besitzen besonders große Bedeutung für die Dienstleistungsfreiheit?**

Neben der auch bei der Niederlassungsfreiheit einschlägigen RL 2005/36/EG über die Anerkennung von Berufsqualifikationen (ABl. EU 2005 Nr. L 255, S. 22) v. a. die im Dezember 2006 erlassene dienstleistungsspezifische **Dienstleistungsrichtlinie** (RL 2006/123/EG, ABl. EU 2006, Nr. L 376, S. 36).

**905.**

**Worauf zielt die Dienstleistungsrichtlinie ab?**

Vor dem Hintergrund der stark gewachsenen Bedeutung des Dienstleistungssektors will die Dienstleistungsrichtlinie die immer noch bestehenden Behinderungen insbes. grenzüberschreitender Dienstleistungen beseitigen.

**906.**

**Beschränkt sich die Dienstleistungsrichtlinie auf eine Konkretisierung dessen, was die primärrechtliche Dienstleistungsfreiheit ohnehin gewährleistet?**

Nein, die Dienstleistungsrichtlinie enthält über den Schutzbereich von Art. 56 f. AEUV hinausgehende Gewährleistungen.

**907.**

**Erfasst die Dienstleistungsrichtlinie alle Arten von Dienstleistungen?**

Obwohl die Dienstleistungsrichtlinie grds. einen breiten Anwendungsbereich hat, sind einige wichtige Tätigkeiten von ihrem Anwendungsbereich ausgenommen. Art. 2 II, III RL 2006/123/EG nennt etwa nicht-wirtschaftliche Dienstleistungen von allgemeinem Interesse, Finanzdienstleistungen wie Bankdienstleistungen und Dienstleistungen im Zusammenhang mit einer Kreditgewährung, Versicherung und Rückversicherung, Dienstleistungen und Netze der elektronischen Kommunikation, Verkehrsdienstleistungen, Gesundheitsdienstleistungen und den Bereich der Steuern. Von der in Art. 16 RL 2006/123/EG sekundärrechtlich gewährleisteten Dienstleistungsfreiheit sind daneben weitere, in Art. 17 RL 2006/123/EG genannte Bereiche ausgenommen.

**908.**

**Hat die Umsetzung der Dienstleistungsrichtlinie ins deutsche Recht zu Veränderungen des VwVfG geführt?**

Die Dienstleistungsrichtlinie enthält u. a. auch flankierende Vorschriften über die Verwaltungsvereinfachung (Art. 5–8 RL 2006/123/EG) und über die mitgliedstaatliche Verwaltungszusammenarbeit (Art. 28–36 RL 2006/123/EG). Diese haben sich in den Regeln über die Europäische Verwaltungszusammenarbeit in §§ 8a ff. VwVfG sowie im Verfahren über eine einheitliche Stelle gem. §§ 71a ff. VwVfG niedergeschlagen.

**909.**

Enthält die Dienstleistungsrichtlinie Regelungen, die für andere Grundfreiheiten als die Dienstleistungsfreiheit relevant sind?

Ja, Art. 9–15 RL 2006/123/EG zielen auf die Beseitigung von Hindernissen für die Niederlassungsfreiheit von Dienstleistungserbringern ab.

**910.**

Skizzieren Sie die wesentlichen Prüfungsschritte einer Verletzung der Dienstleistungsfreiheit gem. Art. 56 ff. AEUV!

**Schutzbereich**
1. **Keine abschließende Harmonisierung durch Sekundärrecht**
2. **Sachlicher Schutzbereich: Dienstleistung i. S. d. Art. 56 f. AEUV**
3. Ggf.: Nichteingreifen der Bereichsausnahmen für die Ausübung öffentlicher Gewalt gem. Art. 62 i. V. m. 51 AEUV sowie für den Verkehr gem. Art. 58 I AEUV
4. **Persönlicher Schutzbereich** (Staatsangehörige von EU-Mitgliedstaaten, die in der EU ansässig sind, entsprechende juristische Personen mit EU-Staatszugehörigkeit, Art. 62 i. V. m. 54 AEUV)
5. **Grenzüberschreitender Bezug** (soweit nicht schon im Rahmen des sachlichen Schutzbereichs geprüft)

**Eingriff**
6. **Maßnahme eines Verpflichtungsadressaten** (Mitgliedstaaten, die EU, bestimmte Private: intermediäre Gewalten)
7. **Offene oder versteckte Diskriminierung** durch Zielstaat (Art. 57 III AEUV) oder
8. **Beschränkung** (Art. 56 I AEUV)
   a) Vorliegen einer Beschränkung
   b) Nichteinschlägigkeit der *Keck*-Kriterien

**Rechtfertigung**
9. **Rechtfertigungsgründe**
   a) **Art. 62 i. V. m. Art. 52 AEUV**
   b) **Rechtfertigung aus zwingenden Gründen des Allgemeininteresses** (wird vom EuGH vereinzelt auch in Fällen versteckter Diskriminierung geprüft)
   c) **Rechtfertigung wegen EU-Grundrechtsschutzes Dritter** (*Schmidberger*)
10. jeweils: **Verhältnismäßigkeit**

**b) Schutzbereich**

**911.**

Die Eröffnung des **sachlichen Schutzbereichs** der Dienstleistungsfreiheit gem. Art. 56 ff. AEUV setzt voraus, dass es um eine **Dienstleistung** geht. Was ist

**darunter zu verstehen? Welche Merkmale dienen der Abgrenzung zu anderen Grundfreiheiten?**

Art. 56 ff. AEUV enthalten keine allgemeine, abschließende Definition der Dienst-leistung. Allerdings kann Art. 57 I AEUV entnommen werden, dass es sich um eine Leistung handeln muss, die **in der Regel gegen Entgelt erbracht** wird. Der EuGH, der den Begriff der Dienstleistung im Anschluss an Art. 57 I AEUV zunächst meist negativ, als Leistung, die in der Regel gegen Entgelt erbracht wird, soweit sie nicht den Vorschriften der anderen Grundfreiheiten unterfällt (vgl. etwa EuGH, Rs. 286/82 und 26/83, Slg. 1984, S. 377 Rn. 9 – *Luisi und Carbone),* definiert hat, hat zur danach gebotenen Abgrenzung zu den anderen Grundfreiheiten weitere Elemente des unionsrechtlichen Dienstleistungsbegriffs herausgearbeitet. Diese umfassen na-mentlich, dass es sich um eine **selbstständig erbrachte** Leistung handeln muss (Abgrenzung zur Arbeitnehmerfreizügigkeit), dass die Leistung **nicht-körperlicher Art** ist und sich **nicht auf die Herstellung einer Ware i.S.d. Art. 28 f. AEUV beschränkt** (Abgrenzung zur Warenverkehrsfreiheit) und dass sie temporal einen **vorübergehenden Charakter** hat (Abgrenzung zur Niederlassungsfreiheit). Dienst-leistung i.S.d. Art. 56 ff. AEUV kann danach definiert werden **als selbstständige Leistung nicht-körperlicher Art, die in der Regel gegen Entgelt erbracht wird und einen vorübergehenden Charakter hat** (vgl. ähnlich: *Haratsch/Koenig/Pech-stein,* Rn. 961).

## 912.

**Können Tätigkeiten, die in einem bestimmten Mitgliedstaat z. B. aus ethi-schen Gründen verboten sind (bspw. Prostitution oder Glücksspiel), Dienst-leistungen i. S. d. Art. 56 ff. AEUV sein?**

Ja, dies muss schon aus dem Grund der Fall sein, dass einzelne Mitgliedstaaten ansonsten den Schutzbereich der Dienstleistungsfreiheit gem. Art. 56 ff. AEUV bestimmen könnten. Vom Schutzbereich der Dienstleistungsfreiheit gem. Art. 56 ff. AEUV sind nach der Rechtsprechung daher nur solche Tätigkeiten ausgenommen, die aufgrund ihrer Schädlichkeit in sämtlichen Mitgliedstaaten verboten sind.

## 913.

Eine deutsche Gesellschaft beauftragte ein portugiesisches Unternehmen, in der Zeit von November 1994 bis November 1997 in Südbayern Verputz-arbeiten in erheblichem Umfang auszuführen. Da das portugiesische Unter-nehmen jedoch erst im November 1997 in die Handwerksrolle eingetragen wurde, was Voraussetzung für die Erbringung selbstständiger Handwerksleis-tungen in Deutschland war, verhängte die Stadt Augsburg gegen den Ge-schäftsführer der deutschen Gesellschaft, *Bruno Schnitzer* (S), ein Bußgeld wegen Zuwiderhandlung gegen § 1 I Nr. 3 und § 2 des Gesetzes zur Bekämp-fung der Schwarzarbeit a. F. Vor dem von S dagegen angerufenen Amtsgericht stellte sich u. a. die Frage, ob im Hinblick auf das Eintragungserfordernis in die Handwerksrolle der Schutzbereich der Dienstleistungsfreiheit gem. Art. 56 AEUV [Art. 49 EGV a. F.] eröffnet war. (Angelehnt an: EuGH, Rs. C-215/01, Slg. 2003, S. I-14847 – *Schnitzer*)

Zu prüfen ist, ob der Schutzbereich der Dienstleistungsfreiheit i. S. v. Art. 56 ff. AEUV [Art. 49 ff. EGV a. F.] eröffnet ist. Indizien für eine abschließende Harmonisierung dieses Bereichs durch Sekundärrecht liegen nicht vor. Die Eröffnung des sachlichen Schutzbereichs setzt voraus, dass die Tätigkeiten des portugiesischen Unternehmens vorliegend Dienstleistungen i. S. v. Art. 56 ff. AEUV waren. Dienstleistung kann zusammenfassend definiert werden als eine selbstständige Leistung nicht-körperlicher Art, die in der Regel gegen Entgelt erbracht wird und einen vorübergehenden Charakter hat. Die von dem portugiesischen Unternehmen erbrachten Verputzarbeiten waren selbstständige Leistungen nicht-körperlicher Art, die in der Regel gegen Entgelt erbracht werden. Angesichts des ausgedehnten Zeitraums von ca. drei Jahren, in dem sie erbracht wurden, war jedoch fraglich, ob sie auch einen vorübergehenden Charakter besaßen. Der EuGH stellte insofern fest: *„Der Begriff ‚Dienstleistung‘ im Sinne des Vertrages kann somit Dienstleistungen ganz unterschiedlicher Art umfassen, einschließlich solcher, deren Erbringung sich über einen längeren Zeitraum, bis hin zu mehreren Jahren, erstreckt, z. B., wenn es sich um Dienstleistungen handelt, die im Rahmen eines Großbauprojekts erbracht werden. Auch Leistungen, die ein in einem Mitgliedstaat ansässiger Wirtschaftsteilnehmer mehr oder weniger häufig oder regelmäßig, auch über einen längeren Zeitraum, für Personen erbringt, die in einem oder mehreren anderen Mitgliedstaaten niedergelassen sind, können Dienstleistungen [...] sein"* (EuGH, a. a. O., Rn. 30). *„Folglich reicht allein die Tatsache, dass ein in einem Mitgliedstaat niedergelassener Wirtschaftsteilnehmer gleiche oder ähnliche Dienstleistungen mehr oder weniger häufig oder regelmäßig in einem anderen Mitgliedstaat erbringt, ohne dass er dort über eine Infrastruktur verfügt, die es ihm erlauben würde, in diesem Mitgliedstaat in stabiler und kontinuierlicher Weise einer Erwerbstätigkeit nachzugehen, und von der aus er sich u. a. an die Angehörigen dieses Mitgliedstaates wendet, nicht aus, um ihn als in diesem Mitgliedstaat niedergelassen anzusehen"* (EuGH, a. a. O., Rn. 32). Mangels Indizien dafür, dass das portugiesische Unternehmen in Deutschland über eine Infrastruktur verfügte, die es ihm erlauben würde, in Deutschland in stabiler und kontinuierlicher Weise einer Erwerbstätigkeit nachzugehen, handelte es sich hier um eine Dienstleistung (EuGH, a. a. O., Rn. 33 überließ dem vorlegenden nationalen Gericht die nähere Prüfung dieser Voraussetzung). Da für ein portugiesisches Unternehmen gem. Art. 62 i. V. m. Art. 54 AEUV auch der persönliche Schutzbereich eröffnet ist und ein grenzüberschreitender Vorgang zwischen den Mitgliedstaaten Portugal und Deutschland vorliegt, war der Schutzbereich der Dienstleistungsfreiheit gem. Art. 56 ff. AEUV [Art. 49 ff. EGV a. F.] eröffnet.

**914.**

Nach italienischem Recht war die Ausfuhr ausländischer Devisen im Gegenwert von höchstens 500.000 Lire jährlich erlaubt. Die in Italien wohnende italienische Staatsangehörige *Graziana Luisi* (L) hatte sich dessen ungeachtet ausländische Devisen im Gegenwert mehrerer Millionen Lire besorgt, u. a. um sie zu touristischen Zwecken sowie zur Durchführung medizinischer Behandlungen in Deutschland zu verwenden. Wegen Verletzung des italienischen Rechts verhängte Geldbußen focht L vor dem Tribunale Genua u. a. mit der Begründung an, dass diese gegen Grundfreiheiten verstießen. War angesichts der Inanspruchnahme touristischer und medizinischer Leistungen der Schutzbereich der Dienstleistungsfreiheit eröffnet? (Angelehnt an: EuGH, Rs. 286/82 und 26/83, Slg. 1984, S. 377 – *Luisi und Carbone*)

Indizien für eine abschließende Harmonisierung durch Sekundärrecht liegen nicht vor. Die Eröffnung des sachlichen Schutzbereichs setzt voraus, dass es um Dienstleistungen i. S. v. Art. 56 ff. AEUV [Art. 59 ff. EWGV a. F.] ging. Eine Dienstleistung ist eine selbstständige Leistung nicht-körperlicher Art, die in der Regel gegen Entgelt erbracht wird und einen vorübergehenden Charakter hat. Touristische und medizinische Leistungen, wie sie L in Anspruch nehmen wollte, erfüllen grds. diese Voraussetzungen. Problematisch ist vorliegend allerdings, dass hier nicht die Leistung grenzüberschreitend erbracht werden sollte, sondern vielmehr L eine Leistung in einem anderen Mitgliedstaat in Anspruch nehmen wollte. Der EuGH hat jedoch festgestellt, dass im Lichte des Ziels, *„jede gegen Entgelt geleistete Tätigkeit, die nicht unter den freien Waren- und Kapitalverkehr und unter die Freizügigkeit der Personen fällt, zu liberalisieren"*, die Möglichkeit, Dienstleistungen in einem anderen Mitgliedstaat in Anspruch zu nehmen, die notwendige Ergänzung dazu sei, Dienstleistungen in einem anderen Mitgliedstaat erbringen zu können (EuGH, a. a. O., Rn. 10). Der sachliche Schutzbereich der Dienstleistungsfreiheit umfasst also auch die sog. **passive Dienstleistungsfreiheit,** bei der sich der Dienstleistungsempfänger zwecks Empfangs der Dienstleistung in einen anderen Mitgliedstaat begibt. Für L als italienische Staatsbürgerin, die im EG/EU-Mitgliedstaat Italien ansässig war, war auch der persönliche Schutzbereich eröffnet. Da aufgrund der angestrebten Inanspruchnahme von Dienstleistungen u. a. in Deutschland auch ein grenzüberschreitender Bezug bestand, war der Schutzbereich der Dienstleistungsfreiheit i. S. v. Art. 56 ff. AEUV [Art. 59 EWGV a. F.] eröffnet.

**915.**

Wäre hier nicht eher der Schutzbereich der Freiheit des Kapital- und Zahlungsverkehrs gem. Art. 63 ff. AEUV einschlägig gewesen (dazu unten Nr. 926 ff.)?

Was die Abgrenzung der Dienstleistungsfreiheit zur Freiheit des Kapital- und Zahlungsverkehrs angeht, gibt es kein griffiges Merkmal. Überschneiden sich daher die Schutzbereiche, ist es sinnvoll, auf diejenige Grundfreiheit abzustellen, die im Schwerpunkt betroffen ist. Dient der Transfer von Banknoten in einen anderen Mitgliedstaat dazu, dort Dienstleistungen zu bezahlen, steht die Inanspruchnahme der Dienstleistungen im Mittelpunkt, so dass grds. die Dienstleistungsfreiheit und nicht die Freiheit des Kapital- und Zahlungsverkehrs einschlägig ist (vgl. EuGH, Rs. 286/82 und 26/83, Slg. 1984, S. 377 Rn. 21 ff. – *Luisi und Carbone*).

**916.**

*Stanley* (S), eine Kapitalgesellschaft britischen Rechts, bot europaweit Sportwetten an. Von zu Hause aus konnten Interessierte bspw. über Internet oder Telefon Wetten platzieren, die S organisierte und verwaltete. In Italien hatte S Geschäftsverträge mit italienischen Unternehmern über die Errichtung von Datenübertragungszentren abgeschlossen. Diese Zentren stellten den Benutzern elektronische Mittel zur Verfügung, sammelten und registrierten die Wettabsichten und übermittelten sie an S. *Gambelli* (G) und 137 anderen Vertragspartnern von S wurde im Rahmen eines Strafverfahrens zur Last gelegt, unter Verletzung des italienischen Gesetzes Nr. 401 vom 13.9.1989 heimlich Wetten organisiert zu haben und Inhaber von Zentren zu sein, in denen Daten über Wetten gesammelt und übermittelt wurden, was den Tatbestand des Betruges zu Lasten des Staates erfülle (EuGH, Rs. C-243/01, Slg. 2003, S. I-13076 – *Gambelli*). War im Hinblick auf das italienische Gesetz Nr. 401, das u. a. das widerrechtliche Organisieren von Lotterien und Wetten, die gesetzlich dem Staat oder konzessionierten Einrichtungen vorbehalten sind, unter Strafe stellte, der sachliche Schutzbereich der Dienstleistungsfreiheit eröffnet?

Der sachliche Schutzbereich der Dienstleistungsfreiheit war eröffnet, wenn die Organisation von Wetten eine Dienstleistung i. S. v. Art. 56 ff. AEUV [Art. 49 ff. EGV a. F.] ist. Eine Dienstleistung ist eine selbstständige Leistung nicht-körperlicher Art, die in der Regel gegen Entgelt erbracht wird und einen vorübergehenden Charakter hat. Die Organisation von Wetten erfüllt diese Merkmale und könnte daher eine Dienstleistung i. S. d. Art. 56 f. AEUV sein. Problematisch ist hier jedoch, dass sich weder S als Anbieter der Wette nach Italien begab, um die Leistung zu erbringen, noch die Interessenten, die die Wetten abschlossen, von Italien ins Vereinigte Königreich. Der EuGH hat jedoch festgestellt, dass es genüge, wenn die Dienstleistung selbst grenzüberschreitenden Charakter habe. Wichtige Beispiele solcher sog. **Korrespondenzdienstleistungen** sind neben dem Glücksspiel auch Bank- und Versicherungsleistungen sowie Rundfunksendungen. Art. 56 f. AEUV [Art. 49 f. EGV a. F.] erfassen daher auch Dienstleistungen, *„die ein Leistungserbringer wie Stanley mit Sitz in einem Mitgliedstaat, hier dem Vereinigten Königreich, über das Internet – und damit ohne Ortswechsel – in einem anderen Mitgliedstaat […] ansässigen Leistungsempfängern anbietet, so dass jede Beschränkung dieser Tätigkeiten eine Beschränkung der freien Erbringung von Dienstleistungen durch einen solchen Leistungserbringer darstellt"* (EuGH, a. a. O., Rn. 54). Es handelte sich daher um eine Dienstleistung i. S. v. Art. 56 f. AEUV; der sachliche Schutzbereich der Dienstleistungsfreiheit war eröffnet.

#### c) Eingriff

**917.**

Nach dem üblichen Prüfungsschema ist im Rahmen des Eingriffs zunächst zu prüfen, ob eine Maßnahme eines Verpflichtungsadressaten der Dienstleistungsfreiheit vorliegt. Wer ist Verpflichteter der Dienstleistungsfreiheit?

In erster Linie die Mitgliedstaaten und die EU. Daneben sind wie bei der Niederlassungsfreiheit auch Private, die als intermediäre Gewalten charakterisiert werden
können, an die Dienstleistungsfreiheit gebunden. Wichtige Beispiele sind Gewerkschaften, Sportverbände und berufsständische Vertretungen wie z. B. Ärztekam-
mern.

**918.**

**Dem Wortlaut von Art. 56 I AEUV lässt sich ein Beschränkungsverbot
entnehmen. Umfasst die Dienstleistungsfreiheit gem. Art. 56 ff. AEUV auch
ein Diskriminierungsverbot?**

Ja, ein Verbot offener und versteckter Diskriminierungen lässt sich dem Wortlaut
von Art. 57 III AEUV entnehmen.

**919.**

**Gilt das Diskriminierungsverbot sowohl für den Herkunftsstaat als auch den
Ziel- oder Bestimmungsstaat einer Dienstleistung?**

Dies ist nicht zuletzt aufgrund der intransparenten Rechtsprechung des EuGH, der
den genauen Bezugspunkt eines Eingriffs in die Dienstleistungsfreiheit oft nicht
offenlegt, umstritten. Der Wortlaut von Art. 57 III AEUV spricht aber dafür, dass
sich das Diskriminierungsverbot nur an Bestimmungsstaaten richtet (näher dazu:
*Haratsch/Koenig/Pechstein,* Rn. 972 ff.).

**920.**

**Die Gesellschaft *Portugaia Construções* (P) mit Sitz in Portugal führte von
März bis Juli 1997 Rohbauarbeiten in Tauberbischofsheim aus, wofür sie
mehrere ihrer Arbeitnehmer nach Deutschland entsandte. Bei einer Prüfung
der Arbeitsbedingungen auf der Baustelle stellte das Arbeitsamt Tauberbischofsheim fest, dass P den nach dem einschlägigen, für allgemeinverbindlich erklärten Tarifvertrag zu zahlenden Mindestlohn unterschritt. Das Amt
ordnete deshalb den Verfall des Erlangten, also der Differenz zwischen dem zu
zahlenden und dem tatsächlich gezahlten Stundenlohn i. H. v. insgesamt
138.018,52 DM, an. Das von P dagegen angerufene Gericht legte dem EuGH
u. a. die Frage vor, ob es einen Eingriff in die Dienstleistungsfreiheit darstelle,
wenn ein inländischer Arbeitgeber den durch einen für allgemeinverbindlich
erklärten Tarifvertrag festgesetzten Mindestlohn mittels eines Firmentarifvertrags unterschreiten könne, während dies einem in einem anderen Mitglied-
staatansässigen Arbeitgeber de facto nicht möglich sei. (Angelehnt an: EuGH,
Rs. C-164/99, Slg. 2002, S. I-787 – *Portugaia Construções*)**

Ein Eingriff in die Dienstleistungsfreiheit gem. Art. 56 ff. AEUV [Art. 59 ff. EGV a. F.] setzt zunächst eine Maßnahme eines Verpflichtungsadressaten der Dienstleistungsfreiheit voraus. Hier ergab sich die Pflicht zur Entrichtung des Mindestlohns aus dem einschlägigen Tarifvertrag. Die am Abschluss eines Tarifvertrags beteiligten Parteien wie Gewerkschaften und Arbeitnehmerverbände sind als intermediäre Gewalten Verpflichtungsadressaten der Dienstleistungsfreiheit, so dass eine Maßnahme von Verpflichtungsadressaten der Art. 56 ff. AEUV vorliegt.

Dass P an die tarifvertraglichen Mindestlohnregeln gebunden war, ihr aber anders als deutschen Gesellschaften de facto nicht die Möglichkeit einer Unterschreitung dieses Mindestlohns durch Abschluss eines Firmentarifvertrags offenstand, könnte eine offene Diskriminierung Ps darstellen. Eine **offene Diskriminierung** liegt vor, wenn in tatbestandlicher Anknüpfung an die Staatsangehörigkeit für gleichartige Situationen unterschiedliche, für EU-Ausländer nachteilige Regelungen gelten. Vorliegend gab es keine Regelung, die ausländischen Gesellschaften den Abschluss eines Firmentarifvertrags untersagte. Dieser Abschluss war EU-ausländischen Gesellschaften jedoch de facto nicht möglich. Damit galten hier nicht in tatbestandlicher Anknüpfung an die Staatsangehörigkeit für EU-Ausländer nachteilige Vorschriften. Eine offene Diskriminierung scheidet aus. Es könnte sich aber um eine versteckte Diskriminierung handeln. **Versteckte Diskriminierungen** knüpfen an scheinbar neutrale Merkmale an, die aber von Ausländern regelmäßig nicht erfüllt werden, und führen daher zum gleichen Ergebnis wie eine offene Diskriminierung. Vorliegend war EU-ausländischen Gesellschaften anders als deutschen Gesellschaften der Abschluss eines Firmentarifvertrags de facto nicht möglich. Dies läuft im Hinblick auf die Möglichkeit, den tarifvertraglich festgelegten Mindestlohn zu unterschreiten, auf dasselbe hinaus wie eine offene Diskriminierung (vgl. EuGH, a. a. O., Rn. 34 f.). Da es sich auch um eine Maßnahme aus dem Bereich des Bestimmungsstaates der Dienstleistung handelt, liegt eine (versteckte) Diskriminierung und damit ein Eingriff in die Dienstleistungsfreiheit gem. Art. 56 ff. AEUV [Art. 59 ff. EGV a. F.] vor.

**921.**

Nachdem das in Köln ansässige *Reisebüro Broede* einen Vollstreckungsbescheid gegen einen in Dortmund wohnenden Schuldner erwirkt hatte, bevollmächtigte es die in Frankreich ansässige INC Inkassogesellschaft (I), die Vollstreckung aus dem Vollstreckungsbescheid zu betreiben und alle damit in Zusammenhang stehenden rechtlichen Maßnahmen durchzuführen. I beantragte daraufhin am 6.6.1994 beim AG Dortmund den Erlass eines Pfändungs- und Überweisungsbeschlusses gegen den Schuldner. Das AG wies diesen Antrag mit der Begründung zurück, I fehle die erforderliche Postulationsfähigkeit, da es Inkassounternehmen nach den einschlägigen Vorschriften der ZPO i. V. m. dem Rechtsberatungsgesetz (RBerG) verboten sei, Gläubiger vor Gericht zu vertreten. Vor dem EuGH stellte sich u. a. die Frage, ob eine nationale Regelung, die einem in einem anderen Mitgliedstaat ansässigen Unternehmen die gerichtliche Einziehung fremder Forderungen verbietet, weil diese Tätigkeit nach der nationalen Regelung Personen vorbehalten ist, denen hierfür eine besondere behördliche Erlaubnis erteilt wurde, in die Dienstleistungsfreiheit eingreift. Inkassounternehmen konnte eine entsprechende Erlaubnis gem. Art. 1 § 1 RBerG nur für die außergerichtliche Einziehung von Forderungen erteilt werden. (Angelehnt an: EuGH, Rs. C-3/95, Slg. 1996, S. I-6511 – *Reisebüro Broede*)

Die einschlägigen Regelungen der ZPO sowie des RBerG sind Maßnahmen der Bundesrepublik Deutschland als Verpflichtungsadressat der Dienstleistungsfreiheit gem. Art. 56 ff. AEUV [Art. 59 ff. EGV a. F.]. Fraglich ist, ob die Regelung, nach der die Einziehung fremder Forderungen Personen vorbehalten war, denen hierfür eine besondere behördliche Erlaubnis erteilt worden ist, eine Diskriminierung von EU-Ausländern darstellte. Eine offene Diskriminierung liegt vor, wenn in tatbestandlicher Anknüpfung an die Staatsangehörigkeit für gleichartige Situationen unterschiedliche, für EU-Ausländer nachteilige Vorschriften gelten. Die deutsche Regelung galt gleichermaßen für Deutsche wie für EU-Ausländer. Eine offene Diskriminierung scheidet aus. Versteckte Diskriminierungen knüpfen an scheinbar neutrale Merkmale an, die aber von Ausländern regelmäßig nicht erfüllt werden, und führen, was die Ungleichbehandlung angeht, daher zum gleichen Ergebnis wie eine offene Diskriminierung. Da es allerdings bereits an einer Ungleichbehandlung fehlt, kommt auch keine versteckte Diskriminierung in Betracht.

Gem. Art. 56 f. AEUV sind jedoch nicht nur Diskriminierungen, sondern auch sonstige Beschränkungen der Dienstleistungsfreiheit verboten und daher Eingriffe in dieselbe. Nach diesem **Beschränkungsverbot** greifen Maßnahmen in den Schutzbereich von Art. 56 I AEUV ein, wenn sie geeignet sind, die Tätigkeit des Dienstleistungserbringers zu unterbinden, zu behindern oder weniger attraktiv zu machen (EuGH, a. a. O., Rn. 25). *„Obwohl das sich aus Artikel 1 § 1 RBerG ergebende Verbot für Inkassounternehmen, Forderungen ohne Einschaltung eines Rechtsanwalts selbst gerichtlich einzuziehen, unterschiedslos für einheimische Dienstleistungserbringer wie für Dienstleistungserbringer anderer Mitgliedstaaten gilt, ist es geeignet, den freien Dienstleistungsverkehr […] zu beschränken, da es die Erbringung dieser Leistungen im Bestimmungsstaat selbst dann unmöglich macht, wenn sich der Leistungserbringer nur ganz gelegentlich in diesem Staat betätigt"* (EuGH, a. a. O., Rn. 27). Damit griff die deutsche Regelung in die Dienstleistungsfreiheit gem. Art. 56 AEUV [Art. 59 EGV a. F.] ein.

**d) Rechtfertigung**

**922.**

Welche Rechtfertigungsgründe kommen bei einem Eingriff in die Dienstleistungsfreiheit gem. Art. 56 ff. AEUV in Betracht?

Eine **Rechtfertigung gem. Art. 62 i. V. m. Art. 52 I AEUV** aus Gründen der öffentlichen Ordnung, Sicherheit oder Gesundheit kommt wie bei der Niederlassungsfreiheit sowohl bei diskriminierenden als auch bei nicht diskriminierenden Beeinträchtigungen in Betracht. Bei nicht diskriminierenden Beschränkungen der Dienstleistungsfreiheit ist zudem eine **Rechtfertigung aus zwingenden Gründen des Allgemeininteresses** i. S. d. *Cassis*-Formel möglich. Anzumerken ist, dass der EuGH eine Rechtfertigung aus zwingenden Gründen des Allgemeininteresses z. T. auch in Fällen versteckter Diskriminierung geprüft hat. Schließlich ist auch die *Schmidberger*-Rechtsprechung zur **Rechtfertigung wegen des Schutzes unionsrechtlicher Grundrechte Dritter** grds. auf die Dienstleistungsfreiheit übertragbar, wenn es bislang auch an einschlägiger Rechtsprechung fehlt.

**923.**

Im *Kohll*-Fall ging es um die Erstattung der Kosten einer zahnärztlichen Behandlung der Tochter eines Luxemburgers in Deutschland. Der EuGH stellte fest, dass eine luxemburgische Regelung, nach der eine Kostenerstattung für eine ärztliche Behandlung in anderen EU-Mitgliedstaaten eine vorherige Genehmigung der Durchführung der Heilbehandlung im Ausland voraussetzte, in die Dienstleistungsfreiheit eingriff (EuGH, Rs. C-158/96, Slg. 1998, S. I-1931 Rn. 35 – *Kohll*). Die luxemburgische Regierung machte zur Rechtfertigung der Regelung den **Schutz der öffentlichen Gesundheit** geltend: Die Regelung sei u. a. erforderlich, um die Qualität der ärztlichen Leistungen zu gewährleisten, die bei denjenigen, die sich in einen anderen Mitgliedstaat begäben, nur im Zeitpunkt des Antrags auf Genehmigung überprüft werden könne (EuGH, a. a. O., Rn. 43). War der Eingriff aus diesem Grund gerechtfertigt?

In Betracht kommt eine **Rechtfertigung aus Gründen der öffentlichen Gesundheit gem. Art. 62 i. V. m. Art. 52 AEUV.** Zum Argument der Notwendigkeit der Gewährleistung der Qualität der ärztlichen Leistungen wies der EuGH jedoch darauf hin, dass angesichts der Tatsache, dass die Bedingungen des Zugangs und der Ausübung der Tätigkeiten des Arztes und des Zahnarztes Gegenstand mehrerer Koordinierungs- oder Harmonisierungsrichtlinien sind, in anderen Mitgliedstaaten niedergelassene Ärzte und Zahnärzte für die Zwecke des freien Dienstleistungsverkehrs als ebenso qualifiziert anerkannt werden müssten wie im Inland niedergelassene (EuGH, a. a. O., Rn. 47 f.). Folglich schied insofern eine Rechtfertigung aus Gründen der öffentlichen Gesundheit aus (EuGH, a. a. O., Rn. 49).

**924.**

Die luxemburgische Regierung hatte zur Rechtfertigung auch angeführt, dass die Gefahr einer Störung des finanziellen Gleichgewichts des Systems der sozialen Sicherheit, das der Aufrechterhaltung einer ausgewogenen, allen Versicherten offenstehenden ärztlichen und klinischen Versorgung dienen solle, einen **zwingenden Grund des Allgemeininteresses** darstelle, der Beschränkungen des freien Dienstleistungsverkehrs rechtfertigen könne (EuGH, Rs. C-158/96, Slg. 1998, S. I-1931 Rn. 38 – *Kohll*). War der Eingriff in die Dienstleistungsfreiheit aus zwingenden Gründen des Allgemeininteresses gerechtfertigt?

Eine Rechtfertigung aus zwingenden Gründen des Allgemeininteresses setzt zunächst die Einschlägigkeit eines solchen zwingenden Grundes voraus. Der EuGH stellte insofern fest, dass zwar rein wirtschaftliche Gründe eine Beschränkung des freien Dienstleistungsverkehrs nicht rechtfertigen könnten, jedoch eine erhebliche Gefährdung des finanziellen Gleichgewichts des Systems der sozialen Sicherheit durchaus einen zwingenden Grund des Allgemeininteresses darstellen könne (EuGH, a. a. O., Rn. 41). Allerdings habe die Erstattung von Kosten einer Zahnbehandlung, die in einem anderen Mitgliedstaat erbracht wurde, nach den Tarifen des Versicherungsstaates keine wesentlichen Auswirkungen auf die Finanzierung des Systems der sozialen Sicherheit (EuGH, a. a. O., Rn. 42). Damit war die Regelung nicht geeignet bzw. zumindest nicht erforderlich, um eine erhebliche Gefährdung des finanziellen Gleichgewichts des Systems der sozialen Sicherheit auszuschließen. Eine Rechtfertigung aus zwingenden Gründen des Allgemeininteresses schied insofern folglich aus.

**925.**

**War die luxemburgische Regelung nicht diskriminierend, so dass nach der Dogmatik des EuGH eine Rechtfertigung gem. dem ungeschriebenen Rechtfertigungsgrund wegen zwingender Gründe des Allgemeininteresses eigentlich von vornherein nicht hätte in Betracht kommen dürfen?**

In der Tat kommt eine Rechtfertigung aus zwingenden Gründen des Allgemeininteresses nach der Dogmatik des EuGH eigentlich nur bei unterschiedslos eingreifenden Maßnahmen in Betracht. Da eine vorherige Genehmigung der ärztlichen Heilbehandlung nur bei einer Behandlung im Ausland Voraussetzung der Kostenerstattung war, könnte es sich auch um eine versteckt diskriminierende Regelung gehandelt haben. Dafür dass der EuGH vorliegend dennoch eine Rechtfertigung aus zwingenden Gründen des Allgemeininteresses in Erwägung gezogen hat, könnte es mehrere Erklärungen geben: Einerseits könnten die Ausführungen des EuGH zum Eingriff darauf hindeuten, dass es sich nach seiner Auffassung nicht um eine Diskriminierung, sondern lediglich um eine Beschränkung handelte (vgl. EuGH, Rs. C-158/96, Slg. 1998, S. I-1931 Rn. 35 – *Kohll*). Dann wäre aber eine Rechtfertigung aus zwingenden Gründen des Allgemeininteresses dogmatisch möglich gewesen. Dass der EuGH davon ausgegangen sein könnte, dass es sich um eine bloß beschränkende Maßnahme handelte, könnte daran gelegen haben, dass es um eine Maßnahme des Herkunftsstaates und nicht des Bestimmungsstaates ging. Solche Maßnahmen überprüft der EuGH regelmäßig nur im Lichte des Beschränkungs- und nicht im Lichte eines Diskriminierungsverbots (vgl. *Haratsch/Koenig/Pechstein*, Rn. 978, 981). Ginge man andererseits davon aus, dass es sich tatsächlich um eine versteckt diskriminierende Maßnahme handelte, dann wäre die Heranziehung des ungeschriebenen Rechtfertigungsgrundes entweder in der Tat dogmatisch inkonsequent oder aber evtl. ein Hinweis darauf, dass der EuGH geneigt sein könnte, die klare Grenzziehung zwischen ungeschriebenen und geschriebenen Rechtfertigungsgründen zunehmend aufzugeben (vgl. *Pechstein*, Entscheidungen, S. 656).

## 6. Kapital- und Zahlungsverkehrsfreiheit

### a) Allgemeines

**926.**

**Warum gewährleistet der AEU-Vertrag in Art. 63 ff. die Freiheiten des Kapital- und Zahlungsverkehrs?**

Ein möglichst unbehinderter Kapital- und Zahlungsverkehr ist eine wesentliche Voraussetzung für das Funktionieren der Wirtschaft im EU-Binnenmarkt. Insbes. der freie Zahlungsverkehr, z. T. aber auch der freie Kapitalverkehr, ist zudem auch eine konkrete Voraussetzung für die Verwirklichung der anderen Grundfreiheiten *(Oppermann/Classen/Nettesheim,* § 30 Rn. 1). Schließlich wird eine ungehinderte Mobilität von Kapital auch als Bedingung für das Funktionieren der Währungsunion angesehen *(Sedlaczek/Züger,* in: Streinz, EUV/AEUV, Art. 63 AEUV Rn. 2).

**927.**

**Gelten die Freiheiten des Kapital- und Zahlungsverkehrs gem. Art. 63 ff. AEUV nur zwischen den EU-Mitgliedstaaten?**

Nein, sie gelten gem. Art. 63 I, II AEUV auch im Verhältnis der Mitgliedstaaten zu Drittstaaten.

**928.**

**Sind die Freiheiten des Kapital- und Zahlungsverkehrs sekundärrechtlich ausgestaltet worden?**

Ja, auch in diesem Bereich gibt es eine Fülle wichtiger Sekundärrechtsakte. So zielt die meist **MiFID** (Markets in Financial Instruments Directive) genannte Finanzmarktrichtlinie (Richtlinie über Märkte für Finanzinstrumente) 2004/39/EG (ABl. EU 2004 Nr. L 145, S. 1) auf eine Harmonisierung der Finanzmärkte im EU-Binnenmarkt ab und betrifft in erster Linie Wertpapierfirmen, d. h. juristische Personen, die gewerbsmäßig Wertpapierdienstleistungen erbringen oder Anlagetätigkeiten ausüben (Art. 1 I i. V. m. Art. 4 I Nr. 1 RL 2004/39/EG). Die sog. Bankenrichtlinie 2006/48/EG (Richtlinie über die Aufnahme und Ausübung der Tätigkeit der Kreditinstitute, ABl. EU 2006 Nr. L 177, S. 1) dient der Harmonisierung des Rechts der Kreditinstitute. Zu weiterem Sekundärrecht im Bankenbereich vgl. etwa *Glaesner,* in: Schwarze, EU-Kommentar, Art. 63 AEUV Rn. 74.

**929.**

Skizzieren Sie die wesentlichen Prüfungsschritte einer Verletzung der Freiheiten des Kapital- und Zahlungsverkehrs gem. Art. 63 ff. AEUV!

## Schutzbereich

1. **Keine abschließende Harmonisierung durch Sekundärrecht**
2. **Sachlicher Schutzbereich: Kapitalverkehr i. S. d. Art. 63 I AEUV/Zahlungsverkehr i. S. d. Art. 63 II AEUV**
3. **Persönlicher Schutzbereich:** Jede natürliche oder juristische Person, also nicht nur EU-Staatsangehörige
4. **Grenzüberschreitender Bezug** (soweit nicht schon im Rahmen des sachlichen Schutzbereichs geprüft)

## Eingriff

5. **Maßnahme eines Verpflichtungsadressaten** (Mitgliedstaaten, die EU; Private: Rechtsprechung zu intermediären Gewalten grds. übertragbar)
6. **Beschränkung** (Art. 63 I, II AEUV)
   a) Vorliegen einer Beschränkung (schließt ähnlich wie bei der Warenverkehrsfreiheit offene und versteckte Diskriminierungen ein)
   b) Nichteinschlägigkeit der *Keck*-Kriterien

## Rechtfertigung

7. **Rechtfertigungsgründe**
   a) **Art. 65 I lit. a, III AEUV**
   b) **Art. 65 I lit. b 1. Var., III AEUV**
   c) **Art. 65 I lit. b 2. Var., III AEUV**
   d) **Art. 65 I lit. b 3. Var., III AEUV**
   e) **Art. 65 II, III i. V. m. Art. 49 ff. AEUV**
   f) **Rechtfertigung aus zwingenden Gründen des Allgemeininteresses (*Cassis*-Formel)**
   g) **Rechtfertigung wegen EU-Grundrechtsschutzes Dritter** (*Schmidberger*)
8. jeweils: **Verhältnismäßigkeit**

### b) Schutzbereich

**930.**

Die Eröffnung des **sachlichen Schutzbereichs** der Kapitalverkehrsfreiheit gem. Art. 63 I AEUV setzt voraus, dass der **Kapitalverkehr** betroffen ist. Was ist darunter zu verstehen?

Im Unionsrecht findet sich keine Definition von Kapitalverkehr. Der EuGH zieht in seiner Rechtsprechung regelmäßig die Nomenklatur aus Anhang I der früheren Kapitalverkehrsrichtlinie 88/361/EWG (ABl. EG 1988 Nr. L 178, S. 5) heran (vgl. etwa EuGH, Rs. C-543/08, Slg. 2010, S. I-11241 Rn. 46 – *Kommission/Portugal;*

EuGH, Rs. C-222/97, Slg. 1999, S. I-1661 Rn. 21 ff. – *Trummer).* Abstrahiert man die Merkmale der dort enumerativ aufgeführten Transaktionen, lässt sich Kapitalverkehr etwa definieren als **einseitige Werteübertragung in Form von Sach- und Geldkapital, bei der es in erster Linie um die Investition der transferierten Beträge** (und nicht um die Vergütung einer Dienstleistung) **geht** (ähnlich: *Glaesner,* in: Schwarze, EU-Kommentar, Art. 63 AEUV Rn. 7).

**931.**

Im November 1995 verkaufte der in Deutschland wohnende Revisionsrekurswerber *Mayer* einen in Österreich gelegenen Liegenschaftsanteil an den in Österreich wohnhaften Revisionsrekurswerber *Trummer,* wobei der Kaufpreis in DM angegeben war. Gleichzeitig stundete er diesem den Kaufpreis bis zum 31.12.2000 ohne Verzinsung und Wertsicherung. Da jedoch eine pfandrechtliche Sicherung der Kaufpreisforderung vereinbart wurde, wurde am 1.7.1996 beim Bezirksgericht Feldbach ein Grundbuchgesuch auf Einverleibung des Vorgangs im einschlägigen Grundbuch eingebracht. Das Gesuch wurde in Bezug auf das Miteigentum bewilligt, hinsichtlich des Pfandrechts jedoch abgewiesen. Nach österreichischem Recht konnte eine Hypothek zur Sicherung einer in der Währung eines anderen Mitgliedstaates zahlbaren Forderung nämlich nur in inländischer Währung eingetragen werden. War insofern der sachliche Schutzbereich der Kapitalverkehrsfreiheit eröffnet? (Angelehnt an: EuGH, Rs. C-222/97, Slg. 1999, S. I-1661 – *Trummer)*

Eine Eröffnung des **sachlichen Schutzbereichs der Kapitalverkehrsfreiheit** gem. Art. 63 I AEUV setzt voraus, dass die Bestellung einer Hypothek zur Sicherung einer in der Währung eines anderen Mitgliedstaates zahlbaren Schuld dem Bereich des Kapitalverkehrs unterfällt. Das vorlegende österreichische Gericht hielt die Kapitalverkehrsfreiheit für nicht einschlägig, da die Nomenklatur im Anhang der Richtlinie 88/361/EWG grundbuchrechtliche Sicherstellungen, zu denen die Hypothek gehöre, nicht erwähnte (EuGH, a. a. O., Rn. 7 f.). Kapitalverkehr kann definiert werden als einseitige Werteübertragung in Form von Sach- und Geldkapital, bei der es in erster Linie um die Investition der transferierten Beträge geht. Hypotheken sind das klassische Instrument zur Sicherung eines Darlehens im Zusammenhang mit einem Grundstücksverkauf (EuGH, a. a. O., Rn. 23). Da ein Grundstücksverkauf als einseitige Werteübertragung in Form von Sachkapital, bei der es in erster Linie um eine Investition der transferierten Beträge geht, dem Begriff des Kapitalverkehrs unterfällt, ist die Bestellung einer Hypothek schon aus diesem Grund dem Begriff des Kapitalverkehrs i. S. d. Art. 63 I AEUV zu subsumieren. Der sachliche Schutzbereich der Kapitalverkehrsfreiheit war daher eröffnet (vgl. EuGH, a. a. O., Rn. 23 f.).

**932.**

Im Rahmen der seit Beginn der 1990er-Jahre verfolgten Restrukturierung des portugiesischen Elektrizitätssektors wurde die 1976 als öffentliches Unternehmen errichtete *EDP* im Jahr 1991 in eine Aktiengesellschaft umgewandelt. Im

Anschluss nahm der portugiesische Staat auch eine materielle Privatisierung dieses Unternehmens vor, bis er noch 25,73 % des Gesellschaftskapitals von EDP hielt. Am 18.10.2006 richtete die Kommission ein Mahnschreiben an die Portugiesische Republik, in dem sie dieser vorwarf, dadurch gegen ihre Verpflichtungen aus den Art. 43 und 56 EGV a. F. [Art. 49, 63 AEUV] verstoßen zu haben, dass Portugal und andere öffentliche Anteilseigner über Sonderaktien am Kapital von EDP verfügten, die mit Sonderrechten ausgestattet seien. Dabei ging es insbes. um ein Vetorecht bei bestimmten Beschlüssen der Hauptversammlung, das Recht zur Bestimmung eines Verwaltungsratsmitglieds, wenn der Staat gegen den bei der Wahl der Verwaltungsratsmitglieder erfolgreichen Vorschlag gestimmt hatte, und schließlich die Befreiung des Staates von der ansonsten für die Stimmabgabe vorgesehenen Begrenzung von 5 % (EuGH, Rs. C-543/08, Slg. 2010, S. I-11241 – *Kommission/Portugal*). War hier der sachliche Schutzbereich der Kapitalverkehrsfreiheit eröffnet?

Eine Eröffnung des sachlichen Schutzbereichs der Kapitalverkehrsfreiheit gem. Art. 63 I AEUV setzt voraus, dass die Regelungen über Sonderaktien am Kapital von EDP verbunden mit den genannten Sonderrechten dem Kapitalverkehr unterfallen. Kapitalverkehr ist die einseitige Werteübertragung in Form von Sach- und Geldkapital, bei der es in erster Linie um die Investition der transferierten Beträge geht. Insofern hat der EuGH festgestellt, dass dem Kapitalverkehr insbes. sog. **Direktinvestitionen,** *„also Investitionen in Form der Beteiligung an einem Unternehmen durch Besitz von Aktien, die die Möglichkeit verschafft, sich tatsächlich an der Verwaltung und der Kontrolle dieses Unternehmens zu beteiligen"*, sowie sog. **Portfolioinvestitionen,** *„d. h. Investitionen in Form des Erwerbs von Wertpapieren auf dem Kapitalmarkt allein in der Absicht einer Geldanlage, ohne auf die Verwaltung und Kontrolle des Unternehmens Einfluss nehmen zu wollen"* unterfallen (EuGH, a. a. O., Rn. 46). Die Beteiligung an einer Gesellschaft durch den Erwerb von Aktien stellt also sowohl als Direktinvestition als auch als Portfolioinvestition eine einseitige Werteübertragung in Form von Sach- und Geldkapital dar, bei der es in erster Linie um die Investition der transferierten Beträge geht. Sie ist daher dem Kapitalverkehr i. S. v. Art. 63 I AEUV zuzurechnen. Der sachliche Schutzbereich der Kapitalverkehrsfreiheit gem. Art. 63 I AEUV [56 EGV a. F.] war folglich eröffnet.

---

**933.**

Hätte hier nicht auch der Schutzbereich der Niederlassungsfreiheit eröffnet sein können?

---

Der EuGH hat insofern festgestellt, dass in den sachlichen Anwendungsbereich der Niederlassungsfreiheit nationale Vorschriften fallen, *„die anzuwenden sind, wenn ein Angehöriger des betreffenden Mitgliedstaates am Kapital einer Gesellschaft mit Sitz in einem anderen Mitgliedstaat eine Beteiligung hält, die es ihm ermöglicht, einen sicheren Einfluss auf die Entscheidungen dieser Gesellschaft auszuüben und deren Tätigkeiten zu bestimmen"* (EuGH, Rs. C-543/08, Slg. 2010, S. I-11241 Rn. 41 – *Kommission/*

*Portugal).* Da in dem vorliegenden Vertragsverletzungsverfahren nicht auszuschließen war, *„dass die in Rede stehenden nationalen Bestimmungen alle Aktionäre und potenziellen Investoren berühren und nicht nur die Aktionäre, die einen sicheren Einfluss auf die Verwaltung und Kontrolle von EDP ausüben können"*, waren die streitigen Bestimmungen grds. unter dem Blickwinkel der Kapitalverkehrsfreiheit und der Niederlassungsfreiheit zu prüfen (EuGH, a. a. O., Rn. 44). Der EuGH stellte sodann, nachdem er auf der Grundlage einer ausführlichen Prüfung eine Verletzung der Kapitalverkehrsfreiheit bejaht hatte, ähnlich wie in früheren Entscheidungen zu sog. Goldenen Aktien (vgl. *Haratsch/Koenig/Pechstein,* Rn. 1008) sehr knapp fest, dass angesichts der Verletzung der Kapitalverkehrsfreiheit eine gesonderte Überprüfung der Maßnahmen im Lichte der Niederlassungsfreiheit nicht erforderlich sei (EuGH, a. a. O., Rn. 98 f.).

---

**934.**

Die Eröffnung des sachlichen Schutzbereichs der Zahlungsverkehrsfreiheit gem. Art. 63 II AEUV setzt voraus, dass der **Zahlungsverkehr** betroffen ist. Was ist darunter zu verstehen?

---

Zahlungsverkehr ist die grenzüberschreitende Übertragung von Zahlungsmitteln zwecks Erfüllung einer Gegenleistungspflicht z. B. für Warenlieferung, Dienstleistung oder Kapitalverkehr (vgl. etwa *Glaesner,* in: Schwarze, EU-Kommentar, Art. 63 AEUV Rn. 8).

## c) Eingriff

---

**935.**

Nach dem üblichen Prüfungsschema ist im Rahmen des Eingriffs zunächst zu prüfen, ob eine Maßnahme eines Verpflichtungsadressaten der Kapital- und Zahlungsverkehrsfreiheit vorliegt. Wer ist Verpflichteter?

---

In erster Linie die Mitgliedstaaten und die EU. Obwohl insofern keine entsprechende Rechtsprechung vorliegt, ist grds. auch eine Verpflichtung Privater, die als intermediäre Gewalten charakterisiert werden können, denkbar.

---

**936.**

Dem Wortlaut von Art. 63 I, II AEUV lässt sich ein Beschränkungsverbot entnehmen. Umfasst die Kapital- und Zahlungsverkehrsfreiheit gem. Art. 63 ff. AEUV auch ein Diskriminierungsverbot?

---

Den Art. 63 ff. AEUV lässt sich lediglich ein weitgefasstes Beschränkungsverbot entnehmen. Diesem unterfallen aber – wie bei der Warenverkehrsfreiheit – neben unterschiedslos geltenden auch diskriminierende Maßnahmen. Wenn der EuGH mitunter davon spricht, dass Art. 63 AEUV ein besonderes Diskriminierungsverbot enthalte (z. B. EuGH, Rs. C-443/06, Slg. 2007, S. I-8491 Rn. 28 f. – *Hollmann)*, ist dies in diesem Sinne auf die Subsidiarität von Art. 18 AEUV gegenüber Art. 63 AEUV gemünzt (vgl. oben Nr. 762).

---

**937.**

Nach portugiesischem Steuerrecht wurde auf Gewinne aus der Veräußerung einer in Portugal gelegenen Immobilie durch einen in einem anderen Mitgliedstaat Ansässigen eine höhere Steuer erhoben als bei einer Veräußerung durch einen in Portugal Ansässigen. Konkret wurden bei in Portugal ansässigen Verkäufern lediglich 50 % der bei gebietsfremden Verkäufern einschlägigen Bemessungsgrundlage für die Steuer zugrunde gelegt. Griff diese Regelung in die Freiheit des Kapitalverkehrs ein? (Angelehnt an: EuGH, Rs. C-443/06, Slg. 2007, S. I-8491 – *Hollmann)*

---

Die portugiesischen Steuergesetze waren Maßnahmen eines Mitgliedstaates und damit eines Verpflichtungsadressaten der Kapitalverkehrsfreiheit gem. Art. 63 I AEUV. Art. 63 I AEUV verbietet alle Beschränkungen des Kapitalverkehrs zwischen Mitgliedstaaten sowie zwischen Mitgliedstaaten und dritten Ländern. **Eine Beschränkung des Kapitalverkehrs ist jede Maßnahme, die den Zufluss, den Abfluss oder den Durchfluss von Kapital dauerhaft oder vorübergehend behindert, begrenzt oder untersagt** (ähnlich etwa *Haratsch/Koenig/Pechstein,* Rn. 1013). Eine Regelung, die Gewinne aus der Veräußerung einer in Portugal gelegenen Immobilie durch einen in einem anderen Mitgliedstaat Ansässigen höher besteuert als Gewinne eines in Portugal Ansässigen, ist geeignet, nicht in Portugal Ansässige von Immobilieninvestitionen in Portugal, die der Kapitalverkehrsfreiheit unterfallen, abzuhalten bzw. solche Transaktionen weniger attraktiv zu machen (EuGH, a. a. O., Rn. 39). Es handelt sich daher um Beschränkungen der Kapitalverkehrsfreiheit gem. Art. 63 f. AEUV. Die portugiesischen Regelungen griffen in Art. 63 I AEUV ein.

---

**938.**

Spielen im Rahmen des Beschränkungsverbots des Art. 63 AEUV die *Keck*-Kriterien eine Rolle?

---

Da das Beschränkungsverbot ähnlich weit gefasst ist wie die *Dassonville*-Formel im Rahmen der Warenverkehrsfreiheit, ist bei der Kapital- und Zahlungsverkehrsfreiheit gem. Art. 63 AEUV auch eine Anwendung der *Keck*-Kriterien geboten (vgl. etwa EuGH, Rs. C-463/00, Slg. 2003, S. I-4581 Rn. 59 ff. – *Kommission/Spanien)*. Allerdings definiert der EuGH den entscheidenden Begriff der Marktzugangsbehinderung weit, sollen diesem doch alle Maßnahmen unterfallen, welche die Situation des Erwerbers einer Beteiligung als solche berühren und daher geeignet sind, Anleger aus anderen Mitgliedstaaten von solchen Investitionen abzuhalten (vgl. EuGH, Rs. C-463/00, Slg. 2003, S. I-4581 Rn. 61 – *Kommission/Spanien)*. Im soeben behandelten *Hollmann*-Fall (Nr. 937) war eine Anwendung der *Keck*-Kriterien indes schon aus dem Grund ausgeschlossen, dass die portugiesischen Regelungen versteckt diskriminierenden Charakter besaßen, indem sie in Portugal Nichtansässige gegenüber in Portugal Ansässigen benachteiligten.

## d) Rechtfertigung

**939.**

Welche geschriebenen Rechtfertigungsgründe existieren für Eingriffe in die Kapital- und Zahlungsverkehrsfreiheit gem. Art. 63 ff. AEUV?

Gem. **Art. 65 I lit. a AEUV** dürfen Mitgliedstaaten die einschlägigen Vorschriften ihres Steuerrechts anwenden, die Steuerpflichtige mit unterschiedlichem Wohnort oder Kapitalanlageort unterschiedlich behandeln.

Gem. **Art. 65 I lit. b 1. Var. AEUV** dürfen Mitgliedstaaten die unerlässlichen Maßnahmen treffen, um Zuwiderhandlungen gegen innerstaatliche Rechts- und Verwaltungsvorschriften, insbes. auf dem Gebiet des Steuerrechts und der Aufsicht über Finanzinstitute, zu verhindern.

Gem. **Art. 65 I lit. b 2. Var. AEUV** gilt dies auch für das Recht, Meldeverfahren für den Kapitalverkehr zwecks administrativer oder statistischer Information vorzusehen.

**Art. 65 I lit. b 3. Var. AEUV** erfasst schließlich – wie von anderen Grundfreiheiten bekannt – Maßnahmen, die aus Gründen der **öffentlichen Ordnung oder Sicherheit** getroffen werden.

Die etwas missverständliche Formulierung in **Art. 65 II AEUV** bedeutet, dass für die Kapital- und Zahlungsverkehrsfreiheit auch die **Rechtfertigungsgründe aus dem Bereich der Niederlassungsfreiheit** gelten.

Alle Rechtfertigungsgründe gem. **Art. 65 I, II AEUV** unterliegen dem **Verhältnismäßigkeitsprinzip** und dürfen gem. **Art. 65 III AEUV** weder ein Mittel zur willkürlichen Diskriminierung noch eine verschleierte Beschränkung des freien Kapital- und Zahlungsverkehrs darstellen.

**940.**

Die portugiesische Regierung war im *Hollmann*-Fall (Nr. 937) der Ansicht, dass es unter Berücksichtigung des portugiesischen Systems der Einkommensbesteuerung und insbes. der unterschiedlichen Steuersätze für Gebietsansässige und Gebietsfremde gerechtfertigt sei, für Veräußerungsgewinne von Gebietsfremden eine andere Steuerbemessungsgrundlage vorzusehen. Bei Gebietsansässigen ergebe sich das steuerpflichtige Einkommen nämlich aus der Summe der Einkünfte in den verschiedenen Einkunftsarten – somit einschließlich der jährlichen Veräußerungsgewinne – und unterliege einem progressiv gestaffelten Steuersatz von bis zu 42 %, während für Gebietsfremde ein besonderer proportionaler Steuersatz gelte (EuGH, Rs. C-443/06, Slg. 2007, S. I-8491 Rn. 49 – *Hollmann*). Waren die portugiesischen Regelungen insofern gerechtfertigt?

In Betracht kam eine **Rechtfertigung gem. Art. 65 I lit. a AEUV** (Art. 58 I lit. a EGV a. F.), nach dem die Mitgliedstaaten die einschlägigen Vorschriften ihres Steuerrechts anwenden dürfen, die Steuerpflichtige mit unterschiedlichem Wohnort oder Kapitalanlageort unterschiedlich behandeln. Allerdings darf eine Maßnahme i. S. d. Art. 65 I lit. a AEUV gem. Art. 65 III AEUV kein Mittel zur willkürlichen Diskriminierung sein. Der EuGH grenzt daher in einschlägigen Fällen zwischen Ungleichbehandlungen, die nach Art. 65 I lit. a AEUV erlaubt sind, und den durch Abs. 3 dieses Artikels verbotenen willkürlichen Diskriminierungen ab (EuGH, a. a. O., Rn. 44). Eine willkürliche Diskriminierung liegt danach dann nicht vor, *„wenn die unterschiedliche Behandlung objektiv nicht vergleichbare Situationen betrifft oder durch zwingende Gründe des Allgemeininteresses wie die Notwendigkeit, die Kohärenz der Steuerregelung zu gewährleisten, die Bekämpfung der Steuerhinterziehung und die Wirksamkeit der steuerlichen Kontrollen gerechtfertigt ist"* (EuGH, Rs. C-315/02, Slg. 2004, S. I-7063 Rn. 27 – *Lenz*).

Fraglich ist also zunächst, ob die unterschiedliche Behandlung Gebietsansässiger und Gebietsfremder vorliegend eine objektiv nicht vergleichbare Situation betrifft. Eine fehlende Vergleichbarkeit der Situation Gebietsansässiger und Gebietsfremder könnte sich aus dem Vortrag der portugiesischen Regierung ergeben, dass es unter Berücksichtigung des Systems der Einkommensbesteuerung und insbes. der unterschiedlichen Steuersätze für Gebietsansässige und Gebietsfremde gerechtfertigt sei, für Veräußerungsgewinne von Gebietsfremden eine andere Steuerbemessungsgrundlage vorzusehen. Der EuGH stellte insofern zunächst fest, dass *„die Besteuerung der Veräußerungsgewinne aus Immobiliengeschäften erstens nur eine einzige Einkunftsart der Steuerpflichtigen zum Gegenstand hat, unabhängig davon, ob es sich um Gebietsansässige oder Gebietsfremde handelt, dass sie zweitens beide Kategorien von Steuerpflichtigen betrifft und dass es sich drittens bei dem Mitgliedstaat, aus dem das steuerpflichtige Einkommen stammt, immer um die Portugiesische Republik handelt"* (EuGH, Rs. C-443/06, Slg. 2007, S. I-8491 Rn. 50 – *Hollmann*). War die Situation daher insofern vergleichbar, wies der EuGH sodann darauf hin, dass *„die Berücksichtigung der Hälfte der von einem Gebietsansässigen erzielten Veräußerungsgewinne als Bemessungsgrundlage in Verbindung mit der Tatsache, dass dessen Einkünfte einem progressiv gestaffelten Steuersatz unterliegen, bei dem die höchste Stufe bei 42 % liegt, bei gleichen Besteuerungsvoraussetzungen für einen Gebietsfremden bei diesem zu einer höheren Steuerbelastung"* führe (EuGH, a. a. O., Rn. 51). Daraus folgte, dass objektiv keine unterschiedliche Situation vorlag, die eine steuerliche Ungleichbehandlung bei der Besteuerung der Veräußerungsgewinne der beiden Kategorien von Steuerpflichtigen gerechtfertigt hätte. Die Situation Gebietsfremder war mit derjenigen Gebietsansässiger vergleichbar (EuGH, a. a. O., Rn. 53). Dies bedeutete, dass die portugiesischen Regelungen eine steuerliche Ungleichbehandlung gegenüber Gebietsfremden begründeten, da sie diese in einer objektiv vergleichbaren Lage höher besteuerten als Gebietsansässige (EuGH, a. a. O., Rn. 54). Im Ergebnis sprach dies für eine willkürliche Diskriminierung i. S. v. Art. 65 III AEUV.

---

**941.**

**Kam hier eine Rechtfertigung aus zwingenden Gründen des Allgemeininteresses in Betracht?** Die portugiesische Regierung hatte sich insofern auf das

Erfordernis berufen, die Kohärenz des nationalen Steuersystems zu gewährleisten (EuGH, Rs. C-443/06, Slg. 2007, S. I-8491 Rn. 55 – *Hollmann).* Der Zweck und die Logik des Systems der Besteuerung bei Veräußerungsgewinnen aus Immobiliengeschäften seien zu berücksichtigen. Ziel der in Rede stehenden Steuerregelung sei es, zu vermeiden, Gebietsansässige im Rahmen der Besteuerung der Veräußerungsgewinne wegen des für sie geltenden progressiven Steuersatzes zu benachteiligen. Im Wesentlichen bestehe bei Gebietsansässigen ein unmittelbarer Zusammenhang zwischen dem steuerlichen Vorteil, der sich aus der um die Hälfte reduzierten Bemessungsgrundlage für die Besteuerung der Veräußerungsgewinne ergebe, und dem auf ihr Gesamteinkommen anwendbaren progressiven Steuersatz.

Die Wahrung der Kohärenz des Steuersystems ist grds. als zwingender Grund des Allgemeininteresses anerkannt. Eine Regelung ist aber nur dann geeignet, die Kohärenz des nationalen Steuersystems zu wahren, wenn ein unmittelbarer Zusammenhang zwischen dem betreffenden steuerlichen Vorteil und dessen Ausgleich durch eine bestimmte steuerliche Belastung nachgewiesen ist (vgl. EuGH, a. a. O., Rn. 56). Insofern stellte der EuGH fest, dass angesichts eines maximalen Steuertarifs für Gebietsansässige von 42 % *„der steuerliche Vorteil für Gebietsansässige in Form der Herabsetzung der Steuerbemessungsgrundlage für die Veräußerungsgewinne um die Hälfte auf jeden Fall sein in der Anwendung eines progressiven Steuersatzes auf ihr Einkommen bestehendes Gegenstück"* übersteige (EuGH, a. a. O., Rn. 58). Folglich bestand kein unmittelbarer Zusammenhang zwischen diesem Vorteil und seinem Ausgleich durch eine bestimmte steuerliche Belastung. Die portugiesischen Regelungen waren daher nicht geeignet, die Kohärenz des nationalen Steuersystems zu wahren. Eine Rechtfertigung aus zwingenden Gründen des Allgemeininteresses schied folglich aus.

**942.**

Hat der EuGH hier im Hinblick auf die zwingenden Gründe des Allgemeininteresses einen selbstständigen ungeschriebenen Rechtfertigungsgrund geprüft oder aber einen Unterpunkt im Rahmen der Rechtfertigung gem. Art. 65 I lit. a AEUV behandelt?

Insofern sei zunächst festgestellt, dass auch im Rahmen der Kapital- und Zahlungsverkehrsfreiheit eine **Rechtfertigung nach den ungeschriebenen *Cassis*-Grundsätzen aus zwingenden Gründen des Allgemeininteresses** möglich ist. Solche können neben der Kohärenz des Steuersystems bspw. auch eine wirksame steuerrechtliche Kontrolle sowie der Anlegerschutz sein. Der EuGH könnte daher vorliegend einen selbstständigen Rechtfertigungsgrund aus zwingenden Gründen des Allgemeininteresses geprüft haben. Zu beachten ist aber, dass er – wie schon ausgeführt – ähnlich wie in früheren Urteilen auch in diesem formuliert, *„dass eine nationale Steuerregelung wie die im Ausgangsverfahren in Rede stehende nur dann als mit den Vertragsvorschriften über den freien Kapitalverkehr vereinbar angesehen werden kann, wenn die unterschiedliche Behandlung Situationen betrifft, die nicht objektiv vergleichbar sind, oder wenn sie* *durch einen zwingenden Grund des Allgemeininteresses gerechtfertigt ist"* (EuGH, Rs. C-443/06, Slg. 2007, S. I-8491 Rn. 45 – *Hollmann*). Obwohl die sich anschließenden Ausführungen insofern nicht eindeutig sind, könnte dies darauf hindeuten, dass der EuGH im Hinblick auf die zwingenden Gründe des Allgemeininteresses zumindest *auch* prüft, ob nicht eine willkürliche Diskriminierung gem. Art. 65 III AEUV gegeben ist (vgl. dazu auch *Haratsch/Koenig/Pechstein,* Rn. 1018). Dogmatisch spricht allerdings viel dafür, die zwingenden Gründe des Allgemeininteresses als separaten, nicht geschriebenen Rechtfertigungsgrund zu prüfen.

**943.**

**Kommen neben den zwingenden Gründen des Allgemeininteresses i. S. d. *Cassis*-Formel im Rahmen der Kapital- und Zahlungsverkehrsfreiheit weitere ungeschriebene Rechtfertigungsgründe in Betracht?**

Ja, die Grundsätze der *Schmidberger*-Rechtsprechung (oben Nr. 854 f.) zur Rechtfertigung aus Gründen des unionalen Grundrechtsschutzes Dritter sind grds. auch im Rahmen der Kapital- und Zahlungsverkehrsfreiheit anwendbar.

# Sachverzeichnis

Die Zahlen beziehen sich auf die Nummern der Fälle